글로벌 문화와 관광

개정판

글로벌 문화와 관광

오익근 · 정정숙 공저

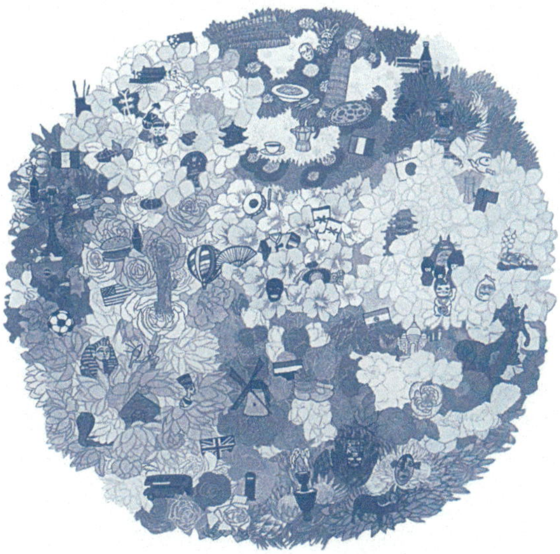

백산출판사

GLOBAL CULTURE & TOURISM

글로벌 문화와 관광

머리말

우리는 다양한 문화를 접하는 세상에 살고 있다. 직접 체험을 하지 않아도 미디어를 통하거나 영화, 드라마, 음악, 소설 같은 대중문화를 접하면서 이문화를 체험하고 있는 것이다. 이에 따라 세계인들이 문화가치를 공유하게 되어 특정 국가나 문화권의 특성도 잃어가고 있는 추세이다. 통신기술이나 대중문화가 아무리 발달해도 문화권별로 차별적인 특징이 있다. 즉 문화권이 다른 사람들 사이에는 사고, 관습, 행동, 비즈니스 행태에서 차이가 나기 마련이다.

문화란 학습된 인간행위의 사회적 규범과 생활양식이며, 사회적으로 축적된 경험으로서 한 종족이나 민족이 오랫동안 시행착오를 반복하면서 이루어 놓은 생활양식이라고 정의할 수 있다. '문화는 빵 위에 발린 잼이 아니라 빵 그 자체다'라는 말에서 알 수 있듯이 문화는 주변 요소가 아니라 이제는 핵심 요소로 떠올랐다. 문화는 장식용이 아니라 그것을 통하여 먹고 사는 문제와 직결됐고, 세계는 기술전쟁 시대에서 문화전쟁 시대로 접어들었다.

글로벌화된 세상에 사는 인간은 글로벌 사회의 일원이 되고자 관광행동을 한다. 이를 뒷받침하듯 국제관광객의 수는 해를 거듭할수록 증가하고 있으며 이러한 추세는 지속될 것이다. 이제 글로벌 마인드로 무장하지 않으면 생존할 수 없는 시대에 살고 있다. 관광산업에서 문화에 대한 이해는 타 산업과 비교할 수 없을 정도로 중요하다.

국제관광이 보편화된 현실에서 수많은 국제관광객을 접하는 관광조직체(기업, 정부기관 등)의 이문화에 대한 이해는 경영성과와 밀접한 관련성을 맺고 있다. 성공적인 경영성과는 문화충돌을 미연에 방지해서 얻어낼 수 있는 조직체의 이미지 고양과 관광조직체의 경쟁력 강화를 말한다. 더불어 거래 대상지역의 문화에 기초한 서비스 제공은 관광만족도를 제고시키며, 문화 차이에 근거해서 행하는 관광홍보활동은 그 효과가 배가된다.

본서는 지금까지 관광학에서 문화를 바라보는 시각이 문화관광자원에 치우쳐 있던 것에서 탈피하여 글로벌 시대에서 관광기업이 생존하기 위한 실리적 측면이 주요 관광대상국의 문화에 대한 학습과 문화 차이에 대한 이해라는 신념으로 집필되었다. 따라서 관광상품으로서의 문화에 대한 언급은 최소화하면서 다양한 시각으로 문화적 차이를 탐색하는 데 중점을 두었다.

이를 구현하기 위하여 본서를 총 4부로 구성하였으며, 제1부 글로벌 문화의 이해, 제2부 글로벌 커뮤니케이션, 제3부 글로벌 관광행동, 제4부 문화적 특징과 비즈니스로 엮었다.

본서를 통하여 글로벌 관광 조직체의 입장에서는 글로벌 관광시장에서 경쟁력을 키우고 마케팅 전략을 세우는 데 도움이 되고, 관광객의 입장에서는 안목을 넓힌 국제관광이 되는 데 기여할 것을 기대한다. 더불어 관광학을 공부하는 학생들에게는 글로벌 문화를 바라보는 시각을 키우고, 글로벌 문화를 관광산업에 적용시킬 수 있는 능력을 개발하여 글로벌 관광시장의 주역으로 성장하는 데 주춧돌이 되었으면 하는 바람이다.

마지막으로 본서를 출판하는 데 큰 도움을 주신 백산출판사 진욱상 사장님께 감사의 말씀을 드린다.

저자 씀

Contents 차례

제1부 글로벌 문화의 이해

제2부 글로벌 커뮤니케이션

제3부 글로벌 관광행동

GLOBAL CULTURE & TOURISM

제1부 글로벌 문화의 이해

Chapter 1

글로벌 문화와 관광

1. 글로벌 문화의 이해와 관광

현재 우리는 다양한 국가의 문화를 접하는 세상에 살고 있다. 직접 체험을 하지 않아도 신문, 방송, 인터넷과 같은 미디어를 통하거나 영화, 드라마, 음악, 소설 같은 대중문화를 접하면서 문화적 간격을 좁히고 있다. 그리고 기존 커뮤니케이션 채널보다 훨씬 강력해진 유튜브, 페이스북, 트위터, 카카오톡, 라인과 같은 소셜네트워크(SNS)를 통해서 외국의 문화를 실시간으로 체험하는 글로벌 시대에 살고 있다. 따라서 세계인들이 문화가치를 공유하게 되어 특정 국가나 문화권의 특성도 잃어가는 추세이다. 그러나 통신기술이나 대중문화가 아무리 발달하여도 여전히 문화권별로 차별적인 특징이 있다. 문화권이 다른 사람들 사이에는 사고, 관습, 행동, 비즈니스 행태에서 차이가 존재하기 때문이다.

문화라는 말은 일상생활에서 쉽게 쓰고 있지만 문화에 대한 정의는 다양하다. 문화란 그 사회구성원에 의해 창조된 지식, 믿음, 도덕, 관습, 습관, 예술, 음식, 언어 등을 포괄하는 총체적 개념을 나타낸다. 호프스테드(Hofstede)는 문화를 "특정 환경에 있는 사람들이 동일한 교육과 생활 경험에 의해 형성된 집단적 특성"이라고 정의하였다. 인류학자인 타일러(Tylor)는 "문화란 지식, 신념, 도덕, 관습을 포함해 인간이 사회의 구성원으로서 획득한 모든 능력과 습관"이라고 정의했다. 한마디로 요약하면 문화란 독특한 생활양식(lifestyle)인 것이다.

글로벌 문화의 이해가 중요한 이유는 무엇일까? 모든 사람들은 공통의 인간 본성을 공유하고 있다. 인간은 사회적 동물이며, 인간은 언어를 사용하는 동물이다. 인간은 공동작업을 하고 집단 간에 협업하며 집단 간에 경쟁하기도 한다. 그러나 공동작업에는 어떤 규칙이 존재하고 있고 그 규칙에 따라 행동할 때 비로소 한 사람은 그 집단의 구성원이 될 수 있다. 그 규칙이란 것은 대개 문자, 의식, 법률, 종교, 금기, 관행 등의 문화요소를 말한다. 따라서 문화는 개인이 한 집단의 구성원이 될 수 있는 방법을 제시한다고 볼 수 있다. 즉 글로벌 문화의 이해는 한 개인이 글로벌 집단에 소속될 수 있는 여건을 조성한다. 또한 문화는 사람들의 가치관과 의사소통 방법에도 영향을 미친다.

문화라고 하면 가장 먼저 떠오르는 것이 전통문화나 문화유산이다. 특정 나라나 문화의 정체성을 가장 잘 보여주는 것은 전통문화임을 부인할 수 없다. 그리고 이런 전통문화는 외국인 관광객을 끌어오는 역할을 해왔다. 외국을 방문하는 가장 큰 요인으로 꼽는 것이 문화이기 때문이다. 고궁, 한옥, 템플스테이, 한식은 외국인 관광객에게 인기 있는 우리의 문화상품이며, 농어촌체험, 전통마을, 영화촬영장, 축제 등은 국내인이 즐겨 찾는 매력적인 관광자원이다.

지난 몇 년 사이 국내 시장도 빠르게 글로벌화되어 왔다. 해외여행객의 수가 1996년에는 연 100만 명 남짓했던 것이 이제는 연 2,000만 명으로 늘었고, 추계인구의 15%가 해외여행을 다녀온 것으로 집계되고 있다. 이와 같이 해외시장의 상품과 서비스를 직접 경험한 국민들이 글로벌한 취향과 니즈를 갖게 되는 것은 당연하다. 이러한 상황에서 우리는 우리의 기업 문화와 글로벌 기업의 문화를 돌아보아야 하며 또한 학습해야 한다.

더군다나 글로벌 시대의 기업의 인력(work force) 구성을 보면 다양한 것이 특징이다. 굳이 글로벌 기업이 아니라도 외국인들이 직업을 따라 이주해서 사는 경우가 많아 다문화 사회를 이루고 있다. 우리나라 기업들의 인력도 유럽, 미국, 아시아 등 다문화 출신들이 늘어나고 있다. 특히 해외로 진출한 기업은 현지문화의 틀 속에서 경영을 해야 한다. 결국, 새로운 환경에서 우리 기업들이 앞으로 지속적으로 성장하고 성공하기 위해서는 '나를 아는 것'으로는 충분하지 않다. 이제는 글로벌 경쟁자들과 맞붙어 이겨야 하는데 이기기 위해서는 '상대를 아는 것'이 필수적인 생존요건이 되었다.

이로 인해 오늘날 세계 각지로 진출해 있는 글로벌 기업들은 대상국의 면모를 속속들이 알고자 노력하고 있는데, 그중 대표적인 것이 외국의 문화를 학습하는 것이다. 이는 글로벌 기업의 경영에 있어 매우 중요하다고 볼 수 있다. 나라별 문화적 차이는 해외시장에서의 제품의 선택, 현지 마케팅 프로그램의 개발, 인적 자원 관리 등 국제경영 모든 분야에 걸쳐 지대한 영향을 미친다. 즉 이문화(異文化)에 대한 이해의 정도가 글로벌 시대의 개인과 기업의 성장에 토대가 된다.

특히 관광산업 분야에서의 문화에 대한 이해는 타 산업과 비교할 수 없을 정도로 중요하다. 국제관광이 보편화되어 있는 현실에서 수많은 관광객을 접하는 관광산업 분야에서의 이문화에 대한 이해는 경영 성과와 밀접한 관련성을 갖고 있다. 관광산업에 있어 문화의 이해가 중요한 이유를 구체적으로 살펴보면 다음과 같다.

첫째, 글로벌 문화의 이해가 충분히 된 상태에서의 관광객과 관광기업은 국가이미지 손상을 방지하거나 고양시킬 수 있다. 세계를 누비는 관광객(globe-trotter)이 때론 관광객을 맞이하는 입장(host)이 되기도 한다. 그들은 상호 교류를 하게 되면서 문화적 가치가 만나게 된다. 이때 문화적 가치의 평가 잣대는 자기가 살아온 문화이다. 이질적인 문화에서 가치관이 문제를 발생시키는데 이를테면 문화 차이에서 오는 오해 및 갈등, 마찰이다. 반면에 문화에 대한 이해가 되었을 때는 오해가 사라지고 서로 이해력이 강화되어 그야말로 국제친선효과를 가져오게 된다. 결국 자연스럽게 상호 국가이미지의 고양이 이루어진다.

예컨대 A관광객이 아랍에미리트의 두바이에서 오찬을 한다고 가정하자. 무대는 세계 유일의 7성급 호텔인 버즈 알 아랍 호텔의 알 문타하 식당이다. 이때 A관광객은 다른 나라에서와는 전혀 다른 에티켓을 알고 실천해야 한다. 예를 들어, 돼지고기는 시킬 수도 없고 술도 마셔서는 안 된다. 식사 때는 반드시 오른손만을 사용해야 하며 불가피한 경우에는 포크와 나이프를 사용할 수 있다(외국인을 위해 준비되어 있다). 여성을 빤히 쳐다본다든지 여성에게 악수를 청해서는 안 된다(박희권, 2010). 만약 이런 행동에 역행한다면 현지인 종사원들과 적어도 심리적으로 갈등과 마찰을 빚게 될 것은 자명한 일이다. 반면에 그들의 문화에 역행하지 않고 그들의 식사문화 방식을 지켜준다면 원만하고 즐거운 식사가 될 뿐 아니라 상호 친선효과를 가져오게 되는 것이다.

둘째, 관광산업 발전 및 관광기업 경쟁력 강화를 위해서이다. 로컬 호스트(local host)의 입장에서 상대국의 문화에 대해 이해하고 있을 때 관광산업은 발전한다. 예컨대 미국인 관광객을 맞이하는 여행사가 있다고 할 때 이 여행사가 투어 코스에 현지식으로 어떤 메뉴를 포함시키느냐의 문제는 미국인들의 음식문화에 대한 코드가 제대로 인식되었을 때 해답이 나온다. 이러한 문화에 대한 이해를 통한 관광코스 설정은 관광객의 만족도를 상승시키고 나아가 상승된 만족도는 관광기업의 성장동력이 된다는 것은 분명한 사실이다. 결국 특정 관광기업이 직원들에게 주거래 대상 국가의 문화를 익히게 하고 산업현장에 적용시킬 때 그렇지 않은 관광기업과의 경쟁에서 우위에 설 수밖에 없는 것이다. 관광에서 해외문화를 이해해야 하는 이유가 바로 여기에 있다. 덧붙여 국제관광기업의 경쟁력은 다른 방식으로도 발생하는데 바로 관광객이 가진 사회적 욕구를 실현시키는 것이다. 이것은 관광객이 관광대상지역의 문화를 제대로 알고 행동했을 때 가능한 것이다. 따라서 관광기업이 관광객에게 관광대상지역의 문화에 대해 올바르게 이해를 시켰을 때 관광객은 그에 맞게 행동하고 그 사회의 구성원이 될 수 있다. 이것은 관광객의 사회적 욕구를 충족시키는 것으로 관광기업에게 긍정적 영향을 미치고 나아가 경쟁력을 가지게 만든다.

문화비평가들은 글로벌 경쟁은 문화경쟁의 양상을 띨 것이라고 예측한다. 세계 시장은 문화상품의 각축장이 된다는 말이다. 프랑스 문명학자인 기 소르망은 "옛날에는 왕이 국가의 운명을 좌우했지만 지금은 국가이미지, 곧 문화가 좌우한다"고 하였다. 주목할 점은 문화경쟁에서 우위를 차지하는 국가는 관광에서도 그 수혜를 받는다는 데 있다. 그리스, 이탈리아, 스페인, 중국, 프랑스는 조상들이 이룩해 놓은 문화경쟁력을 바탕으로 지금까지 관광에서는 선진국으로 통하고 있다는 점이 이를 증명한다. 문화는 관광에 직접적으로 영향을 미치고, 관광은 문화를 더욱 발전 · 계승시키는 역할을 하는 상생구조이다. 문화는 대부분 관광개발의 주요 자산이면서도 개발의 주 수혜자 중 하나이다. 문화는 지역의 매력을 결정짓는 주요 요인이며 인구유입과 투자유치에도 영향을 미친다. 이처럼 문화와 관광은 유기적으로 상생할 때 효과가 극대화되는 것이다.

2. 문화의 개념

우리가 일상에서 자주 쓰는 '문화'라는 말은 그 개념의 폭이 워낙 넓어 쓰는 사람에 따라 의미하는 바가 제각각이기 때문에 때로는 혼란을 불러일으키기도 한다. 어떤 사람은 좁은 의미로 예술과 지적 활동을 지칭하는가 하면, 어떤 사람은 아주 넓게 해석하여 의식주와 종교, 놀이 등 모든 삶의 방식과 가치체계까지 포함시키기도 하기 때문이다. 그러나 그것이 어떤 의미로 쓰이든 문화라는 것이 지금처럼 인류의 삶 속에 깊이 들어온 적은 없었으며, 보통사람들과 긴밀한 관계를 맺은 적도 일찍이 없었다(권삼윤, 2001).

일반적으로 문화의 개념은 인류학에서 말하는 광의의 의미로서의 문화를 말하는데, 즉 '문화는 자연현상에 인위적 행위가 더해진 모든 것'을 말한다. 예컨대 산에 있는 나무는 문화가 될 수 없다. 이 나무에 인위적 행위가 더해져 집을 짓는 목재가 된다던지 연료로 사용될 때 문화라는 단어를 접목시킬 수 있는 것이다. 보편적으로 우리가 문화인이란 말을 할 때의 의미는 음악, 미술, 문학, 오페라 등을 즐기며 이해할 능력이 있는 교양 있는 사람을 칭하고 있어 '문화'에 대한 개념 해석에 오류를 범하는 경우가 있다.

홀(E. T. Hall)은 "문화란 선천적인 것이 아니라 학습된 것이며, 문화에는 여러 가지 요소가 상호관련을 맺으며 내재되어 있고, 또한 사회구성원들에 의해 공유되며 다른 사회의 구성원들과 확연히 구별할 수 있게 한다"는 3가지 점을 문화의 특질로 보고 있다. 한편 테르프스트라(U. Terpstra)와 데이비드(K. David)는 "문화란 사회구성원들의 특성을 나타내는 학습되고 공유되며 또한 강제되는 상호 관련된 일련의 상징으로서, 구성원들의 생존에 관련된 문제의 해결책을 제공해 주기 때문에 그 문제의 해결책을 실천하는 영리단체인 기업의 존속과 성장에 지대한 영향을 미친다"라고 설명하면서 문화의 개념을 기업과 연관시켜 경영학적인 해석을 내리고 있다.

이상의 학자들의 문화에 대한 중요한 개념은 문화란 그것이 학습된 행위(learned behavior)라는 점이다. 환언하면 문화란 태어날 때 인간이 가지고 태어난 것이 아니고 성장하면서 생활과 교육을 통해 습득된다는 사실이다. 즉 문화란 사회적 유산으로서 사회적 계승으로 학습된 행위를 말하며, 언어 · 지식 · 행동의식 · 규범 등을 포함한다. 세상에 똑같은 문화는 없으며, 종족이나 민족에 따라 서로 다른 문화를 가지고 있다. 그러나 문화가 고정불변인 것은 아니고 한 문화는 다른 문화와 접속하면서 동화 · 갈등 · 배제를 통해 변화하는 성격을 갖고 있다. 또한 문화가 한 세대에서 다음 세대로 전승되는 성격을 가졌다는 점으로 볼 때, 문화란 역사적으로 이루어진 삶의 지혜라고 하겠다.

이상을 요약하면 문화란 학습된 인간행위의 사회적 규범과 생활양식이며, 사회적으로 축적된 경험으로서 한 종족이나 민족이 오랫동안 시행착오를 반복하면서 이루어 놓은 생활양식이라고 정의할 수 있다.

문화는 행위적 · 인지적 · 물질적인 측면으로 이루어져 있다. 행위적 측면은 사람이 어떻게 행동하는가, 특히 사람들이 일상생활에서 어떻게 서로 상호접촉을 해 나가는가 하는 것을 말한다. 예를 들어 아이를 키우는 과정에서 부모와 그 아이들은 어떤 양식화된 방법으로 서로 상호작용하는가 등이 이러한 예에 속한다. 인지적 측면은 사람들이 어떻게 세상을 보는가 하는 관점에 관한 것이다. 그들이 어떻게 행동해야만 하고, 그들의 아이들이 어떻게 행동해야만 하고, 그리고 그들이 어떻게 사건에 대처하고 사물을 대해야만 하는가에 있어서의 중요하고도 제한적인 사고의 범위가 이에 속한다. 물질적 측면은 인간이 생산한 모든 물질적 도구들을 말하는 것이다. 이러한 물질적 도구들을 고고학에서는 보통 인공기물(artifacts)이라고 말한다. 결국 문화란 주어진 환경에 인간이 어떻게 적응하면서 그들의 삶을 영위해 나갈 것인가 하는 그들의 생활지혜이며, 삶의 적응방식인 것이다. 그리고 그러한 것이 정신적 · 행위적 · 물질적 측면으로 반영되어 나타나는 것이다.

3. 문화의 성격과 기능

문화의 중요성에 대해서 '이제 키워드는 문화다', '문화가 강해야 이긴다'는 말도 있지만, '문화는 빵 위에 발린 잼이 아니라 빵 그 자체다'라는 말에서 알 수 있듯이 문화는 주변 요소가 아니라 이제는 핵심 요소로 떠올랐다. 문화는 장식용이 아니라 그것을 통하여 먹고 사는 문제와 직결됐고, 세계는 기술전쟁 시대에서 문화전쟁 시대로 접어들었다. 문화예술은 국민의 감성적 · 도덕적 건강에 영향을 줄 뿐만 아니라 국가의 이미지를 제고하고 경제적 가치를 창출하여 삶의 질 향상과 복지사회 구현에 결정적으로 기여한다.

문화의 성격은 구체적으로 여섯 가지로 나누어 설명할 수 있는데 그 내용은 다음과 같다. 첫째, 문화란 민족에 따라 상당한 차이가 있다. 민족이란 일정한 지역에서 장기간에 걸쳐 공동생활을 함으로써 언어, 풍습, 종교, 정치, 경제 등 각종 문화내용을 공유하고 집단 귀속 감정에 따라 결합된 인간집단의 최대 단위로서의 문화공동체를 일컫는 말이다. 이 지구상에는 다양한 민족이 존재한다. 한 국가에서도 한 개의 민족만 있는 것은 극히 드물고 다양한 민족으로 구성되어 있는 경우가 많다. 예를 들면 영국의 경우 이베리아, 켈트, 로마, 앵글로색슨, 바이킹족 등이 있다. 러시아의 경우 타타르인, 우크라이나인, 바시키르인, 추바시인, 첸첸인, 아르메니아인 이외에도 160개의 민족이 존재한다. 독일 역시 게르만족이 전체 인구 중 91.5%를 차지하고 있지만, 나머지는 터키계나 이탈리아계 등 다른 민족으로 구성되어 있다. 일반적으로 한 국가에 소속되어 있지만 각 민족에 따라 문화는 상이하며 경우에 따라서는 민족끼리 분쟁이 일기도 한다.

둘째, 문화는 역사적으로 타인과의 관계를 통해 습득되고, 장차 지속적으로 상호교류를 하는데 그 개인의 정신과 마음속에 지속되는 경향이 있다. 문화는 앞서 문화의 개념에서 언급했듯이 태어날 때부터 문화가 정해지는 것이 아니라 그 사회로부터 학습에 의해 형성되는 것이다.

셋째, 문화란 일단 학습되어 수용되면 지속되는 경향이 있다. 만약 한 개의 문화가 지속되지 않고 일시적 현상으로 끝난다면 그것은 유행이라는 단어가 어울릴 것이다.

보편적으로 문화는 한번 학습되면 지속되는 것은 사실이지만 지속되지 못하고 급변하는 경우도 있다. 이를 테면 특별한 사건(예를 들면 전쟁)에 의해 현존했던 문화가 갑자기 사라지기도 하고 새로운 문화가 급히 밀려들어 오는 경우도 존재한다.

넷째, 문화는 인간이 그 변화를 꺼리지만 점진적이고 지속적으로 변화된다. 우리의 일상생활을 돌이켜 보면 십 년 전의 모습과 지금의 모습이 달라진 것을 경험하게 된다. 한국인의 식생활을 보면 많은 가정에서 아침식사를 서양식으로 대체하는 것도 한 예가 될 것이다. 또한 직업에 대한 태도, 부에 대한 태도, 소비성향, 의생활, 주생활, 관습 등도 지속적인 변화를 거듭한다. 이러한 지속적인 변화는 사람과의 교류, 매스미디어의 발달, 정보통신의 발달, 사고의 변화, 기술문명의 발달, 과학의 발달 등에 기인한다.

남태평양의 아름다운 섬 피지는 1995년 전까지만 해도 피지의 전통적 미인형은 '근육이 튼튼하게 발달하고 풍만한 여성'이었다. 그러나 1995년 피지에 TV가 보급되면서 미의 기준이 '마르고 날씬함'으로 변화되었다. 피지 섬 여성들의 미의 기준이 바뀐 것은 통계에서도 보여주는데 TV가 피지 섬에 들어온 지 38개월이 지난 후 실시된 설문조사에서 섬 여성의 74%가 자신을 '너무 뚱뚱하다'고 생각하는 것으로 나타났다(동아일보, 1999).

다섯째, 동일 사회의 모든 사람들이 같은 문화요소를 갖고 있더라도 각 개인은 어떤 상황에서 다르게 행동할 수 있다. 이는 인구통계학적 특성, 사회 경제학적 특성에 의해 이런 경향을 보인다. 같은 문화권 내에 있어도 부를 가진 자와 그렇지 못한 자와는 분명 동일한 상황일지라도 행동은 다르게 나타난다. 물론 연령, 성격, 종교, 직업, 성별 등에 따라서도 동일 상황에서 다른 행동을 한다.

여섯째, 문화란 여러 차원에서 상이하다고 하겠으나, 반면에 유사성도 있다고 할 수 있다. 세계의 모든 국가에서는 금기시하는 행위들이 있다. 이 행위들의 공통점을 보면 대개 그 행위는 죽음 혹은 불행과 관계가 된다. 이런 것을 보면 인간이 궁극적으로 싫어하고 모면하고 싶어 하는 것 혹은 좋아하는 것은 유사함을 보인다고 할 수 있다.

문화의 기능으로는 첫째, 각 민족이 학습하고 공통으로 공유하고 있는 언어를 통하여 다른 사람과의 의사소통을 할 수 있게 한다. 일반적으로 다수의 언어학자들은 언어가 다르면 문화가 다르다고 말한다. 한 문화권에서 같은 언어를 사용하는 사람들은 손쉽게 의사소통을 할 수 있다. 둘째, 문화는 우리 사회에 있는 다른 사람들이 우리들의 행동에 어떻게 반응할 것인가를 예측할 수 있게 해준다. 앞서 언급한 바와 같이 문화는 그 사회가 공유한 것을 양식화 혹은 규범화해서 학습한 것이다. 이 말은 같은 문화권에 있는 사람이라면 그 문화권의 성원들이 어떤 상황에서 어떤 대처행동을 할지 짐작할 수 있다는 것이다.

셋째, 문화는 선과 악, 아름다움과 추함, 합리성과 비합리성, 유쾌함과 슬픔, 그리고 안전함과 위험함 등에 대한 구별의 기준을 제공한다. 이것은 문화라는 것이 공유된 생활양식이기 때문이다. 넷째, 문화는 우리와 비슷한 문화적 배경을 갖는 사람들을 구별할 수 있게 한다. 마지막으로 문화는 인간이 살아가는 데 필요한 지식과 기술을 제공한다.

4. 문화의 구성요소

문화적 환경은 매우 다양하고 복잡하게 구성되어 있고 학자마다 주장하는 바가 다르다. 문화적 환경의 구성요소로는 언어, 종교, 가치관 및 태도, 사회제도와 정치체제, 기술 및 물질문명, 교육 그리고 미적 감각 등으로 나누어볼 수 있는데 이들 요소들에 대하여 기술하면 다음과 같다.

언어(language)

언어란 인간의 사고와 의사를 전달할 수 있는 가장 효율적인 수단으로 인간과 동물을 구별시켜 주는 기준이 되고, 형성된 문화권에 따라 그 차이가 매우 크다. 따라서 문화를 이해하기 위해서는 언어에 대한 이해가 선행되어야 한다. 언어는 말로써 표현되는 음성언어(verbal language)와 손짓 · 몸짓 · 신호 등의 비음성언어(non-verbal language)가 있다. 대개 언어라 하면 음성언어를 말하는데, 현재 지구상에는 약 3,000여 종의 언어가 있고 사투리까지 포함할 경우 약 1만여 종에 달하는 것으로 추정된다.

영어를 모국어로 쓰는 사람은 약 3억 5천만 명에 달하고, 중국어를 모국어로 쓰는 인구는 10억 명 이상으로 영어 사용자에 비해 압도적으로 많다. 중국어는 중국 본토 이외에도 대만, 싱가포르, 말레이시아를 포함한 동남아 지역에서도 통용된다. 언어는 또한 문화에 영향을 미친다. 언어학자들에 따르면 언어는 세계에 관한 우리의 지각이 형성되는 범위를 구축한다. 각기 다른 언어를 구사하는 두 사람이 한 가지 현상을 같은 방식으로 지각하지 않는다. 이유는 그 단어가 주는 이미지가 다르기 때문이다.

이것에 관한 재미있는 이야기가 있다. 강의시간에 유학 온 일본인 학생과 중국인 학생에게 '강'을 그리라고 했다. 그랬더니 대부분의 일본 학생은 좁은 강이 산 틈으로 세로로 흐르는 그림을 그린 것에 반해, 중국 학생은 커다란 강을 가로로 그려 놓았다. 중국 학생의 경우 강이라 하면 황하(黃河)나 양쯔(揚子)강처럼 넓은 강을 상상하는 데 반해 일본 학생의 경우는 강의 폭이 좁은 급류를 상상하는 데서 차이가 난 것이다. 이와 같이 같은 말이라도 연상되는 이미지가 다른 경우가 있다.

사람들이 세상을 보는 시각과 사고방식이 사용하는 언어에 따라 달라진다는 연구 결과가 있다. 두 가지 언어를 자유자재로 쓰는 사람은 상황에 따라 사고방식이 변하는 것으로 나타났다. 외국어를 배우면 세상을 보는 시각까지 달라지는 것이다. 영국 랭커스터대학교 파노스 아타나소풀로스 교수는 영어와 독일어 사용자를 비교한 결과, 영어 사용자는 어떤 일의 과정 자체를 중시하는 반면 독일어 사용자는 결과와 목적을 우선시했다고 밝혔다. 연구팀은 영어와 독일어 사용자 각 15명에게 걷는 모습, 자전거를 타는 모습 등이 담긴 동영상을 보여주고 각 동영상 다음에 어떤 결말이 이어질지 선택하도록 했다. 예를 들어 한 여성이 길을 걷는 동영상을 보여준 뒤, 결말로 '건물에 들어간다'(목적이 있는 행동)와 '계속 거리를 배회한다'(목적이 없는 행동) 중에서 하나를 고르게 하는 식이었다. 여러 동영상을 보여주고 실험한 결과 독일어 사용자들은 40%가 '목적이 있는 행동'을 의미하는 답을 선택한 데 비해, 영어 사용자들은 25%만 이를 택했다.

연구팀은 이런 차이를, 개별 언어가 가진 특성이 사람들의 사고방식에 영향을 미치기 때문이라고 분석했다. 독일어는 사건을 서술할 때 사건의 목적과 결말을 정확히 명시한다. 하지만 영어는 결말을 생략하고 사람의 행동 자체에 초점을 맞추는 경향이 있다. 이 때문에 독일어 사용자들은 실험 동영상의 결말을 추측할 때도 영어 사용자들보다 명확한 결말을 원하는 비율이 높다는 것이다.

외국어를 배우면 말 자체뿐 아니라 사고방식까지 새로 배우게 되는 것이라고 할 수 있다. 언어가 사람의 사고방식에 영향을 미친다는 것은 여러 연구에서 확인되고 있다. 파란색을 구분하는 단어가 많은 러시아어 사용자들은 영어 사용자들보다 실제로 파란색을 더 잘 구분한다. 또 일본어 사용자들은 물건 형태보다는 구성물질을 가지고 사물을 분류하는 경향이 있다. 1992년 한 · 미 공동 연구진은 한국어 사용자들이 영어 사용자보다 사물의 상호 조화에 더 초점을 맞춘다고 발표한 바 있다(조선일보, 2015. 3. 19).

또한 언어는 광고 및 상표 등에도 많은 영향을 미친다. 특히 상표 사용의 경우는 매우 조심스럽게 선택해야 하는데 상표를 잘못 사용하여 기업의 광고에 역효과를 가져온 사례가 허다하기 때문이다. 예를 들면 포드자동차는 트럭의 이름을 '피에라(Fiera)'라고 명명하였는데, 이 이름이 스페인어로는 '추하고 늙은 여자'라는 의미였기 때문에 어려움을 겪은 바 있다. 'Coca Cola'의 경우도 중국어 발음식으로 표기하면 'Ke Kou Ke La'가 되는데, 이는 '밀랍형의 올챙이를 물어라'라는 뜻이 된다. 이에 따라 코카콜라사는 그 명칭을 'Kou Ko Le', 즉 '입술을 즐겁게'라는 뜻으로 바꾼 일화도 있다. 특히 중국에서의 사업에 있어서는 브랜드의 현지화가 매우 중요하기 때문에 브랜드 네임을 중국식으로 바꾸어야 한다. 이때 현지인들의 언어에 대한 고려는 매우 중요하다.

종교(religion)

종교는 생활태도, 제품의 선택 및 구매방법 등에 있어 영향을 미치기 때문에 기업의 활동에도 많은 영향을 끼치고 있다. 종교적 관행이나 신념이 글로벌 기업에 영향을 미치는 예는 매우 많은데, 그중 종교적 행사와 종교상의 신념이 커다란 장애가 되는 경우가 많다. 예를 들어 기독교 국가인 이탈리아는 미국보다도 종교적 경축일과 기념행사가 많으며, 스리랑카의 경우는 불교, 기독교, 힌두교, 이슬람교의 경축일을 포함하여 연간 27일을 종교휴일로 지정하고 있다. 이는 한국의 종교적 경축일 2일(석가탄신일과 성탄일)과 비교해 볼 때 대단한 차이이다.

종교가 일상생활에 미치는 영향은 상당하다. 종교적 행사는 생산 및 소비 형태에도 영향을 미치는데, 예를 들면 이슬람교의 '라마단' 금식기간 중에는 1개월여의 금식으로 인해 생산성이 크게 떨어지나, 반면에 소비는 엄청나게 늘어남으로써 긍정적 효과와 부정적 효과가 동시에 발생하기도 한다.

라마단 풍경

기독교 국가에서는 대부분 일요일에 교회에서 집회가 있기 때문에 과거 우리나라와 같이 일요일 특근 같은 근로형태는 찾아보기 힘들다. 대신 크리스마스나 부활절 시즌 같은 연중판매가 최고조에 이르는 시기가 조성된다.

힌두교에서는 소를, 이슬람교와 유대교에서는 돼지고기를 못 먹게 규정하고 있다. 불교는 육식 자체를 금하고 있다.

무슬림과 유대인이 돼지고기를 아예 입에 대지 않는 것은 그들의 경전인 코란과 구약성경의 금지규정에 따른 것인데 분명치는 않다. 다만 돼지는 탐욕스럽고 비위생적이라 금기시했다는 주장도 있고, 대부분 조상이 유목민이었던 점에서 고단백질을 제공하는 돼지를 매력 있는 동물로 인정하지만, 그들의 환경이 양돈에 적합하지 못하기 때문에 양돈 자체를 아예 금했다는 주장도 있다. 유대교는 고기와 유제품을 함께 먹는 것을 금하고 있으며, 다른 짐승에게 찢겨서 죽은 짐승의 고기, 스스로 죽은 짐승의 고기를 먹지 않는다. 또한 지느러미와 비늘이 없는 문어와 오징어를 먹는 것도 금하고 있다.

또한 종교적인 이유 때문에 인도에는 쇠고기를 먹지 않는 지역이 아직 많다. 인도 연방헌법에서도 소의 도살금지를 요구하고 있으며 대부분의 주에서 '소 보호법'을 제정할 정도로 소는 인도에서 신성한 동물로 여겨지고 있다. 북부인도에서는 쌀보다는 밀을 주식으로 하는데 이것도 종교적인 믿음에 영향을 받은 것이라 한다.

일본에는 신흥종교의 숫자만도 10만 개에 가까울 정도로 다양한 종교의 형태를 가지고 있다. 일본에서 '태어날 때는 신도(神道), 결혼할 때는 기독교, 죽어서는 불교'라고 할 정도로 일본의 종교는 문화를 이루는 패러다임으로 되어 있다. 이 가운데 일본의 주요 종교는 단연 일본 고유의 신도와 불교이다. 신도는 자연숭배에서 기원하며 다수의 '신(神)'이라 불리는 존재를 숭배하는 다신교로 진화해 왔다. 일본은 종교에 대해 유럽국가에서는 좀처럼 찾아볼 수 없는 유연한 자세를 가지고 있어 신도와 불교가 일상생활 속에 병존하고 있다. 일본인은 신도의 의례와 의식을 일상적으로 거행하지만 이 전통은 종교의식이라기보다는 일본 문화의 일부분으로서 계승되고 있다. 신전을 신사(神社)라고 하는데 현재 신사는 일본 전국에 8만 군데가 있고, 신도 수는 약 1억 명으로 알려져 있다. 현대적인 호텔 안에도 결혼식을 위해 자그마한 신사가 만들어져 있는데 일본여행을 하는 관광객들은 관광코스에 두세 군데의 신사 방문이 포함되어 있다.

가치관과 태도(value structure and attitude)

가치관이란 이성적으로 특정 행위를 우선적으로 행해야 한다는 신념이다. 이 같은 가치관은 인간의 사회화과정(교육, 종교 등)을 통하여 학습된 것이다. 각 개인 또는 개별 민족들의 가치관의 차이는 글로벌 기업이 현지에서 기업 또는 소비자, 정부 당국 등과 연관을 맺을 때 적절한 의사소통을 방해하는 요인이 되고 있다. 이에는 일과 시간에 대한 태도 및 성취욕구, 부에 대한 태도, 변화의 수용성 등이 있다.

시간에 대한 태도의 경우, 대체로 동양인보다 서양인의 시간관념이 철저하다고 볼 수 있다. 예컨대 동양인의 경우 정확하게 짜인 스케줄에 연연하지 않기 때문에 자신의 시간에 타인이 어느 정도 개입을 해도 크게 신경 쓰지 않는다. 그러나 시간관념이 철저한 서양인(특히 북미, 서유럽 등)의 경우는 철저하게 짜인 계획에 의해 생활하기 때문에 자신의 시간에 타인이 개입하는 것을 싫어하는 경향이 강하다.

정직성에 있어서도 미국과 EU, 그리고 일본 등의 선진국은 정직성을 생명으로 알고 되도록 거짓말을 하지 않도록 유아시절부터 철저한 교육을 시키고 있다. "정직은 최상의 방책이다(Honesty is the best policy)."는 서양 국가들의 가치관을 나타내준다. 반면, 후진국이나 개발도상국의 경우는 정직성에 대한 인식이 그렇게 철저하지 못한 느낌을 준다.

또한 변화에 대한 태도 역시 사회마다, 문화마다 다르기 때문에 글로벌 환경에서 기업 활동에 영향을 미치는 주요한 변수가 된다. 예를 들면 이슬람교에서는 '모든 변화와 개혁은 악의 산물'이라고까지 말한다. 불교와 힌두교 사회에서는 무념이 사회적 이상으로 인식되고 있기 때문에 생산과 소비의 동기가 불확실한 반면, 미국과 같은 사회는 풍요, 성취욕구 그리고 구매 지향적 사회이기 때문에 부(wealth)가 사회적 가치 척도의 기준이 된다.

태도(attitude)는 어떤 대상이나 생각에 대하여 한 개인이 지속적으로 갖고 있는 호의적 또는 비호의적 반응을 말한다. 대상에 대한 개인의 태도는 중립적이 아닌 호의적 또는 비호의적으로 뚜렷이 나타난다. 예를 들어 고급승용차에 대해 서구인들은 호의적인 태도이지만, 근검절약을 미덕으로 살아온 유교, 불교권 국가들은 비호의적인 태도를 가진다. 태도는 일시적이 아니고 비교적 지속적 · 일관성을 유지한다. 보편적으로 노년층의 경우는 특히 보수적이어서 변화에 대해 부정적이다. 태도는 선천적인 것이 아니라 학습되는 것이다. 왜냐하면 대상에 대한 사람의 태도는 그가 직간접적으로 겪은 경험을 토대로 형성되기 때문이다.

이상과 같은 가치관과 태도의 특성 때문에 현지국과의 비즈니스 접촉에 있어서는 변화의 장애요인 학습(관습, 가치관, 행동규범 등), 변화수용의 장애요인 중 적용 가능한 요인의 탐색, 그리고 신제품을 현지국의 관점에서 실험, 평가 실시 등의 상황을 고려해야 한다.

다음의 표는 서양과 동양의 가치관 차이를 보여준다. 서양은 부를 어떻게 사용하느냐가 중요하지만, 동양은 부의 소유를 중시한다. 소비가 미덕이라는 말은 서양권에서는 받아들여지지만 동양권에서는 저축만이 살길이라고 믿는다. 일본 사람들은 저축

〈표 1〉 동서양의 일상생활 문화 비교

서양권	동양권
• 富의 사용 중시 • 소비가 미덕 • 개인 중심적 • 핵가족 • 직접적 표현 • 독립적/경쟁적 • 이질의 사회 • 평등주의	• 富의 소유 중시 • 저축과 절약이 미덕 • 집단 중심적 • 집단가족 • 간접적 표현 • 상호의존적/협조적 • 동질의 사회 • 권위주의

을 미덕으로 여겨왔지만 결국 경제 활성화에 걸림돌로 작용하였다. 소비가 활성화되어야 경제가 돌아가는 이치인데 이러한 가치관이 쉽게 바뀌지는 않았다.

서양은 남 앞에서 좋고 싫음을 직접적으로 표현하지만, 한국이나 일본은 남에게 감정적인 상처를 주지 않기 위하여 직접화법은 피하고 에둘러서 표현하는 편이다. 서양은 개인주의가 발달하였고, 동양은 집단주의가 팽배한 것은 주지의 사실이다. 따라서 서양에서는 개인의 능력이 우선시되고, 동양에서는 집단의 성취가 개인역량에 우선한다. 중국의 관시(관계)는 집단주의의 대표적인 예이다.

동서양의 문화적 차이는 Chapter 2의 호프스테드(Hofstede)와 홀(Hall)의 이론에서 좀 더 자세히 설명하고 있다.

사회제도와 정치체제(social system and political structure)

사회제도란 조직구성원 사이에 연관성을 맺는 여러 가지 방법을 말하는데, 이것에는 사회집단, 교육환경, 정치구조 등이 포함된다. 사회집단을 혈연, 직업, 지역, 신앙, 연령, 성별 등을 기준으로 구분할 수 있는데, 기업의 경영전략은 이와 같은 사회집단의 구성내용에 따라 시장세분화의 정도가 다를 수 있고, 제품의 소비대상도 달라질 수 있다.

정치체제란 경제활동에 대한 정부의 역할과 개입방법, 경제 및 정치이념, 기업 활동에 대한 정부의 개입여부, 국제 정치 질서에의 순응 여부 등을 말하는데, 기업의 시장진출과 전략수립 등에 영향을 미친다. 따라서 글로벌 경영인은 국제경영을 행하기에 앞서 현지국의 사회제도와 정치체제를 인식함으로써 현지인과 큰 마찰 없이 경영활동을 성공적으로 수행할 수 있는 것이다.

기술 및 물질문명(technology and material civilization)

교통·통신과 정보 및 생명과학 등의 첨단과학의 발달은 경제발전을 촉진시켜 왔다. 특히 20세기에 들어와서는 항공기, 전화, 컴퓨터 등의 등장으로 현장에 가지 않고도 기업이 해외에서의 생산과 판매를 기업이 위치한 나라에서 기획하고 협의가 가능해졌다. 물질문명이란 인간이 재화와 서비스를 창출하는 데 이용되는 도구, 지식, 기술 및 전반적인 과정을 의미하며 경제발전 정도와 조직구성원의 생활수준을 잘 반영한다.

글로벌 기업은 글로벌 시장의 물질문명 수준을 파악함으로써 사업기회를 포착할 수 있을 뿐만 아니라 물질문명 수준에 따라 진출하려는 시장의 제품기능, 생산방법, 상품가격, 유통방법, 판매촉진 등을 조정할 수 있게 된다. 예컨대 인터넷 보급률이 낮은 문화권에서의 인터넷을 통한 광고활동은 마케팅에 그다지 도움을 주지 못한다. 또한 사회간접자본시설 구축이 온전하지 못한 지역에서 제품의 생산기지를 조성한다는 것은 무모한 행동일 것이다.

교육(education)

교육이란 일반적으로 정규교육기관 또는 산업훈련 전문기관으로부터 지식이나 기술, 기타 정보를 전달받는 것을 뜻한다. 한 사회의 교육환경은 교육제도, 문맹률, 학생수, 여성에 대한 교육 여부 등을 포함하는데 이러한 교육환경은 제품의 기능과 사용방법, 광고전략 등에 커다란 영향을 미친다. 문화는 교육과도 다양한 요소에서 서로 영향을 미치게 되며 다양한 사회 혹은 국가 등에서 독특한 교육과 관련한 문화를 형성하고 있다.

사람들은 교육을 통하여 자국의 문화, 지리, 역사, 자연환경, 법과 제도 등을 배운다. 각 나라의 교육제도와 교육내용이 달라서 이렇게 교육받은 사람들은 각 나라의 독특한 문화를 배우게 된다. 수년간의 학교 교육은 정체성을 지닌 국민으로 키워나가는 데 큰 역할을 하고, 문화의 동질성을 공유하게 만든다. 문화와 관련하여 교육은 문화의 핵심에 있으면서 전통을 통해 전수되고, 동시대에 맞게 변형되는 가치와 신념을 사람들에게 내면화시켜 주는 과정이라 할 수 있다. 따라서 교육은 문화 전수 담당자인 반면, 문화는 교육제도의 맥락을 제공하고 교육 내용의 핵심적 부문을 이룬다.

미적 감각(aesthetics)

그림, 조각, 연극, 무용 및 민속 등으로 표현되는 미적 감각은 마케팅활동 분야에 커다란 영향을 미친다. 특히 그중에서도 상품의 디자인, 색상, 포장 등은 광고에 미치는 영향이 지대하다. 이러한 미적 감각의 표현과 이해는 나라와 민족에 따라 다른데, 예를 들면 죽음 · 장례의식에 대하여 우리나라와 일본에서는 흰색으로 표시하는 데 반해, 서양에서는 검은색으로 표시한다. 또한 노란색이 중국이나 말레이시아에서는 군주의 색상으로 인식되어 아무나 황색복장을 착용하지 않는 데 반해, 시리아에서는 노란색이 죽음을 상징하여 매우 싫어한다.

결혼식에서도 미적 감각과 관련된 문화가 존재한다. 예컨대 결혼식에 어떤 특정한 색깔의 옷을 입으면 결혼하는 커플에게 액운이 닥친다고 믿는 민족이 있다. 인도인의 결혼식에서는 흰옷을 입으면 안 된다. 또한 중국인 결혼식에 참석할 때 여자 하객들은 검은색 옷이나 흰색 옷을 입으면 안 된다. 그렇게 하면 적대적인 행위로 해석될 것이다. 왜냐하면 검은색 옷이나 흰색 옷을 입는 것은 죽음과 관련되기 때문이다.

그러나 검은색이 결혼식에서 언제나 부정적인 색으로 인식되는 것은 아니다. 19세기 캘리포니아에서 스페인 신부들은 검은 웨딩드레스를 입고 결혼 서약을 했으며, 1990년대에 검은색은 또다시 몇몇 대담한 신부들이 선택하는 세련된 색깔이 되었다. 핼러윈 데이에 거행된 어떤 결혼식에서는 모든 하객들이 검은색 옷을 입었다.

5. 문화와 관광의 상생

국내 한류행사에 참가한 일본인을 대상으로 한국갤럽조사연구소(2011)가 실시한 설문조사에서 가장 선호하는 한국 문화로 드라마(75.8%), K-pop(65.6%), 한국음식(37.9%), 한국여행(36.5%), 한국어(30.6%) 등의 순으로 나타났다. 이뿐만 아니라 외국인들에게 인기 있는 상품은 한방, 성형 등의 의료관광, 미용(뷰티, 웰빙), 공연(넌버벌 퍼포먼스, 뮤지컬), 템플스테이와 한옥숙박 등의 전통문화 체험이다. 이처럼 문화는 관광객이 찾는 매력요소임을 알 수 있다. UNWTO가 미국의 역사문화 관광객을 대상으로 실시한 조사에 의하면 국내 관광객의 30%가 관광목적지를 선택할 때 특정 예술이나 문화유산 행사가 영향을 주었다고 한다. 캐나다에서는 50%의 관광객이 문화와 관련되었다고 한다.

문화는 관광상품과 지역이미지 전략의 한 양상으로 꾸준히 사용되어 왔고, 관광은 문화유산과 문화생산을 지원하는 수단으로서 문화개발 전략으로 통합되었다. 문화와 관광의 시너지 효과는 두 섹터 간의 직접적인 관계를 장려하는 중요한 이유의 하나가 되었다. 실제로 문화경험은 국제관광뿐만 아니라 국내관광의 목적이 될 때가 많다. 일본에서는 지역문화를 체험하는 관광을 장려하는 사업을 추진하여 인바운드 관광시장을 확대하고자 노력하고 있다. 외국에서도 음식, 숙박, 전통문화, 요리, 물건 만들기 등의 문화자원을 활용하여 관광상품을 개발하고 있다.

문화관광상품은 생활양식, 언어, 법, 가치관, 관습, 예술, 교육, 종교 등을 포함한다. 대부분의 국가에서는 문화관광상품을 최고의 관광상품으로 인정하면서 문화관광상품 개발에 박차를 가하고 있다. 세계 어느 곳을 보더라도 전부 독특한 문화를 가지고 있기 때문에 '문화가 같다'라는 말은 성립될 수 없다. 따라서 한 국가 안에서 각 지역들도 나름대로의 문화적 정체성을 강조하면서 관광홍보를 하고 있다.

그러나 현재 관광대국이라 일컫는 나라들에 비해 우리나라는 문화관광자원 활용이 제대로 이루어지지 않고 있다. 우리나라의 풍부한 문화자원을 활용하여 관광상품으로 연결한다면 관광산업 발전에 다소 기여할 것이다. 그렇다면 현존하는 문화관광자원의 초점을 어디에 두고 어떻게 활용해야 할 것인지 생각해 보아야 한다. 다음은 문화관광상품 개발방법에 관하여 살펴보자.

첫째, 문화관광상품 중 최고의 상품을 지역의 분위기로 보고 지역 분위기를 관광상품화하는 데 중점을 둬야 한다. 로마, 파리, 런던, 뉴욕은 세계에서 관광객이 가장 많이 들끓는 도시들이다. 그러나 로마의 웅장한 유적과 사원(寺院), 파리의 미술관들, 런던의 궁전과 박물관, 뉴욕의 브로드웨이 공연만이 관광객의 목표는 아니다. 뉴욕, 파리, 런던, 로마는 그 도시 자체가 하나의 관광상품으로 매력을 가지는 것이다. 미쉘린타이어 회사가 발행한 유명한 관광 가이드북의 파리 편은 다음과 같이 파리 예찬론을 펴고 있다.

> "파리의 마력(魔力)은 파리의 밤과 낮 그리고 추억이다. 유행과 예술의 첨단 도시, 다양한 박물관 도시, 파리는 그 거리를 소요(逍遙)하는 삶 자체가 단순한 즐거움을 가져다준다. 순간의 유머를 좇아 거리의 공기를 호흡하며 걷는 것은 신화 속의 이 도시가 지닌 신비스러운 천만 가지 모습을 발견하는 출발이다."

이처럼 전 세계가 파리에 사는 사람들을 부러워하는 이유는 바로 이 일상적인 파리에 있다. 파리지앵(Parisien)도 정작 이 도시를 떠나보면 그들이 얼마나 행복했던가를 새삼 깨닫게 된다. 무엇보다도 이 도시만의 여러 가지 모습, 소리, 냄새, 느낌의 교묘한 연금술로 빚어진 독특한 분위기야말로 세계 어디에서도 찾아볼 수 없는 것이다.

결국 문제는 분위기다. 슬슬 길을 걷다 보면 어떤 기념비, 어떤 이의 동상, 좀 별나 보이는 회색 지붕의 선, 발코니를 떠받친 여인상, 형형색색의 과일과 채소 가게들이 시선을 끈다. 날씨가 좋은 봄과 여름철에는 길거리에 내놓은 의자에 앉아 에스프레소 커피 한 잔을 음미하면서 행인들을 감상하는 재미도 파리에서만 누릴 수 있는 특권이다.

이뿐만 아니다. 프랑스 남부로 내려가면 '니스'라는 세계적인 영화제가 열리는 도시가 있는데 이 도시는 지중해를 접하고 있다. 프랑스 여행을 하는 사람들이 '니스'에 가면 바다가 바라다보이는 호텔에 투숙을 하고, 새벽에 일어나 지중해 바다물결이 넘실대고 파스텔 톤의 나무들이 줄 지어 있는 해변가에서 조깅하는 것으로 그날의 여행

일정을 시작하기도 한다. 즉 그 도시만이 가지는 특유의 분위기를 즐기는 것이다. 이것은 매우 중요한 관광경험이기도 하다.

우리나라에도 지역마다 독특한 분위기가 있다. 오늘날 다수의 관광객들은 이것을 느끼고자 한다. 즉 그 지역의 삶 속에 잠시나마 녹아들어 느껴보고자 한다. 결국 지역의 분위기는 최고의 관광상품임에 틀림없다.

둘째, 역사 유적이나 예술을 잘 보존하고 발굴하는 것이다. 경주는 사실 우리나라가 내세울 수 있는 대표적인 문화관광상품이다. 그러나 지금의 경주로는 관광객들이 천 년 전 실크로드와 연결된 세계적인 고대 문화 도시를 상상하기 힘들다. 문화관광상품 발굴의 핵심은 잘 보존된 문화자원을 발굴하여 빛을 보게 하는 것이다. 특히 문화재는 더욱 그러하다.

세계적인 문화재인 중국의 진시황릉은 절반 정도 발굴한 뒤 발굴을 멈추어서 화제를 모았다. 이유는 발굴과 동시에 문화재에 손상이 온 것도 있었지만 문화재에 손상을 주지 않게 발굴할 정도의 기술력을 가지고 있지 않다는 것이었다.

중국 진시황릉 내부

이러한 관점에서 볼 때 우리나라 문화재의 발굴과 보존에는 문제가 많다. 경주는 사실 우리나라가 내세울 수 있는 대표적인 문화관광상품이다. 그러나 무분별한 개발로 인해 문화재 훼손이 실로 크다. 과거 수많은 불상과 사찰이 있었다는 남산을 오르다 보면 시멘트로 파손된 부위를 메운 불상을 적잖이 발견할 수 있다. 과거의 문화재에 현재의 문화(물질문명)를 입힐 때에는 원래의 성질을 그대로 유지시켜야 한다. 그러한 정신이 발굴과정과 보존과정에 깃들어 있어야 한다. 이러한 점이 실천될 수 없다면 특정 문화재는 원형을 유지하며 발굴하지 않는 것이 오히려 올바른 문화재 보존 및 관리라 할 수 있다.

셋째, 문화자원을 체계적으로 엮어주는 이야기가 필요하다. 일종의 스토리텔링(storytelling)이다. 우리의 일상생활 하나하나가 이야기가 될 수 있고 과거의 관습, 전설, 생활양식, 풍습 등이 이야기가 된다. 즉 우리 주변에 이야기 소재는 다양하다. 독일의 하이델베르크에 가면 하이델베르크 성이 주된 관광지로 관광객을 맞이하고 있다. 이곳은 '황태자의 첫사랑'이라는 뮤지컬 영화의 배경지로 알려져 있는데, 이 지역의 사람들은 성곽 내 곳곳을 영화와 관련된 이야기로 엮어 놓았다. 예를 들면 황태자가 사랑하는 이를 만나러 가기 위해 몰래 바깥으로 나가려고 뛰어내려 생긴 한 개의 발자국이 있다. 그곳을 방문한 모든 관광객들은 이 발자국에 얼굴을 대고 사진을 찍는다. 우스꽝스러운 모습이지만 여기에서 우리는 교훈을 얻어야 한다. 아주 하찮은 것 하나에도 이야기를 만들어내어 관광객에게 특별한 경험을 하게 한다는 점이다. 이러한 이야기들은 그 지역의 역사가 길수록 많아진다.

우리나라는 반만년의 역사를 가지고 있고 지역 곳곳에 유서 깊은 유적지가 산재해 있다. 현재 지방자치단체에서 관광산업을 부흥시키려는 노력의 일환으로 지역과 관련된 이야기를 소재로 관광상품을 만들고 있다. 여기에 성공을 거둔 지역도 있지만 소수에 지나지 않고 그렇지 않은 지역이 더 많다. 실례로 남원은 춘향전을 소재로 테마파크를 만들었다. 곳곳에 춘향전에 등장하는 인물이 밀랍인형으로 늘어서 있는데 과연 이것으로 이곳을 테마파크라 할 수 있는지 의문이 든다. 경주도 수많은 이야기를 안고 있지만, 천년 도시 경주에 걸맞은 문화관광상품을 많이 만들어내지 못하고 있다.

넷째, 자국만이 가지고 있는 독특한 생활양식을 문화관광상품으로 만드는 것이다. 해외여행을 하는 대부분의 사람들은 그 나라 사람들의 생활양식에 대해 가장 궁금해 한다. 그리고 그것을 경험해 보고자 한다. 프랑스 파리에서는 노천카페에서 에스프레소 커피 한 잔 마시는 경험을, 일본 동경 한복판에서는 사람들이 줄지어 늘어서 있는 회전초밥집에서 몇 점의 초밥을 먹는 경험을 원한다.

우리나라는 우리나라만의 생활양식이 있다. 예를 들면 서양인들은 그들의 눈에 비친 한국의 생활양식 중 가장 인상적인 것을 '한국식 목욕'이라고 말하는 이가 많다. 실제로 뉴욕타임스를 비롯한 외국 언론에서 한국식 온천 목욕을 새로운 한국의 관광상품으로 소개하고 있다. 한국의 목욕문화는 전 세계 어디에서도 찾아볼 수 없는 한국만이 가지는 독특한 문화이다. 이외에도 우리나라의 의식주와 관련된 차별화된 문화관광자원은 곳곳에 있다. 이것이야말로 경쟁력 있는 문화관광상품이다.

과거에는 이러한 것이 관광상품이 된다는 것을 생각지도 못했지만 오늘날에는 문화관광상품의 중심이 된다는 사실을 깨닫고 있다. 따라서 문화관광상품을 개발할 시에는 그 지역문화의 주축이 되는 생활양식을 꼼꼼히 살펴보는 관찰력을 가지는 것이 중요하다.

예전에 관광과 문화는 별개라고 여겨졌다. 문화자원은 지역 문화유산의 하나로 보며 지역이나 국가의 문화 정체성의 토대를 이루고, 지역주민의 교육과 관련 있는 것으로 대부분 간주되었다. 문화는 서로 다른 지역의 차별성을 분명히 보여주는 역할을 하며, 문화는 관광상품의 중요한 요소로 등장하고, 글로벌 관광시장에서 독특성을 표현하는 역할을 한다. 반면 관광은 일상생활과 주민의 문화에서 벗어난 여가중심의 활동으로 간주되었다.

문화와 관광의 관계를 발전시키면 이미지 제고, 사회적 통합, 문화계에 대한 지원 등 여러 가지 긍정적인 효과가 있다. 문화는 관광지의 매력이나 경쟁력을 높이는 데 기여한다. 많은 지역에서는 유무형의 문화자원을 활발하게 개발하여 경쟁이 심화되고 있는 관광시장에서 상대적인 우위를 확보하고 또 자신만의 매력을 창조하려고 한다. 문화와 관광은 어디서나 상호호혜적인 관계를 유지하면서 장소, 지역, 국가의 매력과 경쟁력을 강화시킬 수 있다.

한편 관광은 문화유산, 문화상품 생산, 그리고 창의성을 지원하고 강화할 수 있도록 문화 창달과 소득증대의 주요 수단으로서의 역할을 한다. 관광수요에 따라 점점 사라져가는 고유의 공연문화를 재현시키는 촉매제 역할도 하고, 지속적인 문화공연을 위하여 문화기능 보유자들의 전승교육도 이루어지게 만들어서 관광은 전통문화의 보전과 계승이라는 역할을 촉진시키기도 한다. 관광수요에 부합하기 위하여 지역에서는 새로운 문화자원을 발굴하고 문화상품을 창조하는 노력을 해왔다.

관광의 주 대상이 문화자원인 문화관광은 세계 관광시장에서 가장 크고 빠르게 성장하는 분야이며, 관광목적지를 진흥시키는 목적으로 활용되고 있다. 지역을 홍보할 목적으로 문화자원을 지속적으로 사용하면 지역의 정체성과 이미지를 다른 지역과 차별화하게 된다. 왜냐하면 특정 지역의 문화는 지구상 어디에도 똑같은 것이 없기 때문이다. 이처럼 다양한 문화요소는 지역을 브랜드화하거나 마케팅 하는데 활용된다. 관광목적지의 이미지는 그 지역의 문화행사와 연결되고, 이러한 행사는 관광발전에 촉매역할을 할 수 있다. 지역문화는 관광객에게 지역을 더 매력 있게 만드는 역할뿐만 아니라 살기 좋고, 일하기 좋고, 투자하기 좋은 곳으로 지역을 홍보하는 매개체이다.

우리나라의 전통적인 문화관광은 문화유산을 방문하거나 고궁, 사찰, 민속마을, 전통예술 공연 등을 관람하는 수동적이고 정적인 특징을 갖고 있다. 그러나 점차 한국의 문화관광 특징이 동적이고, 현대적이며 체험위주로 변하고 있다. 우리나라 문화관광도 경험경제(experience economy)라는 시대의 트렌드를 따라가고 있다. 각종 축제에서도 단순 구경에서 탈피하여 체험위주 행사를 개최하여 많은 관광객을 유치하고, 체류시간을 연장하는 효과를 거두고 있는 것이다.

유럽에서는 문화관광을 통하여 유럽 내에서 다양성 속의 통일을 강조하는 수단으로 홍보하고 있다. 유럽에서 가는 곳마다 다른 문화를 경험하면서도 유럽이라는 문화의 동질감을 갖도록 만드는 것이다. 유럽을 방문하는 이유도 나라마다 다양하고 독특한 문화경험을 할 수 있다는 장점에 있다.

5.1 문화와 관광의 상생 사례

이제 전통문화든 첨단유행문화든 관광은 별개로 생각하기 어렵게 되었다. 문화가 있는 곳에 바로 관광객이 있기 때문이다. 이것이 문화관광산업의 발전의 토대이기도 하다. 문화관광산업의 범위는 지역, 국가의 유산, 역사적 유물 등의 문화유산에서부터 유무형문화재, 대중문화(미술, 영화/드라마, 음악), 현대문화(미용, 패션) 그리고 문화의 근간을 이루는 언어, 음식 등을 포함한다.

문화선진국의 사례를 들어보기로 하자. 홍콩은 쇼핑천국으로 알려져 있어 매년 2,000만 명 이상의 외국인들이 찾고 있다. 이렇게 성장하게 된 배경에는 영국이 1898년 어촌마을에 불과했던 곳을 100년간 조차하면서 사치품에 대한 면세혜택을 제공하고, 중국 전통문화를 존중하여 중국식 건물을 세우고 인테리어도 전통식으로 만들어 세계적인 부호들의 관심을 끈 데 있다. 이와 함께 중국 전통음식의 정체성을 살려 최고의 음식문화를 창조하였다. 홍콩이 지금 세계적인 관광지로 성장하게 된 배경에는 전통문화의 계승과 음식문화의 창달이 있었던 것이다.

일본은 음식으로 일본 문화를 전파하여 관광객을 불러 모은 경우이다. 스시는 어부들이 팔고 남은 생선을 끼니로 때우려고 만든 주먹밥으로 아주 평범한 음식이었지만, 이제 가장 맛있고 귀한 음식으로 자리매김하였다. 날 생선을 먹지 않는 서구인들에게도 웰빙 음식으로 인식되어 대중화되고 있다. 스시와 더불어 일본은 게임, 애니메이션, 패션, 건축, 소설 등으로 세계인의 주목을 받기 시작했고, 이를 통한 일본 문화의 존재감 확산으로 외국 관광객들도 증가하게 되었다. 말하자면 일본식 라이프스타일이 수출된 것이다.

문화 활동이 관광객을 유치하는 사례는 많다. 오스트리아의 빈 필름 페스티벌은 세계적으로 유명한 오페라 공연과 클래식 연주회 실황을 녹화해 보여주는 행사인데 7, 8월에 빈 시청광장에서 펼쳐진다. 빈 시민뿐만 아니라 빈을 방문한 내국인과 외국인 클래식 팬들에게 인상 깊은 빈의 여름밤을 선사하는 축제이다. 예술 공연은 봄과 가을에 있는데 그 사이에 마련한 필름 페스티벌에서 국내외 관광객들이 모여드는 것이다.

가수 싸이는 2012년 '강남스타일'로 영국 싱글 음반 1위를 차지하고, 빌보드차트 2위에 오르는 역사를 만들었다. BBC 방송은 음악, 드라마, 한식 등의 문화가 한국의 새로운 경제력을 창출하게 되었다고 보도하였다. 이러한 문화수출로 말미암아 한국은 자동차나 화장품 등의 소비재 수출에 연간 50억 달러의 가치를 창조했다고 보도하였다. 10년 연구결과로 볼 때 한국의 문화와 상품에 대한 인지도와 친밀성이 높아져 100달러의 K-Pop 수출은 400달러의 소비재(화장품, 전자, 모바일폰) 수출을 이끌어낸다고 하였다.

가수 싸이의 '강남스타일'이 세계적으로 폭발적인 인기를 끌면서 그동안 강북으로만 몰렸던 외국인 관광객 수요가 강남으로 이동되고 있다. 한국관광공사가 미국에서 뮤직비디오를 본 사람들을 대상으로 설문조사한 결과, 60%가 한국을 방문하고 싶다고 하였다. 의향과 실제 행동 사이에 차이가 있다 해도 2015년 7월 현재 25억 회 가까운 뮤직비디오 다운로드 수를 감안하면 아주 보수적으로 접근해도 상당한 인바운드 효과를 기대해 볼 수 있다.

출처: http://www.kwangju.co.kr(2015 광주 유니버시아드 대회에 참가한 미국 대학생들의 강남스타일 춤추는 모습)

이러한 긍정적인 효과는 당연히 관광으로도 연결될 것으로 보인다. 노래만 수출된 것이 아니라 그와 함께 한국 문화도 수출되었고, 한국 문화에 대하여 세계인의 관심을 받게 되었다. 비틀즈가 활동했던 고향인 리버풀은 아직도 많은 관광객들이 방문하고 있지만 노래를 듣기 위해 방문하는 것이 아니라 그 시대의 문화를 다시 한 번 맛보기 위해, 즉 비틀즈 음악의 배경이 된 영국 문화를 체험하기 위해 모여든다. 우리는 비슷한 효과를 특히 중국시장에서 기대할 수 있다. 그 이유는 중국의 사회체계가 창의적인 아이디어를 발전시키는 데 한계를 보이고 있어 중국판 강남스타일이 쉽지 않기 때문이다.

The China Hotline이라는 신문은 왜 중국에서 강남스타일 같은 것이 부족한가라는 제목의 기사를 보도하였다. 비록 중국의 한 도시에서 배출한 가수와 댄서 수가 한국보다 더 많고, 전 세계대학에 공자아카데미를 설립하고, 조그만 도시마다 중국방송국을 차렸지만 중국 문화에 대한 열풍은 불지 않았다. 그 이유는 정부의 통제와 간섭으로 창의성을 발휘할 수 없는 시스템 때문이라고 하였다. 예술표현에서 중국사회의 전통적인 가치가 이탈될 것 같으면 통제를 당한다고 한다. 결국 한국의 라이프스타일은 무한한 창의성과 상상력을 보여줄 수 있는 시스템이 있었기에 가능한 일이었다. 따라서 문화산업에서 우리나라의 독특한 라이프스타일을 유지한다면 중국인들의 우리나라 방문은 지속적으로 증가될 것이다.

문화와 관광의 상생을 실천하는 액션플랜으로는 주요 관광국과의 문화교류를 강화하는 것이다. 특히 우리나라의 주요 시장에서 문화교류를 적극적으로 실행하여 문화에 대한 관심을 높여서 관광으로 연결하는 방안이다. 문화관광축제나 공연예술제를 일방적이 아닌 공동으로 개최하는 방법도 있다. 예를 들어 외국에서 한국영화제 주간을 만든다던지 박물관끼리의 교류도 문화와 관광이 상생할 수 있는 방법이다. 일본은 아시아 국가들과의 문화교류를 활발히 하면서 일본 문화를 전파하고 관광교류도 활성화하고 있다.

문화와 관광의 파트너십도 중요하다. 문화와 관광섹터의 복잡성은 두 섹터 간의 협력을 위해 플랫폼이 마련되어야 하고, 원활한 소통을 확실하게 만들기 위한 체계가 잡혀야 한다. 관광에서는 방문객을 고객으로 여기는 것이 자연스럽지만, 문화계에서는 주민을 관객으로 보고 있어 갈등의 소지가 있다. 이익과 공익이라는 선택의 문제이지만, 관광객도 문화 관객의 일부라고 여기면 문제는 해결된다. 문화의 역할은 지역을 매력 있는 관광지로 만드는 것뿐만 아니라 주민을 위하여 살기 좋고, 일하기 좋고, 투자하기 좋은 곳으로 만드는 데 있다. 문화는 관광에 차별성을 제공하고, 관광은 유·무형 문화를 지원하는 기능을 하는 상호 간의 융합을 통하여 사람과 투자를 유치하는 강력한 역할을 하는 것이다.

강한 문화를 가진 나라가 이긴다

앞으로 글로벌 경쟁은 문화경쟁의 양상을 띨 것이라는 것이 문화 비평가들의 공통된 전망이다. 결국 앞으로의 세계시장은 각국 문화상품의 각축장이 될 것이라는 뜻이다. 음식전쟁도 문화경쟁의 한 양상이다. 음식전쟁에서 승리하기 위해 한국은 어떠한 대비책을 마련해야 할까?

중국의 문화성장은 홍콩의 문화성장이 있었기 때문에 가능했다. 영국은 제2차 세계대전 이후, 자국의 경제난 극복을 위해 작은 어촌에 불과했던 홍콩을 국제관광도시로 개발하기 시작했다. 사치품을 중심으로 면세 혜택을 부여해 전 세계 상류층들의 이목을 집중시켰다. 영국이 중국 문화를 재해석하여 창조한 중국식 건물과 인테리어, 식당, 음식 등이 세계 부호들의 큰 관심을 받게 된 것이다. 중국의 음식문화가 세계적 명성을 얻게 된 것은 홍콩이 있었기 때문에 가능했다. 홍콩에 대한 영유권을 행사하던 영국의 치밀한 계획이 전 세계에 중국 문화를 홍보하게 된 계기가 되었던 것이다.

'홍콩식 중국 음식 문화'는 취향과 기호를 충족시켜 세계성을 획득할 수 있었다. 이제 중국 문화는 세계적으로 엄청난 파급력을 갖게 되었다. 음식문화의 격상은 사람들의 안목과 감각, 의식 수준까지 향상시키는 결과를 가져와 한 나라를 발전시킨다.

또한 문화는 문화를 만들고 발전시키는 주체가 누구냐에 따라 문화의 가치와 향방이 크게 달라질 수 있다. 일본의 스시는 어부들이 끼니를 때우던 주먹밥에 불과했던 평범한 음식이다. 일본은 스시를 가장 맛있고 귀한 음식으로 변화시켜 가치의 전도를 이루어냈다. 더 나아가 세계의 모든 사람이 대중적으로 즐길 수 있는 음식이 되었다.

게임, 애니메이션, 패션, 건축 등 세계적인 주목을 받고 있는 일본 문화는 2020년 일식(日食) 인구 20억 명을 확보하겠다는 야심 찬 계획의 중심에 서 있다. 일본은 이미 문화적 존재감을 세계적으로 키우기 위해 먼 미래까지 치밀하게 계획하고 있다. 일식 인구를 20억 명까지 확대하여 그 인구를 일본식 생활 스타일을 즐기고 소비하는 인구로 확대해 나가겠다는 계획이다.

그렇다면 우리나라가 앞세워 발전시켜야 할 전통은 무엇이며, 우리는 지금 어디에서 어떤 준비를 하고 있는가? 세계를 제패할 문화를 만들기 위해 구체적인 꿈을 꾸고, 계획하고, 실천하는 것이 지금 우리에게 필요하다. 많은 인구를 가진 인도와 중국과의 문화전쟁에서 승자가 되기 위한 계획을 철저히 세우고 있는 일본을 보라! 자국 문화의 가치 경쟁력을 높여 글로벌 표준 문화를 만들어가야 문화선진국의 자리를 오래도록 지킬 수 있다(조태권, 2012).

Chapter 2

문화 차이 측정

1. 호프스테드 지수

여러 문화에 걸친 유사한 현상과 고유한 문화적 현상을 이해하기 위해서는 각각의 문화들이 어떤 차이를 보이는가에 대해 이야기할 수 있는 기준을 마련해야 한다. 이러한 관점에서 학자들은 개개 문화들의 차이를 보이거나 비슷함을 밝혀내는 데 준거 역할을 하는 문화적 가치체계를 개발해 왔다. 이 가운데 가장 대표적인 것이 호프스테드(Geert Hofstede, 1991)의 연구이다.

호프스테드는 우리의 행태에 많은 영향을 미치는 네 가지 문화적 가치체계를 찾아냈는데, 이 체계는 개인주의-집단주의, 불확실성의 회피, 권력 차이, 남성성-여성성이다. 호프스테드는 다국적 기업인 IBM의 종업원 중 40여 개국의 10여만 명을 대상으로 설문조사를 실시하였으며, 수집한 자료를 분석하여 이문화적 가치체계를 밝혀내었다. 호프스테드는 후속연구를 통해 유교적 역동성(confucian dynamism) 차원을 제안했다. 한 문화권의 유교적 역동성이 높을수록 해당 문화가 위계에 따른 질서에 대한 복종이나 검소, 인내 등의 가치 등 일반적으로 유교에서 중시하는 바를 중요하게 여기는 것으로 해석된다. 이 구성 차원은 호프스테드의 4개 차원만으로는 설명하기 어려웠던 동양권 문화의 특성을 반영한 것이다.

여기에다 본드(Michael Bond)가 1991년 23개국에서 조사한 결과를 바탕으로 5번째 차원인 장기 대 단기 지향(Long-term vs. Short-term orientation)을 추가하였다. 2010년에는 민코프(Minkov)가 93개국을 대상으로 한 세계가치조사(World Values Survey)의 분석결과에 기초하여 6번째 차원인 탐닉 대 억제(Indulgence vs. Restraint)를 첨가하여 문화권과의 차이를 분석하였다(www.geerthofstede.nl). 호프스테드는 다양한 사회문화들에 대한 차원의 차이와 유사점을 살펴봄으로써 좀 더 명확하고 체계적으로 문화를 설명하고 이해할 수 있다고 했다.

권력 거리(power distance) 차원은 한 문화권의 사람들이 권력의 불공평한 배분을 어느 정도로 수용하는가를 말해주는 차원이며, 개인주의 · 집단주의(individualism/collectivism) 차원은 대체로 서구사회와 아시아를 구분하는 뚜렷한 특징이다. 남성주의 · 여성주의 성향(masculinity/femininity) 차원은 한 문화권에서 업적과 성공을 중시하는지, 아니면 인간관계 지향적이고 행복을 추구하는지를 말해준다. 불확실성 회피(uncertainty avoidance) 차원은 한 문화권이 얼마나 불확실성과 예측불가능성에 대한 내성을 가지고 있느냐를 말해주는 것이다.

1.1 개인주의 – 집단주의

개인주의(individualism)는 사회규모의 크기에 상관없이 개인이 가장 중요한 단위이며 각 개인의 독특성이 최고의 가치를 지니는 문화이다. 개인주의 성향이 높은 문화권에서는 '나'에 대한 의식이 강하게 작용한다. 협력보다는 경쟁, 개인의 목표가 집단의 목표보다 우선시되고 사람들은 조직에 의존하지 않으려는 경향을 보인다. 각 개인은 자신의 재산 및 생각, 의견에 대한 권리를 갖는다. 이러한 문화는 개인의 솔선수범과 성취를 강조하고 개인의 의사 결정에 가치를 부여한다. 호프스테드(Hofstede)의 연구에 따르면 미국, 호주, 영국, 캐나다, 네덜란드 및 뉴질랜드는 개인주의 문화권이라 할 수 있다.

반면에 집단주의(collectivism)는 자신이 속한 내집단(in-groups)과 자신이 속하지 않은 외집단(out-groups)을 구별 짓는 단단한 사회적 틀에 의해 특정 지워진다. 사람들은 친척이나 자신들이 속한 집단이 자신들을 돌보아줄 것을 기대하며 이에 대한 반대급부로 집단에 절대적인 충성심을 보인다. 몇몇 학자들은 전 세계 인구 중 약 70%가 집단주의 문화권에서 산다고 추정한다. 이 사실 하나만으로도 타 문화권 사람들이 이러한 집단주의 문화권 사람들의 인식과 커뮤니케이션 행위를 이해할 필요가 있음을 입증하기에 충분하다.

파키스탄, 콜롬비아, 베네수엘라, 대만, 페루와 같은 집단주의 사회에서 사람들은 대가족 또는 문중(門中)에서 태어나 가족 또는 문중에 대한 충성심의 반대급부로 그 가족 또는 문중의 보호를 받는다. 또한 '우리'에 대한 의식이 강하게 작용한다. 이러한 문화권에서는 개인의 조직에 대한 의존을 강조한다. 집단은 개인의 사생활을 침범하며 개인은 집단의 결정을 믿는다.

그러면 한국인은 어디에 속할까? 아마도 한국인은 집단주의 성향에서 개인주의 성향으로 전환되는 시점에 와 있다고 볼 수 있다. 대부분의 기성세대들은 여러 측면에서 집단주의 의식을 갖고 있으며 젊은 세대들은 점점 강한 개인주의 성향을 보이고 있다.

우선 개인주의 문화권과 집단주의 문화권을 비교하면 다음과 같다. 개인주의 문화권에서는 개인의 임무가 인간관계보다 더 중요시되며, 집단주의 문화권에서는 인간관계가 임무보다 더 중요시된다. 만일 개인주의 문화권 출신의 외교관이나 기업 경영인이 집단주의 문화권에서 일하게 된다면 그는 임무를 수행하기 전에 사람들과 신뢰관계를 만드는 데 많은 투자를 해야 한다. 이는 문화와 관계의 유형에 따라 몇 분에서 몇 년이 걸리는 일인데 개인주의 문화권에서는 시간 낭비로 여겨질 수도 있다. 그러나 집단주의 문화권에서는 긴요한 투자에 해당된다. 대부분의 집단주의 문화권에서는 사람들과 관계를 맺는 과정에서 선물의 제공과 봉사가 수반되는데, 개인주의 문화권에서 이러한 관행은 뇌물로 간주되기도 한다.

다음으로 개인주의 문화권에서 업무상 개방성과 직접성은 흔히 장점으로 생각된다. 갈등의 해결이 갈등의 억제보다 중요시된다. 집단주의 문화권에서는 불협화음을 불러올 수 있는 개방성보다는 적합한 형식과 조화의 유지를 중요시한다. 조화를 유지하기 위해 진실이 유보되는 경우도 있다. 대개의 집단주의 문화권에서는 체면을 매우 중요하게 여기며 조화를 유지하는 것은 체면을 잃지 않는 것으로 간주된다. 따라서 대부분의 집단주의 문화권에서는 개방적이고 직접적인 대인관계가 반드시 바람직하다고 보지는 않는다. 개인주의 문화권 사람으로서 집단주의 환경에서 처신하기 위해서는 간접적 커뮤니케이션 기술을 배워야 한다. 마찬가지로 집단주의 문화권 사람들이 개인주의 문화권 사람들과 관계를 맺기 위해서는 직접적 화법의 가치를 깨닫고 학습해야 한다.

〈표 2〉 개인주의 대 집단주의(individualism vs. collectivism)

개인주의자	집단주의자
1. '나(I)'라는 용어를 자주 사용한다. 2. 결정은 대표가 즉석에서 내린다. 3. 사람은 혼자서 이상적으로 일을 완수하며 개인적으로 책임을 진다. 4. 휴가는 몇 명이나 혹은 혼자서 보낸다.	1. '우리(We)'라는 용어를 자주 사용한다. 2. 결정은 조직의 의견을 대표가 이야기한다. 3. 사람은 집단으로 일을 잘 완수하며 책임은 함께 진다. 4. 휴가는 집단으로, 또는 대가족 단위로 보낸다.

1.2 불확실성의 회피

어떤 문화권에서의 사람들은 모호하고, 불확실하며, 예측할 수 없거나 위험한 상황을 피하려 드는 반면, 어떤 문화권에서는 사람들이 모호하고 예측할 수 없으며 불확실한 상황에서도 편안해 한다. 불확실성의 회피(Uncertainty avoidance)가 강한 문화권에서 사람들은 모든 가능성 있는 대안을 조심스럽게 결정한다. 불확실성 회피가 약한 문화권에서는 소수의 사람들이 적은 정보를 가지고 신속한 의사결정을 내리고 위험을 피하기보다는 감수하려 든다. 불확실성의 회피가 강한 문화는 격식을 갖춘 관료적 규칙을 많이 필요로 한다. 또한 의례, 기준 및 공식에 의존하며 흔히 가족 및 핵심 요원들과 같은 믿을 만한 사람들만을 믿으려 한다.

불확실성의 회피가 강한 문화권 사람들에게 법규는 지켜야 할 대상이다. 상이함과 모호함에 대한 관용이 적고 드러내고 싶은 생각, 느낌 및 감정이 있어도 아주 조심스럽게 표현하는 경향이 있다. 이와는 대조적으로 불확실성의 회피가 약한 문화권 사람들은 위계질서(hierarchy)를 비효율적이고 심지어 파괴적인 것으로 여겨 싫어한다. 이들은 안전한 행동을 보장하는 원칙에 의존하려 한다. 모호함과 상이함에 대한 포용력을 지니며, 심지어 수용까지 한다. 자신이 생각하고 느끼는 것을 자유롭게 표현한다.

불확실성의 회피가 약한 문화권에서 사람들은 삶에 내재된 불확실성을 수용하고 자신의 생각과 달리하는 사람에 대하여 불편해 하지 않으며 예외적인 일을 잘 참는다. 이들은 진취정신을 높이 사며, 모험심이 많고 좀 더 융통성 있고 가능한 한 명문화된 규칙은 적을수록 좋다고 생각하고, 전문가보다는 자기 자신과 자신의 상식에 의존한다. 이 문화권 사람들은 일반적으로 긴장감이 적고 좀 더 이완된 삶을 산다.

강한 불확실성의 회피 경향을 보이는 국가로는 포르투갈, 그리스, 독일, 페루, 벨기에 및 일본을 들 수 있다. 이에 비하여 스웨덴, 덴마크, 미국, 핀란드, 네덜란드 등은 불확실성의 회피가 약한 문화권에 해당된다.

경제발전과 더불어 시간은 중요한 자원으로 인식되고 있다. 불확실성의 회피가 강한 선진국에서 시간은 돈이다. 일본과 프랑스가 이에 해당된다. 불확실성의 회피가 약한 선진국에서 시간은 지향하는 틀이며 삶은 느긋하다. 그리고 사람들은 범상치 않은 행위나 아이디어에 화를 내는 일이 적으며 관용적이다. 영국과 스웨덴이 이에 해당된다.

이러한 불확실성 회피의 차이는 국제협상 과정에도 영향을 미친다. 불확실성의 회피가 강한 문화권 사람들은 일을 천천히 처리하기를 원할 것이며 구체적인 계획을 요구한다. 또한 각 문화권마다 편안하게 느끼는 격식의 수준에 차이가 있을 것이다. 불확실성의 회피가 약한 문화권 사람들은 회의가 구조적이 아닐지라도 그리 실망하지 않을 것이다. 또한 불확실성 회피성향이 강한 문화권 사람들은 논쟁과 갈등을 피하기 위해 상당히 높은 수준의 일체감을 원한다.

1.3 권력 거리

권력 거리(power distance)의 차원은 권력, 명성, 부(富)가 한 문화권 내에서 불평등하게 분배된 정도를 말한다. 민주국가에서는 일반적으로 권력 거리가 작아서 불평등한 관계가 작은 편이다. 사람과 사람 사이는 평등관계를 기조로 하기 때문에 소통이 자유롭고, 위계질서가 그리 중요하지 않다. 반면, 사회주의나 공산주의 체제는 계급 간 불평등관계가 매우 큰 편이어서 권력 거리가 크다. 권력을 가진 사람은 그렇지 못한 사람과 비교하여 상대적으로 사용하는 권력이 크고 부의 차이도 많은 편이다. 북한이 대표적이다. 권력 거리 차원은 경제적으로 발전된 국가와 저개발국가를 구별 짓게 한다. 즉 선진국의 경우에는 권력 거리가 작은 반면 저개발국가에서는 권력 거리가 심한 현상을 볼 수 있다.

권력 거리가 작은 문화권에서 부모는 어릴 때부터 자식들의 독립심을 키워주기 위해 노력한다. 교사들도 학생들의 독립심을 가르치며, 윗사람이 아랫사람과 상의하고 조언을 듣는 일은 하나의 규범이다. 권력 거리가 큰 문화권에서 부모와 자식 간의 관계는 다르다. 이 문화권에서는 부모에 대한 효도, 존경과 헌신을 최고의 덕목으로 여긴다. 자식들은 부모에게 순종하고 심지어 성인이 되어서도 서로의 순종을 미덕으로 여긴다. 이런 부모와 자녀의 관계는 교사와 학생과의 관계에도 이어진다. 학생들은 교사에게 존경을 표하며 교사들을 지혜의 원천으로 여기고 가르침에 대해 공개적으로 비판하는 것이 금기시된다.

권력 거리가 큰 사회에서는 직장을 포함한 사회생활 전반에서 나이 많은 사람에 대한 존경을 표시한다. 따라서 사람들은 실제보다 나이 들어 보이도록 노력하기도 한다. 권력의 거리가 작은 사회에서 나이는 부정적으로 평가되어 나이 많은 사람들에 대해 특별한 배려를 하지 않으며, 사람들은 실제보다 젊어 보이려고 노력한다. 권력의 거리가 큰 사회의 사람들은 종종 권력의 거리가 작은 사회의 사람들이 나이 많은 사람에 대한 존경심을 보이지 않는 것에 당혹해 하기도 한다.

권력 거리가 작은 문화권에서 온정주의는 바람직하지 못한 것으로 인식된다. 상급자와 하급자 간의 권력의 거리는 권력 남용의 우려가 있다고 간주된다. 권력의 거리가 작은 문화권에서 신분의 차이는 바람직하지 못하다. 권력과 부(富)가 일치되지 않는다. 권력 있는 사람이 부자여야 한다는 법은 없으며 부자가 권력을 지닐 이유도 없다. 권력 거리가 큰 문화권에서는 상급자와 하급자의 권력 거리가 신분의 차이를 의미한다고 생각한다.

권력 거리가 작은 문화권에서 권력의 남용에 대한 견제체계를 가동시키는 것은 일반적인 일이다. 직장 내에서 하급 직원의 불만을 다룰 창구가 열려 있으며 불평하는 하급 직원은 그 불평이 타당치 못한 것일지라도 큰 불이익을 당하지 않는다. 권력 거리가 큰 사회에서 그러한 불만을 표하는 창구를 만들기는 매우 어렵다. 상급자의 권력이 절대적이고 제삼자에게 불만을 털어놓는 행동은 오히려 상급자로부터 보복을 당할 우려도 따른다. 그러나 직접적으로 불만을 전달하는 방식은 열려 있다.

인도, 브라질, 싱가포르, 그리스, 베네수엘라, 멕시코, 필리핀과 같이 권력 거리가 큰 사회는 권력과 권위가 삶의 현실이라고 믿는다. 의식적, 무의식적으로 이러한 문화는 사람이 동등하지 않으며 권력을 지닌 사람과 그렇지 못한 사람들 간에 큰 거리가 있다는 점을 인정한다. 언제 어디서든 위계질서(hierarchy)가 적용되며 제도적 불평등이 존재한다.

오스트리아, 핀란드, 덴마크, 노르웨이, 뉴질랜드, 이스라엘처럼 권력 거리가 작은 사회에서 사회적 불균등은 최소화된다. 이문화권 사람들은 누구나 권력에 쉽게 접근할 수 있다고 믿는다. 이들은 위계질서를 편의상 설정된 역할의 구분으로 간주한다. 지위가 낮은 사람은 지위가 높은 사람을 자신과 같은 사람으로 생각하며 높은 사람 또한 낮은 사람을 자신과 같은 사람으로 생각한다. 권력을 가진 사람과 권력이 없는 사람 모두가 협력하면서 살려고 노력하는 데 가치를 둔다.

1.4 남성중심과 여성중심

남성중심(masculinity)과 여성중심(femininity)이라는 단어는 남성과 여성을 지칭하는 것이 아니라 남성다움 또는 여성다움의 정도를 말한다. 남성중심은 한 사회의 지배적인 가치가 남성 지향적이고 적극성, 야망, 성취, 재물의 소유, 남에 대한 배려의 부족과 같은 행동과 관련이 많다. 필리핀, 그리스, 남아프리카, 오스트리아, 일본, 이탈리아, 멕시코 등은 남성 지향적 사회에 해당된다. 남성 지향적 사회에서 성역할은 명확히 구분되어 남자는 자신감을 갖도록 교육받으며 여자는 양육 역할을 할 수 있도록 교육받는다.

여성중심은 돌봄(caring)과 양육 역할을 강조한다. 남자는 적극적이어야 할 필요는 없으며 양육 역할도 할 수 있다. 여성 지향적 사회에서는 성적 동등성이 추구되고 사람과 환경 모두가 중요한 것으로 인식된다. 성적 역할은 남성 지향적 사회보다 훨씬 유동적이다. 상호의존적 행위와 양성적(兩性的) 행위가 이상적인 것으로 인식된다. 스웨덴, 노르웨이, 핀란드, 덴마크, 네덜란드가 여성 지향적 세계관을 지닌 국가들이다.

그렇다면 한국은 어디에 속할까? 물론 아직까지 한국사회는 남성중심적 성향이 강하다. 그러나 급격한 산업화와 그에 따른 여성의 사회 참여 확대, 정부의 지원 등에 힘입어 남녀 성(性) 역할 구분이 점차 무너지고 있다. 여객기 조종사, 지하철 기관사, 주가지수 선물시장 딜러, 국제 통상 전문 공무원 등은 일반적으로 남성들의 고유영역으로 여겨지던 직종이었다. 그런데 이 직종에 여성이 진출하고 있다. 공군사관학교와 육군사관학교도 여성을 뽑고 있다. 도시 근로자 3가구당 1가구꼴로 맞벌이가 일반화된 요즈음 집안에서도 성역할의 고정관념이 깨지고 있다(최윤희 · 김숙현, 1997).

상이한 성적 역할은 커뮤니케이션에 영향을 미친다. 남성적 문화는 좀 더 공격적인 커뮤니케이션 유형이 되며 협력보다는 경쟁을 강조하고 사려 깊기보다는 충동적인 경향이 높다(최윤희, 1998).

1.5 장기 지향

호프스테드가 말하는 5번째 문화 차원은 장기 지향이다. 본드(Michael Bond)가 23개국을 대상으로 조사하여 1991년에 추가한 것이다. 그 후 2010년에 민코프(Michael Minkov)가 세계가치조사 데이터를 사용하여 93개국으로 확장한 것이다. 장기 지향적인 사회에서는 특히 절약, 인내, 그리고 환경변화의 적응 등 미래에 보상받을 것을 지향하면서 실용적인 가치를 가르친다. 단기 지향적인 사회에서는 애국심, 전통 존중, 체면 유지, 그리고 사회적 책임 등과 같은 과거와 현재에 관련된 미덕을 소중히 여긴다.

1.6 탐닉과 억제

민코프(Minkov)가 세계가치조사(World Values Survey) 자료를 이용하여 제시한 6번째 차원이다. 탐닉은 삶을 즐기거나 재미를 찾는 것과 관련된 인간의 기본적이고 자연적인 욕구를 비교적 자유롭게 충족시키도록 허용하는 사회를 지칭한다. 억제는 욕구 충족을 억누르거나 엄격한 사회적 규범으로 규제하는 사회를 말한다.

〔그림 1〕 호프스테드의 문화적 가치체계

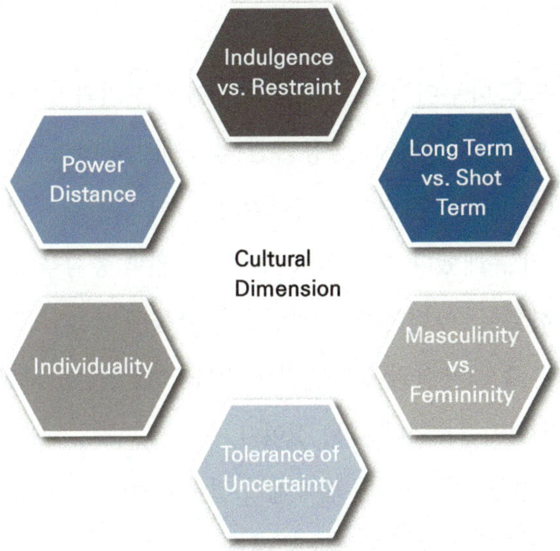

앞의 6가지 차원에 해당하는 각국의 점수는 상대적인 것이다. 이런 상대적인 점수는 몇 십 년간 매우 안정적으로 유지되어 왔다. 문화를 변화하게 만드는 힘은 글로벌이나 대륙적인 경향이 있다. 이러한 힘은 동시에 많은 나라들에게 영향을 끼치기 때문에 이들 국가들의 문화가 변하면 국가도 함께 변하게 되어 상대적인 위치는 변함없이 같게 유지되는 것이다.

권력거리지수는 라틴, 아시아, 아프리카 국가에서 크고, 앵글로(영국, 미국, 캐나다, 호주 등), 독일 국가들에서는 작다. 불확실성의 회피는 라틴 국가(이탈리아, 프랑스 남부, 스페인, 포르투갈), 일본, 독일어권 국가에서는 높은 편이고, 앵글로, 노르딕(노르웨이, 덴마크, 스웨덴, 아이슬란드, 핀란드), 중화권 국가에서는 낮은 편이다. 개인주의는 서구 선진국에서 팽배한 반면, 집단주의는 저개발국가와 동양권에서 흔히 볼 수 있다. 일본은 중간쯤 위치한다. 남성중심주의는 일본, 독일, 오스트리아, 스위스에서 높고, 앵글로 국가에서는 약간 높은 편이다. 노르딕 국가, 네덜란드에서는 낮고, 라틴(스페인, 프랑스)이나 아시아 국가(태국)에서는 다소 낮다. 장기 지향성은 동아시아에서 가장 높고, 동유럽이나 서유럽에서 다소 높은 편이며, 앵글로, 무슬림, 라틴아메리카, 아프리카에서는 낮다. 탐닉 점수는 라틴아메리카, 아프리카 일부, 앵글로 국가, 노르딕 유럽에서 가장 높고, 억제 점수는 동아시아, 동유럽, 무슬림 국가에서 대부분 발견된다.

국가 점수가 몇 개의 그룹으로 나누어지는 것은 문화 차이의 뿌리와 맞닿아 있다. 이런 차이는 유사한 점수를 보이는 국가들의 공통적인 역사에서 찾아야 한다. 라틴 국가들은 권력지수와 불확실성의 회피 점수에서 상대적으로 높다. 이들 국가들은 문명의 일부가 로마제국으로부터 유래했다. 당시의 로마제국은 권력 중심을 로마에 두고 모든 국민을 법으로 통치하였다. 이런 형태가 시민들의 마음에 오늘날 우리가 이야기하는 가치체계를 세웠다. 즉 중앙집권화가 권력 거리를 크게 만들었고, 법을 강조하는 것이 강한 불확실성의 회피를 조성했다는 것이다.

중국도 중앙집권화를 알고 있었지만 확실한 법체계가 결여되었다. 법 대신 인간이 통치한 것이다. 한때 중국의 지배를 받았던 오늘날의 국가들은 제국에 의해 조성되었던 사고방식이 큰 권력 거리에 투영되어 있지만 불확실성의 회피는 약하거나 중간 정도이다. 영국을 포함한 유럽의 게르만 문화권은 오랫동안 지속되는 공동의 중앙정부와 국가를 수립하는 데 성공하지 못하였다. 이들 국가들은 권력 거리가 작은 문명을 이어받았다.

6개 문화차원의 국가 점수는 해당 국가의 다른 다양한 데이터와 상호 관련이 있다. 예를 들어 권력 거리는 국내 정치의 폭력의 사용과 수입의 불평등에서 상관관계가 있다. 불확실성의 회피는 로마 가톨릭과 연관이 있으며, 선진국에서 시민들이 신분증을 휴대하도록 하는 법적 의무와도 관련이 있다. 개인주의는 국부와 관련이 있고, 한 세대로부터 다음 세대로 넘어가면서 사회계층 간의 신분 이동(mobility)과도 관련이 있다. 남성주의는 민주적으로 선출된 정부에서 여성 공무원이 차지하는 비율과 부(負)적 상관이 있다. 국제적으로 비교해 볼 때 장기 성향 차원은 학업 성취도와 상관관계가 있으며, 탐닉은 성적 자유와, 그리고 표현의 자유와 같은 인간 권리의 요구와 상관관계가 있다.

호프스테드의 국가문화 차원 모델은 사회생활의 많은 분야에서 대인관계로부터 국가관계까지, 비즈니스와 공적 영역, 교육과 헬스케어 분야에서 적용되어 왔다. 특히 마케팅, 광고, 소비자 행동 분야에서 적용된 것은 흥미로운 일이다.

2. 홀(E. T. Hall)의 모형

홀(Hall, 1976)은 문화를 커뮤니케이션 스타일 차원을 이용하여 분류했다. 그는 인식과 커뮤니케이션에 있어서 문화적 유사성과 상이성을 살피는 효과적인 준거점을 제공하였다. 그는 문화를 사람들이 상황(settings)에 얼마나 많은 의미를 부여하느냐에 따라 고정황(high context) 또는 저정황(low context)으로 구분하였다. 이는 동양과 서양의 문화 구분이기도 하다. Hall에 따르면 문화의 여러 기능 중 하나는 사람과 외부 세상 사이에 매우 선별적인 스크린을 제공한다. 따라서 문화는 각기 유형을 달리하면서 우리들에게 주목할 것과 무시할 것을 설정해 준다. 따라서 고정황 · 저정황 문화에 관한 연구는 우리들에게 사람들이 주목하는 것과 그들이 무시하는 것에 관한 통찰력을 제공한다.

저정황 문화에서는 대부분의 정보가 명확하게 언어나 문서를 통해 직접적으로 전달되는 반면, 고정황 문화에서는 상황의 한 부분으로 커뮤니케이션이 가능하다. 고정황 커뮤니케이션 문화에서는 대부분의 정보가 직접적인 언어를 통해 전달되기보다는 상황의 한 부분이거나 개인적으로 내부화되어 있다. 이에반해 저정황 커뮤니케이션 문화는 정보를 가시적으로 분명하게 표현되는 메시지 형태로 전달한다.

정황과 커뮤니케이션의 연관성을 살펴보려면 정황(context)이란 단어를 이해할 필요가 있다. 정황은 커뮤니케이션이 발생되는 물리적 · 사회적 환경을 말한다. 이러한 환경은 커뮤니케이션의 행위를 규정하는 데 도움이 된다. 만일 우리가 커뮤니케이션이 이루어지는 환경을 알고 있다면 그 커뮤니케이션의 정확성을 훨씬 더 잘 예측할 수 있게 된다.

홀(Hall)에 따르면 고정황 문화권, 예컨대 일본, 중국, 한국 등의 사람들은 경험, 정보 네트워크 면에서 매우 동질적이다. 고정황 문화는 전통과 역사 때문에 변화의 속도가 느린 편이다. 이러한 문화권에서는 메시지와 이에 대한 반응이 상당히 획일적이다. 결과적으로 규범적인 일상생활을 영위하는 사람들은 상세한 배경 정보를 필요로 하지 않으며 기대하지도 않는다. 그러나 저정황 문화권, 예컨대 독일, 스위스, 미국 등에서는 사람들이 이질적이며 대인적 접촉을 구획(compartmentalize)하는 경향이 높다. 공통적인 경험이 적다는 것은 사람들이 다른 사람을 만날 때마다 상세한 배경 정보가 필요하다는 것을 의미한다.

일반적으로 상황적 단서에 많이 의존하는 고정황 문화는 부정확하고 함축적이며 간접적인 커뮤니케이션 패턴을 보여준다. 이에 비해 정교한 언어 메시지에 주로 의지하는 저정황 문화는 정확하고 명확하며 솔직한 커뮤니케이션 패턴을 보여준다. 저정황 문화는 단어에 대하여 높은 가치를 두며 긍정적인 태도를 취한다. 서구사회는 언어 메시지의 전달에 중요성을 두는 오랜 수사학(修辭學) 전통을 지닌 사회이다. 이러한 전통하에서 말의 가장 중요한 기능은 자신의 생각을 가급적이면 명확하고 논리적이며 설득력 있게 표현하는 것이며, 그렇게 하여 화자(話者)는 다른 사람들에게 영향을 미치며 자신의 개체를 인정받는다.

이와는 대조적으로 일본, 중국 및 한국과 같은 고정황 문화권에서는 언어 메시지는 그것이 아무리 중요하더라도 전체적인 커뮤니케이션 상황의 한 부분에 지나지 않는다. 이는 동양문화권에서 단어가 중요하지 않다는 의미가 아니라 단어는 사회관계, 정치 및 윤리와 분리시킬 수 없는 상호관계를 맺고 있다는 뜻이다. 고정황 문화권에서 커뮤니케이션의 목적은 말을 통해서 화자의 개체를 드러내놓자는 것이 아니라 조화와 통합을 증대시키는 것이다.

홀(Hall)이 지적했듯이 고정황 문화에서는 대부분의 정보가 상황이나 사람들에 내재되어 있다. 메시지에는 실제로 아주 적은 정보가 담겨 있을 뿐이다. 그러나 저정황 문화에서는 메시지에 대부분의 정보가 담겨 있어 정황이나 참여자들에게 내재되어 있는 정보가 매우 적다. 고정황 문화인 아시아인의 커뮤니케이션 유형은 간접적이고 함축적인 반면, 저정황 문화인 서구인들은 직접적이고 명확하게 표현하는 경향이 있다. 일본, 한국, 대만과 같은 고정황 문화는 커뮤니케이션이 이루어지는 배경과 환경에 민감하여 주요 정보 채널로서 언어적 커뮤니케이션에만 의존하지 않는다. 그 예로 한국인들은 '눈치'를 들 수 있다.

여기서 한국 사회의 눈치 문화를 살펴보도록 하자. 우리는 간혹 정황을 잘못 이해하고 행동하는 사람을 보고 '저 사람은 눈치가 없어'라고 말한다. 한국에서는 눈치가 없으면 사태 파악이 느리고 남의 진심을 잘 이해하지 못해 다른 사람들로부터 기피당하기 일쑤고 반대로 눈치 빠르게 행동하는 사람들은 남의 호감을 사게 된다. 상대방 마음의 측량이 어려운 상황에서 그 사람의 마음을 헤아리기 위해 사용하는 것이 눈치이다. 눈치란 명백한 언어 메시지에 의존하지 않고도 상대방의 의도와 욕구, 기분 또는 태도를 알아내야 할 필요가 있을 때 사용하는 커뮤니케이션 방식이다. 그러나 서양인들에게도 이러한 것이 없는 것은 아니다. 비록 '눈치'라는 용어는 사용하지 않지만 이와 비슷한 방법으로 상대의 마음을 헤아린다. 한국인에게 눈치는 대인관계를 이루는 중요한 요소이다. 즉 눈치란 한국 사회에서 원활한 대인관계를 유지하기 위해서 갖추어야 할 기본적인 자질 중의 하나인 것이다.

고정황 문화와 저정황 문화는 체면에 대한 생각에서도 차이가 난다. 고정황 문화권에서 체면은 명예, 부끄럼, 임무와 같은 개념과 밀접하게 연관된 심리학적 개념이다. 저정황 문화권에서 체면은 단지 갈등관계에 있는 두 당사자와 관여된 시간과 공간에만 존재하는 반면 고정황 문화권에서는 친척, 친구, 가족의 복합적인 체면과 연관된다. 저정황 문화권에서 '체면'은 비교적 자유로운 개념이지만 고정황 문화권에서는 개인의 신분, 역할 및 권력을 반영하는 필수적 개념이다. 사람이 권력을 많이 갖게 될수록 그는 체면을 유지하고 파괴하는 방법을 더 잘 알게 된다. 저정황 문화권 사람들에게 갈등상황에서 '체면'을 직접적으로 다룬다는 것은 문제를 솔직하게 다룬다는 점을 의미한다. 고정황 문화권 사람들에게 갈등상황에서 체면을 간접적이고 정교하게 다룬다는 것은 재치 있음을 의미한다.

체면은 중국 상거래 문화에서 종종 볼 수 있는 것이다. 중국 문화에서 체면이라는 것은 겉치레를 하는 것으로, 또는 입발림으로 달성될 수 있는 것으로 생각하는 정도가 아니다. 체면이 유지되지 못하면 죽는 것이나 마찬가지라는 생각을 하는 사람들이 중국인들이다. 따라서 물건을 팔고 사는 과정에서 가장 중요하게 여기는 것이 체면문제이다. 상대가 있는 모든 종류의 거래에서 가장 중요한 것이 체면에 관한 것이다. 옷을 허름하게 입은 사람은 체면에 덜 연연할 것이고, 지위가 낮은 사람도 체면을 별로 생각하지 않을 것이라는 판단은 잘못된 것이다. 중국인이라면 지위고하와 남녀노소를 막론하고 체면이 가장 중요한 삶의 목표이다. 체면을 세워준다는 것은 큰 은혜를 베푸는 행위가 된다.

고정황 문화권에서 많은 정보는 주위환경에 내재되어 있기 때문에 모든 것을 언어화할 필요는 없다. 그 예로 메시지가 정황에 의해 전달되기 때문에 서구인들처럼 "나는 당신을 사랑해요"와 같이 사랑을 표현하는 직접적인 말은 별로 언급되지 않는다. 사랑에 대한 표현은 굳이 말로 안 해도 꽃을 전달하거나 식사를 같이하는 등 비언어 커뮤니케이션 방법으로 한다. 미국에서 남편이 아내에게 'I love you'를 하루에도 여러 번 말하지 않으면 이혼 당한다는 말은 바로 직접 표현을 강조하는 저정황 문화를 나타낸다. 고정황 문화권 사람들에게는 이런 말이 우스꽝스럽게 들리겠지만 저정황 문화권 사람들에게는 아주 심각한 것이다.

커뮤니케이션에 영향을 미치는 고정황 문화와 저정황 문화 간의 차이를 살펴보면 〈표 3〉과 같다.

〈표 3〉 고정황 문화와 저정황 문화의 비교

문화권 / 구분	고정황 문화	저정황 문화
법률/법률가	덜 중요하다.	매우 중요하다.
개인의 말	매우 중요하며 개인의 비공식적인 의사표시가 보증의 역할을 한다.	서면으로 보증한다.
공간개념	서로 어울리는 공간을 중요시 여긴다.	개인적 공간을 중요하게 여기고 침해받는 것을 싫어한다.
시간관념	시간관념이 분명하지 않다.	'시간은 돈이다'라는 관념이 매우 강하다
협상	오래 끄는 것이 보통이다. 협상 의 목적을 모든 당사자들이 서로 충분히 이해하며 저절로 해결되도록 한다.	매우 신속하게 진행된다.

첫째, 법률이나 법률가의 역할은 저정황 문화에서는 매우 중요하나, 고정황 문화에서는 신뢰에 바탕을 둔 커뮤니케이션을 한다. 저정황 문화권에서는 개인의 말보다는 서면으로 보증하는 것이 일반화되어 있어 법률가의 역할이 중요하다. 인간의 행동을 일일이 문서로 기록할 수가 없다. 그러나 그와 관련된 사건이 발생했을 때는 법을 따지게 된다. 그러나 문서화된 법 조항이 없는 행위들이 많아 변호사들의 도움을 받는

경우가 많다. 우리나라보다는 미국에서 특히 소송이 많은 이유이다. 맥도날드에서 커피를 주문한 할머니가 뜨거운 커피가 쏟아져 허벅지를 다치자 소송을 내어 승소하였다. 뜨거운 커피가 쏟아지면 다칠 수도 있다는 경고의 문구를 커피 컵에 써넣지 않아서 다치게 만들었다는 논리였다. 동양권의 고정황 문화에서는 이런 논리가 통할 리 없다.

둘째, 고정황 문화권 사람들은 커뮤니케이션 과정에서 주로 언어적 메시지에 의존하는 저정황 문화권 사람들을 신뢰성이 부족하다고 여기는 경향이 있다. 고정황 문화에서는 개인의 말은 매우 중요하며 개인의 비공식적인 의사표시가 보증 역할을 한다.

셋째, 저정황 문화에서는 '시간은 돈이다'라는 관념이 매우 강하다. 시간에 대한 개념이 직선적(linear)이어서 한번 흘러간 시간은 되돌아오지 않는다고 생각하기 때문이다. 고정황 문화권에서는 시간을 순환적(circular) 개념으로 여긴다. 해는 다음 날 또 뜬다는 생각이기 때문에 잃어버린 시간에 대해 아쉬워하지 않고, 시간개념도 약하다. 따라서 고정황 문화권인 동양에서는 행사의 정시성(punctuality)이 지켜지지 않는 경우가 많다.

넷째, 고정황 문화에서 협상은 오래 끄는 것이 보통이다. 협상의 목적을 모든 당사자들이 서로 충분히 이해하며 저절로 해결되도록 한다. 집단주의가 강하기 때문에 의사결정도 단독으로 하는 것이 아니라 조직 전체가 관여한다. 반면 저정황 문화에서는 협상 당사자에게 권한을 부여하고 결정에 대한 책임을 지게 한다. 따라서 의사결정도 빠르게 진행된다.

호프스테드의 문화 차원이나 홀의 정황이론을 적용하면 서로 다른 문화를 비교 설명할 수 있다. 예를 들어 미국은 권력 거리가 낮아서 평등한 사회를 이루고 있으며, 높은 개인주의와 남성주의 성향을 보인다. 영어에서는 경어체가 부재하며 개인의 주관이나 개성을 존중해 주려는 성향이 상대적으로 강하다. 또한 아시아권역 문화들보다는 불확실성의 회피 경향이 낮아 직접 몸으로 부딪혀보는 모험이나 탐험을 장려하는 분위기이다. 미국에서 벤처나 창업이 활발한 이유도 모험이나 실패를 두려워하지 않는 분위기 때문이고, 설령 실패를 하더라도 오히려 기업이나 정부에서는 다시 일어설 수 있도록 적극적으로 도와주고 있다. 실패는 늘 있게 마련인 것으로 간주하기 때문이다. '실패는 성공의 어머니'라는 말은 미국 문화에 적합한 말이다. 저정황 문화 성향이 강해 직접적인 표현을 선호하고, 말로 하는 약속보다는 문서로서 모든 계약을 보증하는 편이다.

일본이나 한국과 같은 문화권에서는 이와는 달리 고정황 커뮤니케이션 성향을 보여, 상호작용하는 사람들의 상하 위계관계나 이해관계 등에 따라 직접적인 언급보다는 우회적인 언행을 보이는 경우가 많다. 호프스테드의 문화 차원을 적용하자면 권력거리에 대한 수용도가 높아 연공서열에 순응하는 편이며, 집단주의 성향이 강해 자신이 소속된 그룹의 규범이나 관행을 중시하며 개인의 이익보다는 대의명분을 더 중시하는 모습을 보인다. 미국이 남성주의적인 문화를 가졌던 것과 마찬가지로 일본과 한국도 유사한 경향을 보여, 성과 지향주의 사회로 평가받는다. 하지만 일본·한국 등은 상대적으로 불확실성 회피 경향이 강해 모험을 감행하거나 집단의 평균에서 벗어나서 튀는 행동을 하지 않으려는 모습을 보인다.

3. 문화적 가치관의 차이

문화적 가치관의 차이를 극명하게 볼 수 있는 것이 바로 동양과 서양이다. 따라서 본 절에서 문화적 가치관의 차이는 동양과 서양을 중심으로 살펴보도록 한다. 동양과 서양은 문화 차이가 크다. 동서양 문화의 차이를 구체적으로 살펴보면 다음과 같다(EBS, 2008).

첫째, 사물에 대한 인식 차이이다. 동양과 서양은 서로 다른 방식으로 세상을 본다. 서양인은 예로부터 우주는 텅 비었다고 생각했다. 즉 텅 빈 공간에 별이 떠 있는 모습이 우주라고 생각했는데, 텅 빈 공간에 떠 있는 사물은 주변과 관계없이 독립적으로 존재한다고 믿었다. 그러나 동양인은 예로부터 우주는 기(氣)로 가득 차 있다고 믿었다. 따라서 공간에 가득 찬 기가 모여 사물을 이룬다고 생각했다. 기가 모여 만들어진 사물은 주변에 있는 기와 항상 연결된 상태로 존재하는 것이다. 결국 서양인들은 사물이 허공 속에 존재한다고 믿으며, 동양인들은 우주를 이룬 기가 모여 사물이 생겨나 사물이 상호작용한다고 믿는다는 것이다. 따라서 이런 작은 차이에서 동양과 서양의 차이가 존재한다.

또한 서양은 물체를 중심으로 생각한다. 이 사실은 그들이 사용하는 언어에서 찾아볼 수 있는데 서양의 언어에서는 단수와 복수의 구분이 발달되어 있다. 그러나 동양의 언어에서는 단수와 복수를 일일이 구분하지 않는다. 예컨대 중국에서는 굳이 "하나의 오렌지를 먹어라"라고 말하지 않는다. 영어에서는 "이 사과를 먹어라", "하나의 사과를 먹어라"라는 식으로 말한다. 실제 중국어에서는 이렇게 구체적으로 이야기할 필요가 없다. 문맥을 통해서 추론하도록 습관이 되어 있기 때문에 특별히 강조할 필요가 없다. 즉 특정 사물의 수량을 일일이 밝히지 않더라도 서로 알아들을 거라고 가정한다.

영어에서는 이것을 분명하게 표현해 주지 않으면 안 된다. 미국의 유치원 아이들에게서 이런 현상을 볼 수 있다. 교사가 아이들에게 "가서 과일 좀 먹어라"라고 말하면 아이들은 "무슨 과일을 말하는 거예요? 바나나 한 개? 사과 한 개? 딸기 한 개?"라고 되묻는다. 그러나 아시아 아이들은 이렇게 되묻지 않는다. 그냥 가서 먹는다. 그래도 무슨 말인지 다 알아듣는다.

이와 같이 서양인은 사물의 개체성을 강조한다. 서양인에게 있어 전체라는 개념은 개체들이 모여서 이루어진 집합(collection)이다. 그러나 동양인에게 있어 전체란 개체성이 없는 하나의 덩어리와도 같은 상태, 즉 일체(one-ness)인 상태를 의미한다.

이러한 사실은 다양한 것에서 발견할 수 있는데, 가령 사진 속의 대상을 바라볼 때도 서양인과 동양인의 뇌 속에서 각기 다른 작용이 일어난다. 우리 머리 뒤쪽에는 인지와 관련된 기능을 주로 하는 뇌의 영역이 있다. 뇌가 사진을 보고 사물의 형태와 경계를 인지할 때 이 부분이 작용해서 사물에 대한 해석을 내린다. 아시아인들은 사진 전체를 하나의 그림으로 바라본다. 즉 아시아인들의 경우 사물을 개별적으로 인식하는 뇌의 영역이 크게 활성화되지 않는 것이다. 반면 미국인들이 같은 사진을 볼 때는 사물 각각을 집중적으로 바라본다. 뇌가 개별적인 사물을 인식하는 쪽으로 활성화되어 있다. 결국 동양인들은 사진을 통째로 보고, 서양인들은 사진 속의 물체를 개별적으로 각각 분리해서 보는 것이다.

사진과 관련된 예를 하나 들어보도록 하자. 예컨대 배경을 두고 선 사람의 사진을 찍는다고 하자. 동양인이 사진을 찍을 때는 배경을 중심으로 한다. 그러나 서양인은 배경 속의 인물을 중심으로 사진을 찍는다. 이는 동양인들은 이 세상 모든 것을 하나의 덩어리로 보는, 즉 일체의 상태로 생각하고 있다고 할 수 있다. 반면에 서양인들은 사물의 개체성을 강조하기 때문에 배경 속의 사람을 강조하게 되는 것이다.

둘째, 서양인은 명사를 중심으로 세상을 보고 동양인은 동사를 중심으로 세상을 본다. 이러한 점은 서양과 동양의 엄마와 아이가 노는 방식에서 엿볼 수 있다. 서양의 엄마는 아이와 놀면서 주로 명사를 많이 사용한다. "그건 어떤 종류의 특별한 트럭이지?"라든지, 그림 속의 물을 보고 엄마는 "그 물은 오렌지색 물이니? 아니면 파란색 물? 초록색 물?"이라는 식으로 질문을 한다. 그러면 아이는 "초록색 물"이라고 대답한다. 그러나 동양의 엄마는 서양의 엄마보다 동사를 많이 사용한다. 예를 들면 "엄마는 이것을 가지고 삽으로 퍼서 담을 거야. 자 이제 그걸 가지고 뭐 할 거야?"라고 동사를 많이 사용한다.

왜 서양에서는 명사가 발달하고 동양에서는 동사가 발달했을까? 예를 들어 사람이 차(茶)를 마시는 상황이 있다고 하자. 이때 차를 더 마실 것인지에 대한 언어 사용에서도 동양과 서양의 차이가 나타난다. 서양은 '더 마실 것'인지를 묻는 말에서 "More tea?"라고 묻는다. 그러나 동양인은 '마시다'라는 동사를 사용해서 "더 마실래?"라고 묻는다. '마시다'라는 동사는 사람과 차 사이에서 일어나는 상호작용을 말한다. 그러나 사람과 차가 서로 독립된 개체라고 믿는 서양에서는 '차'라는 명사를 통해 질문의 의미를 표현한다. 따라서 개체성을 중시하는 서양에서는 명사를 사용하고, 관계성을 중시하는 동양에서는 동사를 사용한다. 환언하면 서양에서는 명사를 중심으로 세상을 보고, 동양에서는 동사를 중심으로 세상을 보는 것이다.

이상의 내용을 다른 관점에서 설명하면 다음과 같다. 동양에서 볼 때 이 우주의 모든 사물은 변화하는 존재이다. 동양에서는 모든 존재가 주변물과의 상호작용에 의한 결과물이라고 믿는다. 이 세상 모든 만물은 상호 인과관계에 의해 생겨나고 사라진다. 이것을 불교에서는 연기(緣起)라고 부른다. 연기는 사물이 수많은 원인의 결과물로서 생겨난다는 뜻이다. 연기는 영어로 'arising'이라 번역된다. 그러나 서양에서는 모든 존재를 'being'이라고 말한다. 이것은 고정적인 존재라는 뜻이다. 동양의 'arising'은 생겨난다는 뜻의 동사적 의미이다. 그러나 서양의 'being'은 존재한다는 뜻으로 고정적인 의미이다. 여기에서도 사물을 바라보는 동양과 서양의 차이를 알 수 있다.

셋째, 동양은 타자(他者)를 중심으로 생각하고 서양인은 자기중심적으로 생각하는 경향이 강하다. 예를 들어 동양에서는 "너 키위를 안 좋아하니?"라고 상대방이 물었을 때, 내가 안 좋아하면 "예, 안 좋아해요."라고 대답해야 한다. 왜냐하면 상대가 "안 좋아하니?" 라고 물었기 때문에 상대방을 중심으로 생각하면 안 좋아하는 것이 옳은 대답이 된다. 그래서 대답이 "예"가 되는 것이다. 그러나 영어에서는 "No"라고 대답해야 바른 대답이 된다. 영어에서는 상대방을 중심으로 생각하지 않고 나를 중심으로 생각한다. 즉 상대방이 "Don't you like kiwis?"라고 물으면 "No, I don't like kiwis."라고 대답해야 한다. 따라서 내가 좋아하면 "Yes", 내가 싫어하면 "No"라고 해야 옳은 대답이다.

동양에서 상대방을 중심으로 한다는 것은 내가 상대방의 입장이 된 다음 상대방의 관점에서 바라보는 것을 의미한다. 서양인은 자신의 입장에서 대상을 바라본다. 이렇게 자기가 중심이 된 시각을 '인사이더 관점(insider's perspective)' 또는 '1인칭 시점'이라고 한다. 그러나 동양인은 상대방의 입장에서 나를 본다. 이렇게 상대방이 중심이 된 시각을 '아웃사이더 관점(outsider's perspective)' 또는 '3인칭 시점'이라고 부른다. 이는 다른 사람이 나를 보는 방식으로 스스로를 보는 방식을 말한다. 이것은 내가 생각하고 느끼고 원하는 대로 세상을 보는 방식이다.

인사이드 관점을 가진 서양인들은 자기 자신의 생각과 감정에 집중한다. 그래서 다른 사람들도 자기처럼 생각하고 느낀다고 믿는다. 이를 '자기중심적 투사'라고 한다. 예를 들어 내가 '저 사람 정말 괜찮은 사람이다'라는 생각이 들면 다른 사람들도 그럴 거라고 생각하는 것이다.

아웃사이드 관점을 가진 동양인들은 상대방의 생각과 감정에 집중한다. 그래서 상대방의 생각과 감정을 잘 파악하고 느낄 수 있다. 이를 '관계적 투사' 또는 '역투시법'이라고 한다. 예컨대 아시아계 사람들은 자신이 아니라 다른 사람의 관점에 따라 시간과 공간을 경험한다. 타인의 움직임을 자신에게 체화시켜 상상함으로써 타인의 관점을 실제로 경험하는 것이다.

동양인이 상대방의 입장으로 생각하는 현상은 일상생활에서도 많이 나타난다. 예로 미국에서는 친구가 집에 방문하면 주인은 보통 "잘 지냈니? 반갑다. 뭐 마실래?"라고 묻는다. 그리고 생수, 탄산수, 콜라, 커피, 차 등 뭐 마실지에 대한 다양한 선택권을 준다. 하지만 일본을 비롯한 동양에서는 주인이 손님이 뭘 좋아할지를 미리 생각해 놓는다. '여름에 먼 길을 왔으니 더울 거야. 시원한 아이스티가 좋겠군'이라고 생각한다. 그리고는 미리 생각해서 준비한 것을 내놓는다. 이것은 그 둘 간의 연대감, 상대방과 그 상황에 대한 배려를 나타내는 것이기도 하다.

동양과 서양의 음식문화에도 이러한 차이가 반영되어 있다. 서양에서는 먹는 사람이 앞에서 잘라 먹도록 음식이 덩어리째 나온다. 이 때문에 서양음식을 먹을 때는 나이프와 포크가 필요하다. 그러나 동양에서는 요리하는 사람이 미리 먹기 좋은 크기로 잘라서 음식을 내놓는다. 따라서 동양에서는 '젓가락 문화'가 가능한 것이다.

자기중심적 성향이 강한 서양의 모습은 다양한 곳에서 발견할 수 있다. 서양에서는 '나'가 모든 것의 중심이다. 그래서 영어로 'I'는 항상 대문자로 쓰인다. 개인주의가 발달한 것도 이러한 이유에서이다. 미국을 중심으로 한 '개인주의'는 매우 중요한 가치이다. 그래서 개인의 '행복'을 가장 중요하게 생각하며 희생하지 않으려는 성향이 강하다. 예를 들면 미국인들은 자신의 행복과 부모의 기대가 대립하는 경우 자신의 행복을 추구하는 선택을 한다. 물론 중국이나 한국 등의 동양권에서도 행복의 중요성은 인정한다. 그러나 미국처럼 행복이 가장 중요한 가치라고 생각하지는 않는다. 결국 서양인은 자기중심적 성향이 강함으로 인해 개인주의가 발달하였으며, 동양인은 그 반대인 타자중심적 성향이 강함으로 인해 집단주의가 발달했다고 볼 수 있다.

〈표 4〉는 동서양의 일상생활에 나타난 문화를 비교한 것이다. 서양에서는 개인의 권리가 집단보다 우선한다. 동양에서는 집단을 나타내는 'we'를 사용하는 데 비하여, 서양에서 'I'를 사용하는 것을 보면 쉽게 알 수 있다. 남을 위한 겸손보다는 자기주장을 강하게 표현한다. 한국 학생에 비하여 서양 학생들이 발표를 자발적으로 잘하는 것은 개인주의가 발달했기 때문이며, 자신의 우수성을 스스로 증명하기 위해서도 자기주장을 명확히 해야 한다는 생각을 가지고 있다. 동양에서는 남의 시선을 의식해서 여간해서는 먼저 나서려 하지 않는다.

〈표 4〉 **동서양의 일상생활 문화 비교**

	동양(주로 한국, 일본)	서양(주로 미국)
사회	집단중심적 대인관계의 화목	개인중심적 평등주의
애정표시	자녀와 남 앞에서는 삼가	자녀와 남 앞에서도 예사
남과의 관계	의식적(儀式的) "NO"는 가급적 피함 (미소로 대신)	비공식적 "NO"도 서슴지 않음
책임감	사고 시 책임자 사임	사고 시 '장'은 사임 안함
회사	사원 중심(후생) 경험위주, 수시로 타 분야에 이동	주주중심(배당금) 실력위주, 특화와 전문직위
개인의 행동	타인중심, 수동적	자기중심, 능동적
연설	"여러분"-전체적 공식적인 인사로 시작-딱딱 함	"Everyone"-개별적 유머로 시작-느슨함
권리	공적인 것이 개인보다 우선	개인의 권리가 공적인 것보다 우선
개인의 처세	겸손	자기주장과 선전
권하기	두세 번까지 사양, 그리고 수락	첫 번째 곧 수락

☻☺ 이성과 감성의 조화

히딩크 감독은 "축구는 과학이다"라고 외쳤다. 감(感)에 의존하지 않고 객관적 수치와 과학적 사고에 기초하여 전술을 짜고 엔트리를 확정지었다. 과거 우리 축구계를 지배하였던 지연, 학연과 연공서열을 배제하였다. 여기에 우리 선수들이 적극적으로 호응하여, 열정과 불굴의 정신력을 가지고 피땀 흘려가며 노력하였다. 인내와 끈기의 우리의 감성문화가 히딩크 감독의 이성문화와 결합하여 좋은 성과를 낸 것이다(박희권, 2010).

일본 문화와 아랍 문화의 충돌

열 명으로 구성된 이집트 기사와 기술자들이 수석 기사인 라게브 박사의 인도하에 일본 기업의 초청을 받아 오사카에서 열린 교육 프로그램에 참석한 적이 있었다. 월요일 아침 라게브 박사는 2차 교육에 맞춰 도착했다. 그가 자기 자리를 찾아보니 일행 중 어느 기술자의 바로 옆자리였다. 게다가 라게브 박사는 일본인 강사가 모든 사람들을 한자리에 놓고 교육을 실시하려 한다는 사실을 깨달았다. 아랍 문화에서는 지위에 매우 신경을 쓰기 때문에 라게브 박사는 직위가 낮은 사람과 자리를 나란히 하고 앉아 다른 기술자들과 똑같은 정보와 교육을 받는다는 사실에 적잖이 당황했다. 잠시 지나자 라게브 박사는 큰 불편을 느끼고 자리에서 일어나 방을 나가 버렸다. 일본인 강사와 프로그램 조정자는 라게브 박사의 행동에 난감해 했다. 일본과 아랍의 문화적 차이를 고려하고 있었더라면 그들은 라게브 박사에게 어울리는 자리를 권할 수 있었을 것이다.

아랍인 교육자인 모하메드 알리는 미국 공장에 파견되어 새 기계에 관해 직원들을 교육하기로 되어 있었다. 직원들이 교육장에 도착하자 그는 기계가 어떻게 작동하는지 직접 시범을 보여주었다. 그러자 미국인들은 당황스런 표정으로 이렇게 물었다. "지침서 같은 건 없나요?" 교육자가 모든 것을 설명해야 하는 아랍식 절차에 익숙해졌기 때문에 그는 사용설명서를 나눠줘야 한다는 생각을 미처 하지 못했다. 그러나 미국인 직원들은 자립 지향적 문화에 속해 있기 때문에 교육에 들어가기 전에 그 상품을 설명하는 자료를 받고자 했던 것이다(엘라시머위 · 해리스, 1993).

Chapter 3

생활양식에 대한 문화적 비교

1. 컬처 코드(culture code)

모든 문화권은 그들 문화권만이 가지는 일정하고 차별화된 생활양식을 가지고 있다. 생활양식은 민족이나 종교 그리고 지역 등의 환경에 따라 다르게 나타난다. 이처럼 사회나 계급, 생활양식 등의 특징에 따라 규약이나 관례가 생기는 것을 '컬처 코드(culture code)'라고 한다(라파이유, 2006). 일반적으로 사회적 지위나 직업 등에 규약이나 관계가 있듯이 문화에도 코드가 있다. 즉 문화의 코드는 문화를 나타내기 위한 체계 등이며, 국민성이나 국가정체성 등 문화적 무의식에 의해 형성된 결과 또는 문화적 자원을 말한다.

클로테르 라파이유(Clotaire Rapaille)는 "코드는 무의식 속에 있고, 문화 코드란 우리가 속한 문화를 통해 일정한 대상－자동차, 음식, 국가 등－에 부여하는 무의식적인 의미"라고 한다(장규수, 2013). 예를 들어 특정 자동차에 대한 미국인의 경험이 프랑스인이나 독일인의 경험과 다른 까닭은 여러 문화들이 서로 다르게 진화했기 때문이다. 미국인은 드넓은 개척지에 대한 강렬한 문화적 경험이 있고, 프랑스인과 독일인은 점령과 전쟁에 대한 강렬한 문화적 경험이 있다. 따라서 그들 각자의 특정 자동차에 대한 코드, 즉 그들의 무의식적인 차원에서 부여하는 의미는 서로 다를 수밖에 없다.

루스 베네딕트(Ruth F. Benedict)는 "문화란 여러 부분으로 단순한 집합이 아니라 이들의 독특한 상호관계에 의한 통합체이며, 이러한 문화적 통합체는 각기 이상(理想)으로 하는 특유한 가치 관념이나 인생관의 체계에 의해 관철되어 사람들의 행동을 규제한다"고 설명한다. 문화가 서로 다르다는 것은 누구에게나 분명한 사실이다. 그러나 대부분의 사람들은 이러한 다양성으로 인해 실제로 동일한 정보를 전혀 다른 방법으로 인식하게 된다는 사실을 깨닫지 못하고 있다. 예를 들어 더위 문제를 해결하기 위해 에어컨이 개발되었다. 그러나 모든 문화는 저마다 문화적 체계에 따라 에어컨을 보는 방식이 다르다. 미국인들은 에어컨을 필수품으로 여기지만, 유럽인은 사치품으로 생각한다. 영국에서는 에어컨이 보편적인 장치가 아니다.

유럽인은 미국의 상점들이 여름에 너무 춥다고 불평한다. 이러한 갈등은 문화적 체계에서 나온다. 미국인은 서늘한 것을 좋아하는데, 어떤 때에는 서늘하다 못해 싸늘한 것을 좋아하기도 한다. 한 여론조사 결과를 보면 미국인들은 가장 추운 상점을 가장 고급스럽게 보는 경향이 있다. 에어컨은 필수품이므로 호화스러운 느낌을 주려면 에어컨을 매우 강하게 틀어야 한다.

앙리 라보리(Henri Laborit)는 학습과 감정 사이에 명확한 연관성이 있음을 밝혀내고, 감정이 없으면 학습이 이루어지지 않는다는 사실을 보여주었다. 감정이 강렬할수록 경험은 더욱 명확하게 학습된다. 부모에게 난로 위의 뜨거운 냄비를 만지지 말라는 말을 들은 한 어린 아이의 경우를 생각해 보자. 손을 뻗어 냄비를 만졌다가 실제로 데는 경험을 하기 전까지 아이에게는 '뜨겁다'는 개념이 여전히 추상적으로만 남아 있다. 하지만 감정적으로 격렬한 고통을 맛본 뒤에는 비로소 '뜨겁다'와 '데다'의 의미를 배우고, 다시는 잊지 않게 된다.

경험과 그에 따르는 감정이 결합되면 각인이 이루어진다. 일단 하나의 각인이 이루어지면, 그것은 우리의 사고과정을 강하게 규정하고 미래의 행동을 만들어낸다. 결국 저마다의 각인은 우리의 정체성을 다지는데 기여하며 미래의 행동에 대한 예측을 할 수 있게 한다.

라파이유는 생활양식과 관례가 집약되어 있는 컬처 코드는 마케팅에 응용하면 좋은 결과를 가져올 수 있다고 하였다. 1970년대 네슬레는 일본 음료시장에 진출하고자 하였다. 네슬레는 일본인들이 자국의 전통차를 애호하며 커피를 잘 마시지 않는 것에 주목하였다. 이에 이들의 전략은 일본 소비자들에게 일본 전통 차 대신 커피를 마시도록 설득하는 것이었다. 요즘에는 대단히 잘못된 전략으로 보일 수 있지만 1970년대에는 그렇지 않았다. 일본인에게 있어 일본 전통 차는 생활의 일부로서 대단한 의미를 가지고 있었다. 그러나 그들이 커피에 대해 어떤 감정을 가지고 있는지는 감을 잡을 수가 없었다.

네슬레는 여러 그룹을 모아서 일본인들에게 커피가 어떻게 각인되어 있는지 알아보기로 했다. 네슬레가 일본으로 진입하는 데 도움이 될 중요한 메시지는 거기 숨어 있다고 생각했기 때문이다. 각 그룹마다 세 시간짜리 모임을 구성했다. 여기에서 발견된 사실은 일본인들은 전통 차에 대해서는 아주 강한 감정을 드러냈지만, 커피에 대한 각인은 대부분 피상적이었다. 실제로 일본인 대부분은 커피에 대한 각인이 전혀 되어 있지 않았다. 이런 상황에서 소비자의 기호를 전통 차에서 커피로 바꾸겠다는 네슬레의 전략은 실패할 수밖에 없었다. 감정적인 반향이 이처럼 약하다면 일본 문화에서 커피는 전통 차의 경쟁상대가 되지 못할 게 뻔했다. 따라서 일본 시장에서 성장하려면 처음부터 시작해야만 했다. 그것은 커피에 의미를 부여하고 커피를 각인시키는 작업이었다.

새로운 정보를 알게 된 네슬레는 곧 새로운 전략을 수립했다. 인스턴트커피를 파는 대신 카페인이 없는 커피 향을 첨가한 어린이용 과자류를 만들었다. 전통 차에 몰두해 있던 젊은 세대는 이 과자들을 기꺼이 받아들였다. 그리고 이들의 커피에 대한 최초의 각인은 매우 긍정적으로 이루어졌다. 이런 과정을 통해 네슬레는 일본 시장에서 중요한 발판을 마련했다. 비록 일본인에게 전통 차를 포기하도록 설득한 것은 아니지만, 1970년에만 해도 거의 전무했던 일본에서의 커피 판매량이 연간 5억 파운드에 이르고 있다. 네슬레는 제품에 대한 소비자의 각인과정이 마케팅 전략과 어떻게 직접 연관되는가를 이해함으로써 일본 문화에 진입할 수 있는 문을 열었고, 비틀거리던 사업을 다시 부활시키는 데 성공했다(라파이유, 2006).

이상의 사례를 보면 어린 시절의 각인이 현재 그들의 행동에 깊은 영향을 미치고 있음을 알 수 있다. 또한 스위스인-네슬레는 스위스 회사임-과 달리 일본인에게 커피에 대한 특별한 각인이 없다는 사실은 문화의 차이에 따라 각인이 달라질 수 있다는 점을 분명하게 보여주는 것이기도 하다. 이러한 각인의 근원에 도달할 수 있다면, 즉 문화의 요소들에서 '해독화' 감정과 그에 따른 의미를 찾아낼 수 있다면, 인간의 행동과 그 차이에 관해 많은 것을 알게 될 것이다.

나라마다 특정 단어에 대한 코드도 다르다. 예컨대 프랑스어로 '태양'은 남성명사인 '솔레유(le soleil)'인데, 프랑스인은 솔레유 하면 곧 태양왕 루이 14세를 연상한다. 어릴 때부터 이런 연관성이 각인된 프랑스인은 태양을 남성으로 인식하며, 나아가 남성을 찬란하게 빛나는 존재로 본다. 한편 여성은 달을 뜻하는 여성명사인 '륀(la lune)'과 연관된다. 그러나 독일인에게 이 단어들은 거의 정반대의 의미를 나타낸다. '태양'을 뜻하는 존네(die Sonne)는 여성형이며, 독일인은 여성을 이 세상을 따뜻하게 하고, 사물을 자라게 하며, 아이를 기르는 존재라고 생각한다. 반면에 독일에서 남성은 밤이고 어둠이며 달이다. '달'에서 남녀 양성이 이루는 상호적인 관계와 사회 속에서 양성이 수행하는 역할에 관해 많은 것을 알 수 있다.

'태양' 또는 '달'과 같은 단어의 간단한 습득과정을 통해 프랑스인과 독일인이 정반대의 각인을 가지고 있는 것처럼 모든 문화는 저마다 이런 단어들에 대한 해석, 즉 코드가 다르다. 다양한 각인들에 대한 다양한 코드들이 모두 결합되면, 이문화 속에서 사는 사람들이 의식하지 않고 사용하는 '준거체계(reference system)'가 생겨난다. 그리고 이런 준거체계들이 지침이 되어 다양한 문화와 다양한 방법으로 형성되어 간다(라파이유, 2006).

각인과 코드의 관계는 자물쇠와 비밀번호의 관계와 같다. 자물쇠는 올바른 숫자를 바른 순서로 맞춰야 열 수 있다. 광범한 각인의 코드를 찾아내는 일에는 아주 깊은 의미가 있다. 코드를 찾아내면 우리의 가장 근본적인 문제 중 하나, 즉 '우리가 현재와 같은 방식으로 행동하는 이유'를 알 수 있다. 코드를 이해하면 놀랍고 새로운 도구가 생긴다. 우리 자신과 우리의 행동을 볼 수 있는 '새로운 안경'을 얻게 되는 것이다. 이 안경을 쓰면 우리 주변의 모든 사물을 보는 방식이 달라지며, 우리가 항상 의심해 왔던 것이 사실임을 입증해 준다. 즉 전 세계 인류는 공통적인 인간성을 지니고 있음에도 서로 '다르다'는 사실을 알게 되는 것이다. 코드는 사람들이 어떻게 다른가를 이해하는 방법을 제시해 준다. 결국 특정 문화권의 물질 및 사상, 생각에 대한 코드를 읽어

내는 것은 글로벌 문화를 살아가는 현대인들에게 매우 중요한 행위임에 틀림이 없다.

이처럼 어떤 문화권의 컬처 코드를 안다는 것은 그 문화권의 생활양식과 사고방식을 이해하는 데 크게 도움을 준다. 더불어 오늘날과 같은 글로벌 시대에서 글로벌 기업이 치열한 경쟁에서 생존하는 길이기도 하다. 따라서 글로벌 기업은 대상지역의 컬처 코드를 밝혀내는 노력을 해야 한다.

2. 술과 음식 문화의 차이

2.1 술 문화의 차이

인류 문명이 처음 시작됐다고 하는 기원전 3000년경에 메소포타미아 사람들은 이미 포도주를 마셨다. 이보다 얼마쯤 후대에 쓰인 함무라비 법전에는 맥주에 관한 기록도 있다. 그러므로 인류의 문명사는 술과 함께 시작되었다고 해도 무리가 아닌 것이다. 사람은 곡물과 과일이 있어야 살아갈 수 있으니, 그것들이 풍부한 곳에서 술과 문명이 태어난 것은 당연한 일이다.

서양의 술은 섬세하다(권삼윤, 2000). 미묘한 맛과 향의 차이, 그래서 마실 때도 코 · 입술 · 혓바닥 같은 섬세한 감각기관을 동원한다. 동양의 술은 투박하다. 술잔도 크고 두껍다. 거기에다 철철 넘치게 따른다. 홀짝거리며 마시면 안 된다. 단번에 목구멍으로 털어 넣는다. 이렇듯 동양과 서양의 술 문화는 차이가 있다. 이 절에서는 술 문화에 대해 알아보고자 한다. 구체적으로 주류별 술 문화와 주요 국가별 술 문화로 나누어 살펴본다.

일반적으로 주류별 술 문화는 기후에 의해서 나누어진다. 즉 더운 지방에선 몸을 따뜻하게 만드는 술을 가능한 한 마시지 않으려 하고, 설령 마시게 되더라도 도수가 낮은 술을 가볍게 마신다. 반면 추운 곳에서는 추위를 잊기 위해서라도 술을 마셔야 하는데, 그럴 경우 독한 술이 더 경제적이다. 또한 기후에 따라 자라는 작물이 다르니 빚는 술의 종류도 다를 수밖에 없다.

이런 차이가 세계를 몇 개의 술 문화권으로 나눈다. 알프스 남쪽의 지중해 연안은 와인 문화권, 러시아, 우크라이나, 폴란드, 핀란드 등은 보드카 문화권, 스코틀랜드,

아일랜드, 캐나다 등은 위스키 문화권, 체코, 독일, 네덜란드, 덴마크, 슬로바키아, 오스트리아 같은 중부 유럽은 맥주 문화권, 몽골과 중앙아시아는 아이락(馬乳酒) 문화권, 중국은 바이지우(白酒) 문화권, 남아메리카는 치차(옥수수술) 문화권, 미국은 모든 술을 다 즐길 수 있는 '옴니 문화권'으로 분류할 수 있다. 우선 위스키부터 살펴보면 다음과 같다.

오크통이 빚은 술인 위스키란 말은 '생명의 물'이란 뜻의 켈트어 '위스케 베아타(uisge beatha)'에서 나왔다. 유럽대륙의 원주민이기도 한 켈트인들이 마지막까지 살았던 곳이 지금의 아일랜드와 스코틀랜드였다. 이곳이 위스키의 원조가 될 수 있었던 것은 보리와 같은 추동작물이 재배되는 지역인데다, 무엇보다 질 좋은 피트(peat), 즉 이탄(泥炭)이 지천에 깔려 있어 맥아(몰트)를 건조하는 데 더없이 좋은 조건을 갖추고 있어서였다.

위스키는 고급술이다. 영국인들도 자기네 술이지만 워낙 비싸서 마음대로 마시지 못한다. 그들의 대중주점인 펍(pub)에 들어가 보면 비교적 싼 술인 미국의 진 종류나 라거 비어보다 쓰면서 더 독한 영국식 생맥주 에일(ale)을 주로 마시는 것을 볼 수 있다. 값비싼 스카치위스키를 음미하기는커녕 곧장 목에 탁 털어 넣고는 "역시 비싼 술이 잘 넘어가. 목에 착 감겨서 내려가는 맛이라니." 하며 마시는 사람은 영락없이 한국 사람이라는 말이 있다. 이런 주법은 한국인의 성질이 급해서이기도 하고, 술을 홀짝홀짝 마시면 '사나이답지 못하다'고 생각해서이기도 하지만, 그보다는 한국의 술은 대개 도수가 비교적 약한데다 맛과 향을 느껴가며 마시는 것이 아니어서 그런 습관을 들이지 못했기 때문이다.

맥주는 와인과 마찬가지로 중세시대에 수도원에서만 제조됐다. 그들은 양조권을 독점해 경제권을 장악했고 그리하여 유럽사회를 지배했다. 교회의 우월적 지위를 실질적으로 지탱한 것은 거대한 영지와 양조 독점권 같은 경제력이었다. 그렇다고 해서 당시 최고의 두뇌집단이었던 수도원이 포도와 보리의 품종 개량과 양조기술의 발전에 기여한 사실을 부정할 수는 없다.

독일은 세계 제1위 맥주 소비국일 뿐만 아니라 생산되는 맥주의 종류만 해도 나라의 도시이름 수보다 많은 4,000종이 넘는다. 독일 사람들이 물 대신 맥주를 애용하는 이유는 토양이 석회암으로 이루어져 수질이 나빠 지하수를 마시기 어렵기 때문이며, 중세 이후 질 좋은 맥주는 술이라기보다는 일종의 음료로 취급받았다. 16세기 빌헬름 4세의 '맥주 순수령'으로 맥주의 본질을 보장해서 맥주에 해로운 성분이 첨가되는 것을 막기 위한 법령이 생겼는데, 이것이 국민들의 식음료인 맥주를 보호하였다는 것과 그만큼 맥주가 대중적인 음료수가 되었다는 것을 알 수 있다.

보드카는 어원이 '보다(voda)'라는 러시아어로 물이라는 뜻이다. 보드카가 러시아 역사에 처음 등장한 것은 1400년경으로 외국인들이 보드카를 만능약제로 모스크바로 가져온 것이다. 지금의 제조법이 완성된 것은 1794년 상트페테르부르크대학의 루이스 교수가 러시아에 흔한 자작나무숯으로 불순물을 없애는 방법을 개발하면서부터였는데, 그리하여 보드카는 무색무취의 증류주가 되었다. 보드카가 러시아 민족주가 된 데에는 혹독한 추위에 따라 제조된 보드카만의 순수함과 친구들과 함께 가혹한 기후에서도 맛볼 수 있다는 정겨움 때문이라는 설과 알코올 도수가 높아 영하 20도씨 이하로 떨어진 상태에서도 얼지 않기 때문에 보관이 용이해서 되었다는 설이 있다.

와인은 '느림의 술'이며 음식과 함께 마시는 술이다. 와인을 굳이 느림의 술이라고 강조하는 이유는 포도가 자라는 땅에 있다. 와인이 생산되는 지역은 대개 물이 좋지 않거나 귀한 편이다. 포도는 그런 척박한 땅속 깊이 뿌리를 내리고 물을 끌어올려 열매를 맺는데, 인간은 그렇게 자란 포도로 술을 담그는 것이다. 와인은 최후의 만찬에서 보듯이 종교와 깊은 인연을 맺어왔다. 중세시대 수도원 운동의 중심지였던 프랑스의 부르고뉴(영어로는 '버건디') 지방은 수도사들의 노력으로 좋은 포도주를 생산했는데, 이제는 이런 전통에 기업적 · 예술적 노력이 더해져 세계의 고급 와인 시장을 석권하고 있다.

이탈리아는 와인박물관이라는 말까지 나올 정도로 가장 많은 종류의 와인을 생산하며 세계가 인정하는 와인의 생산지이다. 생산되는 와인만 500가지가 넘고 5만여 와이너리 포도농가에서 생산되고 있다. 이탈리아는 지중해성 기후와 햇빛, 길게 늘어진 반도와 섬, 바람 등의 포도재배에 유리한 조건을 가지고 있어 와인 문화가 이탈리아인의 생활에 깊숙이 뿌리를 내리고 있다. 이탈리아는 와인법이 있어 와인 생산과정을 국가에서 컨트롤한다.

중국의 대표 술은 북방계열의 백주와 남방계열의 황주로 나눌 수 있다. 두 종류의 술 모두 곡물을 원료로 하고 있으며, 흔히 알고 있는 고량주가 바로 백주의 한 종이다. 황주는 색깔이 노란색이라서가 아니라 그냥 색깔 있는 술이 황주이다. 북방계열 술인 백주는 증류주이며 아무래도 추운 기온을 이겨내기 위하여 도수가 매우 높아 67도까지 되었으나, 1990년대에 도수가 낮은 백주의 시험제작에 성공하여 지금은 낮은 도수의 백주가 주를 이루고 있다. 황주는 누룩 등을 띄워 발효시켜 지게미를 걸러내어 만드는데 남방계열 술이기 때문에 더운 기온의 날씨에 높은 도수의 술을 마시면 치사율이 높아져 백주에 비해 도수가 낮다.

일본의 사케(酒)는 쌀을 누룩으로 발효시켜 여과하여 걸러서 만들어진다. 한국의 청주와는 맛이 약간 다르다. 한국과 달리 일본에서는 청주용 쌀을 따로 재배하여 사용하고 쌀로 누룩을 만들기 때문이다. 또한 일본 국세청에서는 물, 쌀, 누룩, 향, 제조법에 따라 등급을 매기고 있다. 일반적으로 데워먹는 것으로 알려져 있지만 차게 했을 때에는 고유의 향을 음미할 수 있으므로 봄과 여름엔 차게 해서 마시고 가을, 겨울엔 사람의 체온 정도로만 데워 마신다. 데워 마실 때에는 도수를 낮추는 효과가 있다. 일본의 사케 양조업은 무려 2,000여 개의 업체들이 소비자의 니즈를 충족시키기 위해 경쟁하고 있다.

2.2 국가별 음주문화

독일은 음주를 대화를 즐기기 위한 도구라 생각한다. 술집 거리들은 주말이 되면 새벽 2시까지 흥청거린다. 그러나 아무리 취흥이 높아져도 고함소리가 들리지 않는다. 스스로 음주를 절제하며, 맥주는 대화를 매끄럽게 하는 역할만을 한다. 그리고 음주는 해도 법은 지킨다. 독일에는 곳곳에 영업 중인 맥주집이 산재해 있지만, 주민의 사생활 보호를 위해 밤 10시 반 이후에 가게 밖에서는 술을 팔지 못하도록 하는 엄격한 법이 있고 이를 철저히 지킨다. 더불어 공공장소에서는 주류소비가 거의 불가능하게 제한을 하고 있다. 그 예로 축구 경기장 내부에 경찰이 배치되어 알코올음료의 판매를 막고 술에 취한 팬들의 입장을 막고 있다. 그리고 더치페이를 이용하여 술을 강요하지도 않고 강요받을 필요도 없는 문화를 만들었다. 이외에도 맥주 선택에 있어서 자신의 고향 맥주를 선호하는 등의 매우 보수적인 모습을 보인다.

독일인들의 연평균 알코올 섭취량은 10리터에 달한다. 이 정도의 알코올 섭취량이면 국제적으로 비교해 볼 때 매우 높은 수준이다. 약물중독 보고서에 따르면 약 130만 명의 독일인이 알코올 중독증세를 보이는 것으로 조사되었는데, 이 중 약 95만 명은 과도한 음주로 인해 건강이 위험한 상태이다. 또한 매년 7만 3천 명 이상의 사람들이 알코올 남용으로 숨지는 것으로 조사되었다. 그래서 알코올을 포함한 음료수에 세금을 부과해 알코올중독자의 치료를 위해 쓰는 '알코올 페니히'가 있다.

체코인은 집보다는 선술집에서 맥주 마시는 것을 즐긴다. 맥주 마시는 것이 친구를 사귀고 토론을 할 수 있는 그 자체를 의미하기 때문이다. 뿐만 아니라 이러한 선술집들은 각기 다른 맛과 분위기를 나타낸다. 선술집 문화는 수많은 외세의 침입과 점령을 겪으며 자연적으로 생성 발달하게 되었다. 오랜 기간의 위기상황 속에서 그것을 함께 나눌 수 있는 친분 쌓기의 장, 시끌벅적한 열린 공간을 통한 사회적 시국에 대한 토론의 장 등을 필요로 하여 찾다 보니 저절로 선술집 문화가 발달하게 된 것이다.

이탈리아의 와인은 영양분이 많은 음식으로 음료수 이상의 역할을 해왔다. 과거에 와인은 서민층 식사의 영양공급원이었다. 사람들이 식사하는 곳에 빠지지 않는 와인은 사교문화에도 큰 영향을 주었다. 테이블에 앉은 서로에게 긴장을 풀어주고, 호감을 주는 역할을 한다. 그리고 술을 거절하는 태도를 매정한 것으로 생각하고, 술을 마시지 않는 사람은 특별한 호기심의 대상이 되기도 할 정도로 삶에 밀접하게 관련되어 있는 것이 이탈리아의 와인 문화이다.

프랑스 국민은 예의범절을 따지는 데 엄격하여 술자리에서의 예의도 중요시하고 있다. 전통적으로 프랑스는 식사에 있어 코스가 많은데다 그에 맞게 많은 양의 주류를 섭취하는 국가이다. 한 끼의 식사에 많은 종류의 코스요리를 장시간에 걸쳐 섭취하다 보니 제법 술을 마시게 된다. 하지만 예의범절로 인해 술에 취하거나 술주정을 하는 사람은 없다. 술은 즐기되 취하면 안 된다는 것이 생활화되어 있기 때문이다.

오스트리아는 일반 식당이나 술집에서 포도주, 위스키, 맥주 등을 잔으로 팔고 있으나, 식사 대접을 할 경우 포도주는 병으로 시키는 것이 예의이다. 식사 때나 술자리에서는 각자 주량에 따라 자신의 술만을 주문하거나 스스로 따라 마시는 것이 습관이므로 상대방의 잔이 빈 경우 가볍게 한 번 권하는 정도로 족하다. 절대로 술을 강권해서는 안 되고 자신의 잔이 빈 경우, 상대방에 구애받지 않고 술을 주문하거나 따라 마셔도 상관없다. 포도주나 맥주를 즐겨 마시며 위스키나 브랜디 등 독주는 식후 소화를 위해 한 잔 정도 마시는 경우가 일반적이다. 물론 식사에 곁들이는 반주는 여느 유럽인과 같이 포도주나 맥주 등이다.

러시아에서는 술을 뜨거운 물이라고 한다. 그만큼 이 뜨거운 물을 마시게 되면 매서운 추위도, 암울하고 절망적인 현실의 고통도 잊을 수 있게 해준다고 믿었기 때문에 술은 러시아인의 인생동반자이자 뗄 수 없는 마취제의 역할을 한다. 러시아인에게 보드카는 단순한 술이 아니다. 인생과 역사가 녹아 있는 삶의 일부이다. 러시아식 음주법은 40도가 넘는 보드카와 잔을 모두 냉동시켰다가 조청처럼 끈끈하게 흐르는 액체를 따라 첫 잔을 단숨에 들이켜는 것이다.

러시아의 술 마시는 스타일은 한국의 음주 습관과 비슷하다. 남자들이 진정한 친구가 되려 한다면 보드카 잔을 거부해서는 안 된다고 할 정도이고, 한국처럼 2차, 3차까지 가는 것은 아니지만 술을 먹고 쓰러질 때까지 마신다. 술을 먹고 쓰러진 사람 머리 위에 술을 부어주는 풍습이 있을 정도로 한국과 같이 술 권하는 문화가 대단하다. 또한 한국에서는 감기에 걸리면 소주에 고춧가루를 섞어 마시는 경우가 있는데 러시아도 후추와 함께 보드카를 마시고, 배가 아플 때 보드카에 소금을 타서 마시는 근거 없는 행위도 마다하지 않는다. 러시아인의 음주는 사회 각 계층에 만연되어 있고 정도가 심해서 심각한 사회문제가 되고 있다. 현재 러시아 여자들의 평균수명이 71.8세인데 비해 남자들의 평균수명은 57세에 불과하다. 이는 남자들에게 만연된 음주와 직접적인 관련이 있다.

중국 사람들은 자주 간베이(건배)라고 하면서 술잔을 들었다 놓는 대작문화가 발달했다. 술잔을 부딪치면 다 마셔야 하고 술잔을 들었다 놓으면 자기가 마시고 싶은 대로 조금 마셔도 된다. 술을 강요하는 자리는 없고 맘에 맞는 친구, 친척들 간의 모임에서 술을 마시는 경우가 많다. 중국인들도 술은 인간관계를 부드럽게 해주는 것으로 생각하여 즐기며 항상 가까이한다. 또한 상대방에게 귀한 술을 대접하려는 인정이 있다. 그러나 상대의 잔이 비워질 때 그 잔에 첨잔을 하지만 자기 잔을 돌리는 수작문화는 없다. 이와 같이 상대에게 술을 억지로 권하지는 않는다. 손님에게 술을 대접할 때는 손님을 존경한다는 뜻으로 윗사람이 먼저 따르기 시작하며 술잔에 술을 가득 채운다. 첨잔도 무방하며 차나 음료로 술을 대신하는 것도 가능하다.

일본의 경우 대부분의 술자리는 직업과 연관된 사람들과 하기 때문에 항상 긴장하고 과음하지 않는다. 직장 동료들끼리 모인 자리에서도 잔 돌리기나 억지로 술을 강요하는 모습은 거의 없다. 술자리는 1~2시간으로 짧다. 다음날 업무에 지장을 주지 않는 만큼만 마시는 경우가 보통이다. 집이 멀어서 막차를 놓치면 안 된다는 현실적인 인식들도 영향을 미친다. 남에게 신세지기 싫어하는 모습은 술값을 계산할 때 나타난다. '와리캉'이라고 해서 일행이 똑같이 나눠 내거나 자기가 마신 것에 대한 값만 내는 더치페이가 보통이다. 이것은 분수를 지키려는 일본인들의 본성 때문이다.

2.3 음식문화의 차이

음식문화 차이에 있어서 미국과 유럽, 중국, 일본 등의 국가를 중심으로 살펴본다.

미국은 개척 초기에는 미국에 기초를 두었던 원주민이나 에스파냐, 프랑스 음식의 영향을 받다가 점차 영국 음식을 받아들였다. 1940년대에 이르러 본격적인 미국식 패스트푸드 산업이 발달했고, 최근에는 한국을 비롯한 동양음식에 대한 관심이 높아지고 있다.

미국은 분주하고 바쁜 나라다. 그래서 대체로 식사를 빨리하는데 고급식당에서도 사람들이 되도록 음식을 빨리 먹기를 원한다. 이것이 미국을 패스트푸드의 원조국으로 만드는데 한 몫 했다.

미국인들은 효율적인 식사를 위해 다양한 음식을 한 접시에 담는다. 또한 그들은 어떤 음식이든 풍부한 양을 좋아하며, 차려진 음식을 남김없이 먹는 것을 목표로 삼는다.

미국인들이 음식을 다 먹고 나서 "배가 찼다"고 말하는데 그 까닭은 무의식적으로 음식 먹는 것을 연료공급으로 생각하기 때문이다. 그들의 사명은 자신의 연료통을 가득 채우는 일이므로, 그 일이 완료되면 임무를 완수했다고 알리는 것이다. 흥미로운 점은 미국의 어느 고속도로에서나 주유소와 음식점을 겸한 휴게실을 찾아볼 수 있다는 것이다(라파이유, 2006).

이러한 점에서 짐작해 보면 미국에서는 품질보다 양 그리고 빠른 음식 준비, 즉 속도를 판매하는 것이 합리적이다. 예컨대 양껏 먹을 수 있는 뷔페로 공략하는 것이 전적으로 올바른 전략이다. 실제 뷔페는 미국에서 꽤 인기가 있다. 뷔페는 즉시 먹을 수 있는 음식을 풍부하게 제공하기 때문이다.

이를 토대로 미국 관광객이 방한한다면 우리나라 현지식으로 '비빔밥'을 권유해도 좋은 반응을 얻을 것이다. 비빔밥은 다양한 재료를 한 그릇에 담는다는 점에서 뷔페와 유사한 한국전통음식이며 푸짐한 양에 빠른 속도로 먹을 수 있다. 실제 2010년 11월 MBC방송국의 '무한도전'이라는 프로그램에서 미국인에게 소구할 수 있는 한국전통음식으로 비빔밥을 선정하고, 영상광고를 만들어 뉴욕 타임스퀘어 광장의 CNN전광판에 12월 한 달 동안 노출시키기도 했다.

뉴욕 타임스퀘어 광장의 비빔밥 광고 모습

영국은 사실상 자국에서 분류하는 지방에 따라 음식이 다르며 그 특색도 다양하다. 대개는 자연스럽게 환경의 영향을 받은 것이 사실이다. 영국은 섬나라이다 보니 온난한 기후를 접하고 있어 사뭇 다른 면모도 나타난다. 역사·문화적으로 유럽대륙의 영향도 적잖이 받았다. 근대 이후 신세계의 발견과 엄청난 국부의 성장으로 다문화 요소가 가미되어 지금에 와서는 북아메리카, 중국, 인도의 영향도 다분히 나타난다고 볼 수 있다. 이런 영향으로 전통적으로 영국인들이 섭취해 온 빵이나 치즈, 구운 고기나 수프, 파이, 절인 대구, 청어 등은 감자나 토마토로 만든 소스, 칠리, 고추를 이용하여 조리한다.

이것들은 모두 아메리카 대륙에서 온 재료들이다. 또한 커리를 이용하기도 하며 센 불에 프라이팬을 돌려가면서 볶는 중국 요리법도 전해졌다. 프랑스 요리와 이탈리아 요리는 한때 이방국의 문화로 치부되었지만 지금은 매우 각광받고 있다. 영국은 미국의 영향도 많이 받는 곳이어서 요리문화 또한 많이 받아들였다. 이때 패스트푸드 문화도 흡수되었지만 영국의 음식문화는 요리에 대한 관념과 특징을 자국의 방식대로 표현하고자 노력하는 것으로 알려져 있다.

핀란드의 음식은 전반적으로 짜다. 거의 모든 음식에 소금이 빠지지 않는다. 하지만 고염식이라고 해서 건강을 해치지는 않는다. 염화나트륨 함량이 일반 정제염의 절반에 불과한 저염소금 '팬솔트'를 사용하기 때문이다. 팬솔트는 핀란드 정부가 소금 섭취가 많은 자국민의 건강을 지키기 위해 개발해 1982년부터 판매하기 시작했다. 팬솔트는 자일리톨, 식물성 마가린 '벤네콜'과 함께 핀란드 3대 식품으로 꼽힌다.

핀란드는 지정학적 특성 때문에 동서 간 이질적 문화의 영향을 받았다. 핀란드인의 전통음식은 스웨덴과 러시아식이 혼합된 형태이다. 숲을 제외한 나머지 국토는 강과 호수이며, 보트니아 만과 발틱해에 접하고 있는 핀란드는 평상시에 연어와 청어, 송어, 창꼬치, 가자미 등과 같은 생선류를 식재료로 많이 사용한다. 또한 훈제법은 핀란드에서 상당히 발달한 저장 및 요리법의 하나로 생선이나 육류 모두 훈제로 많이 먹는다.

특히 추운 나라여서 과음, 독주 문화가 일반화되어 있고, 숯불을 이용한 음식이 많은 것도 특징이다. 핀란드에서 가장 어려운 것은 채소류의 보충이다. 자연환경 때문에 채소 값은 상당히 비싸서 우리나라처럼 마음껏 먹을 수가 없다. 그래서 핀란드인들은 상추나 배추 또는 양배추를 잘게 썰어 약간의 드레싱을 곁들여 날것으로 먹는다. 핀란드인들의 주식은 감자로 한국의 쌀에 해당하는데 거의 모든 요리에 감자가 등장한다.

핀란드인의 식생활 중 독특한 것은 더운 식사 후에는 거의 반드시 설탕을 많이 넣어 달게 만든 얄끼루오까(Jalkiluokka: 후식)를 먹는 습관이다. 이 음식은 가정에서뿐만 아니라 학생식당이나 일반식당에서도 여러 가지 후식을 준비해 놓고 있을 정도로 핀란드의 독특한 식생활습관이라 할 수 있다. 그 외는 여느 다른 유럽식의 식문화와 거의 유사하다.

그리스는 '시에스타'라는 오수의 습관(무더위 때문에 이른 오후에 낮잠을 자는 풍습)이 있으므로 아침은 일찍 시작되고 저녁시간은 늦게까지 이루어진다. 그리스인들은 아침식사는 간단하며 대신 점심식사 시간은 시에스타까지 포함해서 충분히 갖고 있다. 고대 그리스에서 요리를 과학이나 예술처럼 고귀하게 여겼듯이 현대 그리스인들도 먹는 일을 소중하게 생각해서 식사시간을 항상 여러 사람들과 대화하고, 음악과 즉석 춤을 곁들이기도 한다. 특히 점심식사는 가장 중요하게 여겨지며, 정오에서 오후 2시까지가 식사시간으로 사용되고 식사시간은 교제의 장이기도 하다. 늦은 점심 탓에 저녁 식사시간도 자연히 늦어져 저녁 8시에서 9시경에 떠들며 마시고 먹게 된다.

레스토랑에서 혼자 식사하는 모습은 거의 찾아볼 수 없고, 여러 명이 단체로 식사를 주문하여 나누어 먹는 모습을 자주 볼 수 있다. 또한 그리스인들은 테이블에 둘러앉아 식사를 하거나 전통적인 술 '우조'와 함께 애피타이저(메제데) 먹는 시간을 신성한 시간으로 여긴다. 또한 그리스인에게는 집이나 식당 등에서 동료들과 함께 음식을 나눠먹는 것이 사회적으로 깊이 뿌리내린 관습이다.

겨울을 제외하고는 옥외에서의 식사를 더욱 즐기며 대도시의 아파트에는 점심과 저녁식사를 위한 마당이나 테라스가 집 가운데 붙어 있기도 하다. 음식점에서도 실내보다는 실외테이블을 선호하며 밤늦도록 식사를 즐긴다. 전형적인 그리스의 레스토랑이나 식당의 분위기는 매우 안락할 뿐 아니라 격의 없으며, 잘난 척하는 사람도 없다. 또한 음식을 준비하는 데도 신성한 규칙이 있어 요리 준비하는 것을 매우 중요하게 여기며 아내를 좋은 요리사로 생각하는 경향이 강하다.

그리스의 대표 요리 '수블라키(Souvlaki)'

이탈리아 문화는 귀족사회를 모범으로 삼기 때문에 그 영향을 강하게 받는다. 귀족이라면 결코 뷔페에서 음식을 게걸스럽게 먹지 않을 것이다. 귀족은 음식을 허겁지겁 먹는 일이 없으며 항상 조금씩 먹고 그 맛을 음미한다. 음식에 관한 이런 귀족적인 태도는 이탈리아 사회의 모든 계층에게로 조금씩 전파되어 왔다. 지위에 상관없이 이탈리아인들은 음식에 관한 한 매우 세련된 감각을 갖추고 있으며, 과식하면 맛을 음미하는 능력이 파괴된다고 생각한다.

이처럼 프랑스와 이탈리아 등의 다른 여러 문화에서는 음식은 도구가 아니라 세련됨을 경험하는 수단이다. 프랑스에서는 음식을 먹는 목적이 쾌락이며, 가정에서 만든 음식도 손님들이 오랜 시간 감상하는 훌륭한 요리가 된다. 프랑스 레스토랑의 요리는 많은 연주자들(요리사와 웨이터, 포도주 담당자, 지배인)이 동시에 연주하는 예술성 높은 교향악이다. 실제로 프랑스인들은 훌륭한 요리사와 교향악단의 지휘자에게 모두 셰프(chef)라는 단어를 사용한다.

호주의 식생활은 최근 10년 동안 작은 변화가 있었다. 과거에는 전통적인 영국식의 식생활이었지만, 여러 민족의 유입으로 인해 다양한 식생활문화가 탄생되었다. 호주에서는 돼지고기, 쇠고기, 그리고 호주의 상징인 양(lamb) 등을 다른 나라에 비해 싼 가격에 구입할 수 있고, 캥거루나 에뮤(emu) 악어고기 등은 호주에서 맛볼 수 있는 독특한 음식이기도 하다. 주말이나 공휴일에는 바비큐 파티를 공원이나 정원에서 가족들 또는 이웃들과 즐기기도 한다. 공원엔 바비큐를 위한 장비가 설치되어 있을 뿐만 아니라 일반인들에게 공개되어 있기 때문에, 그 누구라도 멋진 바비큐 파티를 즐길 수 있다. 호주는 프랑스, 뉴질랜드와 더불어 와인의 세계적인 생산국으로 대부분의 호주 사람들은 저녁식사를 할 때 와인을 즐긴다. 물론 와인의 종류와 가격은 천차만별로 다양하다.

일본에서 요리를 마련하고 즐기는 것은 완벽함에 접근하는 수단이다. 스시 요리사들은 생선을 완벽한 솜씨로 저며야 뛰어난 맛과 씹히는 느낌을 준다는 사실을 알고 있기 때문에 칼 다루는 법을 혹독하게 연마한다. 일본인들은 최고의 스시 요리사를 장인–최고 수준의 예술가–으로 여긴다. 일본 음식은 우리의 일상생활과도 깊은 관계를 가지고 있다. 스시, 우동, 소바, 라면, 샤부샤부, 덴푸라, 스키야키, 데판야키(철판

구이) 등의 단어는 우리 식생활에도 뿌리내린 일본 음식문화의 한 단면이라 할 수 있다. 특히 신선하고 정갈한 맛이 특징인 일본 음식은 개운한 맛을 좋아하는 한국인들의 기호에도 맞아 기성세대는 물론 신세대의 외식문화에도 큰 몫을 차지하고 있다. 섬으로 이루어져 사계(四季)가 분명한 일본인의 식생활은 계절에 민감해 싱그러운 느낌을 주는데, 지리적 특성상 육류보다는 생선류의 음식이 발달한 것도 일본 요리의 한 특징이라 할 수 있다.

더불어 일본인들의 식사문화를 보면 정갈한 성품의 일본인을 느낄 수 있다. 식사를 할 때는 바른 자세를 취하고 지나치게 소리를 내지 않도록 유의하며 작은 접시에 음식을 덜어 먹는다. 밥, 국, 반찬 순으로 뚜껑을 열고 뚜껑은 상의 왼편에 놓는다. 전채요리를 먹은 후 밥을 먹는다. 밥은 양손으로 밥공기를 들어 왼손에 놓고 오른손으로 먹는다. 국그릇도 같은 방법으로 드는데 국물을 마시고 젓가락으로 건더기를 먹는다. 상을 물린 후에는 후식으로 과일이나 생과자를 먹고 차를 마신다. 차는 두 손으로 찻잔을 들고 왼손으로 찻잔을 받친 다음 오른손으로 찻잔을 잡고 소리 없이 마신 후 뚜껑을 덮는다. 이처럼 일본인들은 그들만의 식사방식을 가지고 있으며, 이러한 방식은 교육에 의하여 대대로 이어지고 있다.

중국은 광대한 지역에서 생산되는 풍부한 음식 재료와 수천 년의 경험을 바탕으로 하여 일찍이 중국 특유의 음식문화를 형성하였다. 체면을 중요시하는 중국인이지만 '먹는 일'에서는 실용주의적인 민족적 특성이 잘 드러난다. 일찍이 중국에는 "백성은 먹는 것을 하늘로 여긴다(民以食爲天)"라는 말이 있었는데, 이에 부합하듯 중국인은 일상생활에서 먹는 것을 매우 중요하게 여긴다. 계절, 성별, 나이별로 적당한 음식을 가려서 먹으며, 요리할 때는 맛을 내는 데 그치지 않고 색과 향 그리고 아름다움까지 추구한다. 먹는 것으로써 건강을 챙길 뿐 아니라 삶의 여유와 즐거움을 찾으려 하는 것이다.

중국인들 중 도시의 직장인들은 앞에서 언급한 것과 같은 이상적인 식생활을 즐기지 못한다. 보통 아침에는 대개 채소나 고기 속이 있는 찐만두인 '바오쯔(包子)', 속이 없는 찐빵인 '만터우(饅頭)', 꽈배기 모양의 밀가루 튀김인 '여우탸오(油条)', 우리나라의 콩국과 비슷한 '더우장(豆醬)' 등을 사 먹는다. 점심 때는 직장의 구내식당이나 주변 식당에서 먹는데, 일반 서민들은 면이나 덮밥류 한 가지로 한 끼를 해결하는 경우가 많다. 대체로 저녁은 퇴근 후 가정에서 직접 만들어 먹는데, 다소 간략했던 아침·점심식사와는 달리 제대로 챙겨 먹으려는 경향이 있다. 대부분의 가정이 맞벌이라서 남녀 구별 없이 집에 먼저 돌아온 쪽이 식사 준비를 한다. 1949년 사회주의 정권이 들어선 이래로 여성들은 남자들과 동등하게 직장생활을 해왔기 때문에, 남자가 주방에 들어가 요리를 하는 것 또한 아주 자연스럽게 받아들여진다.

중국인은 식당에서 여러 명이 함께 식사할 때 좌석배치를 중요하게 생각한다. 일반적으로 연장자나 손님은 문이 바라보이는 가장 안쪽 자리에 앉고, 서열이 낮은 사람일수록 문 가까운 자리나 문을 등진 자리에 앉는다. 요리가 나오면 각자 앞 접시에 먹을 만큼 덜어 먹는데, 이때 손님이나 윗사람에게 먼저 요리를 권하며 다른 사람이 맛볼 수 있도록 한꺼번에 많은 요리를 덜어가지 않는다. 또한 젓가락으로 요리를 심하게 뒤적이거나 소리 내어 음식을 씹는 것은 예의에 어긋난 것으로 여긴다. 중국인들은 흔히 밥그릇을 들고 밥을 먹는데 이것은 우리와 달리 예의에 어긋난 행동이 아니다. 중국의 쌀은 대부분 찰기가 없는데다가 젓가락으로만 밥을 먹기 때문에 생긴 식습관이라 할 수 있다. 숟가락은 탕을 떠먹을 때만 사용한다.

중국은 넓은 지역만큼이나 특산물이 다양하고 그 문화적 전통 또한 달라서 지역별로 독특한 음식문화를 꽃피웠다. 흔히 중국 요리를 산둥(山東), 쓰촨(四川), 장쑤(江蘇), 저장(浙江), 안후이(安徽), 후난(湖南), 푸젠(福建), 광둥(廣東)의 '8대 요리', 또는 베이징, 상하이, 쓰촨, 광둥의 '4대 요리'로 구분하고 있다. 주식으로는 흔히 밥, 만두, 면 같은 것들이 나온다. 탕은 우리나라의 국과 비슷하나 국보다 훨씬 걸쭉한 경우가 많다. 우리나라의 식생활 습관과 다른 점은 주요리가 다 나온 뒤 양이 부족할 때 주식을 시키고, 숭늉처럼 탕을 맨 마지막에 마시는 것이다.

3. 직업에 대한 인식 차이

직업에 대한 인식 차이에서는 미국, 독일, 영국, 프랑스, 중국, 일본, 그리고 한국에 대해서 살펴보도록 한다. 미국의 직업관은 '업 오어 아웃(Up or Out)', 즉 '일정 기간 내

승진하지 못하면 다른 곳으로 직장을 옮긴다'는 뜻이다. 모든 기준이 명확한 미국 사회에서는 장대높이뛰기를 하듯 일정 높이의 기준을 뛰어넘으면 좀 더 높은 곳을 목표로 정해 나아간다. 만약 뛰어넘기에 실패하면 다른 회사로 옮긴 후 또 다른 장대높이뛰기에 도전한다.

옮긴 새 직장에서 승진을 하면, 그곳에 남아서 좀 더 높은 목표를 향한다. 그러나 만약 목표를 성취하지 못하면 회사를 옮겨 새롭게 도전하거나, 지금보다 더 좋은 조건을 제시하는 회사가 있으면 그쪽으로 옮긴다. 회사를 바꿔도 사회적 기준에 어느 정도 공통되는 부분이 있기 때문에 다양한 곳으로의 이동이 용이하다. 이렇듯 미국의 직업관에는 항상 위를 목표로 향한다는 이미지가 강하다. 또한 미국인은 능력이 뛰어날수록 직장을 여기저기 옮기면서 이력을 쌓고, 부(富)를 모아가며 스스로가 성장할 수 있도록 도전해 나간다(야마모토, 2010). 계층, 출신, 성별에 관계없이 누구든 아메리칸 드림을 품고 돌진할 수 있다는 점이 미국 사회의 특징이다.

또한 미국인은 일을 찬양하고 성공한 사업가들을 유명인사로 떠받든다. 도널드 트럼프(Donald Trump)와 빌 게이츠(Bill Gates)는 대중적인 스타다. 스티븐 코비(Stephen Covey), 잭 웰치(Jack Welch), 리 아이어코카(Lee Iacocca)는 성공한 기업인이기도 하지만, 이들의 경영철학을 담은 책으로 초대형 베스트셀러 작가가 되었다. 미국의 베스트셀러는 『게으름아, 안녕?』이 아니라, 『성공하는 사람들의 7가지 습관(*The Seven Habits of Highly Effective People*)』과 『좋은 기업을 넘어 위대한 기업으로(*Good to Great*)』이다.

미국인은 왜 이처럼 일을 좋아할까? 직업이 있으면 사람들과 친해지거나, 아이들에게 자극을 주거나, 가족을 부양하거나, 미래를 설계할 수 있는 기회를 얻게 된다. 직업이 있으면 여왕이 된 기분을 느낄 수도 있고, 중요한 인물이 되거나, 이미 성공한 기분을 느낄 수도 있다. 그리고 그 직업만이 전부인 것처럼 느낄 수도 있고, 실직을 하면 아무것도 할 일이 없는 기분이 드는 것이다. 미국인들에게 직업이란 단지 생계를 꾸리기 위해 의무적으로 해내야 하는 일이 아니다. 자신의 직업이 마음에 들지 않더라도 그 일에는 훨씬 강력한 차원, 즉 삶을 규정하는 차원이 있는 것이다. 바로 자신의 정체성이 들어 있는 것이다.

미국인에게 직업이 의미하는 바가 정체성이라면, 미국인이 직업에서 그토록 많은 의미를 찾는 것은 당연한 일이다. 자신의 직업을 무의미하게 느낀다면 정체성도 무의미해진다. 그러나 자신의 직업에 고무되어 있다면, 그리고 자신의 직업이 진정한 가치가 있는 일이며 그 직업을 통해 스스로 무엇인가 가치 있는 일을 하고 있다고 믿는다면, 그런 믿음은 자신의 정체성을 좀 더 분명하게 느끼도록 해준다. 그리고 이것은 경영자들이 직원들에게 지속적으로 만족감을 주고 동기를 부여해야 하는 가장 중요한 이유가 되기도 한다. 자신의 정체성에 대해 부정적인 사람들로 운영되는 회사는 제대로 발전할 수 없기 때문이다.

이에 대한 사례로 미국의 다국적 프랜차이즈 호텔인 리츠칼튼 호텔을 소개한다. 리츠칼튼은 직원들로 하여금 자신에 대한 긍정적인 정체성을 갖도록 하는 데 탁월하다. 이 회사는 직원들을 가리켜 '신사숙녀를 섬기는 신사숙녀'라고 칭한다. 리츠칼튼의 목표는 고객들에게 세련된 문화를 제공하려면 직원들에게도 동일한 문화를 제공해야 한다는 점을 잘 알고 있다. 그들은 직원들을 제대로 대우하고 강한 권한의식을 갖게 한다. 청소가 제대로 되어 있지 않다는 이유로 불평을 표출하는 고객이 있다면, 그 객실의 청소를 담당한 직원이 스스로의 판단에 따라 그 고객에게 무료식사권이나 무료숙박권을 제공함으로써 문제를 해결할 수 있다. 이렇게 일선의 직원들에게 큰 권한을 부여하는 정책은 자신의 일에 대한 적극적인 동기를 부여하는 것은 물론이고 자신이 회사의 일부분이라는 믿음을 갖게 해 준다.

리츠칼튼 경영진의 또 다른 접근방법 중 하나는 '고객은 항상 옳다'라는 표어로 직원들의 부담을 덜어 주는 것이다. 이러한 지침을 따르는 것이 얼마나 굴욕적일 수 있는지를 잘 아는 리츠칼튼 회장은 직원들에게 만약 다루기 어려운 고객이 있을 경우, 자신이나 다른 경영자에게 알리면 처리해 주겠다고 말한다. 이러한 접근방법도 직원들의 정체성을 긍정적으로 강화시킨다. 자신이 신사숙녀로 대우받을 때 고객을 '신사숙녀'처럼 대하기가 훨씬 수월해진다. 리츠칼튼의 직원들은 회사에 대한 충성심뿐만 아니라 자신의 일에 대한 자부심 또한 대단히 강하다(라파이유, 2006).

독일어로 직업을 뜻하는 단어는 베루프(Beruf)로 '사명' 혹은 '부르심' 등의 의미로도 쓰인다. 이 말은 타국 사람들이 독일과 독일인을 연구할 때 반드시 이 단어에 담긴 깊은 뜻을 생각해야 하는 것이기도 하다. 독일인들은 대부분 자신의 직업을 단순한 밥벌이가 아닌 소명(calling)으로 받아들이고 있다. 즉 그들은 '내가 서 있는 곳이 거룩한 장소이며, 지금 하는 일은 거룩한 신성이 깃든 부르심의 작업'이라는 관념이다. 이러한 관념은 오늘의 건강한 독일을 건설케 한 원동력이 되었다고 한다. 이와 같은 의식은 『프로테스탄티즘의 윤리와 자본주의의 정신』을 쓴 막스 베버(Max Weber)의 말에서도 잘 나타나는데, 그에 따르면 직업 자체를 소명으로 볼 때 근면하게 일하는 것은 신의 영광을 위한 것인 동시에 구원을 받을 수 있는 길이다. 이로써 노동 자체가 종교적인 의미를 가지며 신성시되고 근검과 절약을 통해 부를 축적하는 사람이 신으로부터의 소명을 다하는 사람이라 밝히고 있다.

영국인의 직업에 대한 관념은 프랑스와 연관 지어서 설명하는 것이 편리하다. 흔히 프랑스인은 휴가를 위해 일한다고 한다. 이와는 반대로 영국인은 자신의 직업 혹은 일의 효율성을 높이기 위해 휴가를 가진다고 한다. 영국인은 모든 일상생활이 일에 맞추어져 일이 중요하다는 관념인 반면, 프랑스는 자신의 일상생활을 즐기는 한 수단으로 직업을 가진다는 관념인 것이다. 스탕달(Stendhal)의 고전소설 『적과 흑(*Le Rouge et le Noir*)』을 보면 프랑스 문화에서 인생은 조국이나 신에게 봉사할 때만 가치가 있다. 다른 직업은 모두 비천하며 농부가 되는 것이 그중 낫다. 이런 태도는 아직도 프랑스 문화에 널리 퍼져 있으며 실직자가 여러 가지 일을 하는 근로자보다 더 많은 돈을 받는 체제를 만들어내고 있다. 프랑스의 베스트셀러 중 하나가 바로 『게으름아, 안녕?(*Bonjour Paresse*)』이라는 점은 시사하는 바가 매우 크다.

프랑스에서는 직업에 대한 욕구가 쾌락 추구에 대한 욕구보다 우선순위가 낮다. 프랑스인들은 직업이 즐거움을 주지 않을 경우 차라리 실직을 선택한다. 제라드 블리츠(Gerard Blitz)는 클럽메드(Club Med)를 설립할 때 직원 관리에 프랑스적인 접근방법을 채택했다. 그가 시행한 첫 번째 시도는 직책의 이름을 바꾸는 것이었다. 예컨대 클럽메드의 지배인은 '촌장(chief of village)'이 되었다. 그리고 그는 직원들이 손님에게 직접 여흥을 제공하는 야간 쇼를 개설해 용기 있는 직원은 누구나 무대에 오를 수 있게 했다. 클럽메드가 문호를 개방하자 그곳은 과감하고 모험을 좋아하는 독신자들이 자유롭게 드나드는 장소가 되었다. 이처럼 열기로 충만한 분위기에서 직원들은 마음껏 즐거움을 나눌 기회를 얻었다. 휴양지의 야영장 같은 분위기 덕분에 직원들은 즐겁게 일할 수 있었고, 덕분에 클럽메드는 다른 경쟁회사보다 적은 급료를 주고도 별 탈이 없었다(라파이유, 2006).

중국인의 직업관은 '위험 분산'이라는 단어로 정리할 수 있다. 중국은 거대조직에 대한 불신이 팽배해 있는 나라이기 때문에, 한곳에 자신의 모든 경력을 맡길 수 없다고 생각한다. 그래서 중국인들은 위험 분산을 항상 고려한다. 때문에 미국과 동일한 업 오어 아웃(up or out) 방식의 이직(移職)을 시험해 보는 동시에 개인 간의 관계망, 즉 네트워크를 중시한다. 미국형 업 오어 아웃만으로는 불안하기 때문이다. 그래서 중국인들은 개인 간의 네트워크를 안전망처럼 펼쳐놓고, 리스크를 최소화해 가며 경력을 쌓는다.

현재 중국 젊은이들은 직장 옮기는 것을 당연하게 생각한다. 이는 미국과 비슷한 경향이지만 거기에는 조금 다른 의미가 있다. 세계적인 컨설팅 그룹 왓슨와이어트(Watson Wyatt)의 조사에 의하면, 이직을 결심하게 되는 가장 큰 이유는 '연봉의 차이' 때문으로 밝혀졌다. 한편 직장을 옮기지 않고 머무는 이유로는 기업의 장래성, 커리어 성장의 기회, 연구와 인재 개발 등을 들 수 있다. 다른 기관의 조사 결과에서도 대체로 이와 비슷한 이유가 언급되고 있다. 더욱이 실력 있는 인재에 대한 수요와 공급을 따져본다면 항상 수요보다 공급이 큰 폭으로 부족한 것이 중국이다.

현재 대도시에 거주하는 일반적인 중국인들은 대부분 다음과 같은 직업관을 가지고 있다. 학교에서 공부를 마치면 가능한 해외유학을 떠난다. 하지만 그것으로는 사회에서 통용되지 않으므로, 우선은 비교적 큰 회사에 들어가 비즈니스 매너와 기본 기술을 습득한다. 그러나 첫 직장에 계속 머물 생각은 하지 않는다. 3년 정도 경험을 쌓은 후 대기업에 근무한 경력과 인맥, 약간의 저축이 쌓였다면 '지쳤다' 혹은 '인간관계를 유지하는 것이 힘들다' 등의 이유를 대고 그만둔다. 그런 후에는 '아무것도 하지 않고' 휴식기간을 보낸다. 이어 지인으로부터 회사 창립의 도움을 부탁받으면 잠시 파트너로서 협력을 한다. 혹은 좀 더 본격적으로 회사 창립에 동참한다. 하지만 3년 내 뚜렷한 결과가 없다면 자신의 실력 부족을 인정하고 이번에는 작은 규모의 회사에 들어가 전문 노하우를 쌓는다.

전문 노하우가 쌓였다면 독립해서 창업에 도전한다. 요컨대 중국인은 자신의 목표를 향한 종합적인 방향성을 유지하면서 이용할 수 있는 것은 전부 이용하고자 하는 사고방식과 행동 특성을 보인다. 또한 수입원의 다양화를 위해 퇴근 후 파트타임 아르바이트를 하거나 제2, 제3의 직업을 동시에 갖는 것, 아들을 미국에 유학 보냈다면 딸을 유럽으로 보낸다거나 가족 중 한 명은 외국인과 결혼시키거나 한다. 이 역시 리스크를 철저히 분산시키기 위한 행동이다.

일본인의 직업관은 '평생직장'이라는 말로 정리할 수 있다. 이는 도요타맨 혹은 파나소닉맨 등, 어느 특정한 회사에 근무하는 사람들이 회사와 동화되어 가는 것을 뜻한다. 경쟁이 치열해짐에 따라 기업에서 채용하는 정직원의 수가 줄고 있는 가운데, 개인의 네트워크에 기대는 중국식 방안도 나오고 있다. 하지만 일본적인 장점을 발휘하고 있는 기업의 핵심에는 여전히 평생직장 시스템이 돌아가고 있다.

한국인의 취업 동기를 보면 '경제적 자립(수입)'이 제1순위가 되고 있다. 이는 가치추구 면에서 '일 지향성' 심화 및 개인적 · 경제적 성취주의 강화 경향을 보이는 것이다. 일반적으로 희망 직업으로 더 이상 평생직장을 기대하지 않고 이직 혹은 전직은 하더라도 특정 분야의 전문가가 되려는 '평생직업' 관념이 보편화되고 있다. 이러한 현상은 갈수록 취업이 힘들어지고 설령 취업을 했다 하더라도 그 직장에서 평생 일할 수 있다는 보장이 없기 때문으로 볼 수 있다.

한국에서는 명절에 가족과 친지가 모이는 자리에서 그 시기에 좋은 직장에 취업한 사람과 그렇지 못한 사람을 분류하며 좋은 직장을 가진 사람에게 그의 검증되지 않은 성실성과 열정에 끊임없는 찬사를 보낸다. 즉 취업이 되고 되지 못하고 혹은 좋은 직업인지 그렇지 않은 직업인지에 따라 계급을 부여하는 것이다. 따라서 한국 사회에서 훌륭한 인격체로 인정받기 위해서는 그의 일에 대한 능력을 떠나 명성 있고 급료가 높은 좋은 직장에 취직하는 것이 유리하다. 또한 그러한 직장에서 일하는 사람도 자기의 적성과 맞지 않아도 그 일을 하는 것에 대해 자부심을 느낀다.

현재 한국의 근로자들은 일하는 데 있어 인간관계를 중시하는 점과 근무시간 중 사적인 활동이 다소 많은 편으로 나왔는데, 이는 자신의 일에 대한 '일탈행위'가 나타나는 것으로 직업에 대한 인식과 맥을 같이하고 있다. 그러나 일의 양(量)적인 면에서는 세계에서 평균 수치를 훨씬 웃도는 것으로 나타났다. 즉 힘겹게 쟁취한 자신의 일을 잃고 싶지 않다는 심리가 강하게 녹아 있는 것이다. 현재 세계 패러디 지도(극동 패러디 맵)에서 한국은 '일 중독'으로 그려졌다. 실제로 OECD 자료에서 한국은 평균 근로시간이 연간 2,163시간으로 나타나 OECD 평균 1,770시간을 훨씬 넘는 시간을 일하고 있다.

4. 돈에 대한 인식 차이

인간의 삶을 영위함에 있어 필수적인 것 중 하나가 돈이다. 돈은 욕구를 충족시켜 줄 수 있는 중요한 수단이다. 즉 특정 지역민의 돈에 대한 인식을 알아낸다는 것은 그들 생활양식의 많은 부분을 알 수 있는 수단이 된다는 것을 의미한다.

프랑스의 계몽 사상가였던 루소(Rousseau, Jean Jacques)는 돈의 성격에 대해 그의 대표작『에밀』(1962)에서 다음과 같이 쓰고 있다. "사물들 사이의 계약에 입각한 평등은 돈을 발명하게 했다. 왜냐하면 돈이란 여러 가지 사물들의 가치에 대한 비교의 표적이기 때문이다." 이것은 사물들은 돈을 기준으로 삼아 가치의 '양(量)'을 가질 수 있게끔 되었다는 것이다. 즉 객관적 기준에 따라 양도될 수 있게 되었다는 것이다.

미국인에게 돈은 물건을 구입하는 수단 이상으로서의 의미가 있다. 돈이 자신의 상태를 보여주고, 가난한 조상에 비해 얼마나 부자가 되었는지도 보여준다. 돈은 자신이 열심히 노력해 왔다는 것, 사람들에게 인정받고 있다는 것, 그리고 다음 단계를 향해 노력하고 있다는 것을 일깨워준다. 미국인은 자신이 훌륭한 사람이며 참된 가치를 가지고 있다는 사실을 과시하기 위해 돈에 의지한다. 아무리 큰 업적을 쌓아도 공로훈장이나 귀족 작위를 받을 수 없다. 즉 많은 돈을 벌어야만 자신의 업적을 입증할 수 있는 것이다.

미국에서 돈은 성공의 척도다. 열심히 일해서 번 돈은 칭찬하고 훌륭한 사람이라고 존경한다. 빌 게이츠가 존경받는 이유는 그가 혼자 힘으로 돈을 벌었기 때문이다. 그러나 돈(유산)을 물려받은 사람은 존경하지 않는다. 반면 물려받은 재산 위에 스스로 형성한 재산에 대해서는 존경한다. 이 때문에 미국인들은 이자소득과 자산소득을 '악화'로 여긴다. 스스로 번 것이 아니기 때문이다.

유럽에서는 막대한 재산을 모은 사람은 일정한 때가 되면 비즈니스를 접고 개인적인 생활로 돌아간다. 미국인은 돈을 많이 벌어도 자신의 능력을 입증하기 위해 돈을 더 벌려고 한다. 미국에서는 아무리 가난하게 태어나도 얼마든지 큰 부자가 되는 꿈을 꿀 수 있다. 하지만 유럽에서는 가난한 자신의 신분을 벗어나기 어렵다. 프랑스의 『상속자』라는 책에서 의사의 자녀는 의사, 은행가의 자녀는 은행가가 되는 식으로 계급을 탈피하는 경우가 어렵다. 프랑스에서 돈은 자신을 보여주는 증거가 아니라 그다지 유쾌하지 않은 것으로 여긴다. 사람들과 대화할 때도 돈 이야기는 천박하게 여기며, 돈을 얼마나 벌었다는 등의 이야기는 무례한 것으로 받아들인다.

한국인은 돈에 대해 이중성이 있다. 내면으로는 돈에 대해 갈망하고 적극적으로 추구하지만 외면으로는 주변의 시선을 고려해서 지나친 추구를 꺼린다. 이것은 오랜 시간 한국 사회를 지배해 온 종교인 유교 및 불교와 관계되며 더불어 자본주의라는 두 가지 사안이 합쳐져서 형성된 것으로 볼 수 있다. 또한 한국인은 돈을 벌어들이는 데 가치를 두기보다 돈을 보다 잘 소비하는 데 즐거움과 의의를 두며 가족, 미래, 사회관계를 위해 돈을 쓰는 경향이 강하다. 몇 년 전 한국의 H자동차회사의 광고문안(copy)은 다음과 같았다. “오랜만에 친구를 만났다. 그 친구가 어떻게 지냈냐는 질문에 OOO으로 대답했다.” 물론 OOO은 H자동차회사의 대표적인 차종이다. 이 광고문안은 한국 사회의 돈에 대한 생각을 잘 나타내는 것이라고 할 수 있다. 따라서 한국인에게 있어서 돈이란 개인의 배경 그리고 가족 및 사회관계의 증거로 인식된다.

잔을 비우는 것, 음식을 남기는 것

로스앤젤레스에서 태어나고 자란 스캇은 어린 시절을 캄보디아에서 보낸 마리나와 결혼할 계획이다. 어느 날 저녁에 스캇은 마리나의 가족 식사에 초대받았다. 그들은 캄보디아 식으로 마루 위에서 원으로 둘러앉아 먹고 즐겼다. 각자의 자리에 조그만 술잔이 놓였다. 스캇은 옆자리에 앉은 나이가 지긋한 캄보디아 손님이 그 잔을 들고 마시는 것을 보았다. 스캇도 그를 따라 술을 마셨다. 그가 그렇게 했을 때 마리나의 어머니는 그에게 물었다.

"좋아요?"

"좋습니다."

스캇이 말했다. 마리나의 어머니는 다시 술을 부어주었다. 스캇은 한 번 더 그렇게 마셨고 마리나의 어머니는 다시 잔을 채웠다. 그는 또다시 그렇게 마셨지만 이제는 얼굴이 벌개졌고 코에서 물이 떨어졌다. 그는 그것을 계속 받아 마셨다. 그가 술잔의 술을 받아 마시면 마실수록 마리나의 어머니는 계속 술을 따라주었다. 그는 어떻게 해야 하는지 알 수 없었다.

캄보디아인들이 사발이나 컵을 완전히 비우고 요리를 깨끗이 먹어치우는 것은 좀 더 원한다는 것을 뜻한다. 만약 스캇이 그만 마시겠다는 의사 표시를 하고 싶었다면 조금 남겼어야 했다. 마리나가 그에게 이것을 말해주었더라면 좋았겠지만 그녀는 다른 일에 정신이 없어 남자친구가 이런 곤욕을 치르는 것을 미처 깨닫지 못했다.

그릇을 깨끗이 비우는 것은 문화에 따라 서로 조금씩 다른 의미가 있다. 요르단 사람들은 예의의 표시로 음식을 조금 남긴다. 필리핀 사람들은 주인에게 접대를 잘 받았다는 것을 나타내기 위해 음식을 조금 남긴다.

이와 반대로 마리나 가족의 경우에는 그릇을 비우는 것이 때로는 손님이 더 원하는데 주인이 충분히 제공해 주지 않았음을 나타낸다.

한국인들은 잔에 술이 조금이라도 남아 있으면 그것을 다 마시게 한 다음 다시 채워준다. 이집트인들은 주인에 대한 찬사와 풍성하게 대접받았다는 뜻으로 음식을 조금 남긴다. 타이 사람들이 음식을 남기는 것은 식사를 다 했거나 음식이 맛있었다는 것을 뜻한다. 인도네시아 사람이 음식을 남기는 것은 식사가 별로였음을 뜻한다. 일본인이 그릇을 비우는 것은 그 음식이 맛있었음을 뜻한다. 큰 사발에 있는 밥이 없어졌다는 것은 그 음식이 다 떨어졌음을 의미한다.

미국인들은 흔히 아이들에게 세계 곳곳에서 기아에 허덕이는 사람들이 많음을 상기시키면서 음식을 낭비하지 말고 그릇을 깨끗이 비우라고 충고한다. 다른 나라의 부모들도 아이들이 음식을 낭비하지 않도록 충고하는 데 비슷한 기술을 사용한다. 한 중국인은 어릴 때 자신의 어머니가 그릇에 밥알이 붙어 있는 수만큼 얼굴에 곰보 자국이 나타난다고 훈계하던 것을 기억한다(노린 드레서, 1997).

Chapter 4

글로벌 문화 경영

1. 글로벌 문화 경영자

글로벌 비즈니스와 업무 수행을 위해서는 자신이 살고 있는 문화권의 문화적 조건을 넘어서 초문화적 무대로 뛰어들어야 한다. 잠깐 동안 비즈니스 해외 출장을 온 경우든, 아니면 몇 년 동안 경영자가 해외에 머무는 경우든, 이를 지원하는 조직은 해당 지역에 현지인 고용 체제를 갖추어 놓고 파견된 임직원의 문화 적응과 작업 수행을 도와주어야 한다. 현재 정부 대행업자들 및 수많은 기초 사업체와 비영리 단체들은 타 문화에 대한 준비가 안 된 상태에서 파견하는 경우가 많으며 대상국의 문화적 특질을 제대로 알지 못한 채 임직원들을 다른 문화권으로 파견하는 경우가 많다.

오늘날 여행, 운송, 마케팅, 식품, 호텔 등 각종 분야의 세계적 기업들은 모국 문화권 출신이 아닌 직원들을 많이 고용하고 있으나, 그들에게 해당 지역 주민들의 관습과 법, 행동 양식 등에 관해서는 초보적인 정보밖에 주지 않고 있으며, 언어 교육의 면에서는 상당히 빈약함을 보인다. 이문화적 교육은 모든 경영자와 고용자 문제에서도 필수적일 뿐 아니라 특정한 역할을 수행하기 위해서도 반드시 필요하다. 공항에서 통관과 입국 업무를 담당하는 공무원은 말할 것도 없고 국제변호사, 정치가 등의 사람들도 이문화에 대한 교육이 필요하다.

더불어 오늘날에는 경영환경의 변화로 인해 타 문화를 받아들이는 기술이 뛰어난 경영자가 그 어느 때보다 절실하다. 글로벌 시대의 국내 작업환경은 다양한 문화적·

민족적 배경을 가진 직원, 고객, 생산자를 점점 더 필요로 하고 있다.

국제 비즈니스 무대는 이제 통신과 운송 기술의 지원에 힘입어 '글로벌 시티' 안의 시장이 되었다. 아무리 작은 지역의 기업이라도 해외 진출 가능성을 추구할 수밖에 없게 되었다. 따라서 수입과 수출에 관한 법률이나 절차 등과 같은 세계 무역 현실에 대해 알아야 한다. 이와 같이 문화를 초월하는 경영자들은 '코스모폴리탄'이 되어야 한다. 다시 말해 문화들 간의 효과적인 통신자이자 조정자로서의 역할을 하는 혁신적 지도자가 되어야 한다.

다음은 이문화 경영자에게 요구되는 자질들이다.

첫째, 범세계적 인간관계와 가치들을 배운다.

둘째, 다양한 사람들을 다루는 데서 개방적이고 유연한 태도를 취한다.

셋째, 다양한 분야, 영역, 배경, 인종, 성을 가진 사람들과 함께 있어도 편안하게 느낀다.

넷째, 이방인, 낯선 사람, 소수민족, 주민 등을 자신의 기업체에 적극 받아들인다.

다섯째, 외국어 등의 이문화적 자질과 기술을 익힌다.

여섯째, 계획된 변화를 받아들이는 미래주의자가 되어야 한다.

일곱째, 합작투자, 컨소시엄, 연합체에 기꺼이 참여한다..

다음의 제 2절 부터는 글로벌 문화 경영에 대해 구체적으로 논의하도록 한다. 논의 중 언급되는 국가는 세계의 각 문화권을 대표하는 미국과 일본 그리고 사우디아라비아를 포함한 아랍권이다.

2. 글로벌 시장의 비즈니스

나날이 규모가 커지고 있는 글로벌 시장에서 비즈니스도 점점 새로운 장애물에 직면하고 있다. 이 장애물들은 자칫하면 글로벌 합작투자를 위험에 빠뜨릴 수도 있다. 글로벌 문화적 비즈니스 과정에서 마주치는 문제점들은 나라마다 가지고 있는 기본적인 문화적 지침을 이해하지 못하는 데서 발생한다. 초문화적으로 비즈니스를 하기 위해서는 그러한 지침을 이해하고 그 범위 내에서 일하려고 노력해야 한다. 각 문화는 저마다의 독특한 비즈니스 수행방식과 사회적 상호관계가 있다. 그러므로 특정한 문화 속으로 들어선 사람은 그 문화권의 문화적 차이들을 잘 알고 실천해야 한다.

글로벌 경영에서는 서로 다른 문화권 출신의 경영자들 간에 마찰이 생기는 상황이 무수히 발생한다. 인사 나누기나 전화통화와 같은 단순하고 일상적인 상황들도 있다. 그러나 서로 다른 문화권들 간에 이루어지는 비즈니스 회의나 상품설명회, 또는 외국인 근로자들을 교육시키고 동기 부여할 때의 문제점들과 같은 다소 복잡한 상황들도 있다. 이러한 상황들이 모두 다소의 어려움을 지니고 있기는 하지만, 그래도 그것들은 비즈니스상에서 일상적으로 반복되는 현상이므로 각 개인의 문화적 배경을 토대로 처리할 수 있는 문제이다.

이 절에서는 그러한 상황들의 유형을 살펴보고, 서로 다른 문화권 출신의 사람들이 합작투자해서 함께 일할 때 발생할 수 있는 것들에 대해 알아보고자 한다. 다음에 소개되는 상황들은 이문화적 경영에서 있을 수 있는 문화충돌의 사례들이다. 각 상황에 따른 답을 생각해 보고, 여러분의 판단을 문화적으로 정당화해 보라.

상황 1 일본인의 명함을 받은 후에는 어떻게 해야 하는가?

비즈니스 상황에서의 문화적 차이는 명함을 주고받는 데서부터 시작된다. 일본인은 명함을 보면 대개 잠시 동안의 침묵으로 상대방 회사에 대한 존중의 뜻을 표하고 나서 상대방의 생각을 느끼고 조화로운 관계를 확립하고자 한다. 그러므로 상황 1에서 가장 좋은 행동은 명함을 주의 깊게 살펴보고 회사 이름을 알아두는 것이다. 참고로 일본인에게서 받은 명함은 업무 처리 시 테이블 위에 올려놓았다가 업무가 끝나면 반드시 자신의 명함케이스에 넣어야 한다. 일본인들은 누구나 할 것 없이 명함케이스를 갖고 다니며 , 명함케이스를 선물하면 상당히 좋아한다. 이 정도로 일본인의 명함 사랑은 대단하다. 그와는 대조적으로 아랍인은 명함의 교환을 단순한 의례로만 생각하며 특별한 가치를 부여하지 않는다. 따라서 명함에 신경 쓰지 않고 즉시 친근한 연계를 맺기 위해 대부분 대화로 들어간다. 상대방의 명함을 받은 뒤 미국인들은 보통 그것을 훑어보고 나서 나중에 참고할 자료로 여기고 집어넣는다. 미국인들은 명함 교환을 하나의 격식으로 간주하며, 그 사람과 나중에 다시 만날 수 있도록 하기 위한 것으로만 생각한다. 또한 미국인들은 업무 처리 전에 명함을 주는 경우가 거의 없다. 반대로 일본인들은 명함이 상대방 회사의 계열과 상대방의 지위를 보여주는 중요한 자료로 간주한다.

상황 2 미국인 기업가가 당신의 사무실에 왔다. 그가 가장 먼저 취할 행동은 무엇일까?

미국인은 시간을 의식하고 행동을 지향하며 직접적인 것을 중시한다. 따라서 미국인은 즉시 비즈니스를 시작하려 한다. 명함을 재빨리 거두고 나서 일반적으로 묻는 첫째 질문은 보통 "무슨 일을 하시죠?" 하는 것이다. 미국 문화에서는 비즈니스와 가족관계가 분리된다. 왜냐하면 미국인은 대개 직업과 개인적 정체성을 동등하게 여기기 때문이다. 미국인은 사생활을 중요시하기 때문에 상대방이나 상대방의 자녀 또는 배우자에 관해서는 묻지 않는다. 물론 어느 정도 친분이 쌓이면 사생활에 대한 대화가 가능하다. 이와 반대로 아랍인은 그들의 가족과 가정에 대한 지대한 애정을 말해주듯 비즈니스 시작을 상대방의 여정이나 가족관계 등의 이야기를 하는 것으로 시작한다.

상황 3 비즈니스 대상인 미국인이 자기 숙소에서 당신에게 전화를 걸어 당장 당신을 만나고 싶다고 말한다. 당신은 어떻게 해야 하는가?

그 미국인이 숙소에서 전화를 걸었다면, 그는 아마 자기 혼자 당신 사무실까지 찾아오려 생각할 것이다. 그러므로 그는 어떻게 가면 되는지를 알고 싶어 할 것이다. 이것은 독자성, 행동하면서 배우는 태도, 행동 지향성이라는 미국적 가치를 반영하고 있다. 하지만 아랍인 중역이라면 문제가 달라진다. 아랍에서는 우호감과 지위에 가치를 두고 있으므로 위와 똑같은 상황이라도 당신은 상대방이 묵고 있는 숙소에서 만나

자고 제의하거나 상대방을 위해 운송수단을 배려해 주어야 한다.

비즈니스에서 전화 통화에 관해 살펴보자. 우선 대부분의 일본인 기업가는 전화 통화에서 정보를 얻고 싶어 하지만 반드시 그 목적을 이루려 하지는 않는다. 일본인은 먼저 자기 회사 이름과 부서를 밝히고 자기 이름을 말한다. 회사의 이름을 먼저 말하는 것은 회사의 계열, 겸손한 태도, 집단적 조화라는 일본적 가치를 보여준다.

아랍인의 비즈니스 통화는 사적인 유대감을 맺고 양자 간에 신뢰의 축을 형성하려는 의도를 가진다. 통화의 목적은 모든 배경 정보를 논의한 다음에 간접적으로 전달된다.

상황 4 당신은 사업 관계로 아랍인 물품공급업자에게 전화를 걸었다. 대화를 어떻게 시작해야 하는가?

아랍인과 통화할 때에는 지난번 만났던 일이라든가 상대방의 건강, 가족 등에 관한 일반적인 배경 질문을 던지면서 대화를 시작해야 한다. 친분관계가 우선 형성되어야 비즈니스를 원만히 할 수 있기 때문이다. 예를 들면 지난번 결제대금의 지불을 직접 묻는 것은 상대방이 불편해 할 수 있으므로 좋은 서두가 아니다. 친분관계를 쌓는 대화가 오가고 그 뒤 세부적인 비즈니스 이야기가 뒤따라야 한다. 아랍에서는 믿음직하고 친근한 관계에 뿌리를 둔 비즈니스 관계가 비즈니스 자체에만 기초한 관계보다 높이 평가된다.

아랍인과의 통화를 마칠 때에는 일반적으로 장기적인 관계에 대한 자신의 희망을 재차 확인하고, 서로 덕담을 나누고, 다시 연락받기 바란다고 말하면서 통화를 끝낸다. 이것은 종교적 조화, 정서적 배경, 장기적 관계 수립이라는 아랍의 문화적 가치에 부합된다.

일본인의 경우는 통화를 마칠 때 언질을 주지 않고, 그 대신 그 문제를 논의해서 집단적 합의에 도달했을 때 다시 연락하겠다고 말한다. 이러한 대답은 경청, 정보수집, 집단적 조화의 유지 등과 같은 일본인의 문화적 가치체계에 따른 것이다.

미국인의 경우 직접성, 업무 지향적이고 행동 지향적인 태도, 사생활을 중시하기 때문에 상대방의 대답이나 행동 약속을 요구하면서 통화를 끝낸다. 대화를 마칠 때 양측은 각자 개인적인 책임 및 서로 동의한 행동계획에 관한 약속을 확인한다. 〈표 5〉는 미국, 일본, 아랍권 사람들의 전화통화에 담긴 문화를 구체적으로 나타낸 것이다.

〈표 5〉 전화통화 중에 보이는 문화적 대비

	미국인	일본인	아랍인
목적	정보/행동	정보	사적 관계, 약속
서두	성과 이름을 밝히고 전화 건 목적을 말함	회사 이름을 밝힘	개인적 인사
절차	과제 지향적 태도 직접적 질문	상대방의 말을 듣고 정보 수립	간접적인 접근 먼저 상대방과 그 가족에 관해 물어본 후 비즈니스로 들어감
언어사용	직접적인 목적을 지닌 언어	대체로 보수적인 언어	과장된 어투
비언어적 의사소통	급한 태도	침묵/조화 대결을 피하는 태도	어조에 감정을 실음
시간 설정	시간은 돈이다.	전화를 건 사람에 따른다.	될수록 길게 시간을 잡는다.
정보 교환	조금씩	정보를 늘 추구하면서, 주는 정보는 최소화	빙빙 돌면서 목적에 다가감
대화를 끝내는 방식	약속을 강요 책임을 지움 다시 만나자.	약속을 정하지 않음 나중에 얘기하자 다시 전화해 달라.	인사: "평화가 함께 하기를" 장기적인 관계를 되풀이해서 강조 다시 전화해 달라.
적용된 문화적 가치	직접성, 사생활 중시, 행동/업무 지향적 태도	경청, 비공식성, 회사, 조화	종교적 조화, 정서적 배경, 사회적 조직, 절차 지향적

출처: 엘라시머위 · 해리스(1995), 해외비즈니스 문화를 알아야 성공한다, 삼성국제경영연 구소 옮김, p. 181.

상황 5 당신은 지금 일본인 경영자들에게 설명회를 하고 있다. 당신은 어떻게 시작해야 하는가?

일본인 중역들에게 설명회를 할 때 진행방식은 공손함과 겸손함이라는 그들의 가치에 맞춘다. 일본 문화는 정중하고 공손한 태도, 감사하는 자세를 높이 평가한다. 개인적인 업적을 말한다든가, 그들에게 직접적인 언질을 달라고 요구하는 것은 오히려 손해이다. 직접성은 그들의 문화적 지침이 아니기 때문이다(엘라시머위 · 해리스, 1995).

이 밖에도 어떤 문화권에서는 심지어 누구는 회의에 참석해야 하고 누구는 안 되는가 하는 문제도 특수한 양식에 따라 결정한다. 아랍인 경영자들은 높은 지위의 임원들만이 중요한 회의에 참석할 수 있다고 생각한다. 높은 지위의 간부들은 자신보다 낮은 지위의 사람들과 한 자리에서 중요한 문제를 논의하고 싶어 하지 않는다. 아랍의 극단적 지위의식 때문이다. 하지만 일본인들은 직위를 불문하고 회의 주제에 연관된 모든 사람들을 회의에 참석시킨다. 일본식 비즈니스에서는 집단적 참여와 합의가 핵심 가치이기 때문이다. 이러한 일본 비즈니스 문화는 회의 좌석 배치에서도 나타나는데 지위가 다른 사람을 서로 분리해서 회의 좌석을 배치하는 아랍인과는 달리 일본인은 지위고하를 막론하고 동일하게 좌석을 배치한다.

아랍인들에게 설명회를 할 때에는 끝나고 나서 아무도 질문하지 않는 광경을 볼 수 있다. 미국의 회의실에서는 설명자가 청중에게 질문을 요구하는 것이 허용된다. 그러나 사우디아라비아에서는 가장 직위가 높은 사람이 말을 꺼내기 전에 다른 사람이 먼저 말해서는 안 된다. 따라서 아랍에서는 최상급자의 견해가 집단 전체의 견해에 큰 영향을 미친다.

3. 비즈니스 회의방법

청중이 설명을 이해하고 있는가를 알아보기 위해서는 피드백 방법을 사용하면 된다. 설명회를 하거나 비즈니스 회의를 할 때에는 설명자가 청중에게 주는 정보의 양과 청중이 설명자에게 되돌려줄 정보의 양이 있다. 여기에서 청중이 설명자에게 주는 피드백의 양은 문화에 따라 달라진다. 일본에서는 외국인과 회의할 때 지루할 정도로 직접적인 피드백을 거의 하지 않는다. 왜냐하면 일본식 회의는 논의하는 주제가 무엇이든 간에 거의 정보를 얻으려는 목적만을 지니기 때문이다. 일단 집단적으로 그 정보를 받아들이고 나서 논의는 이후에 한다. 그러므로 피드백의 양이 극도로 적다. 문화권이 다른 외국인 설명자들은 이 점을 대단히 당황스럽고 불편하게 여긴다.

미국식 피드백 과정은 일본식과 달리 매우 즉각적이다. 미국식 비즈니스 회의의 참가자들은 회의가 시작할 때부터 끝날 때까지 내내 논의되는 주제에 관해 자신들의 견해를 피력한다. 그들은 독자적으로 생각할 줄 하는 능력을 내보이고 싶어 하고, 모든 정보들을 얻으려 하기 때문이다. 이것은 어릴 때부터 부모나 학교 교육의 영향에 의한 것으로 볼 수 있는데, 미국인들은 어릴 때부터 자신의 생각이 최고의 가치를 지닌 것으로 교육받으면서 자라며 그러한 가운데 자연스럽게 자신의 주장이나 견해를 밝히는 것에 주저하지 않는다.

일본인은 신속하게 판단하고 행동계획을 수립하는 것을 주요 기능으로 하는 미국식 비즈니스 회의는 너무 직선적이라고 생각한다. 일본식 비즈니스 회의는 엄격한 위계와 엄숙한 분위기를 띠고 있으므로 직접적인 대답을 용납하지 않는다. 이렇게 명백한 결정이 없기 때문에 타 문화권에서 온 회의 참가자들은 흔히 자신의 견해를 일본인이 오해하고 있다고 생각하기도 한다.

비즈니스 시 시간에 가치를 부여하는 방식에도 차이가 있다. 예컨대 말레이시아에서는 회의에 참석하는 임원들이 각기 다른 시간에 나타난다. 말레이시아 회의에서는 직책에 따라 참석하는 시간이 다른 것이다. 가장 중책에 있는 사람이 가장 늦게 참석하며 그때서야 회의가 시작된다.

미국식 비즈니스에서는 '시간은 돈'이다. 그러므로 당장 처리해야 할 과제와 무관하게 쓴 시간은 시간을 낭비한 것이며, 따라서 돈을 낭비한 것이다. 미국인들은 시간 엄수를 대단히 중요하게 여기므로 정해진 회의시간에 맞춰 회의에 참석하며 회의를 진행한다. 미국 사회에서의 시간 엄수는 곧 주어진 시간을 효율적으로 사용하고자 하는 의지를 나타내는 것이므로 매우 커다란 미덕이 된다. 이는 또한 다른 참석자들의 시간가치를 존중해 주는 예의이기도 하다. 미국식 회의에서 늦는다면 다른 사람들은 그것을 고려하지 않고 그냥 회의를 시작하므로 늦은 사람은 뒤처져서 자기가 듣지 못한 내용을 이해하려 애써야 한다.

회의나 설명회를 하는 도중에는 각 문화마다 사용되는 언어가 항상 똑같은 의미를 지닐 수는 없다. 한 가지 사례로 미국인과 일본인이 "예"라는 말을 서로 다르게 사용한다는 것이다. 미국 문화에서 "예"라고 말하면 그때까지 이야기한 내용을 인정하거나 동의한다는 뜻이다. 일본인과 이야기할 때 그들은 흔히 "하이"라고 말하는데 이 말은 "예"라고 번역된다. 그러나 그 말은 동의를 뜻하는 것이 아니라 단지 상대방의 이야기를 알아들었다는 것만을 뜻한다.

이렇게 "예"라는 말을 오해하는 것 이외에도 언어는 여러 가지 면에서 문화충돌의 원인이 될 수 있다. 언어는 그 자체로 자기 문화의 자화상을 반영한다. 미국인은 직접적인 단어와 문장을 사용하여 결론에 빨리 도달하려고 한다. 그러나 집단적 조화나 장기적인 관계 확립을 중시하는 일본인이나 아랍인들은 그렇지 않다.

아랍인의 언어 사용은 그들 특유의 우호감과 장기적인 관계에 대한 관심을 반영하고 있다. 그러므로 확실한 언질을 요구하거나 특정한 시한을 정하는 등의 행위로 회의절차를 무너뜨린다면 아랍인은 그것을 모욕으로 여길 것이며, 앞으로의 비즈니스 계획이 모두 중단되는 결과를 빚을 수도 있다(엘라시머위 · 해리스, 1995).

언어는 회의나 설명회에서 중요한 도구이지만, 비언어적 소통 역시 매우 중요하다. 특히 상대방을 설득해야 하는 상황이라면 더욱 그렇다. 이에 관한 좋은 사례가 있다. 미국은 상대방에게 말할 때 상대방의 눈을 똑바로 응시하며 이야기한다. 미국인에게는 그것이 정직함과 성실성 그리고 평등성을 보여주는 방식이다. 그렇지만 일본인, 특히 상위 직책에 있지 않은 일본인은 상대방의 눈을 쳐다보는 법이 거의 없다. 만약 일본사회에서 하위직책자가 상위 직책자의 눈을 똑바로 응시하며 자신의 의견을 한다면 상위직책자는 하위직책자가 무례하다고 생각하여 상당히 불쾌하게 생각할 수 있다.

4. 문화적 다양성

4.1 문화적 다양성 평가

특정한 회사에서 왔든, 혹은 다른 나라에서 왔든 새로운 문화에서 온 사람을 대하기 위해서는 그 사람이 지닌 문화적 가치관과 그가 최우선으로 여기는 것이 무엇인가를 알아내고, 그것이 자신의 문화와 어떻게 다른가를 알려고 노력해야 한다. 이 절에서는 여러 가지 문화적 차원들을 평가하는 새로운 방식을 소개하고자 한다. 이를 통해 여러 가지 가치관, 그리고 가치관들 간의 차이점을 더욱 폭넓게 이해할 수 있을 것이다. 또한 이 절 전반에 걸쳐 각 문화권의 사람에게 맞는 '적절한' 대응이 무엇인가에 대한 문화적 이유와 근거들도 설명한다. 타 문화와 상호작용할 때 문화적인 토대를 갖추어 대응하면 상대방과의 만남을 더욱 성공적이고 즐겁게 이끌어갈 수 있다.

일본인 비즈니스 중역인 다나카는 사우디아라비아인 모하메드, 미국인 매코이, 프랑스인 랭보와 함께 합작투자를 논의하고 있다. 모두들 각자 나름대로 몇 개씩의 문화 보따리들을 가지고 있으며, 이 보따리들 속에는 특정한 문화적 가치들이 들어 있다. 첫째 보따리에는 자기 나라의 문화적 가치들이 들어 있다. 둘째 보따리에는 자기 회사가 성공적인 비즈니스를 위해 가장 중요하다고 여기는 가치들이 들어 있다. 셋째 보따리에는 자기 가족 구성원들에게서 배운 가족의 문화적 가치들이 들어 있다. 넷째 보따리에는 각자 자신의 개인적 삶에 뿌리를 둔 자기만의 가치들이 들어 있다.

각 문화마다 문화적 가치를 발전시키기 위한 비슷한 틀을 가지고 있기는 하지만, 그 가치들의 우선순위는 문화마다 다르다. 예를 들어 일본인은 비즈니스 집단의 한 부분이 되는 것을 개인적 가치보다 더 중요시하므로 회사의 가치관에 더 큰 중요성을 둘 것이다. 그와 반대로 미국인은 개인의 독자성을 중요시하므로 회사의 가치관보다는 개인의 가치를 더 중요하게 여길 것이다. 하지만 아랍 문화에서는 가족이 추구하는 가치들을 중요한 지침으로 여기므로 아랍인은 그와 정반대일 것이다.

오늘날 글로벌 규모의 성공을 추구하는 비즈니스 중역들은 자기 회사의 시장을 확대하기 위해 합작투자에 열성을 보이고 있다. 이를 위한 활동으로는 기술 이전, 이문화적 임원 교육, 타 문화와의 폭넓은 전화 통신, 협상 등이 있다. 누구나 자신이 살아온 배경이 되는 자기 나름의 문화적 가치관에 입각하여 타 문화를 대하려는 경향이 있다. 즉 자신만의 문화적 잣대가 있는 것이다. 합작투자가 실패하는 경우는 대부분 돈이나 기술이 부족해서가 아니라 문화적 차이 때문이며 다른 사람, 다른 회사, 다른 나라의 가치관을 오해했기 때문이다.

문화라고 말할 때 머리에 순간적으로 떠오르는 다양한 문구들은 다음과 같다. 언어, 비언어적 의사소통, 시간과 공간 관념, 종교와 신념 체계, 사고(思考) 유형, 자화상,

가치관, 물질문화, 미학 등이다. 예를 들어 일본인은 일본어로 말하고, 아랍인은 아랍어로 말하며 미국인은 영어로 말하는 것은 각기 자기 문화의 한 측면을 반영한다.

문화 간의 의사소통에서 가장 명백히 눈에 띄는 장벽 가운데 하나는 언어이다. 자신과 다른 언어로 의사소통하는 것은 단순히 단어나 문장을 번역할 줄 안다는 것 이상의 문제이다. 언어는 문화를 규정하며, 사고와 인식의 유형, 사물을 나타내는 개념들을 조직한다. 이상적으로는 모든 사람이 상대방이 속한 문화의 언어에 관해서 조금이라도 알고 있는 것이 가장 바람직하다. 물론 모든 언어를 안다는 건 불가능하지만, 차이점을 안다는 것이 그러한 의사소통을 더욱 효율적으로 진행할 수 있게 만드는 첫 번째 단계이다.

미국인 동료가 "이번 주에 한번 봅시다"라고 할 때 어떻게 해야 할까? 답은 그냥 친근하게 건네는 말로 받아들이는 것이 옳다. 미국인들은 흔히 실제로 그럴 뜻이 없으면서도 모든 것을 우호적으로 이야기하는 경우가 있다. 그들이 "한번 보자"고 이야기할 때에는 실제로 나와 무슨 일을 함께하고 싶다는 뜻일 수도 있겠지만, 대개는 그저 나와의 관계를 계속 유지하고 싶다거나 대화를 끝내기 위한 하나의 예의로서 하는 말일 경우가 많다. 그러므로 그 이야기를 그냥 친근하게 건네는 말로 받아들여야 한다. 그런데 만약 어느 미국인이 일본인 친구에게 "한번 봅시다"라고 말한다면, 그 일본인은 아마도 그 미국인과 곧 저녁식사나 어떤 일을 함께할 계획을 잡을 것이다. 일본인은 언어를 사용하는 데서 격식을 차리는데, 이것은 미국식처럼 격의 없는 것과는 정반대이다.

일본어를 처음 배울 때 생소했던 것 중의 하나가 "스미마셍(すみません)"이었다. 분명 '미안하다' 혹은 '죄송하다'로 해석되는데, 일본인들은 처음 사람을 만나거나 상점에서 점원을 부를 때 "すみません"이라고 하는 것이었다. 일본인들은 이렇게 말하는 것이 습관화되었다. 또한 일본인들이 자주 사용하는 단어 중에 "시쓰래이시마스(しつれいします)"가 있다. '실례합니다'로 번역되는 이 말은 일본인들이 대화를 시작할 때 흔히 사용하는 말이다. 이처럼 일본인들은 흔히 처음 보는 사람을 부를 때 'すみません(죄송합니다)'을, 사람들에게 다가가거나 대화를 시작할 때는 "しつれいします(실례합니다)"라는 말로 시작한다. 그 이유는 무엇일까? 그 이유는 그들이 놀라는

것을 좋아하지 않기 때문이다. 따라서 일본인과의 비즈니스 접촉에서 "죄송합니다"나 "실례합니다"라는 말로 이야기를 시작하면 일본인들이 추구하는 집단적 조화를 유지하는 데 도움이 된다.

그렇다면 아랍인들과의 대화는 어떨지 알아보자. 가령 내가 지금 아랍인과 전화로 비즈니스 접촉을 하고 있다고 하자. 아랍인이 "언제 만나 뵐까요?"라고 한다면 어떻게 대답해야 할까? 답은 "잉샬라"인데, 이는 "신의 뜻으로 우리는 곧 만나게 될 겁니다"라는 뜻이다. 아랍 문화는 종교와 우호감을 우선시하므로 "잉샬라"로 대답하면 된다. 직접성을 높이 평가하는 미국인이라면 "정보를 입수하면 연락드리겠습니다." 하는 식으로 말할 것이다. 그렇지만 아랍인은 그런 말을 모욕으로 받아들인다. 아랍인은 전화를 건 사람에게 우호감을 보여주고자 하므로 그와 똑같은 감정으로 대하지 않으면 예의에 어긋난다.

국제 비즈니스에서는 인사를 할 때에도 각 나라가 추구하는 목적과 인사하는 각종 행위, 인사에 사용하는 시간설정, 주고받는 언어적 · 비언어적 메시지 내용들이 다양하게 나타난다. 국제기업 경영에 있어 이러한 점을 익히고 비즈니스에 들어가는 것은 분명 필요한 일이다. 미국, 일본, 아랍권 사람들의 비즈니스에서의 문화를 비교해 보면 다음과 같다. 미국은 직접적이고 행동 지향적인 데 비하여 일본과 아랍은 우호감, 존중을 중요시한다. 인사도 미국은 이름이나 무슨 일을 하느냐고 묻는 등 간단하게 하지만, 관계를 중요시하는 아랍이나 일본은 날씨나 가족관계부터 이야기하여 분위기를 부드럽게 만든다.

업무를 시작할 때 미국인들은 상대방의 업무를 확인하는 것부터 시작하지만 일본인들은 회사, 부서, 개인의 순서로 안부를 묻고 일을 시작한다. 또한 아랍인들은 현재의 만남의 장소가 자신의 지위에 어울리는지를 확인한 후 상대방의 가족관계에 관한 말로 대화를 시작한다.

미국은 처음 만나면 상대에게 시선을 고정하고 악수를 먼저 한다. 이 때 악수는 조금 강한 악수가 좋다. 이에 반해 일본인들은 우리나라와 마찬가지로 절을 하는데 상대방의 지위와 처해진 상황에 따라 절하는 각도가 달라진다.

시간과 공간 관념 역시 문화마다 각기 다르다. 공간을 사용하는 방식, 그리고 그 방식의 의미는 문화에 따라 다르다. 미국인은 다른 미국인과 이야기를 나눌 때 팔 길이 정도 간격을 둔다. 반면 아랍인은 더 가까이 서서 이야기하는데 미국인들은 이것에 불편해 한다. 일본인은 미국인이나 아랍인보다 더 멀리 떨어져서 이야기한다. 어떤 문화에서는 사람들 간의 거리를 넓게 두어 '편안한 지대'를 넓히는 것을 좋아한다. 문화 간의 차이로 인해 공간적인 조건을 침해하면 불편이나 분노, 적대감, 심지어 갈등이 발생할 수 있다. 만약 내가 미국인 파트너의 사무실을 방문해서 회의실에 앉는다면 나는 미국인 파트너의 맞은편에 앉는 것이 비즈니스 성공률을 높일 수 있다. 미국식 비즈니스 회의에서 자리 선정은 보통 서로 맞은편에 앉는 방식이다. 그러나 아랍 문화의 비즈니스 접촉에서는 상호 옆자리에 앉는 것이 바람직하다.

시간도 문화에 따라 의미를 지닌다. 문화가 시간을 규정하는 방식, 그리고 각 문화마다 과거, 현재, 미래에 얼마나 가치를 두는가 하는 것은 마치 언어 소통처럼 분명하게 의사소통에 영향을 미친다. 시간의 어휘, 문법, 의미는 전 세계적으로 크게 다르다.

미국 문화에서는 보통 종교를 논의의 대상으로 삼지 않으며, 종교는 개인적인 취향이라고 여긴다. 그렇지만 다음 사례에서 보듯이 아랍 문화에서는 종교가 생활이나 비즈니스에 커다란 영향을 미치는 매우 중요한 역할을 한다. 무라야마 교수가 오사카의 대학 연구실을 떠나 카이로에 갔다. 그는 이미 이집트의 역사를 공부해 두었으며, 이집트어도 상당히 잘 알고 있었다. 그러나 카이로에 도착하자마자 무라야마 교수는 종교가 이집트에서는 대단히 큰 의미를 가지고 있으며, 종교를 알아두지 못한 것이 큰 불찰이라는 사실을 깨달았다. 점심시간만 해도 정오 기도시간을 포함하기 때문에 보통 90분 이상이다. 무라야마 교수는 그것에 맞추어 그의 활동 스케줄을 다시 조정해야 했다. 그는 아랍인들이 사용하는 중요한 동기부여 도구는 바로 종교적 믿음이라는 사실을 알지 못했던 것이다.

또 다른 문화적 차원으로는 각 문화마다 고유한 사고유형을 말할 수 있다. 예를 들어 미국인들은 보통 논리적이고 직선적으로 사고한다. 하지만 일본인들의 사고유형은 집단적 활동을 중심으로 하며, 아랍 문화에서는 정서적 요소를 포함하여 사고한다.

각 문화의 자화상도 고려해야 할 측면이다. 일본인은 대개 자기 자신을 독자적인 개인으로 여기지 않고 집단이나 회사, 국가, 가족의 한 성원으로 간주한다. 그와 반대로 미국인은 자기 자신을 독특한 개인, 독립적이고 평등한 개인으로 여긴다. 아랍인은 가족이나 종교집단, 풍요로운 문화유산의 일부라는 자화상을 가지고 있다.

가치관은 사람들이 기대하는 것, 필요로 하는 것, 금지하는 것 등을 규정하는 이념들의 추상적인 집합이다. 가치관은 특정한 상황에서 어떠한 형태의 행동이 적절한가 하는 문제에 관한 사람들의 우선순위와 태도에 영향을 미친다. 〈표 6과 7〉은 5개 국가의 가치관 순위를 나타낸 것이다.

〈표 6〉 가치의 우선순위 1

일본인	미국인
1. 인간관계	평등성
2. 집단적 조화	자유
3. 가족의 안녕	개방성
4. 자유	자기 신뢰
5. 협동	협동
6. 집단적 합의	가족의 안녕
7. 집단적 성취	인간관계
8. 사생활	사생활
9. 평등성	집단적 조화
10. 격식	평판
11. 정신 수양	시간
12. 경쟁성	경쟁성
13. 연장자 우대	집단적 성취
14. 물질 소유	정신 수양
15. 자기 신뢰	위험 감수
16. 권위	권위
17. 시간	물질 소유
18. 개방성	격식
19. 위험 감수	집단적 합의
20. 평판	연장자 우대

출처: 엘라시머위 · 해리스(1995), 해외비즈니스 문화를 알아야 성공한다, 삼성국제경영연 구소 옮김, p. 109.

〈표 7〉 가치의 우선순위 2

러시아인	스웨덴인	프랑스인
1. 가족의 안녕	자유	자기 신뢰
2. 자유	인간관계	자유
3. 자기 신뢰	협동	개방성
4. 개방성	가족의 안녕	인간관계
5. 물질 소유	개방성	시간
6. 협동	경쟁성	정신 수양
7. 정신 수양	자기 신뢰	물질 소유
8. 평등성	사생활	평등성
9. 시간	평등성	경쟁성
10. 인간관계	평판	집단적 합의
11. 평판	시간	위험 감수
12. 권위	집단적 성취	권위
13. 격식	물질 소유	집단적 성취
14. 집단적 조화	정신 수양	협동
15. 집단적 성취	위험 감수	집단적 조화
16. 위험 감수	집단적 조화	사생활
17. 연장자 우대	권위	가족의 안녕
18. 경쟁성	연장자 우대	연장자 우대
19. 사생활	집단적 합의	격식
20. 집단적 합의	격식	평판

출처: 엘라시머위 · 해리스(1995), 해외비즈니스 문화를 알아야 성공한다, 삼성국제경영연 구소 옮김, p. 110.

4.2 비즈니스 서신 교환에서의 문화적 차이

서신 교환에서도 글 쓴 사람의 문화적 배경과 가치들을 반영하고 있다. 미국은 비즈니스 서신교환이 정보를 제공하려는데 목적이 있는데 반해 일본의 비즈니스 서신은 정보를 얻어내고 제안을 하려는 데 목적이 있다. 아랍인의 서신은 단지 특정한 주제에 관한 정보를 교환하고, 인간관계, 우정, 신뢰를 확립하려는 목적만을 지닌다. 미국인의 서신은 대개 앞의 두 문단 이내에서 목적을 밝힌다. 이렇게 목적을 빨리 말하는 것은 시간과 직접성을 중시하는 미국적 가치를 반영한다.

아랍인 역시 비즈니스 서신 교환에서 특정한 설득기술을 사용한다. 아랍인은 지위와 든든한 배경을 중시하므로 국무성에서 권장하는 편지 봉투를 사용하거나 졸업장 사본을 보내주는 것은 설득을 위한 좋은 방법이다. 또한 상품 판매의 경우 그들에게 상품 설명서가 아니라 상품의 견본을 보내주는 것도 좋은 설득 방법이다. 견본을 보면 그 상품을 더 잘 이해할 수 있기 때문이다. 반면에 미국인은 그냥 상품의 카탈로그만 받는 것으로도 만족한다. 일본인과 서신 교환을 할 때에도 상품의 견본을 보내주는 것이 좋은 방법이긴 하지만 사람을 보내 상품을 실제로 보여주는 것이 더 좋은 방법이다.

비즈니스 서신을 끝낼 때에는 상대방의 문화적 지침을 따르는 것이 중요하다. 서신을 끝맺을 때 미국인은 자기가 기대하는 행동이나 약속을 명백히 밝히고, 상대방의 응답 기한을 분명하게 설정한다. 맨 끝의 서명은 자신의 이름을 써서 평등성을 강조한다. 아랍인은 조화 속의 장기적 관계를 유지하는 데 대한 관심을 강조하면서 서신을 끝맺는다. 아랍인은 '박사'라든가 '사장'과 같은 자신의 지위를 밝히면서 서신에 서명을 한다.

일본인의 문화적 목적은 조화를 유지하고 미래의 관계를 중시하는 데 있다. 일본 회사에서 보낸 거절의 서신은 직접적인 거절이 아니고, 이번에 당신과 비즈니스 할 기회를 갖지 못하게 되었다는 뜻이다. 이러한 서신은 한국의 비즈니스에서도 흔히 볼 수 있다. 만약 일본인으로부터 이와 같은 서신이 온다면 그들이 배려해 준 데 대한 감사의 팩스나 서신을 보내고, 장기적 관계를 위해 노력하겠다는 점을 강조하는 것이 좋다.

비즈니스 서신 교환을 더 잘 이해하기 위해서는 각각의 문화적 가치들이 어떻게 적용되는가를 알고 있어야 한다. 미국 문화에서는 효율성, 직접성, 행동에 가치를 둔다. 비즈니스 서신이 성공을 거두려면 그러한 가치들을 반영해야만 한다. 아랍 문화에서는 지위, 관계의 지속성, 우호감을 높이 평가한다. 따라서 아랍 문화에서 성공적으로 일하려면 그러한 가치들을 서신에 반영해야 한다.

마지막으로 일본 문화는 겸손함, 정중함, 간접성의 문화이며, 관계의 유지를 중시한다. 일본인과 서신 교환할 때 그러한 엄격한 지침들을 따르지 않는다면 효과를 거두기 어려우며, 앞으로 있을지 모르는 비즈니스 거래에 심각한 해악을 끼칠 수도 있다(엘라시머위 · 해리스, 1995).

5. 문화충격

5.1 문화충격의 개념

문화충격(culture shock)은 1957년 빌르스와 험프리에 의해 처음 사용되었다. 인간은 자기가 자란 문화와 다른 문화를 만나게 될 때 충격을 체험한다. 이제까지 사회생활에 적응하면서 익힌 수단이 이문화에서는 별로 효과가 없기 때문에 심리적 혼란이 일어나게 된다. 이문화에 대한 이와 같은 반응을 일반적으로 문화충격이라 한다. 여기에서 불일치와 위화감이 발생한다. 결국 문화충격은 문화가 다른 것에 기인한 심리적 갈등이다. 이는 사소한 당혹감에서부터 심각한 공포감이나 위기의식에 이르기까지 천차만별이다. 누구나 생활환경이 바뀌면 불안감, 무력감을 느끼기 마련이므로 어느 정도의 문화충격은 피할 수 없다고 보아야 한다.

문화충격은 한 사건을 계기로 갑자기 들이닥치는 것보다는 여러 가지 부정적인 경험들이 누적된 결과로 보아야 한다. 문화충격은 다음과 같은 양상을 띠고 있다. 첫째, 새로운 환경이 기대하는 자신의 역할 행동에 대한 혼란감, 둘째, 새로운 문화에 대한 놀라움, 셋째, 자신에게 익숙한 환경, 친구, 문화 등에 대한 상실감, 넷째, 새로운 문화가 자신을 수용하지 않거나 거부한다는 생각, 다섯째, 자신의 환경을 자신이 통제할 수 없다는 데서 오는 무력감, 그리고 마지막으로 자신이 이제껏 절대적으로 생각했던 가치관에 대한 의문감에서 기인한다. 문화충격의 증상으로는 고향에 대한 그리움이나 전에 살던 문화권에 대한 지나친 향수, 지루함, 현재 당면한 문화에 대한 접촉을 피함, 새로운 문화에 대해 지나치게 갖는 고정관념, 새로운 문화에 대한 적대감 등이다(Ferraro, 1994).

오늘날과 같은 국제화 시대에서 성공적인 인간관계를 갖기 위해서는 상대의 문화적 배경에 입각한 생활양식, 행동규범, 인생관, 가치관을 사전에 이해함으로써 서로간에 감정적 충격, 인지적 불일치가 일어나지 않도록 해야 한다. 환언하면 문화충돌(culture crash)을 예방하는 것이 글로벌인의 기본 자세라 할 수 있다.

사람들은 문화충격의 경험을 이야기하라고 하면 대부분 자신이 현지 사회의 구성원으로 인정되지 않았을 때 느끼는 소외감을 말하기도 한다. 예를 들면 모국을 방문하는 교포들이 한국말을 잘 못한다고 상점 주인이나 택시기사로부터 푸대접을 받았을 때 문화충격을 느낀다는 것이다. 또한 오랜 시간 동안의 유학생활이나 해외지사 생활을 끝내고 모국 또는 본사에 귀임했는데, 과거에는 익숙했던 모든 것이 낯설게 느껴질 때의 문화충격을 말한다.

전자의 문화충격은 대부분 시간이 지나면서 약화되거나 사라진다. 대부분 그 원인이 이방인들의 현지생활 적응과정에서 자연스럽게 해결되는 문제이기 때문이다. 그러나 후자는 본인도 의식하지 못하는 가운데서 이루어지기 때문에 시간이 아무리 흘러도 그 상태가 지속되면서 정상적인 현지 적응을 방해하는 장애물로 남기 쉽다. 이러한 문화충격의 특징 중에 하나는 일방적으로 자신의 문화코드로 다른 문화를 해석한다는 것이다.

다음은 문화충격의 한 가지 사례이다. 1980년대 초 독일로 유학을 간 한국 유학생의 이야기이다. 같은 기숙사에 사는 한 독일 여학생이 그에게 유달리 반갑게 인사를 했고, 서투른 독일 말을 수정해 주었다. 그런 경험을 몇 번 한 그는 다른 기숙사 학생보다 눈에 띄게 친절한 그 여학생이 자신을 사랑하고 있다고 생각했다. 그는 독일 여학생의 친절을 자신이 한국에서부터 알고 있던 문화적인 코드로만 해석한 것이다. 언제부터인가 그는 그녀가 기숙사에 오는 시간에 밖에 나가서 기다리거나, 그녀가 주말에 부모들이 사는 집을 방문하면 그곳까지 찾아가서 배회했다. 독일인 여학생은 단순히 외국인 학생이 이국생활을 하느라 얼마나 고생이 심할까 하는 마음에서 베푼 친절인데, 그것이 잘못 전달된 것을 알고선 급기야 그를 '스토커'로 경찰에 신고했고, 다른 기숙사로 옮겼다. 그러나 그 한국 유학생은 지금까지도 자신의 행동은 지극히 '정상적'이었다고 믿고 있다. 왜냐하면 그는 어렸을 때부터 여자가 호감을 갖고 있지 않은 남자에게 친절을 베푼다는 것은 비정상인 것으로 배워왔기 때문이다. 그는 자신을 경찰에 신고한 독일 여학생이 '비정상적'이라고 생각한다.

문화충격은 현지인은 다른 의도로 한 행동인데 이방인이 자신의 문화적 코드만 가지고 오해하는 데서 오는 결과이다. 이처럼 비의도적인 결과는 서로 좋은 의도만 가지고 접근하려고 하는 기업가들의 협상에서 자주 발견된다. 흔히 서로 다른 문화권의 기업들은 상호 제휴, 인수, 합병을 할 때 서로의 문화적인 차이가 시너지(synergy)효과를 나타낼 것이라고 예상한다. 그러나 현실적으로 이러한 장밋빛 청사진을 가지고 시작한 상호 제휴, 인수, 합병은 절반 이상이 실패로 끝난다.

예를 들면 독일 기업은 상대방 기업과 협상할 때마다 두터운 서류철을 가지고 나타난다. 그 서류들은 협상할 내용이 상세하게 사전 조사된 결과이다. 한편 프랑스 기업은 협상 때 독일인들과는 달리 빈손으로 나타난다. 프랑스 사람들은 일이 진행되면서 의사결정이 얼마든지 변경될 수 있다고 생각하기 때문에 독일인처럼 치밀하게 준비할 필요가 없다고 생각한다. 그러나 독일인들은 프랑스 사람들이 빈손으로 회의장에 나타나는 것을 보면 '진지하지 않다'고 생각할 뿐 아니라, 오늘은 이렇게 이야기했다가 다음날 다른 소리를 할지 모른다는 걱정과 두려움을 가진다. 이에 반해서 프랑스인들은 독일인이 무척 독단적이라고 생각한다. 이미 자신들이 내려야 할 결정을 준비해 와서 일방적으로 프랑스 쪽에서 동의하기만을 기대하는 태도가 거만하게 느껴지기 때문이다. 특히 두꺼운 서류철은 사람으로 하여금 겁에 질리게 한다고 생각한다.

그러나 독일 사람은 자신들의 서류철은 회의를 효율적으로 진행시키기 위한 준비의 일환으로 생각했을 뿐 프랑스인에게 위압감을 주리라고 전혀 생각하지 못한다. 그리고 프랑스인은 빈손으로 나타나지만 그것은 성의 또는 준비부족이라기보다 계획이라는 것은 얼마든지 실행과정 속에서 이루어지고 또한 수정이 가능하다고 보기 때문이다. 회의가 끝나자마자 독일 사람은 '즐거운 점심시간이 되시기 바랍니다.' 하고 회의장을 즉시 떠난다. 그러나 프랑스 사람의 경우 협상의 중요한 내용은 점심식사를 하면서, 그것도 거의 식사가 끝나갈 무렵에 이야기한다. 독일 사람은 협상이 끝났으니까 프랑스 사람이 실행하는 것만 기다리고 있지만, 그 다음날 프랑스 사람은 다시 처음부터 협상을 하자고 한다. 문화충격은 이처럼 결코 의도된 것은 아니지만 서로 상이한 문화가 만나는 곳에서는 항상 자석처럼 따라다닌다.

문화충격을 쉽게 풀이하면 새로운 환경에서 어떻게 해야 하는지 모르겠다는 느낌을 갖는 것이다. 길을 잃은 느낌과 같은 것이며 홀로 있는 것 같고 무엇이 적합한지 그렇지 않은지 모르는 것이다. 새롭고 다른 곳에 처했을 때 문화충격은 매우 정상적인 반응이다. 익숙한 환경으로부터 언어, 음식, 의복, 예의, 사회관계가 매우 다른 새로운 환경으로 왔을 때 있을 수 있는 일이다. 익숙했던 대화방식이나 감정 표현방식이 받아들여지는 곳에서 떠나왔기 때문이다. 가족과 친구가 그립고, 또한 식료품을 산다든지 버스를 탄다든지 하는 쉬운 일조차 새로운 곳에서 배우느라고 고생해야 한다.

5.2 문화충격 단계

문화충격의 단계는 다섯 단계로 이루어진다. 각 단계는 연속적일 수도 있고 그렇지 않을 수도 있다. 첫 번째 단계는 허니문 단계이다. 이 단계는 모든 것이 새롭고 흥겹다. 또한 신기하고 매혹적으로 다가온다. 처음 며칠이나 몇 주간은 기대감과 꿈에 부푼 시기다. 두 번째 단계는 매일 하는 일 가운데 다른 점이 생기거나 위기가 발생하는 단계이다. 대화 소통이 잘 안 될 수도 있다. 이 단계에서는 인내심이 한계에 달한다든지, 화가 난다든지 슬픔을 느끼거나 무용지물과 같은 느낌을 갖게 될 수 있다. 모국의 문화와 매우 다른 새로운 문화에 적응하려고 할 때 이런 일이 발생한다. 이때 문화충격의 증상들이 나타나기 시작하는데 이 단계를 슬기롭게 극복하지 못하면 해외생활은 실패하게 된다.

세 번째 단계는 새로운 문화에 대한 이해가 조금씩 생기는 단계이다. 새로운 문화에 대한 당혹감에서 벗어나 그 문화에 서서히 적응하는 시기다. 기쁨도 경험하게 될 것이고 때론 유머감각도 갖게 된다. 더 이상 길을 잃는 느낌을 갖지 않을 것이며 방향감각이 생기는 단계이다. 또한 환경에 친숙해질 것이고 소속되고자 하는 마음을 갖게 된다. 네 번째 단계는 새로운 문화가 좋은 점도 있고 나쁜 점도 있다는 사실을 알게 되는 단계이다. 이곳에 소속되었다는 느낌도 갖게 될 수 있고 새로운 문화 속에서 삶의 목표를 세우게 될 수 있다.

마지막 단계인 다섯 번째 단계는 '재진입 쇼크'라는 것이다. 다시 모국으로 돌아갈 때 생기는 일이다. 예전에 익숙했던 사람들과 문화가 이제는 다르게 느껴진다. 이곳에서의 경험과 사귀었던 친구들을 오히려 그리워하게 된다. 다시 돌아가지 않을 수 있다면 좋겠다는 바람도 갖게 된다. 문화충격 과정이 모든 사람에게 일률적으로 적용되는 것은 아니다. 이러한 단계들은 사람마다 다른 때에 일어나며, 사람마다 다르게 반응하고 차이가 난다. 어떤 단계는 다른 단계보다 길 수 있고 더 힘들 수 있다. 이유는 문화충격에 영향을 주는 요인들이 다양하기 때문이다.

5.3 문화충격 요인들

로마에 가면 로마의 법을 따르라는 말이 있다. 요즘 한국 대학에서도 유학 온 외국인 학생들을 어렵지 않게 볼 수 있다. 그런데 유학을 떠난 학생들이 가장 고민되는 부분은 의사소통의 부재, 학문적 체계의 다름, 무엇보다 문화적 차이로 인한 갈등이 정상적인 삶을 살아가는 것을 어렵게 만드는 요인들이라 할 수 있다. 문화충격을 주는 요인들은 크게 언어적 요인, 비언어적 요인으로 나눌 수 있다.

언어적 요인

외국에 갔을 때 의사소통이 제대로 이루어지지 않는다면 엄청난 절망감을 느낄 것이다. 즉 타 문화의 세계관을 진정으로 이해하기 위한 유일한 방법은 그 문화권의 언어를 익히는 것이다. 또한 특정 외국어를 익히게 되면 제3, 제4의 언어를 익히는 데 큰 도움이 되어 시간을 절약할 수 있다. 외국어와 타 문화를 배우는 것은 자신의 언어와 문화를 더 잘 이해할 수 있는 방법이 된다.

외국에 갔을 때 원어민(native speaker)이 아니기 때문에 말하는 방법이나 발음에 의해서 의사소통이 잘못되기도 한다. 한국에서 쓰이는 은어나 줄임말 등은 한국을 방문한 외국인들이 이해하기가 다소 힘들 수도 있다. 동일하게 서양도 저정황 문화여서 문서상의 약자를 많이 볼 수 있다. 그 약자가 의미하는 바가 무엇인지 모른다면 현지에서의 생활에서 상당한 어려움을 겪게 될 것이다. 예를 들면 다음과 같은 것이다.

BYOB: bring your own booze, used on invitations to show that you should take wine, beer, or something else to drink to a party.

(파티에 초대받았을 때 마실 무언가를 가지고 오라는 의미)

PTO: please turn over, used at the bottom of a page when there is more writing on the other side.

(마지막 장 다음에 내용이 적혀 있을 때 그 다음 장을 넘겨 살펴보라는 뜻)

비언어적 요인

우리가 사용하는 의사소통의 70%가 비언어적 커뮤니케이션이다. 의사소통을 하면서 말이 통하지 않을 때 흔히 하는 방법이 보디랭귀지(body language)이다. 보디랭귀지는 비언어적 의사소통의 한 종류로 몸으로 의사소통하는 것을 말한다. 이런 보디랭귀지를 할 때 대부분은 알아들을 수 있지만, 가끔은 나라별로 의미하는 것이 다르기 때문에 미리 알고 있어야 오해를 받지 않을 것이다. 이 부분에 대한 상세한 내용은 Chapter 7에서 살펴보기로 한다.

5.4 문화충격의 결과

일반적으로 문화충격을 접한 사람들은 다음과 같은 현상을 보인다. 평소보다 많이 먹거나 적게 먹거나, 수면시간이 늘어나기도 한다. 또한 그 국가나 문화에 속해 있는 시간에 대해 불평을 하고, 사람들을 기피하여 거의 외출하지 않은 채 고립된 생활을 한다. 때론 평소보다 더 자주 집에 전화하기도 한다.

그러나 문화충격이 문화 간 인간관계에서 무조건 부정적인 결과만 가져다주는 것은 아니다. 적정량의 문화충격은 성장을 가져오는 계기가 되기도 한다. 호프스테드에 의하면 물고기가 어부의 그물에 잡혔을 때 비로소 물의 소중함을 실감하듯이 사람들도 자신이 타 문화와 접촉하게 될 때 비로소 자신이 속한 문화의 중요함을 깨닫는다. 예를 들면 평소에는 집에 전화도 잘 안 하던 학생이 유학 가서는 부모님께 열심히 편지를 쓰는 것도 문화충격의 긍정적인 결과 가운데 하나이다. 그리고 자신의 문화를 분석하며 훨씬 더 깊이 이해하기 시작한다. 즉 자신의 정체성을 확인할 수 있는 좋은 기회가 된다.

일반적으로 문화충격을 받게 되면 '저 사람들은 왜 다르게 행동하는 것일까?' 하는 질문을 던지게 된다. 이러한 질문은 상대방 문화를 이해하는 첫 단서이다. 평소에 생각할 기회를 갖지 못했던 '문화란 무엇인가?'라는 질문도 제기하게 된다. 또 상대방의 문화를 이해하기 위해서 그들의 습관, 역사, 종교, 사회적인 관행을 특별히 공부한다. 그러면서 '아하 그래서 그렇구나' 하고 다른 문화를 이해하는 체험을 하게 된다. 이러한 체험들은 이방인들이 처음에 가졌던 현지인 사회와 문화에 대한 불안과 두려움을 없애준다. 자신감을 얻게 된 이방인들은 오히려 현지인들이 보지 못하는 그들 문화의 장점과 단점을 더 확연히 보게 된다.

문화충격에 대비하기 위한 방안을 알아보기로 하자. 우선, 문화라는 것은 조상으로부터 유전학적으로 전해 받은 것이 아니라 학습을 통해 배운다는 사실을 주지해야 한다. 그리고 문화의 대부분은 서로 연결되어 있다는 통합문화의 개념을 가져야 한다. 또한 각 문화는 그 문화 관습이 생성된 배경과 논리를 가지고 있다. 즉 문화는 환경에 적응하기 위한 지혜가 축적되어 생성된 것이다. 그러므로 특정 문화를 가리켜 '원시적이다', '바보스럽다'라고 쉽게 평가해서는 안 된다. 그 대신 로컬(local) 문화를 이해하려 하고 존중해야 한다.

둘째, 완전한 커뮤니케이션이나 완전한 이해라는 것은 불가능하다. 애매모호한 것에 대한 인내를 갖는 것은 문화 간 커뮤니케이션을 하는 사람들에게 꼭 필요한 덕목이다. 명확한 인식이나 생각을 고집하는 사람들은 극심한 갈등을 겪기 마련이다. 애매모호할 때 고정관념에 사로잡히지 말고 관찰을 해야 한다.

셋째, 다른 문화 행위에 대한 비판을 하는 대신 감정이입이나 역지사지의 덕목을 발휘하여 다른 문화권 사람들의 편에서 그 문제를 이해하는 태도를 가져야 한다. 그들의 문화와 언어를 습득하도록 노력해야 한다.

넷째, 문제에 당면하면 도움을 청하고 관련된 자료를 수집한다. 문제를 다른 사람과 공유하고 논의하면서 해결할 수 있는 방안이 생기기도 한다. 진취적인 태도를 갖는 것이 중요하며, 자신의 문화권 사람들이나 같은 민족끼리만 어울리는 것은 피한다.

다섯째, 자신의 문화충격을 심하게 느낌으로써 주변 사람들이 받을 스트레스도 생각한다. 건강에 유의하여 간단한 운동을 한다. '건전한 마음'과 '건강한 몸'은 분리된 것이 아니다.

신발 벗기

열여덟 살의 수지는 스무 살의 한국인 학생 보와 일 년 넘게 사귀고 있다. 보는 생일날 수지를 가족들에게 소개하려고 초대했다. 수지는 보가 그의 집에 들어설 때 신발을 벗는 것을 발견했다. 다른 가족들 역시 신을 신고 있지 않았다. 보는 수지에게 습관이라 말하고 그녀에게 신발을 벗으라고 충고했다. 그녀는 망설이는 듯하더니 그냥 올라갔다. 저녁 내내 보의 부모는 수지의 신발에서 시선을 떼지 않았다. 수지와 보는 그날 일 이후로 결별했다.

한국 가정에 신발을 신고 들어가는 것은 무례한 일이다. 수지의 행동은 보와 관계를 지속할 뜻이 없다는 것으로 해석할 수밖에 없다. 왜냐하면 그의 가족들의 방식을 존중하려 하지 않았기 때문이다. 이런 일은 낭만이 개입되지 않은 성인들 사이에서 일어나는 경우에도 그들의 관계를 심각하게 만든다.

가끔씩 사람들이 신발 벗는 것을 꺼리는 것은, 예를 들어 구멍 난 낡은 양말을 신어서 당황했기 때문일 수도 있다. 그런 상황에서조차도 손님들은 신발을 벗고 올라가야 한다. 때에 따라서는 손님들에게 슬리퍼를 내주는 가정도 있다. 신발을 벗고 실내로 들어서는 전통은 한국뿐만 아니라 필리핀, 일본, 중국의 일부 지역, 인도 불교도들 사이에서도 존재한다. 한층 더 나아가 일본 가정을 방문하여 신을 벗었을 때에는 나갈 때 신는 방향으로 돌려놓아야 한다.

중동과 아시아의 일부 사람들 사이에서 전해 오는 신발에 대한 또 다른 믿음에는 운동화 발바닥을—신고 있는 동안—다른 사람들에게 보여서는 안 된다는 것이 있다. 그것은 상대방을 모욕하는 것이다. 이런 믿음은 발이 신체적으로나 상징적으로 인체의 제일 밑에 있는 부분이라는 관념과 연결되어 있다. 결과적으로 그것으로 다른 사람을 가리키는 것도 실례되는 행동이라고 할 수 있다. 이런 일은 무심결에 일어날 수 있다. 예를 들어 사람이 자리에 앉을 때 다리를 꼬면 신발 바닥을 바깥으로 보여주게 된다. 뿐만 아니라 일부 사람들은 사람들의 발이나 다리를 건너뛰는 것을 무례하게 여기기도 한다(노린 드레서, 1997).

GLOBAL CULTURE & TOURISM

제2부 글로벌 커뮤니케이션

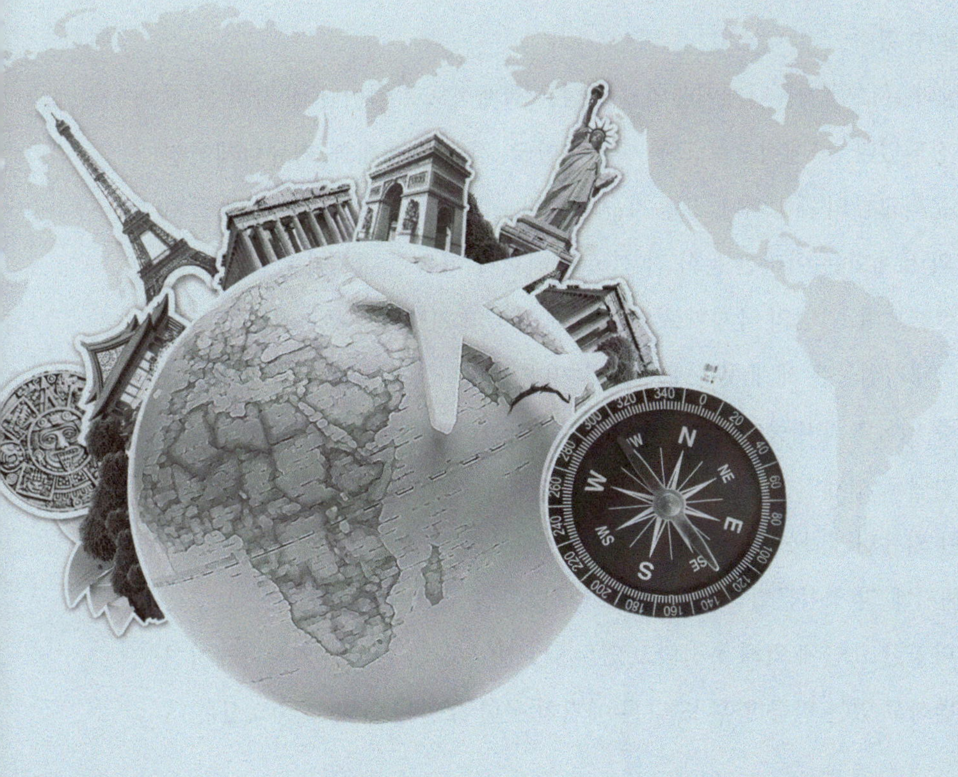

Chapter 5

글로벌 커뮤니케이션

1. 글로벌 커뮤니케이션의 이해

글로벌 커뮤니케이션은 이문화인들 간에 이루어지는 의사소통으로, 단순한 의사소통에서 끝나는 것이 아니며 이러한 커뮤니케이션을 통해 친밀한 관계를 맺고 서로 삶을 영위해 간다. 따라서 글로벌 시대에 있어 훌륭한 글로벌 커뮤니케이션 기술은 필수적이라 할 수 있다.

글로벌 현상과 글로벌 커뮤니케이션의 중요성은 세계적으로 일어난 네 가지 큰 변화에 의해 촉진되었다. 구체적으로 교통기술의 발달, 경제의 세계화, 커뮤니케이션 기술의 발전, 문화교류의 개방이다. 교통기술의 발달로 전 세계는 일일생활권에 들게 되었다. 경제의 세계화는 이러한 문화 간 접촉의 기회를 더욱 증대시켜 왔는데 다국적 기업이 출현했으며, 기업의 국제화로 인해 세계 각국의 기업들과 투자가들이 국내에 진출했고 국내기업들은 세계 곳곳에 진출해 있다. 게다가 우리나라 기업에서 일하는 근로자들 중 외국인의 비중이 높아가는 것 또한 간과하면 안 된다. 또한 커뮤니케이션 기술의 발달로 세계인은 언제 어디서든 전 세계의 수많은 사람들과 음성, 문자, 화상을 이용한 커뮤니케이션이 가능하게 되었다. 이로 인해 개인 간, 각계각층 간의 교류가 빈번해지게 되어 이문화를 접촉할 기회가 많아진 것이 사실이다.

이와 같이 다양한 요인에 의해 촉진되고 있는 글로벌 현상과 글로벌 커뮤니케이션은 지구촌이 변하고 있는 만큼 향후 또 다른 예기치 못한 요인에 의해 그 중요성은 더욱 부각될 것이다. 이제 지구촌에 거주하는 사람들은 변화하는 시대에 걸맞은 글로벌 커뮤니케이션 능력을 배양해야 한다. 특히 한국인의 경우, 글로벌 커뮤니케이션의 필요성을 강하게 느끼지만 이문화에 대한 적응력 부족으로 커뮤니케이션의 어려움에 봉착해 있다는 사실도 간과해서는 안 될 것이다.

일반적으로 사람들은 의사소통을 할 때 커뮤니케이션의 결과에 관하여 예측하는데 훌륭한 글로벌 커뮤니케이터가 되기 위해서는 다양한 문화적 지식으로 커뮤니케이션 결과에 대한 예측이 되어야 한다. 여기서 결과는 다른 사람이 내가 기대하는 대로 반응을 보일 것인가의 여부와 내가 그 사람과 어울릴 것인가의 여부를 의미한다. 또한 다른 사람의 행태에 관한 나의 예측은 내가 그들과 의사소통을 할 때 무엇을 기대하고 있는지를 알게 한다.

이러한 예측을 할 때 문화적·사회학적·심리학적 지식을 이용한다. 사람들은 일반적으로 동일한 문화권에서는 규범, 규칙과 가치 때문에 일관성 있는 행태를 보인다. 그러나 상이한 문화권에서는 그렇지 않다. 그래서 사람들은 다른 문화권의 사람들과 만날 때는 그들에 관한 다양한 지식을 얻고자 한다. 다른 사람의 문화에 관한 지식, 즉 언어나 신념, 이념은 메시지에 대한 그 사람의 반응을 예측할 수 있다. 즉 다른 사람을 처음으로 만나게 될 때도 이러한 문화적 정보는 커뮤니케이션 예측을 위한 토대를 제공한다. 예컨대 만일 내가 처음 만나는 미국인과 인사를 하게 된다면 나는 그 사람의 인사방식을 가정할 수 있다. 즉 묵시적으로 악수하기 위해서 오른손을 내밀면 그 사람도 그렇게 할 것이라는 예측을 할 수 있다.

또한 우리는 우리 문화권 사람인지의 여부를 가리는 범주에 바탕을 두어 낯선 사람을 예측한다. 우리가 살고 있는 세계에 의거하여 나 자신을 규정하는 데 사용하는 중요한 인지적 연장 중 하나는 사회적 범주화(social categorization)이다. 사회적 범주화는 우리가 우리에게 의미 있는 방식으로 사람들을 집단화함으로써 우리가 사회적 환경을 정리하는 방식을 일컫는다.

우리가 낯선 이와 소통할 때 그 사람의 행태를 우리의 문화적 규칙과 규범의 틀에 넣는 것은 바람직하지 않다. 그렇게 되면 필연적으로 오해를 불러올 것이다. 효과적으로 소통하기를 원한다면 우리는 낯선 이의 문화에 관한 지식을 쌓고 예측할 수 있어야 한다. 그들의 문화에 관하여 아는 것이 없다면 우리는 정확하게 예측할 수 있는 근거를 갖고 있지 못한 것이다. 따라서 전혀 다른 문화권과 접촉할 때 대부분의 사람들은 불안감과 통제력의 부족을 경험한다. 이것은 자신들이 소통해야 할 사람들에 관한 정보가 부족할 뿐만 아니라 공유된 문화적 규범과 가치에 관한 정보가 없기 때문이다.

따라서 커뮤니케이터는 여러 상이한 문화권에 따라 자신의 행위를 제약하는 여러 규범과 규정이 있다는 점을 알아야 하고, 그에 따라 명확하고 사려 깊은 자세로 커뮤니케이션해야 한다. 즉 글로벌 커뮤니케이션의 성패여부는 자신의 문화와 상대의 문화를 터득하고 있는지에 달려 있는 것이다. 예컨대 우리는 외교관이나 비즈니스맨들이 해외에서 실수를 저질러 국가나 기업에 손실을 끼치는 경우를 종종 접하게 되는데, 이는 대부분 상이한 문화에 대한 이해가 부족한 가운데 커뮤니케이션을 시도하기 때문이다.

2. 글로벌 커뮤니케이션의 중요성

현재 국가나 기업은 글로벌 환경에서 '세계경영'이라는 거창한 문제의식에 봉착하였다. 세계경영은 경제학이나 경영학으로만 되는 것이 아니다. 경영대상으로 선정된 사람들과 그들이 살아가는 삶의 방식에 대해 무지(無知)하면, 일차적으로 세계경영은 실패다. 현지에 적응하기 위해서는 먼저 현지의 사정을 잘 파악해야 한다. 파악해야 할 대상이 현지의 자원뿐만 아니라 궁극적으로 현지의 사람들이라는 점을 알고, 그 사람들에 대한 이해가 선결되는 것이 세계경영의 대전제라고 할 수 있다. 즉 현지 문화에 대한 지식 습득이 선결과제인 것이다.

오늘날의 세계경영은 상대의 문화를 잘 파악하여 거래에 임할 수 있어야 성공한다. 무역이나 장사라는 것이 문화가 다른 사회 사이에서 일어날 때에는 단순히 경제적인 행위만으로 끝맺음을 하는 인간의 행위가 아니다. 만약 서로 다른 문화적 배경을 깔고 연행되는 행위라는 점을 인식한다면, 무역장벽을 넘는 본질적인 방안을 마련하는 데 적지 않은 전기를 마련할 수 있을 것이다.

세일즈를 위해 커뮤니케이션을 시도할 때는 문화를 그 물건에 담아야 하고, 그 물건을 사는 고객의 문화를 잘 알아야 한다는 것이다. 고객이 어떤 색깔의 물건을 좋아하는지도 모르고 무작정 내 방식대로 만들어서 고객에게 강권할 수는 없다. 물건을 만드는 과정에서부터 예상되는 고객의 문화를 이해하지 못하면, 처음부터 쓸데없는 일을 벌이게 된다. 거래를 하는 세일즈맨들의 입장에서는 더더욱 그러할 것이며, 그러한 세일즈가 문화를 배경으로 하고 인간을 생각하는 무역으로 발전할 것이다.

이처럼 글로벌 시대를 살아가는 우리들에게 가장 필요한 것은 이문화(異文化) 적응력을 높이는 글로벌 커뮤니케이션에 대한 교육과 훈련이다. 전 세계를 둘러보면 다양한 인종과 문화인으로 구성된 국가들은 일찍이 글로벌 커뮤니케이션 능력의 필요성이 대두되어 많은 학교에서 필수 교과목으로 채택되었으며, 조직차원에서는 다양한 글로벌 커뮤니케이션 훈련 프로그램이 개발되어 왔다. 우리나라 역시 1990년 중반 이후 글로벌 커뮤니케이션에 대한 관심이 커지고 있는 실정이다. 그 주된 이유는 기업과 개인의 글로벌화에 있다. 즉 세계 각국의 흐름에 동참하고 있는 것이다.

이처럼 글로벌 커뮤니케이션은 국제사회의 변화에 부응하고 적응하기 위해 만들어진 학문의 일종이다. 글로벌 시대에 사는 우리는 우리가 속한 문화의 습득만으로 타 문화와 융화할 수 없으며, 나아가 타 문화인들과의 접촉으로 얻을 수 있는 이익을 획득할 수 없다. 또한 타 문화인들과의 교류에 있어 문화의 무지로 인해 문제가 발생했을 시 국제적 망신을 톡톡히 치러야 한다.

컨벤션 전문가에게 글로벌 커뮤니케이션은 반드시 배워야 할 분야이다. 21세기에 접어들어 컨벤션 분야는 상당히 인기 있는 분야가 되었으며 전 세계적으로 붐이 일고 있다. 컨벤션 분야는 그에 걸맞은 다양한 전문지식이나 기술을 갖추고 있어야 한다. 그러나 이러한 것들을 갖추고 있다 하더라도 여러 문화를 이해하고 문화 차이를 극복하여 긍정적인 커뮤니케이션을 유지하려면 이문화(異文化)에 대한 연구는 필수적이다. 컨벤션의 성공에는 관련된 각종 협회, 단체, 기업 등과의 관계구축(relationship building)이 중요한 역할을 하는데, 기존의 관계를 공고히 하고 새로운 관계를 정립하면 관계구축이 이루어진다. 관계구축에 필요한 무기는 커뮤니케이션 기술이다. 즉 컨벤션 유치와 관련된 사람들과의 관계 구축에는 글로벌 커뮤니케이션 기술이 결정적이라는 것이다.

국제행사 유치는 장기간에 걸쳐 진행되는 사업으로 유치에서 성공적인 개최에 이르기까지 기획, 마케팅, 운영, 홍보 등 제반 부분에서 전문능력을 갖춘 인재들의 양성은 필수적이다. 그러나 업무교육만으로는 외국인을 상대로 한 국제행사를 원만히 소화해 내기가 어렵다. 국제적인 네트워크 형성, 국제마케팅 활동, 글로벌 커뮤니케이션 기술 연마, 외국 문화에 대한 경험 축적이 성공에 절대적이다. 더욱이 글로벌 커뮤니케이션에 대한 이해는 관광산업 전반에 걸쳐 필요하다. 2013년 한 해에만 전 세계 해외관광객은 전년대비 5% 증가하여 7억 4,700만 명에 달한다. 세계 경제가 아직 회복 초기임에도 해외관광은 세계 대부분 지역에서 평균 이상의 성장세를 보였다. 결국 오늘날 세계는 관광이라는 명분으로 지정학적인 국경의 개념이 거의 사라졌다고 보는 것이 옳은 시각일 것이다.

세계가 하나의 사회로 뭉쳐진다는 점은 상당히 반가운 일이지만 그만큼 위험도 도사리고 있다. 글로벌화는 말 그대로 지정학적인 국경이 사라진다는 말이지 제각기 지니고 있는 문화의 다양성이 흐지부지 혹은 뭉쳐진다는 것이 아니기 때문이다. 오히려 문화의 다양성이 더욱 확연하게 드러나게 되었다. 결국 글로벌 시대에서 살아남기 위해서는 나 혹은 관광기업을 포함한 모든 글로벌 기업들이 직간접적으로 접촉하는 모든 지역의 문화를 알아야 한다는 것이다. 음성언어 혹은 비음성언어(몸짓, 신호 등)를 비롯해서 색(色)에 대한 인식, 섭생, 기호(嗜好), 금기시하는 것이 무엇인지, 종교에 따른 의식주, 관습, 습관, 보편적 생활양식, 가치관, 사회체제, 물질문명, 교육정도, 법 등

문화와 관련된 다양한 분야의 학습이 필요하다는 것이다.

예컨대 캐나다를 방문한 관광객은 캐나다의 음주법을 따라주어야 그들과의 마찰이나 갈등을 피할 수 있다. 인도인 관광객을 맞이한 우리나라 인바운드 여행사는 그들 개개인에게 적어도 채식주의자인지 비채식주의자인지를 알아보려는 노력을 기울이는 자세가 필요한 것이다. 이러한 노력의 결과는 그들의 문화를 이해하고 있다는 증거가 되어 유쾌한 관광경험을 제공할 수 있는 토대가 될 것이다.

시대를 살아가는 사람들에게 글로벌 커뮤니케이션 능력을 배양하기 위해 다양한 문화에 대한 학습은 매우 중요하다. 즉 글로벌 인재로 성장하기 위해서는 글로벌 커뮤니케이션 능력을 반드시 키워야 한다. 이처럼 글로벌 커뮤니케이션이 중요함에도 불구하고 한국인의 경우 이것이 어렵게 다가오는 이유는 무엇일까? 그 이유와 해결방법을 찾아보도록 하자.

낯선 사람들과의 상호작용은 대부분의 사람들에게 지금까지 가져보지 못한 새로운 상황이 된다. 이러한 유형의 상호작용은 자주 발생하는 것이 아니기 때문에 이 상호작용은 애매한 상황을 만들게 된다. 새로운 상황의 애매함을 다루려는 시도는 정보추구 패턴(불확실성의 감소)과 긴장(불안감)의 감소가 수반된다. 우리가 다른 사람과 자신에 관한 불확실성을 감소시킬 때 이해는 가능해진다. 이해는 정보를 수집하고 알고 파악하여 해석하는 일을 수반한다.

그런데 문제가 되는 것은 우리는 자신의 경험, 문화 또는 종족에 바탕을 두어 다른 문화권 사람들을 해석한다는 점이다. 우리가 겪어 온 생활경험은 다른 문화권 사람의 것과 다르기 때문에 흔히 잘못된 해석과 오해를 불러온다. 오해와 오판을 줄일 수 있는 능력은 효과적으로 소통할 수 있는 정도에 영향을 미친다.

마지막으로 글로벌 커뮤니케이션에 참여하는 사람들은 서로 소통하고자 하는 정직하고도 진실한 욕구를 가져야 하며, 상호 이해를 추구해야 한다. 이러한 전제는 타문화에 대한 우호적인 태도를 필요로 하며 우열의 관계로 평가하는 자세는 바람직하지 않다. 서로 문화 배경이 다른 사람들과 어울리고 소통하려면 다른 사람들의 다양한 관습과 행위에 대한 포용력을 지녀야 한다.

3. 동서양 커뮤니케이션의 차이

커뮤니케이션 스타일만큼 한 개인의 정체성을 복합적으로 드러내는 것도 드물다. 이 세계를 크게 동양과 서양으로 보고 이 둘의 커뮤니케이션 유형을 알아본 뒤 그 차이점을 밝혀보고자 한다.

고정황 문화를 가진 동양에서는 논쟁을 회피하고 타인의 감정에 세심한 주의를 기울이도록 교육받으며, 커뮤니케이션의 주체가 되기보다는 듣는 입장의 중요성을 강조한다. 동양에서는 '잘 듣는 것이 가장 훌륭한 대화'라는 말도 있다. 따라서 간접화법을 선호하고 메시지의 신중함을 중시하며 행간에 숨겨진 뜻을 읽어내는 감각이 발달하였다. 예컨대 일본 사람과의 비즈니스 미팅에서 "생각해 보겠다"는 답변은 'No'라는 말이라고 보면 된다. 특히 한국의 경우는 한국인 특유의 서열주의나 관료주의적 성향도 소극적 커뮤니케이터로 키워지는 데 일조한다. 가령 회의에서 높은 사람이 의견을 내면 부하직원들은 정서적으로 다른 의견이나 아이디어 내기를 불편해 한다. 이것은 과거로부터 이어져온 관습으로 어른이나 스승에게 대들고 저항한다는 것은 적극적인 의사표현이 아니라 비난받을 만한 불손한 행위가 되기 때문이다. 개인주의보다 집단주의에 가까운 문화적 배경도 이러한 커뮤니케이션 유형을 만드는 데 한 몫한다.

우리가 일상생활에서 흔히 사용하는 커뮤니케이션 방식도 고정황 문화의 특성을 잘 반영한다. 상대방에게 선물을 줄 때 상대방이 '괜찮다'고 일단 사양하는 것은 '처음부터 선물을 받으려는 의도가 있었던 것은 아니다' 또는 '호의에 감사하고 미안한 마음이다'라는 메시지를 전달하는 간접화법의 일종이다. 동양 특히 한국에서는 이제 자리를 뜰 채비를 하는 손님이 내심 반갑더라도 "좀 더 있다 가시지요"라는 표현을 하는 것은 '난 환대의 임무에 충실할 의지가 있음을 알아 달라'는 뜻이 된다.

중국인들은 인간적인 유대감을 바탕으로 한 인간관계를 중시하기 때문에 평상시에도 사적인 질문을 하거나 받는 데 관대한 편이다. 그러나 자신의 이해관계가 걸린 커뮤니케이션에는 적극적이고 공격적이다. 예를 들어 영어로 진행되는 공식 기자회견에서 동석한 외국 기자들을 무시하고 자신의 편의를 위해 갑자기 중국어로 질문을 한다든지 하는 행동으로 표출된다.

불교의 선문답은 고정황 커뮤니케이션이 도달할 수 있는 경지의 최고봉이라 해도 과언이 아니다. 이런 고정황의 간접화법은 서양의 기준으로는 속을 알 수 없는 모호함, 소극성, 자신감의 결여, 부정직함, 불투명함과 같은 부정적인 면으로 비칠 수 있다.

반면 저정황 문화를 가진 서양의 커뮤니케이션 특징은 이와 정반대이다. 서양에서는 어려서부터 자신이 커뮤니케이션의 주체로서 자신의 생각을 분명하게 표현하는 것을 가르친다. 학교에서의 교육도 학생들이 스스럼없이 다수 앞에서 자신의 생각을 발표하도록 유도한다. 커뮤니케이션의 주목적은 정보와 의견을 교환하는 것이며, 의미와 정보 전달에 초점을 맞춘다. 당연히 직접화법을 선호하고 비언어적 표현에 대한 의존도가 낮다.

갈등이나 비판도 직선적이고 솔직하며 공개적인 방식으로 한다. 이는 동양문화의 기준으로는 무례하거나 당황스러운 것으로 받아들여질 수 있다. 그러나 대체로 글로벌 기업에서는 서양식의 커뮤니케이션 스타일이 선호된다고 할 수 있다. 그 이유는 글로벌 기업의 대부분이 서양 국가에 본사가 있기 때문이며, 동양에 진출한 글로벌 기업에서도 서양식의 기업문화를 요구하기 때문이다.

물론 동서양의 커뮤니케이션 특징에 지나치게 얽매이거나 무조건 일반화하는 것은 바람직하지 않다. 이외에도 성별, 종교, 국적에 따른 문화적 특성, 직업, 나이, 교육수준, 사회적 계층 등에 따라 개인 커뮤니케이션의 특징이 달라진다. 예를 들어 글로벌 기업의 임원 회의에서 쿠웨이트 지사장은 한국 지사장보다는 같은 이슬람 문화권인 말레이시아 지사장과의 커뮤니케이션이 훨씬 용이하다(박현정, 2008).

〈표 8〉 동서양의 커뮤니케이션 특성

커뮤니케이션 특성	동양	서양
선호하는 커뮤니케이션 전략	간접화법, 예의바름, 모호함	직접화법, 대결, 명쾌함
단어 의존도	낮음	높음
비언어적 표현에 대한 의존도	높음	낮음
서면화의 중요성	낮음	높음
서면으로 한 동의	구속력 없음	구속력 있음
구두로 한 동의	구속력 있음	구속력 없음
세부사항에 대한 주의	낮음	높음

출처: 박현정(2008), 나는 세계다, 리더스북, p. 112.

4. 국가별 협상 차이와 상거래 관습

4.1 국가별 협상 차이

국제적 비즈니스 협상에서 성공을 거두기 위해서는 협상자의 상호 문화적 기술이 필요하다. 오늘날 세계의 상거래의 모습은 다각도로 변화하고 있는데 기술과 자금력이 협상절차의 한 요소가 될 수 있지만, 협상자의 문화적인 역량도 다른 기업과의 경쟁에서 경쟁 우세 요소가 된다.

국가 간 상거래에 있어서 대부분은 어떠한 방식으로든 이문화 간 협상을 하게 된다. 이 과정에서는 다음과 같은 점에 주의해야 한다. 첫째, 무엇을 협상하고 있는가? 가격인가, 관계인가, 상품/서비스인가, 물건 배달시간인가? 각 문화는 나름대로의 문화적 시간표를 가지고 있다. 일본이나 아랍 같은 문화권은 비즈니스 논의를 시작하기 전에 먼저 인간관계를 확립하려 한다. 반면에 미국이나 서구에서는 상품/서비스 협상으로 직접 들어가며, 인간관계 확립은 나중으로 미루거나 신경 쓰지 않는다.

이문화 간 협상에서 논의 주제들이 등장하는 순서도 문화적으로 타당한 순서에 따른다. 예를 들어 서구인은 대개 아시아인이나 아랍인보다 시간의 틀을 짧게 가져간다. 그래서 서구인의 협상과정은 빠르게 진행된다. 하지만 비서구 문화권의 협상자들은 빠른 협상방식을 고압전술의 하나로 여기고 협상에서 물러날 수도 있다.

비언어적 메시지도 협상과정의 결과에 분명히 영향을 미친다. 이를테면 회의 장소,

설명회를 진행하는 방식, 좌석 배치, 대인관계 등이 그것이다. 협상 초청자인 호스트(host)가 협상 파트너(게스트)의 격에 맞지 않을 정도로 허름한 장소에서 협상을 하는 것은 상대방을 은근히 깔보는 속마음을 가지고 있는 경우이다. 옷차림도 협상의 환경과 비중에 영향을 미친다. 정장은 딱딱한 분위기를 자아내는 반면, 미국인들과 같이 실용적이고 행동 지향적이며 가벼운 차림은 기꺼이 양보를 할 듯한 느낌을 준다.

참석인원, 지위, 연령, 팀 구성원의 기술 등과 같은 요소들도 협상의 각 단계와 밀접하게 관련되어 있으며 협상과정에 중요한 영향을 미친다. 서구인들은 혹시 있을지 모르는 내부의 갈등을 최소화하기 위해 협상에도 최소 인원을 배치한다. 일본의 경우는 상대방 인원수의 절반 이상이 더 참석한다. 일본의 협상인원들은 맡은 임무에 따라 교체되기도 한다. 반면에 아랍인 협상 팀은 상급자가 먼저 모습을 나타내고, 세부사항들은 직급이 더 낮은 직원들이나 기술부서 직원들에게 맡긴다. 마지막 단계에서 상급자는 팀에서 자신이 차지한 강력한 위치를 과시하기 위해 다시 돌아와서 거래를 마무리 짓기도 한다(엘라시머위 · 해리스, 1995).

〈표 9〉는 미국, 일본, 아랍인의 협상 특징을 비교한 것이다. 특히 가격협상에서 세 문화권의 특징이 나타난다. 미국인은 최초 협상에서 판매할 때는 적정가격의 5~10%, 일본인은 10~20%, 아랍인은 20~50%를 제시한 다음, 이후 협상을 거치면서 가격을 인하해 주는 전략을 쓰고 있다. 그러나 미국인의 협상은 적정가격에 근접한 금액을 처음부터 제시하기 때문에 가격 인하보다는 다른 우호적인 조건을 제시하는 패키지 전략을 사용하는 편이다. 아랍인의 가격 인하 폭이 큰 것은 처음부터 부풀린 가격을 제시하는 경향이 있기 때문이다. 이것은 아랍인들이 커뮤니케이션을 할 때 업무부터 이야기하는 것이 아니라 가족관계 등 업무와 관련 없는 사적인 이야기부터 시작하고 평소에 과장된 표현을 하는 습관과 맥이 닿는다.

〈표 9〉 이문화 간 협상의 대비점

	미국인	일본인	아랍인
집단의 구성	시장 지향	기능 지향	전문가 위원회
참가 인원	2~3	4~7	4~5
공간 설정 연계 확립	정면 배치, 경쟁적 단기적, 과제에 직접연관	조화관계를 과시 약간 장기적, 조화가 확립될 때까지	지위 장기적, 믿음이 생길 때까지
정보 교환	서류화, 조금씩, 멀티미디어	광범위, 주는 측에 집중	테크놀러지보다는 인간관계를 더 강조
설득 수단	시간의 압력, 기회 상실, 돈을 벌 수 있다는 유혹	관계의 틀 유지, 집단 간 연결성	중개자, 우호감
언어 사용	개방적/직접적, 급박한 느낌	간접적, 평가적, 협동적	과장, 정서적, 종교적
최초 제의	적정선 +/-5에서 10%	+/-10에서 20%	+/-20에서 50%
둘째 제의	패키지 추가, 거래조건을 부드럽게 한다.	-5%	-10%
최종 제의	토털 패키지	더 이상의 양보는 없다.	-25%
의사결정과정	상층 경영진	집단적	담당 부서에서 권장
의사결정자	상층 경영진	중간 관리진에서 부서 합의를 거침	상급 경영자
위험 감수	계산, 개인적, 권한	집단적 권한이 크지 않음	종교를 토대로 함

출처: 엘라시머위 · 해리스(1995), 해외비즈니스 문화를 알아야 성공한다, 삼성국제경영연구소 옮김, p. 273.

앞에 제시된 세 국가의 협상에 있어 추구하는 가치를 알아보면 다음과 같다. 미국인은 대개 직접성을 중시하며, 행위와 업무 지향적이다. 비즈니스에서도 대인관계보다는 업무에 더욱 중점을 둔다. 이와 마찬가지로 타 문화와 협상하는 데서도 대인관계에는 우선순위를 두지 않는다. 이를테면 미국인은 "비즈니스를 하면서 시간이 나면 우리는 친구가 될 거요"라고 말하는 식이다. 반면 일본인과 아랍인은 "먼저 친해지고 나서 비즈니스를 합시다"라고 말한다.

미국인에게서 유대감 형성은 명함을 주고받는 것 이상을 넘어서지 않는다. 미국인이 일단 명함을 받고 나면 그 명함은 비즈니스상의 연락망이 된다. 이유는 미국인이 고객과 직접 대면하는 것보다는 전화로 하는 비즈니스를 더 좋아하기 때문이다. 그렇지만 다른 문화 사람들은 비즈니스 관계를 확립하는 데 필수적인 사적인 유대감을 형성하기 위해 직접 대면하는 자리를 중요시한다.

미국인은 처음 만나는 사람에게도 거리낌 없이 "무슨 일을 하십니까?", 즉 "직업이 무엇입니까?"라는 뜻의 질문을 한다. 비즈니스를 할 때에도 사람보다는 세일즈에 중점을 둔다. 이것은 미국 문화에서는 완벽하게 타당하며 당연하게 받아들여지고 있다. 타 문화권 사람들이 미국인과의 거래를 성공시키려면 우선 미국식 시간관념에 철저해야 한다. 오전 10시에 비즈니스 회의를 시작하기로 했다면 미국인은 바로 그 시간에 만나서 비즈니스를 시작하는 것으로 생각한다.

협상과정에서 미국인은 대개 가격협상에 초점을 맞춘다. 다른 문화에서는 미래의 관계가 주축이 되는 경우가 많다. 그럴 경우에는 사적인 관계가 확립된 이후에 비즈니스 활동이 이루어져야 한다. 미국인은 흔히 협상을 비즈니스 과정에서 분리되어 있는 독특한 업무로 간주하고 있다. 그들은 상품을 제출하고, 가격과 물품 인도시간을 협상하고, 물품을 인도하고, 지불을 받고, 다음 거래를 이야기한다. 하지만 다른 문화들에서의 협상은 여러 부분들이 중첩되어 있다. 관계가 확립된 후 상품과 물품 인수에 관한 합의가 뒤따른다. 가격협상에 들어갈 때쯤이면 모든 점들이 타협과 양보를 통해 확정되어 있는 것이다.

미국 문화에서 유대감 형성이란 대체로 통성명, 명함 주고받기, "안녕하십니까?" 하는 인사 정도가 고작이다. 그리고 곧바로 비즈니스로 들어간다. 따라서 미국인은 직접성, 개방성, 격식을 따지지 않는 태도, 행동 지향성, 시간 의식이라는 문화적 가치를 보여준다.

반면 일본인의 시간관념은 서구인보다 길다. 일본인은 이 시간 동안 상대방과 비즈니스 관계를 확립하기 위해 진지하게 노력하는 것이다. 일본인은 협상과정에서 이 단계에 접어들기까지 상당한 시간을 들인다. 이 단계는 보통 일정한 격식을 갖춘 인사 나누기부터 시작한다. 그 다음에는 상대방의 문화적 가치를 확인해 보고, 일본적 가치와 비슷한 것이 있는지 알아본다. 친근한 관계는 모든 비즈니스 협상이나 거래에서 전제조건이기 때문이다. 일본의 한 기업의 기계를 구매할 일이 있었다. 그 기계는 고가였기 때문에 가격협상이 필요했다. 구매할 기계는 정해져 있는데도 불구하고 판매업체 측에서는 상당한 시간을 자신들 기업의 비전과 기계의 장점을 설명하는 데 할애했고, 심지어는 일본에 머무르는 데 불편한 점이 무엇인지 묻고 해결해 주려는 움직임을 보이는 등 친근해지려는 데 많은 노력을 기울이는 모습이었다. 이것이 일본인들의 협상의 한 모습이다.

서구인은 이 단계를 이해하지 못한다. 그들은 일단 수요가 있다는 것을 알고 나면 상품을 들고 일본 시장에 접근한다. 미국인은 상품을 소개할 때 특질, 기술력, 경쟁적 가격 등을 강조한다. 하지만 일본인은 처음 만남에서 그러한 점들을 모두 인정한다 해도, 충분한 관계를 형성하기 전까지는 외국인과 거래하지 않는다. 또한 공식적인 협상기간 동안에도 외국인 기업가들은 일본인 상대방이 새 사람으로 교체되면 그에게도 상품 설명을 전부 다시 해야 한다. 기술적인 측면뿐 아니라 새 담당자와 사적인 관계와 유대감을 형성해야 하는 것이다.

일본인 기업가를 처음으로 만날 때에는 명함을 교환하는 것이 아주 중요하다. 일본인은 상대방의 명함을 보고 회사, 소속 부서, 직위, 이름 등을 기록한다. 그리고 당신의 여행이 어땠는지, 일본이라는 나라와 그 회사에 대해 당신이 어떤 관심을 가지고 있는지에 관해 약간의 대화를 나눈다.

일본인과의 협상에서 사적 유대감을 증진하기 위해서는 다음과 같은 방법을 사용할 수 있다. 전에 일본의 기업체들과 함께 일했던 경험을 이야기하면서 내가 일본 문화에서 신용을 지니고 있다는 것을 보여준다. 퇴근 후에 그들과 함께 식사나 술자리에 참석한다. 일본에 있거나 해외에 있거나 자주 전화를 걸어 지속적인 접촉을 유지한다. 명절에는 연하장이나 선물을 보내 내가 장기적인 관계에 관심을 지니고 있음을 보여준다. 약속시간, 저녁식사 장소, 필요한 서류 등 사소한 문제에도 기꺼이 타협하는 자세를 보여주는 것이 중요하다.

아랍인은 일본인보다 유대감 형성을 더 중요하게 생각한다. 그러나 비즈니스에 회사 대표단이 참여하는 일본인과는 달리, 아랍인은 주로 개인적인 수준에서 비즈니스를 한다. 아랍의 시간관념은 정보 수집망의 폭이 일본보다 훨씬 좁은 탓에 일본의 경우보다 훨씬 길다. 대체로 개인적인 관계는 외국인 상대 회사와 아랍인 팀 구성원 중 어느 한 명 사이에 형성된다. 협상의 성공 여부는 주로 이전에 접촉했던 사람들의 숫자와 질에 달려 있다. 따라서 협상을 맡은 사람의 눈에 내가 비즈니스와 관련하여 믿을 만한 의논 상대라고 여길 때까지 그 사람과 많은 시간을 보내는 것이 중요하다.

저녁식사 시간에 비즈니스에 관련된 여러 가지 이야기를 주고받으면서 사적인 유대감을 쌓을 수도 있다. 자기 나라로 초청했을 경우에도 마찬가지이다. 선물을 준다던가, 외국에 나간 친척이나 친지를 도와주는 것과 같은 작은 호의를 베푸는 데서도 바람직스런 상호 신뢰관계를 보여줄 수 있다. 결국 아랍인은 협상이나 의사결정 과정에서 개인적인 친분을 중시한다. 그래서 아랍인은 대개 안면이 있는 사람이나 편안한 사람, 혹은 제삼자를 통해 익히 들어 왔던 사람과 거래하는 것을 선호한다. 아랍인은 낯선 손님에게 의심을 풀어 버리고 한두 가지 문화적 차이에서 야기된 실수는 무시해 주기도 하지만, 자기들의 가치에 적응하려 하지 않는 사람과는 비즈니스를 하려 하지 않으며, 먼저 사적 유대감을 형성하기 전에는 비즈니스를 시작하지 않는다.

4.2 국가별 상거래 관습

상거래 관습에 있어서는 세계 경제의 중심에 있는 중국과 미국, 그리고 이슬람세계와 유대인을 중심으로 살펴보도록 한다(전경수, 2002).

• 중국

중국인이면 지위고하와 남녀노소를 막론하고 체면이 가장 중요한 삶의 목표다. 이 체면이 상거래에 크게 적용된다. 중국에서는 물건을 사고파는 과정에서 할인하는 것을 강가(講價)라 한다. 물건에 붙여진 가격에 대해서 상대방과 대등한 입장에서 서로 협상하는 것을 말하며, 비싼 값으로 살 바에야 차라리 죽는 편이 낫다고 생각할 정도로 할인과 흥정은 중국인들의 체면과 관계된다.

아주 하찮은 일용품을 사는 것도 일종의 거래라는 생각을 가지고 있기 때문에, 상대방이 제시한 가격을 그대로 인정한다는 것은 할인과 흥정의 과정에 의한 체면 세우기를 포기하는 것이나 마찬가지가 된다. 일단 할인과 흥정의 과정에 들어가면, 물건의 최종가격이 문제가 아니라 최종목표에 도달하는 과정에 개입되는 체면이 가장 중요한 문제가 된다. 따라서 첫 번째에 시도해서 안 되면, 그 다음날 또 다음날 끈질기게 접근한다. 또한 거래가 끝난 후 물건이 넘어갈 때 손해를 보지 않는 범위 내에서 덤으로 하나 더 얹어주는 것, 이 행위가 중국인에게는 체면 세우기로 작용한다.

'손님은 왕이다'라는 인식은 원래 중국 장사꾼들이 만들어낸 말이다. 손님을 왕으로 모신다는 것은 손님의 체면을 최대한으로 높여준다는 생각이 저변에 깔려 있는 것이다. 종업원들로 하여금 손님 앞에서 자기를 사장님이라고 부르게 하는 중국인 상점 주인은 없다. 손님의 입장에서 보면 상점 주인인 경영자도 역시 종업원과 마찬가지로 손님에게 서비스를 제공해야 할 입장에 있는 사람이다. 그 상점의 내부에서는 사장이고 주인일지는 몰라도, 손님이 있는 상황에서는 손님 중심으로 모든 일이 이루어져야 하므로 손님의 체면을 최대로 세우게 된다.

상거래의 대화 자체도 손님 본위로 진행되어야 하기 때문에 중국인 상점 주인들은 손님 앞에서는 종업원들로 하여금 절대로 자신을 사장이라고 부르게 하지 않는다. '왕인 손님'이 듣기에 거북한 대화가 오가는 것은 손님의 체면을 깎는 일이고, 그 여파는 상거래에 영향을 미친다는 생각을 하는 사람들이 중국인들이다. 오히려 사장은 허드렛일을 함으로써 손님들로 하여금 더 편한 마음으로 머물 수 있도록 하는 것이다. 중국 상인들은 손님이 있다는 것을 가훈으로 삼는 경우도 있다. 손님의 기분과 체면을 위해서라면 약간의 희생 정도는 각오한다.

중국인의 상거래 관습을 살펴볼 때 절대 빠질 수 없는 것이 바로 세계 각지에 흩어져 살고 있는 중국인(화교)들의 네트워크이다. 이들 화교의 상거래 관습을 보면 상인 모두는 幇(팡)이라는 조직에 참가하고 있으며, 집단의식이 매우 강하다. 팡은 원래 중국인들의 상호부조의 의미를 지닌 동업조합으로서 동업자나 동향인, 또는 뜻을 함께 하는 사람들의 모임이며, 팡의 비밀 엄수와 재력 및 횡적 결속의 위력은 전 세계 도처에서 발휘되고 있다.

팡을 중심으로 이루어지는 경제행위 중에서 가장 중요한 역할은 이 세상의 어디서나 작동하고 있는 화교 중심의 상부상조 조직의 하나인 무진이다. 무진은 투기적인 성격을 띤 것이 아니라 자금이 없는 화교에게 자금을 대부해 주고 자기들의 팡(조직) 안에서 한 사람씩 독립시키거나 점포를 크게 확장시키는 데 그 목적이 있다. 성공하여 자리를 잡은 사람들로부터는 자금을 회수하고, 성공한 사람이 다음 세대의 젊은이들에게 대부해 주어서 횡적인 연결망을 강하고 더 크게 만들려는 것이다. 특히 무진으로 대부하는 금전에 대해서는 무이자일 뿐만 아니라 서류도 없고 인장도 필요 없고 담보도 필요 없다. 꽝을 배신하면 매우 위험한 결과를 초래하기 때문에 무진이 실패하는 경우는 극히 드물다.

화교상인(화상)들이 움직이는 모습을 보면 참으로 흥미롭다. 런던을 방문하는 홍콩의 화상은 이미 만들어진 연결 줄을 따라 움직이면 된다. 처음 뉴욕을 방문하는 싱가포르의 화상은 연줄조직을 통해서 상대를 소개받기 때문에 잠자리에서부터 상담에 이르기까지 혼자서 헤맬 필요가 없다. 꽝으로 닿은 연줄이 소개장이나 명함을 마련해 준다. 따라서 사람을 소개하거나 소개장을 쓰는 일은 화교들에게는 매우 중요한 일이다.

• 미국

미국은 상거래에 있어 제도를 초월한 인간관계의 맥락에서 상대를 대한다. 상대와 머리를 맞대고 상담을 하는 차원을 넘어서 함께 식사를 하고 술을 마신다. 상거래라는 것을 인간관계의 표현에서 이루어지는 일종의 관행이라고 이해한다면 무난하다. 미국의 상거래 관습의 핵심은 다음의 두 가지 측면으로 설명할 수 있다.

첫째, 상거래 시에는 서로 시선을 맞추어야 한다는 것이다. 쳐다본다는 행위는 물리적이고 생물학적인 현상이기도 하지만, 지극히 문화적인 문제다. 미국인들을 비롯한 서양인들은 마주 앉아 이야기하는 상황에서는 반드시 상대를 똑바로 쳐다본다. 더군다나 심각한 상황에서 이야기를 할 때에는 반드시 상대를 쳐다본다. 물건을 사고팔기로 결정한 상태에서 가격을 흥정하는 단계라는 것은 꽤 심각한 상황이다. 이러한 상황에서 상대방을 쳐다본다는 행위는 상대방의 얼굴을 대충 바라보는 것이 아니라, 상대방의 눈을, 그것도 눈동자를 직시하는 것이다. 미국인들의 교육현장이나 외교현장, 상거래현장에서 반드시 일어나는 일이 상대방을 똑바로 쳐다보는 행위이다.

그런데 쳐다본다는 행위에 있어서 한국인들이 생각하고 행동하는 방식이 미국인들의 그것과는 상당히 다르기 때문에 문제가 발생한다. 한국인들은 상대방을 쳐다보지 않고 대화를 하는 것이 일상적이다. 한국 문화 속에서의 대화라는 것은 상대방의 시선을 적절히 피해주는 것이다. 미국인들이 한국인을 대할 때 상거래에서의 가격흥정이라는 심각한 상황에서, 한국인이 자신을 쳐다보지 않으면 미국인은 그 순간부터

'이 사람이 우리의 주제에 대해 별로 관심을 갖지 않는구나'라는 생각을 하기 시작한다. 미국인이 진지하게 쳐다보면서 대하는 만큼, 한국인은 똑바로 쳐다보면서 대하는 미국인에 대해서 불편을 느끼게 된다. 그러나 만약 미국인을 상대로 상품을 팔려면 똑바로 쳐다보면서 상거래에 임해야 하는 미국의 관습에 동화되어야 할 것이다.

둘째, 상거래 상대와 다가앉는 것이다. 미국인들이 유지하는 상대방과의 대화거리는 우리나라 사람들이 생각하는 거리보다 훨씬 가깝다. 더군다나 심각하고 긴장된 이야기를 할 때에는 거리가 더 좁아진다. 가까이 바싹 다가서는 미국인에 대해서 한국인은 대개 불편한 심정을 갖게 되고, 점차 뒤로 물러서게 된다. 물러서는 행위가 한두 번이 아니고 반복해서 일어날 때, 미국인은 한국인과의 거래에 대해서 흥미를 잃게 되는 것이다.

결과적으로 문화가 다른 사회 사이에서 비즈니스가 일어날 때에는 단순히 경제적인 행위만으로 끝맺음을 하는 것이 아니고 문화적인 교류도 함께 일어난다. 따라서 상대방의 문화를 잘 파악한 후에 비즈니스 협상을 하게 되면 성공 확률이 높아지게 된다. 다른 문화에 대한 이해를 바탕으로 하는 비즈니스는 궁극적으로 한 국가의 글로벌 비즈니스 질을 높이는 원동력이 될 수 있다.

• 이슬람 세계

이슬람 사람들은 '무역'이라는 것을 발전시킨 사람들이다. 유럽이 세상에 군림하기 이전 세계의 상권은 아랍에 있었고 이때부터 서쪽의 물건을 동쪽으로 넘기고, 동쪽의 상품을 서쪽으로 파는 과정에서 이윤을 축적하면서 살아온 것이다. 이슬람 사회가 지향해 온 상거래와 시장의 문화에 관하여 학습하는 것은 자유경제의 시대를 살아가는 밑천이 될 수 있다. 이슬람 사회는 모든 생계의 기반이 장사에 있었기 때문에 일찍부터 상거래와 시장에 관한 율법과 관습들이 정교하게 발달되었다. 11세기에 만들어진 상거래에 관한 이슬람법들은 지금도 10억 이슬람인구의 시장에서 기본적으로 통용되는 질서이다.

이슬람의 상거래는 기본적으로 이잡(ijab)과 카불(qabul) 사이의 상대적 관계로 인식되고, 매매당사자들 사이에 개입될 수 있는 부당이득은 종교법으로 금지된다. 즉 한쪽이 이득을 얻는 대신 상대방에게도 이에 상응하는 이득을 주어야 한다. 이슬람의 성전인 코란에는 상거래에 관한 관용어로 티자라(tijara)라는 것이 있고, 그에 대한 설명은 부의 유통과 전이는 평화적이고 비폭력적이며 제약이 없는 상태에서 상호동의를 기초로 한 교환을 말한다.

율법은 법이 허용하는 거래(bay)와 금지하는 거래인 리바(riba)를 엄격하게 구분함으로써 상거래가 사회를 유지하는 기본적인 일상생활과 직결되어 있음을 알 수 있다. 시장교환은 경제적인 관계일 뿐만 아니라 동시에 사회적인 현상을 포함한다는 것이 이슬람 상법의 인식체계다. 이슬람법은 판매물품이 구매자에게 도달하는 데까지 소요되는 모든 비용을 매도자가 부담하도록 전제되어 있으며, 흔히 통용되는 거래 형태는 두 가지로 구분할 수 있다.

첫째, 이윤을 부가한 가격으로 전매하는 무라바하(murabaha)방식이 있다. 이것이 상거래에서 가장 발달한 부분이며, '상인의 관습(urf at-tujjar)'이라고 한다. 물건에 매겨진 가격에 대해서 매도자의 이익을 계산한 고정된 부가세를 전제로 한 전매방식이다. 어떤 경우라도 가장 중요하게 경계해야 할 점은 부당이득이며, 상거래에서 이윤은 보장되고 상인이 정액이윤을 남기는 것은 종교법으로 확인된다. 위탁매매의 경우도 이에 속한다.

둘째, 살람(salam)계약으로 이것은 물건을 후(後)인도를 전제로 한 선불제이다. 효과적인 살람 거래를 위해서는 일곱 가지 정보가 전제조건이다. 인도되어야 할 상품의 범주와 종류, 형태와 다양성, 양, 질, 인도될 수 있는 기간, 물류비용을 포함한 상품이 인도될 장소, 인도될 상품의 총금액에 대한 정보들이다. 무라바하를 포함하여 모든 종류의 상거래에서 이 일곱 가지의 정보는 거래당사자들 간에 명확하게 제시되어야 하는 기본적인 사항이다.

흥정이 완료되면 반드시 '사프카(safqa)'라고 하는 절차가 필요한데, 이 과정에는 악수뿐만 아니라 어떤 형태의 말이나 몸짓 등이 거래를 재확인하는 역할을 한다. 계약이 달성되었다고 혼자서 흥분하여 좋아하고 있어서는 계약의 재확인 절차인 사프카를 놓치고 만다. 거래당사자들 간의 관계가 비인간적이거나 단순한 형식상의 절차가 아니라는 점이 확인되어야 한다.

또한 이슬람 상법에서는 지식에 대해서 높은 프리미엄을 부과한다. 구입해야 할 상품에 관해서 분명하게 알아야 할 것들(앞의 일곱 가지 항목 등)이 무엇이며, 그 알아야 할 것을 어떻게 알아야 할 것인가 하는 점이 중요한 문제이다. 정확하게 결정되고 판단되어야 하는 것들은 흔히 명확하게 나타나지 않고 종교 법률가들에 의해서 관습의 영역 또는 상인의 행위로 위임되는 것이 일반적이다. 따라서 이슬람 세계의 상거래에 있어서 종교와 관련된 관습과 상행위들에 관한 정보는 그 자체가 엄청난 가치를 가지게 된다.

지식과 정보에 있어서도 두 가지 차원이 있다. 하나는 법에 의해서 구체적으로 형식적이고 명시적으로 요구되는 것들(무게, 크기, 작업 기간 등)이고, 다른 하나는 고객에 의해서 요구되는 위임주문(istisna)에 관한 것들로서 비형식적이고 묵시적이며 개인적인 지식의 차원이다. 실제로 일어나는 대부분의 현상은 지역적인 관습이 실질적인 교환행위를 위한 범주로서 작동하게 된다.

• 유대인

유대인 사회에서는 무역거래를 할 때에만 계약이 필요한 것이 아니라, 일상생활을 살아가는 과정에서도 항상 계약이라는 것이 지배한다. 그 일상생활을 살아가는 과정의 일부로서 장사라는 형태가 존재하며, 장사라는 것은 계약의 지배를 받아야 하는 것이다. 따라서 유대인들에게 있어서 계약이라는 행위는 삶의 전체를 담보하는 것이기 때문에 계약사항은 철저하게 준수되어야 하며, 계약을 위반한다는 것은 삶 전체가 부정된다는 것을 의미하기도 한다. 왜냐하면 계약은 신과의 약속이기 때문에 한 치의 오차도 허용하지 않는다. 계약이 모든 것을 결정하기 때문에 계약이라는 행위 그 자체는 훌륭한 상품으로 간주될 수 있다. 유대상술에서는 회사나 계약서도 '상품'이 되는 연유가 바로 여기에서 기인한다. 계약서를 사들이는 장사를 팩터라고 하는데 팩터의 특징은 장사의 회전속도가 빠르다는 점이다.

계약이 모든 과정과 결과를 결정하기 때문에 그 행위는 치밀성과 정확성을 전제로 해야 한다. 그래서 유대인들은 사소한 일에도 질문을 많이 한다. 질문이 또 다른 질문을 낳고, 자신에게 남은 작은 의문이 다 풀릴 때까지 질문한다. 질문이 깊어지는 과정에서 상대방의 약점이나 장점이 모두 드러나게 마련이다. 거래 상대에 대해서 확실한 지식을 구비하는 것이 유대상인들의 일등급 노하우다. 최고의 노하우는 끊임없이 질문하는 것으로부터 발생하는 것이다. 거래에 있어서도 한 치의 의문이라도 남으면 거래가 성사되지 않는다. 완벽한 납득이 이루어진 후에 거래를 하는 것, 이것이 유대인 상술의 철칙이다.

또 한 가지 유대인 상거래 관습으로는 미리 약속되지 않은 방문에 대해서는 절대 응하지 않는다는 것이다. 물론 자신이 방문객을 맞을 준비도 되어 있지 않을 뿐만 아니라, 예기치 않은 방문객에 의해서 자신이 이미 계획한 시간을 뺏기기 때문이다. 시간을 뺏긴다는 것은 그만한 금전을 손해 보는 것으로 생각한다. 그들에게 시간은 돈이다. 장사에서 이익이 남는다면, 가장 빠른 시간 내에 지옥에라도 가야 한다는 것이 유대인들의 사고방식이다. 유대 상인은 면담시간을 10분이라든가 5분이라고 지정하는 것이 통례로 되어 있기 때문에 약속시간에 늦는 것은 물론 정한 시간이 초과되는 것도 결코 허용되지 않는다.

마지막으로 장사를 잘하기로 소문난 유대인 상인들은 상품을 절대로 싼값에 팔지 않는다는 점이다. 유대상인은 어떤 물품을 비싸게 파는 대신 모든 자료를 동원하여 그 상품을 왜 비싸게 팔 수 밖에 없는지 정당하게 설명한다. 통계자료와 팸플릿 그리고 설명서 등은 비싸게 파는 이유를 설명하는 자료들이다. 이와 맥을 같이해서 할인이라는 방법 또한 이용하지 않는다. 할인해 준다는 것은 그만큼 상품의 격을 떨어뜨리는 결과를 초래한다. 할인을 하더라도 할인의 목적이 박리다매를 위한 것이 아니라, 고객들에 대한 봉사의 차원에서 이루어지는 것이다.

은근과 끈기가 명 협상가를 만든다

미국의 카터 대통령은 2002년 노벨평화상을 수상함으로써 미국의 역대 대통령 중 '가장 성공한 전직 대통령'이라는 명성을 재확인할 수 있었다. 내가 만나본 카터 대통령은 참으로 훌륭한 대통령이었다.

그는 1994년 김일성 주석과 회담을 갖고 교착상태에 있던 북한 핵문제를 해결하는 단초를 제공하였다. 또 국제 해비타트(Habitat)에서 펼치는 사랑의 집짓기 운동에 몸소 참여해 오고 있으며 2001년에는 충남 아산에서 개최된 사랑의 집짓기 운동에도 참여한 바 있다. 이렇게 훌륭한 카터 대통령이지만, 그는 동시에 미국 역사상 가장 지루한 대통령이라고 한다. 그와 시간을 보낸 대부분의 사람은 마치 진정제를 맞고 난 느낌을 갖는다고 한다.

캠프 데이비드는 재미있는 장소가 아니다. 미국 메릴랜드 주에 있는 산장으로 정적이 감도는 조용한 곳이다. 그곳에서 할 수 있는 일이란 기껏 산보나 솔방울을 들어 냄새를 맡아보는 일 정도가 고작이다.

카터 대통령은 좋은 회담 결과를 얻기 위해 캠프 데이비드 산장의 이러한 분위기를 이용하기로 다짐하였다. 그곳에 온 양국 대표단 14명을 위해 오직 자전거 두 대만을 마련해 두었고 다른 편의시설들은 모두 없애버렸다. 장기간 머물고 있는 사람들이 밤에 긴장을 풀기 위해 할 수 있는 일은 한 가지밖에 없었다. 그것은 재미없는 영화 세 편 중 하나를 보는 것이었다. 엿새째 날이 되자 그들은 재미없는 영화를 두 번씩 보아야 했고 지루해서 견디기 어려운 정도가 되었다.

하지만 매일 아침 여덟 시면 사다트와 베긴은 어김없이 오두막을 두드리는 소리와 함께 무덤덤한 목소리를 들어야 했다. "안녕하세요, 지미 카터입니다. 그 지겨운 얘기 열 시간 동안 하실 준비가 되어 있으세요?"

이렇게 12일을 보냈다. 당신이 사다트나 베긴이었다 해도 그곳에서 나가기 위해서라면 어디에든 서명을 했을 것이다. 카터의 인내와 끈기가 캠프 데이비드 평화협정 타결에 기여한 것이다(박희권, 2010).

Chapter 6

문화 간 커뮤니케이션

1. 문화 간 커뮤니케이션의 개념

문화 간 커뮤니케이션(intercultural communication)은 흔히 국가 간 커뮤니케이션과 대비되는 개념으로 받아들여진다. 국가 간 커뮤니케이션은 국가 경계를 넘어서 행해지는 것으로 개인적 성향보다는 지정학적 변인이나 국적 등이 커뮤니케이션의 결과를 좌우한다. 국가 원수들 사이의 정상회담은 언뜻 면대면 방식을 취하는 것처럼 보이지만 그 내용에서는 두 국가의 외교, 군사, 정치적 이익이라는 한계를 넘을 수 없다. 겉으로는 매우 화기애애해 보이는 상황이라도 두 국가 원수의 개인적 관심을 초월하는 의제들이 다루어진다. 국가 간 커뮤니케이션은 대인 채널 이외에도 무역 대표부, 국제기구 등 조직차원에서도 일어나고 해외홍보, 해외상품광고, 해외방송, 혹은 영화나 TV프로그램 같은 미디어 상품 교류를 통해서도 일어난다.

그러나 문화 간 커뮤니케이션은 문화배경이 다른 사람들 사이의 커뮤니케이션 현상이다. 즉 국적이나 정치체제, 혹은 지정학적 요인보다는 두 사람 사이의 문화적 유사성 혹은 차이점에 의해 영향을 받는다는 측면에서 대인 커뮤니케이션에 가깝다. 단 문화 간 커뮤니케이션이 대인상황에서만 일어나는 것은 아니다. 지구 저편의 이방인과 아마추어 무선을 통해서 주고받는 대화, 인터넷을 통한 의사 교환, 혹은 할리우드 영화 속의 외국 배우에게 느끼는 호감 등 미디어의 발달은 문화 간 커뮤니케이션을 면대면이라는 제한된 시간과 공간으로부터 해방시켰다. 원한다면 언제든지 광범위하고 다양한 문화권의 사람들과 커뮤니케이션할 수 있는 채널이 열려 있는 것이다.

1.1 문화 간 커뮤니케이션의 개념

우선 문화 간 커뮤니케이션이란 용어의 역사를 살펴보도록 한다. 문화 간 커뮤니케이션은 주로 미국과 유럽의 학자들을 중심으로 이루어진 연구 분야이다. 이 연구의 시작은 사회심리학, 국제관계, 언어학, 인류학, 수사학, 문화적응훈련, 영어를 제2언어로 교육하는 분야 등 응용분야의 실질적인 관심에서 비롯된 것이다. 따라서 처음에 대부분의 연구작업은 학제 간(inter-disciplinary) 연구의 성격을 띠었다.

1940년대만 해도 대부분의 미국 외교관들은 현지 언어를 구사하지 못했고 현지 문화에 대한 지식도 갖추지 못한 실정이었다. 제2차 세계대전이 끝난 후 미국인들은 외국의 언어와 문화에 대한 지식과 이해를 재평가하기 시작했다. 결국 미국 정부는 1946년 Foreign Service Institute를 세워 해외에서 근무할 외교관들을 교육하기 시작했다. 해외로 부임하는 미국인들은 이 연구소에서 현지 언어는 물론 역사, 정치구조, 경제, 미국과의 관계 등을 공부했다. 인류학자 홀(E. T. Hall)은 Foreign Service Institute에서 연구하는 과정에서 추상적인 인류학적 개념들을 실질적인 국제관계에 적용했으며 인류학적 의미에서의 문화개념에 커뮤니케이션을 포함시켰다. 하지만 인류학자들은 단지 넓은 의미의 문화체계에만 주목을 했으며 상호작용 패턴에는 주목하지 않았다.

홀은 그의 저서 *The Silent Language*에서 별도의 장에 문화와 커뮤니케이션에 관한 논의를 전개했으며, 'Intercultural Communication'이란 용어를 처음으로 소개했다. 홀(Hall)은 초기에 커뮤니케이션은 단지 문화의 한 부분이기 때문에 문화를 제1요소로, 커뮤니케이션을 제2요소로 보았다. 그러나 나중에 그는 문화는 기본적으로 커뮤니케이션 과정이라고 주장하게 되었으며 결국 커뮤니케이션을 제1요소로 보게 되었다.

대부분 같은 문화를 공유하는 사람들이 모여서 국가라는 체제를 만들어내지만 그렇지 않은 경우도 많듯이 국가 간 커뮤니케이션과 문화 간 커뮤니케이션은 일치할 수도 있고 그렇지 않을 수도 있다. 일본인과 한국인 사이, 혹은 미국인과 한국인 사이의 커뮤니케이션은 국가 간 커뮤니케이션인 동시에 문화 간 커뮤니케이션의 범주에도 해당된다. 그러나 국가 간 커뮤니케이션에는 해당되지만 문화 간 커뮤니케이션은 아니고, 또 역으로 문화 간 커뮤니케이션에는 해당되지만 국가 간 커뮤니케이션이 아닌 경우도 얼마든지 있다.

예를 들어 남북 대표의 만남은 국가 간 커뮤니케이션이지만 문화 간 커뮤니케이션은 아니다. 어떻게 보면 연변 교포와 한국인, 같은 아랍 문화권인 요르단 사람과 이집트 사람 사이의 커뮤니케이션도 국가 간 커뮤니케이션이지만 문화 간 커뮤니케이션은 아니다. 한편, 같은 미국인들끼리의 커뮤니케이션이지만 흑인과 백인 사이, 프랑스계 캐나다인과 영국계 캐나다인 사이, 보스니아 내 회교도와 세르비아계 사이의 커뮤니케이션은 문화 간 커뮤니케이션이지만 국가 간 커뮤니케이션은 아니다.

중요한 사실은 오늘날 지구 공동체는 국가라는 인위적인 개념보다는 문화라는 자생적인 개념을 중심으로 블록화되고 있다는 것이다. 유럽연합(EU), 북미자유무역협정(NAFTA) 등의 블록 경제권은 문화적 유사성으로 구성되어 세계 무역시장에서 우위를 노리고 있다. 구소련연방 같은 거대 국가는 이들을 응집시켰던 이데올로기의 퇴조로 인해 해체되고 문화적 경계를 중심으로 여러 개의 독립국가로 분산되었다. 이질적인 문화 구성원들을 국가라는 형태로 한데 묶는 유고연방, 키프로스, 남아프리카, 혹은 르완다 같은 '다민족 국가'에서는 일 년 내내 내분이 그칠 날이 없다. 지구촌의 질서는 이데올로기나 정치체제와 같은 진부한 요소보다는 생활에 밀착된 문화라는 끈에 의해 역동적으로 재편되고 있다.

이러한 변화 속에서 과거 엄밀성을 띠던 국가라는 개념은 사실상 문화 혹은 민족의 개념에 의해 흐려졌다. 실질적으로 국가 간 커뮤니케이션의 상황에서도 국가보다는 문화의 개념이 더 큰 영향을 미친다. 오늘날 국가 간의 정보 유통도 더 이상 통신사 뉴스, TV 프로그램, 혹은 정부 외교 사절 등의 공식적이고 가시적인 경로만을 통해 이루어지지는 않는다. 유학생이든 단체 관광객이든 수백만의 한국인이 외국을 드나들며 우리나라의 이미지를 곳곳에 뿌리고 다닌다. 반대로 천만 명이 넘는 외국인이 우리나라에 드나들며 영화 속에서나 보았던 먼 나라 이야기를 직접 전해준다.

내국인의 3D업종 기피현상으로 웬만한 중소기업 생산현장은 외국인들이 담당하고 있다. 외국 출신 신부의 수가 특히 농촌이나 어촌에서 늘어나고 있으며 이들의 2세 인구도 늘고 있다. 우리나라에서 이제는 문화 간 커뮤니케이션은 일상생활의 한 부분이 되고 있다. 다른 문화를 가진 사람들과 커뮤니케이션하는 것은 글로벌 시대를 사는 사람 모두가 겪어야 하는 일상생활의 한 부분으로 등장하였다.

1.2 문화 간 커뮤니케이션의 방식

국제교류에 있어서 문화 간의 커뮤니케이션은 필수적이다. 커뮤니케이션은 송신자와 수신자의 지각영역(perceptual field)이 서로 일치될 때 성공적으로 이루어지게 된다. 즉 커뮤니케이션은 지각의 공유과정인 것이다. 메시지가 수신자의 지각영역을 벗어날 때 송신자의 의사가 정확하게 전달되지 못하거나 잘못 전달되게 된다. 성공적인 문화 간 커뮤니케이션을 위해서는 지각영역의 일치는 물론이고 송신자는 자신의 메시지를 단어, 여타 언어적 심벌인 제스처, 표정 또는 행동으로 부호화(encode)시킬 수 있어야 하며, 수신자는 이러한 부호를 해독(decode)할 수 있어야 한다. 아무리 송신자와 수신자의 지각영역이 일치되더라도 부호화와 해독이 가능하지 않다면 커뮤니케이션은 이루어질 수 없다.

해독이란 지각한 내용을 이해하는 과정이다. 동일 문화권에 속해 있는 사람들 간의 커뮤니케이션에 있어서는 지각영역과 메시지 코드의 공통성으로 인하여 해독에 있어 별 문제가 야기되지 않는다. 반면 상이한 문화권에 있는 사람들 간의 의사소통은 문화적 거리감으로부터 야기되는 지각영역의 불일치와 부호화 · 해독화 차이의 벽에 부딪치게 된다. 즉 문화적 거리감이 클수록 의사소통의 장벽은 더욱 높아지며 표정, 제스처 등의 비음성적 메시지에 의한 의사소통에 있어서는 더 큰 장벽을 느낀다. 이러한 문화적 거리감에 의한 커뮤니케이션 장벽을 완전히 극복하기 위해서는 외국어의 습득뿐만 아니라 그 언어 내면에 있는 문화적 배경을 진정 이해할 수 있어야 한다.

지각과 부호화 · 해독화의 차이로 인하여 상이한 문화권에 속한 사람들 간의 의사소통에 있어서 종종 오해가 발생되는데 아래는 그 몇 가지 사례들이다.

- 사업상 첫 만남에 있어서 첫 이름(first name)을 말하는 것은 많은 국가들에서는 미국식 악습으로 여겨지고 있는데, 그중 프랑스인들이 가장 싫어한다.
- 미국 건설회사의 한 판매담당자가 공장건설의 계약건에 대하여 "예" 또는 "아니요"로 회답하기를 강요하자, 두바이의 한 조달청 관리가 "로마는 하루아침에 이

루어지지 않았다"라고 응답하였다. 그러자 미국인은 웃으면서 "그것은 미국인 같은 유능한 기능공을 가지지 못했기 때문이다"라고 농담으로 받았다. 이 말을 듣자마자 두바이의 관리는 "상담은 끝났습니다. 미안하지만 자리를 뜨겠습니다" 라는 예기치 못한 반응을 보였다.

- 중동 지역 국가들에 있어서 어떤 특정의 물품을 보고 감탄과 찬사를 보내는 것은 큰 결례가 된다. 왜냐하면 중동인 상대편이 그 상품을 선물로 주어야 할 의무감을 느끼기 때문이다. 제너럴모터스(General Motors)사의 한 간부가 파티에서 중동인 호스트에게 그의 아랍식 로브(robe)를 보고 감탄하면서 그러한 로브를 선물용으로 구입하고 싶다고 말하자, 갑자기 그 중동인은 자신의 로브를 벗더니 미국인 간부에게 건네주어 당황하게 만들었다.

- 1994년 8월 제주 공항에 착륙 중이던 국내선 여객기가 활주로를 이탈해서 화염에 휩싸였던 사건이 있었다. 사고 조사 결과 그 원인은 폭풍우로 시계가 불량한 상황에서 착륙을 시도하던 기장과 부기장 간에 착륙과 재이륙 문제에 관한 의사소통의 장애로 밝혀졌다. 당시 기장은 캐나다인이었고 부기장은 한국인이었다는 것이 문제의 초점이다. 이 사건 외에도 문화 간 커뮤니케이션 장애로 인한 항공 사고는 다수 있다.

  대표적으로 1997년 8월 5일에 있었던 대한항공 801편 괌 추락사고이다. 이것 역시 기장과 부기장의 커뮤니케이션 문제였다. 한국인을 비롯한 동양인은 주로 대화 시 직접화법을 사용하지 않고 완곡어법을 사용한다는 것이 주된 사고의 원인으로 밝혀졌다. 바로 언어와 판단방식이 다른 문화 간 커뮤니케이션의 상황에서 위기상황에 대응하는 방식의 차이가 만들어낸 사고였을지도 모른다.

글로벌화라고 하면 얼마 전까지만 해도 물질의 교류, 교역을 의미했지만 이제는 사람의 교류가 중시된다. 바로 면대면 커뮤니케이션의 원초적인 영역에서 국제화가 진행되어야 함을 의미한다. 기업 경영을 위해서도 국제화는 필수다. 자국 시장에 안주하던 기업들은 생존을 위해 외국 시장을 찾게 되었고 자국 시장도 더 이상 국내 기업들의 이익을 보장해 주지 못한다. 개방화의 시대적 분위기는 국내 시장조차도 다국적 상품의 각축장으로 바꾸어 놓았고, 기업들의 내수 판매도 국제화의 경험 없이는 난항에 부딪히기 쉽다.

1.3 글로벌화와 지역화

21세기를 특징짓는 두 가지 큰 흐름이 있다. 그것은 바로 글로벌화와 (globalization)와 지역화(localization)이다. 글로벌화가 통합을 지향하는 힘이라면 지역화는 분리를 촉진하는 힘이다. 유럽연합과 라틴아메리카의 경제블록이 통합을 상징한다면 구소련이나 구유고 연방의 해체는 분리를 상징한다. 언뜻 보기에 서로 모순되고 충돌되는 두 가지 흐름이 21세기 지구촌 시대를 이끌어가는 원동력이다. 결국 우리의 미래도 이러한 두 가지 흐름에 의해 좌우될 것이다.

글로벌화와 지역화는 긍정적 측면과 부정적 측면을 모두 갖고 있다. 글로벌화는 시장을 통합시키고 기술을 확산시킨다. 세계의 구석구석까지 정보의 흐름을 촉진시킨다. 이 과정에서 문화 간 상호 교류가 촉진된다. 지역화는 지역 주민의 정치참여와 자치의 욕구를 증대시키고 지방 분권화를 가져온다. 이는 곧 지역적 차원에서 문화 정체성 추구와 지역 주민의 복지 증대로 이어진다.

21세기의 아이러니는 글로벌화의 확산에도 불구하고 우리는 어떤 의미에서 훨씬 지역화 된 세계에서 살고 있다는 점이다. 기업의 판매 전략상 각 지역의 기호나 특성에 맞는 상품 또는 마케팅 전략이 훨씬 성공적이라는 최근의 조사결과가 이를 뒷받침하고 있다.

여러 나라들이 국명이나 도시 명을 자신의 언어와 가깝도록 바꾼 것도 지역화의 좋은 예라고 할 수 있다. 1999년 인도 서벵골 주의회는 캘커타를 벵골어 발음에 따라 콜카타로 바꾸기로 만장일치로 결정하였다. 인도의 다른 도시인 봄베이는 뭄바이로, 마드라스는 첸나이로 바뀌었다. 북경의 영어 명칭인 페킹(Peking)도 베이징(Beijing)으로 바뀌었고, 버마(Burma)도 식민지 시대의 국명 대신 미얀마(Myanmar)로 바뀌었다. 1984년 아프리카 서부에 있는 오트볼타(Upper Volta)는 국명을 부르키나파소(Burkina Faso)로 바꾸었다. 지역화의 흐름에 따라 식민지 시대에 사용되던 명칭을 각 지역의 고유발음이나 명칭으로 바꾼 것이다.

그러나 글로벌화와 지역화는 기회와 동시에 위험을 수반한다. 글로벌화는 관세가 낮은 외국상품이 유입되어 국내 산업을 쇠퇴시키고 관세가 실업을 증대시킬 수 있다. 또 외국 투기자금 때문에 금융시장과 외환시장이 불안해질 수 있다. 일부 전문가들은 글로벌화의 부정적 영향 중 하나로 빈부격차의 증대를 지적한다. 그러나 엄밀한 의미에서 본다면 글로벌화 자체가 빈부격차의 증대를 초래하는 것은 아니다. 글로벌화 시대에 필요한 기술과 지식의 보유 유무가 빈부격차를 결정짓는 것이다.

지역화는 중앙정부로부터 지방정부로 더욱 많은 권한과 예산 이전을 요구한다. 또한 지역 간의 갈등이나 독립의 요구는 평화적으로 타결되지 않을 경우 민족 분쟁이나 내란을 초래하기도 한다. 1990년대 이후 아프리카와 발칸 등지에서 발생한 내전 등이 그 예이다.

일 · 중 투자촉진기구(Japan-China Investment Promotion Organization)는 중국 내수시장을 겨냥하는 일본의 중국 진출업체의 적자 비율이 다른 서양 회사들보다 월등하게 높다는 것을 발견하였다. 그 이유를 알아보았더니 일본 회사의 경우 철저한 지역화 · 현지화에 실패하였기 때문이었다. 서양 회사들의 경우 책임자를 현지인으로 임명하는 등 과감한 현지화를 시도한 경우가 많았다. 이에 비해 일본 기업들은 중국에 있는 일본 교민에게 과도하게 의존함으로써 현지 정보 획득과 마케팅 등에서 커다란 불이익을 초래하였던 것이다.

미국 딜로이트 컨설팅 회사가 최근 전 세계 540개 대기업의 인수 · 합병을 조사한 결과 70% 정도가 이질문화를 극복하지 못해 목표 달성에 실패한 것으로 나타났다. 우리 기업이 다른 나라에 진출할 때 글로벌화와 함께 현지화에 적극 노력해야 할 필요성을 보여주는 사례라고 할 수 있다.

한국의 인기가 높아짐에 따라 이에 대한 역풍도 거세지고 있다. 혐(嫌)한류, 항(抗)한류라는 용어도 생겨났다. 이에 대한 대비책이 필요하지만 모든 나라에 적용되는 대비책을 마련한다는 것은 거의 불가능한 일이다. 각국 문화의 특성이 모두 다르기 때문이다. 따라서 현지의 문화적 특성을 파악하여 여기에 맞는 대응전략을 세워가는 '맞춤형 문화전략'이 필요하다.

이상에서 살펴본 것처럼 세계는 글로벌화와 지역화가 동시에 진행되고 있다. 이러한 진행 상황을 굳이 언급한 것은 우리는 대부분 세계가 글로벌화되고 있다는 점에만 초점을 두고 있기 때문이다. 즉 지역화에는 그다지 무게를 두지 않고 관심이 없어서 지역화가 가속화될 때에도 글로벌화의 경우와 동일하게 그 지역의 문화를 익혀서 제대로 소통하는 것이 필요하다는 점을 간과하고 있는 것이다. 특정 지역이 지역화를 가속화할수록 그 지역에 진입하려는 기업은 그들의 문화를 알아야 글로벌 기업으로 성장할 수 있다. 결국 글로벌화와 지역화라는 두 가지의 진행을 성공적으로 이끄는 것은 대상지역의 문화를 제대로 알고 대상지역과 커뮤니케이션하는 것이다. 즉 글로벌 문화 간 커뮤니케이션의 개념이 정립된 가운데 문화 간 소통을 이루어내는 것이다.

2. 문화와 커뮤니케이션

2.1 문화와 커뮤니케이션

문화는 한 사회의 성원들이 공통적으로 추구하는 지배적인 생활양식이다. 바꾸어 말하면 문화란 공통의 가치관, 관습, 언어, 커뮤니케이션 방식, 규칙, 의식, 습관, 태도, 생활양식 등 특정 시점에서 다수의 사람들에게 공동체적 정체성을 부여하는 모든 유형, 무형의 재화의 집합인 것이다. 두 사람 사이, 혹은 소집단 내에서 커뮤니케이션을 통해 공통의 규칙과 습관 등을 창출하고 유지해 나가듯이 한 사회를 단위로 하는 거대 맥락에서도 커뮤니케이션을 통해 문화가 유지된다.

문화 요소는 같은 문화 성원들끼리는 놀라울 정도의 공유도를 보여주지만 문화가 달라지면 확연하게 달라지는 특성이 있다. 〈표 10〉은 문화의 차이에 따라 확연하게 달라지는 문화 요소들을 요약한 것이다.

〈표 10〉 커뮤니케이션에 영향을 미치는 핵심적 문화 요소

상황·영역	핵심적인 문화 요소들
인사 방법	언어·비언어 동작, 인사말, 상호작용 거리, 호칭·지칭의 종류, 성(性)·이름의 사용 여부
남의 집을 방문할 때	들어가고 나올 때 인사말, 선물 지참 유무·종류·전달방법, 식사 매너(좌석 배치, 수저 사용법 등)
대화, 연설, 스피치	좋아하는(피하는) 화제, 제스처, 말할 때 위치
회의	시간 정확성, 회의 시작·끝, 좌석 배치
제스처	손, 머리, 시선, 응시, 팔다리, 자세, 신체 접촉, 어깨 동작
용모	복장, 안경·선글라스, 모자
일반적 태도	자연, 사회, 개인, 자아, 부와 명예, 일, 운명과 죽음, 정치, 성 역할, 섹스, 시간과 공간, 연령, 장애자, 전쟁, 인종, 다른 나라, 동물, 감정 표현, 음주, 흡연, 마약, 의사결정, 교육 등에 대한 태도
언어	표준어, 방언, 다중언어 여부
종교	종교에 대한 태도, 지배적인 신앙
공휴일·국경일	언제, 어떤 역사성, 어떤 의미, 기념하는 방법
가족	가족의 크기, 가족의 역할, 어린이와 노인, 가장의 권위, 유산 상속, 성인 의식
남녀관계, 결혼	공공장소에서의 애정행위 허용 수준, 약혼식, 결혼식, 결혼·이혼에 대한 태도, 결혼 적령, 결혼조건, 자녀 수
사회적·경제적 수준	수입, 생활여건, 삶의 질의 물리적 기준
인구 분포	도시와 농촌, 인구 집중 지역 유무 및 특성
일	선호되는 직업, 직업 선택 기준, 취업 적령기, 업무량(하루 몇 시간, 주당 몇 시간), 근무시간
섭생·음식	음식물 섭취량, 손님 접대 시 차리는 음식, 식사시간의 중요성
여가	여가 보내기, 휴가, 스포츠, 음악, 예술
역사와 정치	역사적 사건, 역사적 인물, 영웅, 정부·정치 제도
교육	교육에 대한 가치관, 공식·비공식 교육제도
교통·통신 체계	교통수단 선호도, 커뮤니케이션 수단 선호도, 독특한 교통·통신 수단 유무
건강, 위생, 의료시설	질병에 대한 태도, 건강·위생 관념
토지, 기후	문화가 통용되는 지역의 지리학적·기후적 특성
비언어적 단서	환영과 거부, 긍정과 부정의 신호

인간의 커뮤니케이션 능력, 특히 언어적 혹은 비언어적 상징체계를 사용하는 능력 없이는 한 사회의 문화가 형성, 유지, 혹은 전수될 수 없다. 인류는 커뮤니케이션 능력을 가지고 문화유산의 계승 발전을 통해 오늘날 '만물의 영장'이 되었지만, 원숭이는 예나 지금이나 똑같은 생활방식을 유지하고 있다. 이들은 한 세대가 개발하고 발전시킨 문화유산을 다음 세대로 전수시킬 커뮤니케이션 능력을 갖추지 못했기 때문이다. 일본이 한국 지배를 영속화하기 위해 시행한 한국 문화 말살 정책은 한국어의 통제로부터 시작되었다. 우리말을 빼앗아 버리면 자동적으로 우리의 문화도 정체성을 잃을 것이라는 판단에서 비롯된 것임을 쉽게 짐작할 수 있다. 이처럼 문화는 그 문화권의 커뮤니케이션 능력이 떨어지면 서서히 사라질 수도 있다는 것이다.

문화는 그것을 공유하는 사람들의 눈에 잘 띄지 않는 속성이 있다. 우리가 숨 쉬는 공기처럼 평소에 우리는 그 속에 있기 때문에 문화를 너무나 당연한 것으로 받아들이고 문제의식을 가질 아무런 필요를 느끼지 않는다. 그러다가 누군가 문화적 규범을 일탈하거나, 문화가 다른 사람들을 만나거나 다른 문화를 경험하면서 그들의 행동양식과 우리의 그것 사이에 현격한 차이를 발견하거나, 혹은 다른 문화의 성원들이 우리의 문화에 대한 객관적인 기술을 시작할 때 비로소 문화의 존재와 성격을 깨닫게 된다.

문화 간 커뮤니케이션은 바로 이와 같은 상황에서 일어난다. 두 상대방은 서로 자신의 문화와 상대방의 문화, 그리고 두 문화 사이의 유사성 혹은 차이점에 대한 지각을 하게 되고 어떤 방식으로 지각이 일어나느냐가 문화 간 커뮤니케이션의 성패를 좌우한다. 문화 내 커뮤니케이션은 사회적 현실을 지각하는 방식이 같을 것으로 가정하고 시작하므로 일일이 자신의 의도를 설명할 필요 없이 자연스럽게 행동할 수 있다. 그러나 자신과 다른 경험을 쌓으며 살아 온 사람을 상대로 커뮤니케이션을 하면서 현실을 자신의 경험에 의거하여 해석한다면 그 커뮤니케이션은 실패할 수 있다.

문화의 차이가 상대적인 만큼 문화 간 커뮤니케이션도 상대적인 개념으로 파악하는 것이 바람직하다. 북한과 남한 사이에는 문화 차이가 존재하지만 그 차이는 한국 문화와 미국 문화 사이의 그것과 견줄 수 없다. 마찬가지로 미국 흑인과 미국 백인 사이에는 문화 차이가 존재하지만 한국과 미국 사이의 그것과는 비교되지 않는다. 결국 문화 간 커뮤니케이션에서 중요한 것은 어떤 문화 사이의 만남이냐보다는 두 문화 사이에 객관적으로 기술되고 주관적으로 인식되는 유사성 혹은 차이점의 문제이다.

이상과 같은 논의는 어떤 문화냐를 막론하고 문화 간 커뮤니케이션을 공통적으로 설명할 수 있는 커뮤니케이션 이론을 찾는 작업에 일관성을 부여하는 문제와도 직결된다. 지구상에 존재하는 문화는 너무나 많고 다양해서 하나하나 찾아내어 기술하는 것은 경제적이지 않을 뿐만 아니라 체계적일 수도 없다. 따라서 문화 간 커뮤니케이션을 이해하기 위해서는 문화 간 차이라는 개념에 초점을 맞추는 것이 다양한 상황에서 일어나는 문화 간 커뮤니케이션을 보편적으로 설명하는 데 도움이 된다.

인간의 행위를 규제하는 커뮤니케이션 규칙은 다양한 수준에서 존재한다. 우리가 알고 있는 커뮤니케이션 이론은 한 사회 내 혹은 한 문화 내에서 공유하는 커뮤니케이션 규칙을 설명하는 것으로서 한 문화의 경계를 넘어서면 설명력이 떨어질 수 있다. 그러나 문화 간 커뮤니케이션 이론은 기본적으로 문화의 경계를 넘어서 범문화적인 설명력과 광범위한 적용범위를 가지는 것이 특징이다.

2.2 문화 동화

글로벌화 시대에는 지구촌 내 문화권 간에 광범위한 인구 이동이 일어난다. 누구나 이와 같은 인구 이동의 당사자가 될 수도 있다. 많은 수의 외국인들이 우리 문화에 살면서 때로는 좌절하고 때로는 예상치 않던 즐거움을 얻듯이 우리도 이질 문화에 이방인으로 편입되어 그와 유사한 과정을 겪게 될지 모른다. 짧게는 며칠간의 해외 출장 혹은 해외여행, 길게는 몇 년간의 해외 유학 혹은 파견 근무, 혹은 이민 같은 것 등으로 다양한 문화적 경험을 얻게 될 것이다.

태어난 문화 환경에 적응해 가는 과정을 문화 습득(enculturation)이라고 한다면 이주해 간 외국 문화에 적응하고 현지 환경에 걸맞은 문화 간 커뮤니케이션 능력을 배양하는 것을 문화 동화(acculturation)라고 한다. 문화 동화는 모국어를 배우듯이 자연스럽게 별다른 노력 없이 이루어지는 문화 습득과는 달리 각별한 노력이 필요하고 경우에 따라서는 좌절도 경험하게 된다. 흔히 문화충격 현상은 자신의 배경 문화와 새로 경험하게 되는 현지 문화(host culture) 사이의 차이가 너무 커 적응을 못한 결과 나타나는 온갖 심리적 · 사회적 병리현상을 일컫는 말로서 문화 동화와는 구별된다.

문화 동화는 일반적으로 몇 단계를 거치며 이루어진다. 그중 첫 단계는 '밀월단계'로서 호기심과 즐거움으로 새로운 문화 환경의 진기한 측면들을 경험하게 된다. 그야말로 '모든 것이 새롭고 신비로워 보이는' 단계이다. 개인에 따라 시간과 정도의 차이는 있지만 첫 단계는 두 번째인 '좌절단계'로 이어진다. 이 시기에는 낯선 환경의 현실적 측면들이 부각되면서 좌절 · 불안 등을 경험하게 된다. 세 번째는 적응시도단계로서 낯선 환경 속에서 나름대로 적응방법을 개발해 내며 적응하려고 노력하는 과정이다.

이러한 시도의 결과 궁극적으로 개인이 다른 문화에 적응하는 방식은 다양한 형태로 귀결된다. 우선 그중 하나가 완전 참여(full participation)이다. 이것은 배경문화를 잊고 일상의 일거수일투족과 사고방식까지도 철저하게 현지 문화 성원과 매우 흡사하게 변하는 것을 말한다. 두 번째 귀결방식은 적응(accommodation)이다. 자신이 가지고 온 배경문화의 정체성을 유지하면서 동시에 현지 생활에 필요한 커뮤니케이션 양식을 습득하고 생활의 편의를 구가하는 방식이다.

그러나 문화 적응 귀결은 대항이나 도피와 같은 부정적인 방향으로 이루어지기도 한다. 대항은 새로운 문화를 낯설고 열등한 것으로 보고 적대시하는 것을 의미한다. 도피는 거주 공간만 이질 문화권 내에 있고 일상생활의 영역은 현지 문화와 완전히 격리시킨 것을 의미한다. 어떠한 방식으로 귀결이 나느냐는 사실 여러 환경 요인에 의해서 결정된다.

문화 적응을 결정하는 요인들은 개인적 요인, 커뮤니케이션 환경 요인, 그리고 인구학적 선행 요인 등을 들 수 있다. 먼저 개인적 요인으로는 현지 문화에 대한 지식과 적응을 위한 동기화 수준을 들 수 있다. 현지 문화에 대한 지식은 현지 문화의 구조와 특성, 문화 규칙 및 규범에 대한 이해 수준, 현지 언어 구사 능력 같은 것을 의미한다. 동기화 수준은 새로운 문화를 익히고 그에 적응하려는 의지의 강도를 의미한다. 동기화가 높을수록 현지의 다양한 문화 상황에 적극적으로 참여하고자 할 것이다.

커뮤니케이션 환경은 대인 접촉 및 현지 미디어 접촉의 범위와 빈도를 의미한다. 현지 문화 성원들과의 교우관계가 다양하고 빈번할수록 현지 문화에 대한 이해가 빠르고 또 심리적으로도 지지기반을 확보하는 효과를 가질 수 있다. 현지 미디어 접촉도 일상적으로 접하는 대인 환경 이외의 부분에서 일어나는 환경 변화를 인지시키고 문화 적응을 돕는다. 인구학적 선행요인으로는 배경 문화와 현지 문화 사이의 유사성, 연령, 교육 정도, 그리고 인성을 들 수 있다. 연령이 낮을수록, 그리고 교육 정도가 높을수록 문화 동화의 동기화 수준이나 현지 문화에 대한 지식, 혹은 대인 접촉의 범위와 다양성에 영향을 미친다. 문화 동화에 도움을 주는 성격적 특성으로 사교성과 개방성 등을 들 수 있다.

문화 동화라는 개념은 우리 사회의 현실적인 문제와도 직결될 수 있다. 예를 들어 우리나라에 취업한 외국인 근로자들이나 주한 미군, 혹은 기타 장기 체류 외국인들이 한국 사회에 적응하는 문제가 그것이다. 우리나라에 있는 수많은 외국인들의 입장에서 보면 한국 문화가 바로 현지 문화이고 따라서 이들이 한국 문화에 저항 없이 적응하도록 돕기 위해서는 일반적인 문화 동화 과정에 대한 이해가 필요하다.

3. 문화 간 커뮤니케이션을 어렵게 만드는 요인들

세계적으로 유명한 미디어 학자, 마셜 매클루언이 1960년에 처음 고안한 '지구촌'이라는 개념은 이제 현실이 되었다. 통신기술과 교통수단의 눈부신 발전과 혁신에 힘입어 서로 다른 문화권에 속한 사람들 사이의 물리적이고 지리적인 장벽은 이제 무의미해졌다. 인터넷과 각종 미디어를 통해 지구 반대편의 문화와 사회 상황을 실시간으로 접할 수 있고, 서로 다른 국적과 문화를 지닌 사람들과 한 팀을 이루어 일을 하거나 만남을 가지는 것이 이제 자연스러운 일상의 한 부분이 되었다. 하지만 이런 전 지구적 규모의 세계화 시대가 펼쳐진 지금, 많은 글로벌 기업들은 다양한 문화권에 속한 직원, 주주, 고객 등이 지닌 국가적 · 지역적 · 지방적 차이를 극복하는 것에 어려움을 겪는 경우가 많다. 또한 개인들의 경우에도 다른 문화권 사람들과의 상호작용에서 많은 어려움을 호소하고 있다.

문화 간 커뮤니케이션은 오늘날의 글로벌 기업이나 글로벌 환경에서 사는 현대인이라면 피할 수 없는 것이다. 국경과 문화권을 넘어 오고 가는 수많은 이방인들이 문화 간 커뮤니케이션을 함에 있어 다음과 같은 요인들 때문에 더더욱 커뮤니케이션에 어려움을 겪는다. 그 요인들이란 자민족 중심주의, 인간관계 가치관의 차이, 선입견과 불확실성, 언어 구사 능력 등이다.

3.1 자민족 중심주의

문화 간 커뮤니케이션의 성패는 기본적으로 당사자들의 태도에 달려 있다. 태도는 상대방 문화에 대한 평가를 좌우하고 커뮤니케이션 메시지 행위에 직접적인 영향을 미치기 때문이다. 문화 간 커뮤니케이션을 어렵게 만드는 요인 중 하나로 우선 자민족 중심주의(ethnocentrism)를 들 수 있다. 모든 문화는 정도의 차이는 있지만 자민족 중심주의를 나타낸다. 자기 문화의 가치를 기준으로 상대방의 문화를 평가하는 경향을 말한다. 이 때문에 자민족 중심주의는 상대방 문화가 갖는 가시적인 차이를 수용할 여지를 없애 버린다. 우리 자신의 문화는 우리가 습득한 유일한 것이기 때문에 우리는 우리의 행위는 옳고 다른 사람들의 행위는 그르다고 전제하면서 우리의 문화를 당연시하는 것이다.

문화는 그것을 생성하는 토양과 환경에 편향적일 수밖에 없다. 다양한 문화는 각 문화 성원들이 사는 독특한 생활 터전의 산물임을 인정해야 함에도 불구하고 자민족 중심주의는 자기 문화에 근접한 정도를 기준으로 상대방 문화의 우열을 평가한다. 문화를 평가하는 데는 절대 가치가 있을 수 없다. 절대 가치 기준을 설정하고 성원들의 행위를 규제하는 것은 어디까지나 '문화 내' 커뮤니케이션에만 해당되는 것이다. 문화 간 맥락에서 한 문화는 다른 문화와의 비교 속에서 상대적 가치만을 가질 뿐이다.

간혹 우리가 전혀 다른 문화 환경에 처한 우리 자신을 발견할 때 자민족 중심주의로 인해 크게 놀라게 된다. 한 미국인이 처음으로 일본 학교 교실을 방문했을 때 일어난 에피소드를 예로 들어보자. 그 교실 벽에 세계지도가 걸려 있었다. 그러나 그 미국인에게는 무엇인가 다른 점이 있었다. 그 지도 한 가운데 있는 것은(당연히 미국이 있을 것으로 기대했지만) 일본이었다. 그 미국인은 일본인들이 미국을 세계의 중심으로 보지 않았다는 점에 크게 놀란 것이다.

자민족 중심주의자들은 기본적으로 자신들이 하는 일은 옳고, 적합하며 정상적인 것이며 문화 배경이 다른 사람들이 하는 방식은 잘못된 것이며 열등한 것이라 가정한다. 이처럼 타 문화를 멸시하는 자세는 다른 사람들의 눈에는 우리의 관습이 역시 이상하고 비합리적으로 비친다는 점을 깨닫지 못하게 한다. 그 예로 미국인들은 길거리에서 코를 푸는 인도네시아인들을 역겨워하는 반면 인도네시아인들은 코를 손수건에 푼 다음 하루 종일 주머니에 넣고 다니는 미국인들을 역겨워한다. 일본인들은 더럽고 비눗물로 가득 찬 욕조에 앉아서 하는 목욕을 비효율적이며 구역질난다고 생각한다. 동아프리카인들은 미국인들이 부엌 가까이에 설치된 화장실에서 용변을 보기 때문에 위생관념이 없다고 생각한다.

지금은 타계한 프랑스의 여배우 브리짓 바르도는 1988년 우리나라에서 올림픽이 개최될 즈음에 한국인은 개를 잔인한 방법으로 도살해서 먹는다는 이유로 한국은 올림픽을 개최할 자격이 없다고 주장하면서 시위를 했다. 실상 프랑스의 대표 요리인 푸아그라를 만드는 과정에서 거위를 키우는 방법을 보면 잔혹하기 그지없다. 브리짓 바르도의 주장은 자민족 중심주의에 젖은 대표적인 예라고 할 수 있다.

이처럼 문화를 비교하면서 절대 가치에 집착하는 자민족 중심주의는 자칫 폐쇄적인 문화 국수주의로 흘러 나름대로의 독자성을 갖는 상대방의 문화를 이질적이라는 이유로 거부한다. 오늘날 서구 자민족 중심주의의 대부분은 자기 문화의 우월성 속에서 상대방의 문화를 자신들과 근접한 형태로 가져가 주기를 원하며 은근한 '문화 침략'을 하고 있다. 특히 상품 시장이 다국적화된 오늘날 자국 상품의 해외 시장 판매를 위해서는 우선 문화적 가치들을 이식시키는 것이 선행되어야 한다는 논리 아래 진행되는 문화 수출은 지구촌 문화를 동질적으로 만들어가고 있다.

자민족 중심주의는 편견을 조장하고 외부인에 대한 경멸감을 갖게 하고 집단 간의 갈등을 부추기는 부정적인 면이 더 많다. 문화 간 커뮤니케이션을 저해하는 자민족 중심주의라는 요인을 극복하기 위해서는 문화적 상대주의로 나아가야 한다. 문화상대주의란 세계 문화의 다양성을 인정하고 각 문화는 문화의 독특한 환경과 역사적 · 사회적 상황에서 이해해야 한다는 것으로써, 사회의 환경과 맥락을 고려하여 문화를 판단하며, 어떤 문화요인도 나름대로 존재이유가 있다는 견해이다. 즉 나의 문화만 가치가 있는 것이 아니라, 나의 문화도 가치가 있고 상대의 문화도 가치가 있다고 서로 인정하며 존중하는 것이다. 오늘날 많은 글로벌 기업들은 문화 상대주의에 입각한

마케팅 활동을 펼치고 있다. 한 가지 예로 런던의 히드로 공항 등 세계 주요 공항에는 홍콩 상하이 은행의 '메뚜기' 광고 포스터가 붙어 있다. 그 광고 포스터의 문구는 다음과 같다. "미국에서는 메뚜기가 해충이지만, 중국에서는 애완용 곤충, 태국에서는 애피타이저입니다"라고.

물론 문화 상대주의는 맹점(盲點)도 가지고 있다. 그것은 특정 문화가 인간 존중을 무시하는 바람직하지 않은 문화인 경우는 어떻게 대처해야 할지 답을 제시하지 못한다는 것이다. 즉 지구상의 모든 문화는 존중되어야 한다고 할 때 그 문화가 인간성을 말살하는 행위여도 동등하게 존중받는 문화가 되어야 한다는 것이 된다. 이런 점들은 문화 상대주의가 갖는 맹점이라고 할 수 있다. 따라서 이러한 문제점은 보완해 가면서 문화 상대주의로 나아간다면 문화 간 커뮤니케이션은 좀 더 쉬워질 것이다.

☻☺ 조상에 대한 제사

중국인들이 조상의 무덤에 신선한 과일을 놓고 절하는 것을 본 한 영국인이 물었다. "당신들은 언제 죽은 당신들의 조상이 깨어나서 과일을 먹는다고 기대하는 겁니까?" 중국인이 대답하기를, "당신의 조상이 깨어나서 장미 향기를 맡자마자 우리 조상님도 깨어날 겁니다."(박희권, 2010)

3.2 인간관계 가치관의 차이 : 고정황 문화와 저정황 문화

인간관계에 대한 가치관의 차이도 문화 간 커뮤니케이션에 장애요소로 작용할 소지가 크다. 서구적 가치관에 따르면 인간관계는 교환행위이고 상대방은 자신에게 어떤 형태로든 보상을 제공할 때 의미 있는 존재라고 생각하는 반면, 동양에서는 조화를 강조하며 인간은 타인을 이용하기보다는 타인과 더불어 공존하는 것으로 요약된다. 이처럼 상이한 동서양인 사이의 관계 가치관은 커뮤니케이션에도 그대로 반영된다.

이해관계를 중시하고 실리를 추구하는 것이 서구적 인간관계의 핵심이라면 동양의 인간관계는 연륜, 의리, 정을 중시한다. 어느 정도의 연륜을 바탕으로 구축되는 것이 의리와 정이고, 이 시점에 도달하기 전까지는 좀처럼 마음의 문을 열지 않는 것이 보편적인 인간관계 방식이다. 하지만 이것은 자칫 이질 문화 성원에게 호감 표시의 유보 혹은 대인관계의 폐쇄성으로 오인 받을 소지가 있다. 반대로 간단한 목례나 미소 같은 서구인의 '겉으로 보이기' 식의 커뮤니케이션 행위를 호감의 표시로 잘못 받아들여 낭패를 보게 되는 것도 인간관계 운영방식의 차이에서 온다는 것이다.

한국 문화나 일본 문화와 같은 고정황 문화는 내부 집단과 외부 집단이 명확하게 구별되어 있고 개인과 개인은 은혜와 의리 같은 규범으로 연결된다. 지식, 상식, 경험이 이미 넓게 공유되어 있어서 언어적 메시지는 그다지 중요하지 않다. 대신 커뮤니케이션이 일어나는 상황에 관련된 언어 외적 정보가 중요하다. 즉 대체로 구체적인 정보가 생략된 채 커뮤니케이션이 일어나는 상황에 관련된 정보가 묵시적으로 커뮤니케이션의 분위기와 결과를 좌우한다는 것이다.

미국 문화는 저정황 문화의 전형으로서 여기서는 개인의 자유가 강조되고 개인 간의 연결이 느슨하고 개인이 집단으로부터 이탈하는 것도 상대적으로 쉽다. 인간관계 당사자들 사이에 공유되는 지식이 적기 때문에 언어적 메시지를 활용하는 적극적인 커뮤니케이션이 중요하다. 즉 모든 것을 일일이 명료하게 적시해 가면서 커뮤니케이션을 해야 오해가 없다. 이처럼 고정황 문화와 저정황 문화 사이의 커뮤니케이션은 인간관계 가치관의 차이와 커뮤니케이션 방식의 차이 때문에 상대방 문화에 대한 상호 이해 없이는 쉽지 않다.

3.3 선입견과 불확실성, 언어 구사 능력

문화 간 커뮤니케이션의 효율성은 문화적 배경을 달리하는 사람들 사이에 어느 정도로 인간관계를 진전시키느냐와 직결된다. 이런 맥락에서 문화적 배경을 달리하는 사람들끼리의 인간관계 발전은 타인 지각 과정에 개입되는 선입견(stereotype) 때문에 지체된다. 선입견은 상대방을 그가 속한 사회 문화적 집단의 일반적 속성에 의거하여 평가하는 것이고 대개 특정 문화에 대한 일반적 평가는 긍정적인 내용보다는 부정적인 내용을 담는 경향이 강하다. 평가의 내용이 어떻든 상대방을 그가 속한 문화 집단의 성원으로 인식하면 할수록 그가 갖는 개인 고유의 속성에 대한 파악은 그만큼 느려질 수밖에 없다.

선입견의 과정은 다음과 같다. 첫째, 집단 구성원의 멤버십과 심리학적 속성의 관련을 과대평가하는 경향에서 온 결과다. 집단 멤버십과 구성원들의 심리학적 특성은 어느 정도 관련이 있지만 그것은 우리가 생각하는 것보다는 훨씬 적다. 둘째, 선입견은 정보를 처리하는 방식에 영향을 미친다. 연구 결과에 의하면 자신이 속한 집단에 관한 우호적인 정보를 더 잘 기억하며 타 집단에 관한 비우호적인 정보를 더 잘 기억한다고 한다. 이러한 점은 자신이 속한 집단의 메시지와 타 집단의 메시지를 해석하는 방식에 영향을 미친다. 셋째, 타 집단 구성원들이 어떻게 행동할 것인가에 관한 기대감을 창출한다. 낯선 이와 접촉할 때 자동적으로 작용한다. 넷째, 다른 사람들의 커뮤니케이션 패턴을 제약하며 선입견을 확인시키는 커뮤니케이션을 부추긴다. 우리는 자신의 기대를 확인시키는 행위를 보려고 한다.

특히 초기의 만남에서 언어나 생활방식 같은 가시성이 높은 문화적 요소의 차이에 주목하다 보면 문화적 차이를 상쇄하고도 남을 성격의 유사성, 가치관의 유사성 같은 부분을 간과하게 된다. 따라서 문화 간 커뮤니케이션의 성공은 상대방이 문화 차이를 어느 정도 인식하고 있고 이러한 차이에 어느 정도의 중요성을 부여하느냐에 달려 있다.

더구나 일반적 상황에서 문화 간 커뮤니케이션의 빈도가 문화 내 커뮤니케이션보다 훨씬 낮다고 볼 때 문화 간 커뮤니케이션의 선입견은 개인의 태도 이외에도 개인을 둘러싸고 있는 커뮤니케이션 환경에 의해서도 형성되고 강화된다고 할 수 있다. 미디어에 묘사되는 특정 문화, 혹은 개인들의 일상 대화에 가끔씩 등장하는 특정 문화 성원에 대한 논의가 개인의 선입견을 결정하고 이렇게 형성된 선입견의 내용에 따라 특정 문화 성원은 예상치 않았던 이득도 볼 수 있지만 시작부터 손해를 보는 경우도 생긴다.

예컨대 일본을 관광하고 온 사람들은 대부분 일본인들은 꽤 친절하다고 말한다. 그런데 이것은 일본의 단면만 본 것이다. 실생활에서 일본인들은 친절하지 않은 경우가 많다. 관광지에서 만나는 일본인 상인들은 모두 친절할 수밖에 없고 다른 국가의 상인들보다 더 친절한 것은 사실이다. 그러나 이것을 일본인 전체로 보편화시키는 것은 잘못된 것이며, 이러한 것이 개인의 선입견을 형성하는 데 한 몫을 한다. 이런 경우 일본으로 봐서는 상당한 이득이 되는 일이지만, 일본을 단순 방문 혹은 장기 체류하는 사람들은 언제 문화충격을 받을지 모르는 상황에 놓이게 된다.

구디쿤스트와 팅-투미는 문화 간 커뮤니케이션의 어려움은 당사자 사이에 존재하는 높은 불확실성에 있다고 한다(Gudykunst & Ting-Toomey, 1989). 문화 간 커뮤니케이션에서는 상대방의 문화를 잘 알지 못 하는 까닭에 그 사람의 행동을 예측할 수 없고 자기 자신도 어떻게 행동해야 좋을지 모르는 상황이 자주 발생한다. 이러한 상황에서 불확실성이 높을수록 개인은 불안을 느끼지만 상대방에 대한 정보를 수집할 수 있다면 행동의 예측성이 높아지고 불안감도 줄어든다. 즉 불확실성에 의한 문화 간 커뮤니케이션 장애를 최소화하기 위해서는 상대방의 문화를 학습해야 한다는 것이다.

특히 문화 간 성원들끼리의 초기 만남은 바로 이처럼 불확실성이 높은 상황에서 이루어진다. 상대방 문화에 대한 인지도가 낮을수록 더욱 그렇고 이러한 상황에서는 어렵게 언어 장벽을 돌파해 가며 커뮤니케이션을 시도하기보다는 이미 다른 채널을 통해서 잘 알고 있는 상대방 문화에 관한 일반적 정보에 의존하여 불확실성을 감소하려는 것이 인지상정이기 때문에 선입견이 작용할 여지가 많다.

상대방을 개인이 아니라 그가 속한 집단 성원의 하나로 파악하면 집단 간의 차이가 두드러지지만 집단보다는 개인으로 파악하기 시작하면 이러한 차이가 완화된다. 문화 간 커뮤니케이션에서도 내집단과 외집단의 구분을 강하게 가지면 가질수록 내집단 성원들끼리의 유사성은 강화되지만 외집단 성원을 만날 때 느끼는 이질감은 증폭된다. 따라서 문화 간 커뮤니케이션에서는 집단을 의식하지 않고 상대방을 개인으로서 대하는 것이 바람직하다. 문화 간 커뮤니케이션이 진행되면서 초기에 느꼈던 이질감은 다른 차원에서 발견되는 유사성으로 인해 더 이상 의미 없는 일이 되기 때문이다.

유사성 혹은 차이점의 부각은 커뮤니케이션 방식에 의해서 상당 정도 영향을 받는다. 문화 간 커뮤니케이션 능력은 상대방 언어의 구사 능력과 상대방에의 언어 적응을 포함한다. 상대방 언어를 구사하는 능력이 높을수록 커뮤니케이션의 화제는 다양하고 깊이가 있다. 언어 구사 능력이 낮은 사람들은 특정 단어, 특정 화제 등의 언급을 부담스러워하기 때문이다. 또 사람들은 상대방의 수준에 맞춰 자신의 언어 사용 수준을 낮추는 방향으로 변화를 주기도 한다.

예를 들어 내가 한 미국인과 영어로 대화를 한다고 하자. 내 영어는 신통치 않지만 그가 나와의 관계를 발전시킬 의지를 갖고 있다면 그는 말 속도를 늦춘다든지, 발음을 또렷이 해준다든지, 복잡한 문형을 피한다든지, 관용구의 사용을 자제한다든지, 혹은 내가 이해하고 있는지 관심을 보이는 언어 행위를 할 것이다. 그러나 반대로 내 영어 실력을 알면서도 그가 평소에 하는 식으로 대화해 온다면 나와 대화할 의사가 없는 것으로 간주할 수밖에 없다.

4. 문화 간 커뮤니케이션 메시지의 차이

4.1 언어적 메시지의 차이

문화 간 커뮤니케이션 메시지의 차이는 물론 언어적 측면에서 가장 두드러진다. 언어의 차이는 단지 커뮤니케이션을 위해 필요한 부호를 공유하지 않고 있다는 사실 이상으로 문화 간 커뮤니케이션을 어렵게 만들 수 있다. 이유는 언어가 사고방식과 현실 인식 방식에 차이를 만들고 이것이 바로 문화의 차이로 이어지기 때문이다.

예를 들어 우리말에는 눈을 표현하는 단어가 하나밖에 없어서 다양한 형태의 눈을 표현하기 위해서는 함박눈, 싸락눈, 젖은 눈, 마른눈 등을 일일이 만들어내야 한다. 그러나 사시사철 눈 속에 살고 있는 에스키모 언어에는 25개의 다른 단어가 각기 다양한 눈을 표현한다. 마찬가지로 커피의 종주국 브라질에서는 수십 개의 단어가 다양한 커피를 표현한다. 아랍어에는 낙타의 신체 부위를 표현하는 단어가 수천 개가 넘는다는 보고도 있다. 언어는 그것을 사용하는 사람들이 사물을 지각하는 다양한 방식을 반영하고 있음을 보여준다.

스페인어에는 'hasta manana'라는 독특한 표현이 있다. 스웨덴 출신 보컬 그룹 아바에 의해 유행된 노래 제목이기도 한 이 표현은 글자 그대로 해석하면 '그때까지'이다. 그러나 이것은 스페인어를 사용하는 라틴계 문화에서는 일상에서 헤어질 때 쓰는 표현으로 '그때'는 예측할 수 없는 미래를 나타낸다. 라틴 문화의 시간관념은 미래에 대한 기약을 남기기 싫어하는 지극히 현재 지향적인 문화적 특성을 보여주는 표현의 하나이다.

우리말을 예로 들어보면, 우리말은 우선 주어를 생략해도 문법에 어긋나지 않는다. 즉 문맥을 손상시키지 않는 술어 중심형 구조이다. 행위의 주체인 주어보다는 행위의 결과를 중시한다. 행위의 책임이 개인이 아니고 집단에 귀속되는 한국인의 집단 지향 심리가 언어에 나타난 것이다. 또한 우리말에 경어가 발달한 것은 우리 사회에 존재했던 엄격한 봉건사회 신분구조가 남아 있음을 보여준다.

4.2 비언어적 메시지의 차이

문화의 차이는 비언어적 측면에서도 두드러진다. 이러한 차이는 겉으로 쉽게 지각되기도 하지만 경우에 따라서는 매우 은밀한 형태로 잠재하며 전혀 예기치 않은 방식으로 커뮤니케이션의 결과를 좌우한다.

단위 커뮤니케이션 행위의 출발점이자 전체 분위기에 중요한 영향을 미치는 인사 동작도 문화에 따라 천차만별이다. 흔히 고정황 문화가 저정황 문화보다 길고 강한 인사 동작을 교환하는 것으로 알려져 있다. 예를 들어 아랍 사람들의 인사는 껴안고 뺨을 비비는 등 우리의 기준에서 보면 요란스럽다는 느낌을 줄 정도다. 이외에도 몇 가지 재미있는 예를 들어보자. 폴리네시아 인은 흔히 상대방의 등을 문지름으로써 인사를 대신하고, 마타바이족은 상어 이빨로 상대방의 머리를 긁어 반가움을 표시한다. 반가움의 정도가 강할수록 상대방의 머리에 피가 날 정도로 강하게 긁는다고 한다. 동아프리카의 마사이족은 상대방의 얼굴에 침을 뱉어 인사하고 에스키모의 한 종족은 상대방을 서로 핥아주는 것이 인사이다.

또한 평등성을 중시하는 서구 문화에서는 수평적 인사의 대표적인 악수가 보편적인 인사방법이지만 우리 문화에서는 악수와 함께 머리와 허리를 숙여서 하는 전통 인사가 공존한다. 우리 문화에서는 업무적인 상황, 혹은 지위나 연령이 비슷한 사람들끼리는 악수를 교환하지만 지위나 연령의 차이가 현격할 때에는 전통적인 수직적 인사인 절을 하도록 되어 있다. 특히 절을 할 때 머리와 허리를 구부리는 각도는 지위나 연령의 차이에 비례한다는 특성을 가지기도 한다. 비언어적 메시지의 구체적인 내용은 '제7장 비언어적 의사소통'에서 다루기로 한다.

무한리필 28달러 : All-you-can-eat for $28

미국에서 생선초밥집을 운영하는 교민 제이 오 씨가 소송에 휘말렸다. 당뇨병 환자 손님이 '정신적 고통'에 대한 배상금으로 4,000달러를 요구하는 소송을 제기했기 때문이다. 이 손님은 '양껏 먹고 28달러' 안내판을 보고 들어왔다며 마구 먹었다. 그런데 초밥 위의 회만 집어먹고 밥은 고스란히 남겨놓는 것이 아닌가.

오씨가 "양껏 먹는 가격을 원하면 밥도 함께 먹어야 한다. 생선으로만 배를 채우면 안 된다"고 말했다. 생선회를 먹고 싶다면 따로 시키는 생선회로 준비해 주겠다고 했다.

하지만 그 제의를 거절한 그는 계속 회만 집어먹으며 "당뇨병이 있다. 밥은 먹으면 안 된다"고 했다. 결국 그에겐 '양껏'이 아닌 메뉴에 있는 생선초밥 가격이 청구됐다. 그는 소장(訴狀)에서 장애에 대한 차별을 받았다며 "오 씨가 차별적이 아닌 공평한 경쟁의 장에서 성공하기를 바랄 뿐 돈을 노리는 것은 절대 아니다"고 주장했다.

오 씨는 "밥은 '양껏 먹는 생선초밥'의 일부다. 회만 집어 먹으면 망할 수밖에 없다"며 법정 싸움을 벌이겠다고 말한다(hyyoon@chosun.com, 2011. 3. 1).

Chapter 7

비언어적 의사소통

1. 비언어적 의사소통의 개념

비언어적 의사소통이란 의미를 공유할 수 있고 명백한 반응을 알 수 있도록 해주는 언어를 사용하지 않는 의사소통을 말한다. 그 가운데 하나는 소리가 아니라 공간적 관계를 이용하는 것이다. 예컨대 사람들이 사회적 활동 속에서 자신과 다른 사람들 간에 거리를 유지하는 것이라든지, 다른 사람들에게 손짓하는 것, 자신의 주변 공간을 꾸미는 것 등이 포함된다.

비언어적 의사소통은 자신의 가치관과 행동방식, 태도 등을 포함하고 있다. 사람들은 가치관이나 행동방식, 태도는 실제로 서로에게 말하는 내용 그 자체만큼 중요한 문제가 아니라고 가볍게 생각하고 넘어간다. 그러나 사람들이 행동하는 방식은 그것이 상대방에게 어떤 인상을 주는가 하는 점에서뿐만 아니라 사람들이 자기 자신에 대해 어떻게 느끼고 있는지를 말해 주는 결정적인 요인이 된다.

우리가 하는 수많은 동작들은 교육과는 별개로 자생적으로 형성된 것이다. 우리는 우리 자신이나 다른 사람들이 어떻게 행동하는가에 주의를 기울이지 않는 경우가 많다. 만약 사람들이 어떤 식으로 손짓을 하는지 유심히 본다면 그들이 종종 같은 방식의 손짓을 한다는 것을 알게 될 것이고, 그 손짓들이 다른 나라의 것과 다르다는 것도 알게 될 것이다. 이것은 의도적으로 서로 닮으려고 해서 발생하는 것이 아니라 무의식적인 모방에서 일어나는 것인데, 이 무의식적인 모방이라는 것이 바로 아동기 학습과 사회관습 형성의 원동력이다.

영국의 철학자 데이비드 흄은 그의 이론에서 "인간의 특성상 각 민족은 행동방식과 태도에 있어서 특유의 성향을 지니고 있으며, 일부 독특한 성질들은 인접한 민족들 사이에서보다는 한 국민들 사이에서 더 자주 나타난다"고 주장하였다.

한편 인간의 행동방식과 태도에는 '기후'가 큰 영향을 미친다고 하는 주장도 있다. 이것은 아주 오래전 아리스토텔레스에 의해 시작되었다. 아리스토텔레스는 북유럽같이 추운 기후에 사는 사람들은 용감한 편이지만 지적으로 부족한 면이 있고, 아시아인들은 더운 기후에 살아서 영리하기는 하지만 겁이 많다는 식의 비교를 했다. 그의 설명에 따르면 그리스 사람들은 이런 양쪽의 기질을 일부씩 지니고 있어 혼합된 성향을 보였고, 이러한 중간적 조건은 그들을 영리하고 용감한 민족으로 만들었다. 다시 말해 그러한 양쪽의 이점이 어떤 식으로든 통합되어 세계를 정복할 수 있는 최상의 특성을 생산해 냈다는 것이다.

그 지역의 기후가 지역민의 성질 혹은 행동에 영향을 미친다는 것은 다른 학자의 주장에서도 나타난다. 윌리엄 템플은 1690년에 쓴 저서에서 영국인들의 다양한 성격을 다음과 같이 묘사했다. "내가 알기로는 우리 영국인들은 다른 민족들과 매우 상이할 뿐만 아니라 같은 영국인끼리도 엄청난 차이를 보이는데, 이것은 기후 때문이다. 기후의 영향을 받은 좋은 점이 많긴 하지만 나쁜 면도 있다. 기후 때문에 우리는 그다지 유머 감각이 없는 사람들이 되었고, 우리의 열정도 변덕스럽고 막판에는 어떤 지경에 이를지 예측할 수도 없으며 우리의 욕망 또한 그렇다." 이는 변화무쌍한 영국의 기후는 영국인의 언짢은 기분과 우울증의 원인이 되고 있다는 것을 표현한 글이다.

인간의 행동방식과 태도에는 사회적 관습들이 영향을 미치기도 한다(피터 콜릿, 1997). 비언어적 의사소통은 그 사람의 가치관과 행동방식, 태도 등 많은 것을 보여준다는 의미에서 일반적인 언어적 의사소통에 비해 매우 중요한 의사소통 방법이다. 더불어 비언어적 의사소통에 문제가 발생했을 때에는 의사소통 당사자 간에 상당히 깊은 갈등과 마찰을 빚기도 한다. 태국에서는 귀엽다는 생각에 아이의 머리를 쓰다듬으면 매우 불쾌하게 생각한다. 왜냐하면 머리는 가장 신성한 부분이라고 여기기 때문인데 우리나라에서 통용되는 제스처가 태국에서는 부정적 제스처가 되는 것이다.

1993년 부시 전 미국 대통령이 호주를 방문했을 때의 일이다. 부시 대통령이 공항에서 환영식을 마치고 시내로 들어가는 길이었다. 그는 길가의 많은 사람들이 박수를 치면서 자신을 환영하는 데 대한 감사의 뜻으로 손가락을 들어 브이(V)사인을 해 보였다. 그런데 다음날 아침 호주 신문에는 “부시 대통령이 호주인을 모욕하다”라는 큼지막한 제목의 기사가 실렸다. 문제는 부시 대통령이 브이 사인을 한 것까지는 좋았는데 손등을 상대방에게 보인 것이 문제였다. 영국이나 호주에서는 손등이 상대방에게 보이는 브이 사인은 ‘뒤집은 평화(reverse peace)’라고 하여 상대를 모욕하는 동작에 해당된다.

이와 비슷한 사례로 소련의 후르시초프 수상은 미국을 방문했을 때 비행기 트랩을 내려오면서 소련 사회에서 따뜻한 환영에 대한 감사 표시인 두 손을 머리 위로 거머쥔 모습으로 답례했다. 그러나 손님을 맞이하는 미국인들은 그 손짓을 소련의 우위를 전달하는 오만스런 표시로 받아들였다. 서로의 문화에 대한 이해가 부족하여 발생하는 갈등과 마찰인 것이다. 결국 우리는 글로벌 시대에 사는 만큼 대상국의 음성언어뿐만 아니라 비음성 언어, 즉 비언어적 의사소통에도 능해야 한다는 것은 두말할 나위가 없다.

2. 비언어적 의사소통 사례

2.1 인사법(salutation)

악수는 거의 모든 비즈니스맨들이 사용하는 비언어적 의사소통 형식이다. 언제, 그리고 어떤 상황에서 악수를 하는가에 따라 문화들 간의 차이를 볼 수 있다. 미국인들은 첫인사를 나눈 다음에는 거의 언제나 굳은 악수가 뒤따른다. 악수에는 두 사람 간의 평등성과 성실성을 보여주는 의미가 담겨 있다.

악수를 할 때 미국인들은 강조하는 부분에서 손짓이나 팔짓을 별로 사용하지 않지만, 어떤 몸짓을 할 때에는 팔꿈치가 어깨 위로 올라가지 않도록 하는 것이 보통이다. 또 미국인들은 자기가 말하는 동안 처음부터 끝까지 시선을 계속 접촉하려 한다. 이것은 미국 문화에서 중요한 가치를 지니는 직접성, 성실성, 평등성을 확고히 보여준다.

출처: http://www.naver.com

일본 문화에서 서로 만날 때 적절한 비언어적 의사 표현 방식은 악수가 아니라 허리를 굽혀 절하는 것이다. 절하는 각도, 시간, 횟수는 의사 전달자의 사회적 지위를 반영하고 있다. 대화하는 양측은 어느 정도 공간적 거리를 유지하며 신체 접촉은 하지 않는다.

아랍 문화에서는 두 사람이 서로 껴안는 것이 친밀한 친구들 간에 인사하는 방법이다. 그러나 이방인과의 인사는 대개 악수하는 것으로 그친다.

유럽인들의 만날 때 인사와 헤어질 때 인사는 지난 천 년간 크게 변화하였다. 중세 시대에는 남성이나 여성들은 자신의 무릎을 꿇고 군주에게 존경심을 보여주는 인사법이 일반적인 관행이었다. 그 후에는 머리나 허리를 숙여 인사하는 것이 도입되었다. 이 인사법은 오른쪽 다리를 뒤로 밀고 두 무릎을 구부린 채 앞으로 몸을 기울이는 자세를 취하였다. 왕에게 접근할 때 남성들이 2번이나 3번 정도 절을 하는 관습도 있었다. 이후 16세기 중에 인사법들은 더욱 많이 연구되고 다듬어지기 시작했다. 이 과정을 통해서 더 크게 강조된 사항은 오늘날처럼 모자를 벗는 동작이고, 특히 당시에는 격식을 갖추어 실행되었다.

이때 일반화된 인사법은 다음과 같았다. 즉 모자를 벗을 때는 언제나 전체의 손을 사용하기보다 손가락으로 쥐도록 했고, 벗은 모자를 몸에서 뻗치는 것이 아니라 몸 앞쪽에서 돌려야 했다. 이때 주의할 것은 모자의 안쪽을 상대방이 보지 못하도록 해야 한다는 점이다. 몸을 구부려 절하는 인사법에서는 자신의 손에 키스하는 사항이 추가로 실행되었다. 이 동작은 보통 왼쪽 손으로 하게 되었는데, 왼손은 '마음의 손'으로 간주되었기 때문이다. 이 인사의 마지막 동작은 상대방을 향하여 그 키스를 던지는 제스처를 쓰는 것이다. 현재 유럽 전역에서 사용되는 인사법은 '헤드 딥(head-dip)' 인사법이다. 이 인사법의 변형이 영국식 인사법인 '헤드 콕(head-cock)' 인사법이다. 이 동작은 턱을 한쪽으로 틀고 머리의 위를 다른 쪽 전방으로 내민 채 내리는 방식을 취한다. 이런 동작은 앞으로 몸을 구부리는 인사와 유사한 효과를 가져 온다(피터콜릿, 1997).

2.2 제스처(gesture)

몸짓

보디랭귀지의 대표적인 것으로 몸짓을 들 수 있다. 모든 사람들은 몸을 이용하여 의미를 표현하는 한편 문화는 우리들에게 그러한 움직임의 해석방법을 알려준다. 우리가 보통 미소와 함께 인사말을 나누듯이 대개의 경우 몸의 움직임이 만들어내는 메시지는 다른 메시지와 함께 배합되어 작용한다. 가벼운 미소, 찡그린 눈, 붉어진 얼굴, 활짝 편 어깨, 머리카락을 만지는 행동, 꼬아 앉은 다리 등 자신의 메시지를 표현하는 몸짓은 다양하다. 이처럼 여러 형태의 언어가 있듯이 다양한 형태의 비언어 행위도 있다.

제스처와 관련하여 독특한 사례를 알아보자. 과테말라 사람은 사람이 손을 마주 잡는 것을 죽음의 신호로 받아들인다. 아이가 그렇게 하는 것은 특히 더 불길한 징조다. 이런 관념은 오랜 역사가 있다. 19세기의 독일 사람들이 이것을 믿었다. 이것은 매장이나 화장하기 전에 시체 손이 대개 서로 마주 잡는 형태를 취하는 것과 관계가 있다.

손짓

손짓의 커다란 이점 중 하나는 먼 곳에서도 그 표현이 보인다는 점이다. 먼 거리에 떨어져 있거나 소음이 심한 곳에 있을 때, 사람들은 상호 의사 전달을 위하여 손짓을 하는 경향이 있다. 손짓을 통하여 상대방을 오라고 하거나 가라고 하는 표현을 전달할 수 있는 것이다. 또는 거리가 떨어져 있어도 서로 인사를 하거나 작별을 고할 수도 있다. 손짓은 세계적으로 통용되는 제스처이다. 그러나 손짓이라 해도 다 같지 않고, 유럽지역에만 국한해서 보더라도 사람들이 손짓하거나 헤어져서 손을 흔드는 방법에는 커다란 차이가 있다.

유럽의 북부, 중부, 동부에서는 손짓에 대한 두 가지 제스처가 있다. 하나는 '집게손가락 제스처'이고 또 하나는 '부채 제스처'이다. 집게손가락 제스처는 주먹을 쥔 상태에서 집게손가락을 움직여 사람을 호출할 때 사용된다. 부채 제스처는 손바닥을 위로 향한 채 손가락들 – 보통 엄지를 뺀 나머지 4개의 손가락 – 이나, 손목을 중심으로 한 손 전체 또는 팔목을 중심으로 전체의 팔을 전후로 반복해서 움직여 상대방을 부를 때 사용된다. 이것을 부채 제스처라 이름 붙인 것은 그 손짓이 마치 손으로 부채질을 하는 것처럼 보이기 때문이다. 이 두 가지 제스처는 다른 상황에서도 사용되는 경향이 있다. 집게손가락 제스처는 느낌상으로 명령조의 손짓이어서 지시나 명령을 내릴 수 있는 자가 하급자를 호출하는 상황에서 많이 볼 수 있다.

스페인, 이탈리아, 그리스, 터키 같은 지중해 연안에 인접한 나라의 손짓은 이와는 다른 방식이다. 이들 나라에도 두 가지 제스처가 있는데 그 하나는 집게손가락 제스처와 같은 것으로 유럽의 다른 나라들과 동일하나, 다른 하나는 '노 제스처'라는 것으로 부채 제스처와는 형태가 정반대이다.

노 제스처는 손바닥이 아래로 향한 채, 엄지를 뺀 나머지 네 개의 손가락 혹은 손 전체나 팔 전체를 노를 젓듯 움직여 사람을 부를 때 사용된다. 부채 제스처와 노 제스처 사이의 차이점은 손바닥 위치이다. 그리고 이것은 문화권의 차이로 쉽게 오해를 불러일으킬 수 있다.

가령 한 영국인이 이탈리아를 방문했을 때, 그는 노 제스처를 '가라'는 의미로 잘못 받아들일 수 있다. 특히 상대방이 허공에 손을 높이 들어 노 제스처의 손짓을 한 다음 금방 손을 내릴 때는 그 영국인이 오해할 소지가 더욱 커진다. 이 동작은 멀리서도 잘 보이도록 하기 위해서, 또는 어떤 긴박한 상황을 전달하기 위해서 고안된 손짓인데 다소 과장된 표현처럼 보이지만 사실 이탈리아인들에게는 단순한 동작에 불과하다. 그러나 영국인의 눈에는 이 제스처가 '가 버려라' 혹은 '아주 멀리 가 버려라'는 의미로 비칠 것이다. 영국인에게 그 동작은 분명히 '이리 오라'는 의미는 아니다.

아프가니스탄 문화권에서 엄지손가락을 치켜드는 것에는 미국인들이 가운뎃손가락을 드는 것과 같은 성적인 관계에 대한 암시가 들어 있다. 엄지손가락을 치켜드는 것이 외설적인 뜻을 내포하고 있는 나라가 의외로 많다. 손가락 제스처와 관련된 몇 가지를 더 소개하자면 다음과 같다.

- 집게손가락으로 사람을 가리키는 것은 미국 밖의 나라 사람들에게는 무례한 태도로 여겨진다. 특히 아시아 사람들에게 그렇다.
- 손을 드는 미국의 '바이-바이' 제스처는 남부 아시아 사람들에게 "이쪽으로 와 봐." 하는 의미가 있다.

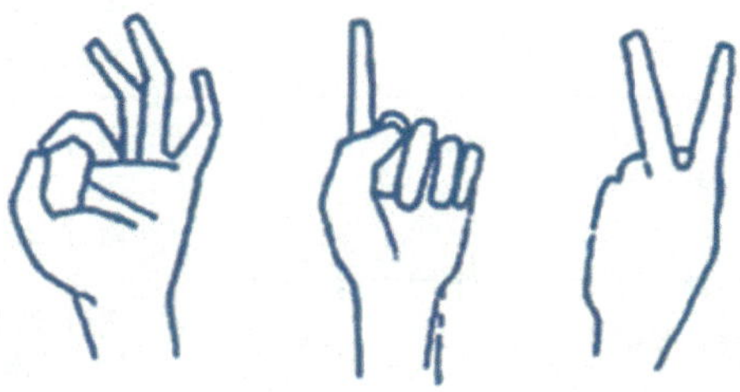

우리가 흔히 짓는 미소의 의미에도 문화 간 차이가 존재한다. 미국인들은 우호의 첫 표시로 제일 먼저 미소를 보여주지만 다른 문화권의 미소에는 조금 다른 의미가 있다. 일본 사람들은 슬프고, 행복하고, 미안하고, 화나고, 어쩔 줄 모를 때 미소를 짓는다. 한국 문화는 쉽게 웃는 것을 경박하고 실없는 행동으로 여긴다. 미소에 대한 한국인의 태도는 이런 격언에 잘 나타나 있다. "웃음이 많으면 진짜 남자가 아니다. 자고로 남자는 과묵해야 한다." 한국인들의 미소 결핍은 흔히 한국인 가게를 이용하는 외국인 고객들로부터 불친절하다는 괜한 오해를 불러일으키기도 한다.

다음 〈표 11〉은 각 제스처에 대하여 국가별로 다른 의미를 갖는 내용들이다.

〈표 11〉 신체 부위별 제스처와 의미 비교

부위	제스처	나라	의미
눈	눈썹을 추어올리면	통가	네, 찬성
		페루	돈을 내게 지불해 달라
	눈꺼풀을 검지로 잡아당기면	영국/프랑스	날 속일 순 없어. 네가 뭘 하려는지 다 알아
		이탈리아	조심하고 정신을 집중해
		옛 유고연방	슬픔, 실망
코	검지와 엄지로 둥근 원을 만들어 코끝에 갖다 대면	콜롬비아	지금 이야기하고 있는 사람은 동성애자
	콧망울을 검지의 안쪽으로 살짝 두드리면	영국	비밀
		이탈리아	친근한 사이에서 경고의 표시
	코끝에 엄지손가락을 갖다 대면	유럽	남을 비웃을 때 사용함 양쪽 엄지손가락을 사용하면 보다 심한 조롱의 뜻
	코를 벌름벌름 움직이면	푸에르토리코	무슨 일이 일어난 거야
	코를 비틀면	프랑스	술에 취함
	코를 파면	시리아	지옥에나 가라
입	손가락 끝에 키스하면	라틴아메리카	멋지다는 감탄의 표현(여성, 와인, 자동차, 축구 시합 등 자유롭게 쓸 수 있다)
	플루트를 부는 시늉을 하면	프랑스	당신이 너무 오래 이야기해서 나는 지루해요
귀	검지로 바깥쪽을 향해 귓불을 두드리면	이탈리아	곁에 있는 남자가 계집아이 같아
	귀를 움켜쥐면	인도	실수했을 때 사과의 표시
		브라질	음식을 잘 먹었다
	귓가에다 검지로 여러 번 원을 그리면	유럽/라틴아메리카	돌았다
		네덜란드	누군가에게 전화가 걸려왔어
볼	검지를 볼에 대고 좌우로 비틀면	이탈리아	남을 칭찬한다는 뜻
		독일	저건 미친 짓이야
턱	턱을 쓰다듬으면	그리스 이탈리아 스페인	매력적
	턱을 손톱으로 퉁기면	이탈리아 브라질 파라과이	흥미 없어, 꺼져 모르겠는데

부위	제스처	나라	의미
머리	고개를 앞으로 끄덕이면	불가리아 그리스 유고슬라비아 터키	아니요
손	검지 끝으로 머리를 톡톡 치면	아르헨티나 페루	지금은 생각 중 생각 좀 해봐
		그 외	그는 정신 나간 사람이야
	손가락으로 옆머리를 나사 돌리듯 꼬면	독일	미쳤어
	검지와 새끼손가락으로 만든 뿔을 수직으로 세우면	이탈리아	남한테 아내를 새치기 당했다
		브라질	행운
	검지와 중지로 V자 사인을 만들면	유럽	승리(단, 영국의 경우 손바닥이 전방, 그리스의 경우 손바닥이 본인을 향하게 할 것)
	손바닥을 아래로 향하여 위아래로 흔들면	중동/극동지역 포르투갈/스페인 라틴아메리카	이리 와봐(단, 손가락을 사용하면 상대를 모욕하는 의미가 되므로 유의할 것)
	엄지와 검지손가락으로 둥근 원을 만들면	세계 각국	OK사인
		브라질/독일	조악하고 외설적
		프랑스	가치 없어
	코를 파면	유럽	행운, 보호
	손가락 끝에 키스하면	파라과이	무례한 행동임
	엄지와 새끼손가락만을 세우면	하와이	침착해라, 기분 풀어
	검지로 바깥쪽을 향해 귓불을 두드리면	멕시코	(이 제스처를 가슴 앞에서 주먹이 앞을 향하도록 하면) 한 잔 할까?
		일본	숫자 6
	양손의 검지 끝을 2, 3회 부딪히면	이집트	부부가 동침 중, 같이 잘까?
	중지를 뻗쳐세우면	세계 각국	매우 외설적인 표현
	주먹 쥔 손을 다른 쪽 손바닥에 쳐서 소리 내면	세계 각국	맞아 볼래? 이걸 그냥!
	손을 펼쳐 까딱이면	세계 각국	꺼져 버려, 저리 가
	손바닥으로 다른 쪽 손등을 두어 번 털면	네덜란드	저 사람은 동성연애자야
	손가락을 모두 모아 오므리면	이탈리아	의문, 무엇이 잘 안돼요?
	오른손을 가슴과 이마에 댄 후 손을 올리며 고개를 숙이면	중동	평화가 당신과 함께하기를

부위	제스처	나라	의미
손	오른손을 가슴과 이마에 댄 후 손을 올리며 고개를 숙이면	중동	평화가 당신과 함께하기를
	한 손으로 다른 쪽 손등을 톱질하는 시늉을 하면	콜롬비아	이익을 절반씩 나누자
	검지와 중지 사이로 엄지손가락을 내밀면	유럽, 지중해의 몇몇 나라	경멸
		브라질 베네수엘라	행운
팔	팔짱을 끼면	핀란드	오만과 자존심
		피지	경멸
	검지와 새끼손가락을 뿔처럼 만들어 팔을 앞으로 뻗치면	유럽	악령에 대한 자기 방어
	검지와 중지를 붙여 팔꿈치를 톡톡 치면	네덜란드	그 사람을 믿을 수 없어
		콜롬비아	당신은 까다로워

출처: 김득중(1999), 국제생활과 예절, 생활예절, 교문사(수정인용).

2.3 시간(time)

다른 사람과 유지하는 거리와 공간에 대한 반응은 커뮤니케이션 과정에 중요한 영향을 미친다. 시간을 이용하는 행위도 비언어적 의사소통의 한 개념에 들어간다. 시간은 분명 비언어적 커뮤니케이션에서 흥미 있지만 소홀히 여기는 영역이다. 시간에 대한 개념, 시간을 이용하는 방법, 시간에 대한 감성적 반응 등 이 모든 것이 시간의 커뮤니케이션적 효과에 기여한다. 우리는 항상 시간을 의식하며 시간을 다루는 과정에서 전달된 의미를 인식한다. 사실 우리는 시간에 얽매여 살아간다고 해도 과언이 아니다. 반면에 시간에 대한 구체적인 개념이 없는 문화권도 다수 있다.

유럽에는 시간에 대한 다양한 태도와 관계가 존재한다. 한쪽 극단에 있는 사람들은 시간의 함정에 빠져 있는 시계의 포로들이다. 이에 해당하는 나라는 독일, 스위스, 스웨덴, 노르웨이, 덴마크, 영국 등이다. 반대편 극단에는 '시간에 얽매이지 않는' 사회가 있는데 여기 사람들은 시간을 좀처럼 의식하지 않으며, 때때로 그들의 삶에서 시간은 어떠한 역할도 하지 않는 것처럼 보인다. 이에 해당하는 나라는 스페인, 포르투갈, 그리스 등이며, 남부 이탈리아와 남부 프랑스를 이 범주에 추가할 수 있다.

이상에서 언급한 나라들의 시간관념에 대해 구체적으로 살펴보고자 한다. 그리스인은 시간이 관계의 필요에 종속되어야 한다고 여긴다. 이런 나라에서 너무 일찍 자리를 뜨면 상대방을 쉽게 화나게 할 수 있다. 어떤 사람이 예상한 것보다 좀 더 일찍 친구의 집을 떠난다면, 상대방은 그에게 더 좋은 무언가가 있다는 표시로 받아들이거나 친구보다는 시간을 더 중요하게 생각하는 태도로 받아들이기 때문이다.

스페인 사람들은 시간에 대하여 편하게 생각하는 태도와 시간 엄수 관념의 부재로 유명하다. 또한 그들은 '내일' 즉 문자 그대로 '다음날 아침(manana)'이라는 뜻의 단어로도 유명한데, 이것은 꾸물거림을 뜻하는 국제어가 되었다. 비록 스페인 사람들이 시간에 관하여 매우 느슨한 태도를 보인다 해도 약속된 점심식사를 연기하는 것은 매우 싫어한다. 스페인에서는 2가지 종류의 시간을 가진다. 하나는 '신성불가침의 시간'으로, 여기에는 점심식사, 수면시간, 가족과 함께 있는 시간처럼 그들의 중요한 행동과 관련된 시간이 포함되며, 그들은 이런 시간을 철저하게 따진다. 또 하나는 '세속적인 시간'인데, 이것은 그 외 모든 일에 적용되며 물론 시간은 아무래도 상관없다는 태도를 보인다.

프랑스인들은 점심식사에 많은 시간을 할애한다. 소위 '비즈니스 점심(business lunch)'이라 불리는 것인데, 미각의 기쁨이 사업의 필요성과 결합되어 있다. 이들의 이러한 관습을 잘 알지 못하면 비즈니스 점심 내내 사업 얘기를 나누는 것으로 상상할 수도 있다. 그러나 프랑스에서는 주요리가 나올 때까지 사업 얘기를 꺼내지 않는 것이 관례이며, 그동안의 대화는 사업과 상관없는 화제로 채워진다. 이러한 프랑스의 비즈니스 점심은 자신들이 인생의 좋은 것들을 즐겁게 음미한다는 사실을 보여주는 셈이다. 그리고 비즈니스만을 목적으로 함께 만나는 것이 아니라는 사고방식을 보여준다(피터콜릿, 1997).

2.4 응시(looking)

각 사회에서 응시는 3가지의 중요한 사회적 기능을 제공한다. 먼저 그것은 사람들이 어떻게 반응하며 그들이 무엇을 하는가를 알려주는 감시적 기능을 하며, 두 번째는 태도와 의향에 관한 정보를 전달하는 표현적 기능을 하고, 세 번째로 다른 사람들의 행동을 조정하고 수정하도록 하는 통제적 기능을 한다. 그러한 3가지 기능들은 보편적인 것들이지만, 사회에 따라 어떤 한 기능이 다른 기능들보다 더 큰 비중을 차지하기도 한다. 유럽의 경우 확실히 그러한데, 여기서는 쳐다보기(응시)에 대한 아주 판이한 문화권들로 나누어진다.

한 문화권은 응시를 많이 하는 문화권으로서 지중해 연안의 나라들이 해당되며, 여기에 사는 사람들은 서로가 근접해 있으며 많은 접촉이 벌어진다. 그리고 또 다른 문화권은 응시를 적게 하는 문화권인데 북유럽, 중유럽, 동유럽이 여기에 해당된다. 환언하면 이 지역의 사람들은 상대방과 좀 더 떨어져 있으려 하고 그만큼 접촉도 덜하다.

사람 간의 거리와 신체 접촉이 응시와 그렇게 연관되어 있는 것은 아니다. 왜냐하면 그러한 모든 행동의 통로들은 각자 나름대로 중요하고 친밀한 신호를 전달하기 때문이다. 상대방에게 우호적이라는 사실을 보여주기 위하여 사람들은 더 가깝게 서는 경향이 있고, 또한 서로의 눈을 쳐다보는 데 더 많은 시간을 보낸다.

응시를 많이 하는 사회에서 가장 중요한 것 중 하나는 상호 응시를 더 많이 한다는 사실이다. 더 많은 시간을 두고 상대방을 쳐다보는 만큼 서로 동시에 응시하는 경우가 빈번해진다. 상호 응시가 발생할 때 친밀감의 공감대는 커진다. 또한 그것은 어떤 생리적 작용에 의해 상대방에 대한 우호를 더욱 증진시키도록 이끌어준다.

응시를 적게 하는 사회는 이와는 매우 다르다. 여기서는 다른 사람을 조정하고 감시하는 수단으로서의 응시를 적게 강조하는 편이다. 또한 눈은 이방인들 사이의 친밀한 교류에 있어서 아주 작은 역할을 한다. 적게 응시하는 사회들은 많이 응시하는 사회와 쳐다보기의 방식에서도 차이점을 드러낸다. 우선 그들은 응시에 대한 금기를 더 많이 가지고 있는 경향이 있다. 응시를 적게 하는 사회에서는 사랑하는 사람들끼리, 친구들끼리, 친지끼리 서로 상대방의 눈을 많이 쳐다보는 것은 지극히 당연한 일이다.

그러나 낯선 사람들을 빤히 쳐다보는 것은 허용되지 않는다. 그것은 어떤 방식으로든 상대방에게 맞대면하게 하는 압력으로 작용할 뿐만 아니라, 쳐다보기가 위협적인 신호로서 해석될 여지도 있기 때문이다. 실제로 필리핀에서 아무 생각 없이 사람들을 빤히 쳐다보다가는 싸움에 휘말릴 수 있다. 위협적인 의미로 본 것은 아니지만 필리핀인들에게 그런 행동은 위협적이고 도전적으로 비춰지기 때문이다.

2.5 친밀함의 거리(intimacy)

낯선 사람들을 만날 때에는 서로의 관계 속에서 어디에 앉을지, 아니면 어디에 서야 할지 모를 때가 있다. 이럴 땐 자신이 처한 상황에서 적당하다고 느끼는 거리를 유지하면 된다. 그렇다면 과연 자신이 처한 상황에서 적당한 거리는 어느 정도일까? 사람들이 적당하다고 느끼는 것은 그들이 속한 문화권의 관례에 달려 있다. 같은 문화의 구성원이라면, 얼마만큼 가깝게 거리를 유지해야 하는지에 대해서는 문제가 되지 않는다. 그러나 근접에 관한 관례가 다른 문화권에 있을 때에는 갖가지 문제가 일어날 수 있다.

사람들이 상대방과 어느 정도 거리를 두는가를 유형별로 나누면 유럽 사회는 대략 3가지로 나눌 수 있다. 첫 번째는 '팔꿈치 지대'라고 부르는 것으로 여기에 해당되는 사람들은 너무 가까워서 팔꿈치로 서로를 건드릴 수 있다. 여기에 해당되는 국가는 스페인, 프랑스, 이탈리아, 그리스, 터키이다. 두 번째 유형은 '손목 지대'라고 하는데 여기 사람들은 원하기만 하면 상대방의 손목을 잡을 수도 있는 거리를 유지한다. 대부분의 동유럽 국가가 여기에 해당되며 폴란드, 헝가리, 루마니아 등이 대표적이다. 세 번째 유형은 '손가락 끝 지대'라고 부르는 것인데, 여기 사람들은 상대방과 팔 길이 정도의 거리를 유지하는 것을 선호하며, 서로 상대방의 신체에 접촉할 기회를 주지 않으려고 한다. 이 유형의 대표적인 국가로는 영국, 벨기에, 독일, 스칸디나비아 국가들과 네덜란드가 포함된다.

상대방과의 공간두기에 따른 문화권별 구분에서 가장 놀랄 만한 일은 자리 잡는 방식이다. 즉 팔꿈치 지대는 유럽에서는 가장 친근한 자리 배치이고, 손가락 끝 지대는 가장 먼 거리이며, 손목 지대는 대략 그 중간이다. 기후에도 영향을 받는데, 따뜻한 기후는 사람들의 신진대사 작용에, 그리고 안락한 정도와 편안한 감각에 영향을 준다. 지중해 지역의 여름은 건조하고 따뜻하며 겨울조차도 정말 온화하다. 이것은 사람들이 야외에서 더 많은 시간을 대화로 보낼 수 있게 한다. 그러한 빈번한 접촉은 사람들을 더 가깝게 묶어둘 가능성이 크다. 그 결과 기꺼이 서로 가까운 거리에 앉거나 서게 된다.

유럽인들이 상대방과의 공간을 다르게 두는 것에 대해 설명할 수 있는 또 다른 요소는 개성이다. 예컨대 지중해에 위치한 국가들은 집단주의적인 성향이 있는 반면에 북유럽, 중유럽, 동유럽의 문화권들은 개인주의적인 성향이 훨씬 강하다. 집단주의 문화권에서는 집단의 결속에 더 많은 관심을 보이고 있으며, 사람들과 더불어 하는 일과 그들에게 소속감을 심어주는 사회적 행위들에 더 많은 비중을 둔다. 서로 더 가까이 서거나 앉는 것이 그 단적인 예가 될 수 있다. 그러나 개인주의적 사회들은 집단의 응집 같은 문제에는 별로 주의를 기울이지 않는다. 그러므로 그들은 신체적 근접에 대한 필요성을 강조하지 않는다.

지중해 문화권의 사람들은 서로 근접해서 서는 것이 사실인데, 북유럽 사람들보다 상대방에 대한 거리와 자세에 변화가 많다. 즉 자신의 몸을 다양한 방식으로 상대방에게 향하도록 한다. 공식 석상에서 이탈리아인들이 대화하는 모습을 보면 그들이 그냥 서 있는 예가 거의 없다는 것을 알게 된다. 그들은 끊임없이 앞뒤로 몸을 움직이고 때로는 다른 사람을 향해 몸을 돌리기도 한다. 또한 평소에는 아예 멀리 떨어져서 대화하기도 한다.

그래서 근접성보다는 변형성이 지중해 문화권의 사회적 태도 유형의 특징이 된다. 이탈리아인이 상사와 대화를 나눌 때에는 직접적이고 존경심을 보이는 방향을 잡는 것이 전형적이다. 반면에 영국인은 상사로부터 어느 정도 방향을 튼 채 거리를 두고 자리를 잡는 경향이 있다(피터콜릿, 1997).

2.6 색깔(color)

우리의 일상생활은 색상 선택의 연속이다. 아침 출근 시에 오늘은 어떤 색의 셔츠를 입을 것이며, 구두와 가방은 어떤 색의 어떤 디자인으로 해야 할지 고민을 한다. 그리고 선택을 한다. 우리가 이런 선택의 갈등을 겪는 것은 그 선택된 색깔과 디자인이 의미하는 바가 있기 때문이다. 즉 색깔이 커뮤니케이션 도구가 된다는 것이다. 만약 다른 문화권에서 이러한 결정을 해야 한다면 더욱 신경 쓰이는 일이다. 왜냐하면 문화권마다 색깔마다 가지는 의미가 다르기 때문이다.

색깔 때문에 일어난 사업적 갈등의 예를 하나 들면, 미국의 제조회사는 흰색의 가전제품을 홍콩에 팔 수 없었다. 그러나 중국인들이 흰색을 죽음과 연결시키고 장례식의 상징을 집에 들여놓지 않는다는 것을 발견한 회사 측은 아몬드 색깔의 물품만을 선적했더니 매우 잘 팔렸다. 삼성은 스마트폰 외장을 황금색으로 만들어 중국인들에게 인기를 얻었다. 이로 보아 색깔이 세일즈에 상당한 영향을 미침을 알 수 있다.

색은 국가나 지역을 상징하기도 한다. 참고로 유럽인들의 색에 대한 성향을 보면 이탈리아는 열정과 역동성을 상징하는 붉은색, 독일차는 은색, 영국차는 녹색, 프랑스는 청색을 가장 선호한다. 이탈리아 국민들은 다혈질이고 쉽게 흥분하는 특성이 있다. 대표적인 스포츠카 브랜드인 페라리의 경우도 심벌 컬러가 레드이다. 이탤리언 레드라는 컬러명이 붙여지기도 했다. 독일인들은 환경과 성실함, 자연과의 조화를 상징하는 실버를 좋아한다. 영국인들은 그린 컬러를 선호한다. 평화와 안전, 객관성을 상징하는 색이기 때문이다. 영국을 대표하는 자동차 애스턴마틴과 재규어의 기본 컬러가 녹색이다. 프랑스는 자유와 안정, 지적 이미지를 풍기는 블루를 좋아한다. 문화를 사랑하는 프랑스인들에게 청색은 고품격의 상징이기 때문이다. 이렇듯 단순한 색에서도 그들의 특징을 알 수 있다.

2.7 긍정과 부정(yes and no)

많은 사람들이 머리를 위아래로 끄덕이는 행동은 긍정을, 머리를 좌우로 흔드는 행동은 부정을 의미하는 것으로 생각한다. 그러나 모든 문화권에서 이러하진 않다. 유럽에서는 긍정과 부정에 대한 머리 동작에 정확히 3가지 규칙이 있다.

첫 번째는 '끄덕이기-가로젓기(Nod-shake)'인데, 머리를 위아래로 끄덕이면 긍정이고 머리를 좌우로 흔들면 부정이 된다. 이것은 유럽에서 가장 널리 사용되는 방법이며, 서쪽의 포르투갈에서 동쪽의 러시아까지, 북쪽의 스칸디나비아 반도에서부터 남쪽의 스페인까지 널리 퍼져 있다.

두 번째는 '숙이기-젖히기(Dip-Toss)'이다. 머리를 확실히 앞으로 숙이면 긍정이고 머리를 뒤로 젖히면 부정이 된다. 이 방법은 그리스, 터키, 시칠리아와 남부 이탈리아에서 발견된다. 그리스에서 현지인들이 때때로 머리를 아무 표정도 없이 뒤로 젖히는 것을 볼 수 있다. 또 어떤 상황에서는 눈썹을 올리거나, 눈을 감거나, 혀를 차는 소리를 내며 머리를 젖히는 행동도 볼 수 있다. 이 모든 동작이 함께 사용될 때, 그것은 최대한 부정의 표현을 하고 있는 것이다.

긍정과 부정을 위한 머리 제스처의 세 번째 방법은 돌리기-젖히기이다. 긍정을 표현하기 위해서는 마치 서유럽인들의 우유부단한 제스처처럼 머리를 한쪽 어깨에서 다른 쪽 어깨로 흔들고, 부정을 표현하기 위해서는 머리를 뒤로 젖힌다. 돌리기-젖히기 방법은 불가리아에만 유일하게 남아 있다. 비록 이 방법이 세계 어느 나라에서도 사용되지는 않지만, 단지 젖히기는 그리스나 터키에서 볼 수 있고, 파키스탄과 인도에 가면 돌리기 제스처를 볼 수 있다.

2.8 신체적 접촉(touch)

우리는 일반적으로 신체적 접촉에 있어서는 동양보다 서양이 더욱 너그럽다고 생각한다. 그러나 모든 서양 국가가 신체적 접촉을 좋은 의미로 받아들이는 것은 아니다. 평소 우리는 서양 대부분의 국가가 손을 잡는다거나 포옹하는 것을 우호의 의미로 받아들인다고 착각하는 경우가 더러 있다. 이에 대해 유럽 국가 중 신체적 접촉에 대해 비교적 너그러운 국가로 생각되는 이탈리아와 그 반대로 생각되는 영국에 있어서의 신체적 접촉에 대해 알아보자.

남부 유럽인들 중에서 이탈리아인들은 특히 신체적 접촉을 즐기는 편이다. 그러나 이탈리아인들이 그렇게 신체적 접촉을 한다 해도, 상대방을 접촉하는 데 엄격한 관례를 적용하고 있다. 이탈리아 남성들끼리는 서로 신체를 접촉하는 것이 허용되며, 여기에 지위의 차이는 상관없다. 다만 상위에 있는 자가 그의 하급자에게 접촉을 허락하는 경우는 예외이다. 그러한 상황에서의 접촉은, 상대방을 제한시키며 그로 하여금 낮은 지위를 아주 예민할 정도로 되새기도록 하는 강력한 수단으로 이용된다.

이탈리아처럼 '신체적 접촉이 강한' 나라에서는 공공연한 장소에서 손을 잡는 남편과 아내의 모습을 기대해 봄직하다. 그러나 그런 광경은 아주 드문 일이며 영국, 독일, 네덜란드처럼 '신체적 접촉이 약한' 것으로 알려진 사회보다 더욱 그렇다. 이탈리아 부부들이 공공연한 장소에서 접촉하는 것을 억제하는 데는 몇 가지 이유가 있다. 우선 남성다움이 이탈리아 사회에서는 극히 중요한 가치이기 때문에 이성 간에는 떨어져 있어야 한다는 것이다. 다른 남성의 손을 잡음으로써 그에 대한 애정을 표현하는 것은 지극히 정상적인 일인데, 그 사회가 여성을 배척하며 남성다움의 가치를 높이 사기 때문이다. 마지막 이유로 남자는 남성다운 세계에서 남성답게 행동해야 한다는 것이다. 물론 상대방이 자신들의 엄마라면 예외이기는 하다.

영국인에게 신체적 접촉이라는 것은 이와 관련된 파생어에서 잘 나타난다. 영어에서 '접촉을 유지하다(keep in touch)'란 표현은 신체적 · 사회적 관념과 결합되어 있다. 이 말은 접촉이 사람들의 관계를 떠받치는 데 핵심적 역할을 한다는 인상을 줄 수도 있지만 사실은 그렇지가 않다. 이 단어는 신체적 접촉에 대한 태도에 있어서 그들이 더 부정적이라는 사실을 추측하게 한다. 이 사실은 '접촉한(touched)'이란 말이 '미친'을 의미하고 '접촉의(touchy)'라는 단어가 '민감한' 혹은 '과민한'이라는 뜻으로 사용되는 것에 의해 입증된다.

다시 말해서 영국인들은 접촉을 별로 좋아하지 않는다는 것이 된다. 그러한 부정적인 태도는 영국인의 기질 속에서 드러난다. 가령 그들이 상대방과 너무 가깝게 접근하는 것을 회피하고, 다른 사람들과 우연히 부딪쳤을 때 기꺼이 미안하다고 말할 준비가 언제나 되어 있는 태도들이 그 기질을 대변해 준다. 그래서 영국인들은 신체적 접촉을 꺼리고 있으며, 어떤 신체적 접촉이 자신의 잘못이 아닐 때조차도 그들은 사과할 정도이다(피터콜릿, 1997).

한편 영국인들은 제스처 중 포옹에 있어서는 너그러운 편이며, 그들은 포옹하면서 서로의 등 뒤를 가볍게 두드려 친근감을 나타내기도 한다. 비록 당사자들이 깨닫지 못할지라도 포옹을 통해 사람들은 서로 가까워지게 된다.

2.9 기타

미국 문화에서 평등성이라는 가치를 보여주는 기타 비언어적 의사소통은 여러 가지 방식으로 나타날 수 있다. 다음 상황을 생각해 보자.

당신은 처음으로 미국을 방문했다. 극장이나 슈퍼마켓, 버스 정류장 등에서 많은 미국인들이 줄을 서 있는 모습을 본다. 이 사실은 미국인들의 어떤 특성을 보여주는가? 미국인들이 줄을 서 있는 것은 그들이 평등성이라는 가치를 높이 평가하기 때문이다. 줄을 서는 것은 미국인들이 어릴 때 배운 가치, 즉 모든 사람은 똑같은 기회를 가져야 한다는 믿음을 보여준다. 그들은 자기 앞의 다른 사람들도 자기와 똑같은 것을 기다리고 있을 경우 각자 자기 차례를 기다린다. 지위를 최고의 가치로 여기는 아랍 문화에서라면 줄을 선다는 일은 아마 있을 수 없을 것이다. 다른 사람들보다 높은 지위에 있는 사람은 다른 사람들과 함께 줄을 서서 기다리는 것을 불편하게 느끼므로 그렇게 하지 않는다.

일본 문화에서도 여러 가지 형식의 비언어적 의사소통이 있다. 그것들은 일본인의 생활양식에 따르는 고유한 것이며, 모든 상황을 헤쳐 나갈 수 있도록 그들을 안내하는 가치로 사용된다. 예를 들면 일본 문화에서 미소는 무슨 의미를 가질까? 가정을 해보자! 당신이 일본인 팀과 함께 회의하고 있는데, 경영자 가운데 한 사람이 계속 얼굴에 미소를 띠고 있는 것이다. 이것은 무슨 뜻인가? 일본인은 대화할 때 거의 시선 접촉을 하지 않으며, 표정도 별로 없고, 손짓하는 법도 거의 없다. 특히 부정적인 상황에서는 무표정한 얼굴을 대단히 바람직스러운 것으로 간주한다. 하지만 일본인들은 특정한 상황에서 당황스럽거나 불편한 기색을 가리는 데 흔히 미소를 사용한다.

반면 아랍인의 미소는 우호감과 함께 친구로 사귀고 싶다는 희망을 나타내는 뜻이 담겨 있다. 미국인들도 기본적으로 그와 같은 뜻으로 미소를 사용한다.

일본 문화에서의 비언어적 의사소통 한 가지를 더 소개하면 침묵이다. 일본에서는 침묵이 하나의 미덕이다. 대화 도중에는 흔히 침묵하는 시간이 있으며, 그 시간 동안 사람들은 모두 다른 사람들의 생각과 감정을 느끼려 노력한다. 그러나 미국 문화에서는 침묵을 그렇게 사용하는 것이 제대로 먹히지 않는다. 미국인들은 직접성과 개방성을 가지고 있으므로 침묵하는 시간이 길어지면 불편을 느끼기 때문이다.

반면에 아랍인은 우호감, 가족, 우정, 종교를 높이 평가하며, 결정을 내리는 데 그 가치들을 사용한다. 아랍 문화에도 손짓이라든가 어조와 같은 비언어적 메시지가 많이 있다. 예를 들어 다음 상황을 보자. 당신은 지금 아랍인 두 사람과 함께 그들의 사무실에서 어떤 비즈니스 계획을 논의하고 있다. 그런데 논의하는 주제에 따라 그들의 어조가 변한다. 이때 당신은 어떻게 해야 하는가? 아랍 문화에서는 이야기할 때 목소리를 높이거나 크게 하면 논의 주제에 대한 정서적 참여도와 관심이 높아졌다는 것을 뜻한다. 그러므로 아랍인과 성공적으로 상호작용하기 위해서는 그들의 오르락내리락 하는 어조에 맞추는 것이 좋다. 또 다른 아랍의 비언어적 메시지는 다음 경우에서 보듯이 우호감이라는 중요한 아랍의 가치를 포함하고 있다.

당신이 아랍의 어느 회사를 방문했다가 나오는데, 그 회사 사장이 당신을 당신의 자동차까지 바래다준다. 사장이 이러한 몸짓을 보이는 이유는 무엇일까? 우호감은 아랍 최고의 가치이다. 그 사장은 당신과 인간관계를 맺고 싶은 의도가 있으므로 자기 목표를 달성하기 위해 우호적이고 친절한 태도를 보이는 것이다. 사생활이라는 문화적 가치를 높이 평가하는 미국 회사 사장이라면 그러한 것을 제안할지도 모르지만, 아마도 다른 중역들의 이목을 피해서 당신과의 거래를 논의하고 싶어 하는 의도일 것이다(엘라시머위 · 해리스, 1995).

다음은 비언어적 요소 중 우리가 해외여행 중 빈번히 접할 수 있는 몇 가지 사례들이다.

- 아시아 사람들이 신체적 접촉을 피하려고 하는 것은 차별의 태도가 아니다.
- 미국인들은 우호의 첫 표시로 미소를 짓는다.
- 일본의 특별한 행사 날에는 말로 축하를 해주고 고개 숙여 인사를 하는 것이 좋다.
- 대부분의 일본 사람들은 키스나 신체적 접촉으로 공개적인 애정 표시를 하는 것에 강한 반감을 가지고 있다.
- 동성끼리 손을 잡고 걷는 것은 아시아, 중동, 라틴, 지중해 연안의 나라에서는 친밀함의 표시이다. 또한 이들 나라에서는 서로 어깨에 팔을 두르거나 팔짱을 끼는 것도 같은 뜻으로 받아들여진다. 그러나 이런 행동을 미국에서 하는 경우 동성연애자로 오해받기 쉽다. 이것은 그들에게 충격을 준다.
- 아시아 사람들은 신체적 접촉을 기피한다. 그들에게 가장 안전한 방법은 고개 숙여 인사하고 말로 표현하는 것이다.
- 인도, 스리랑카, 방글라데시, 그리고 태국 사람들은 인사할 때 손을 턱 앞으로 합장하듯이 모으고 고개를 가볍게 끄덕인다.
- 프랑스, 스페인, 이탈리아, 포르투갈, 그리고 다른 지중해 유역의 나라 사람들은 대부분 양쪽 뺨에 키스한다.

승리의 V-사인

승리의 V-사인이 어떻게 생겨났는지에 대해서는 2가지 학설이 있다. 승리의 V-사인을 만들어낸 벨기에의 변호사 빅터 드 레이블레이가 그 첫 번째 학설의 주인공이다. 이 이야기는 제2차 세계대전 초기에 나치를 괴롭히는 벽면의 저항 낙서인 RAF(영국 공군: Royal Air Force)로부터 시작한다. 드 레이블레이는 처음에 RAF라는 표어를 싫어했는데 이유는 이것이 나른 나라 언어로 쉽게 해석되지 않았고 남의 이목을 끌지도 못했기 때문이다. 대안을 찾던 중에 그는 갑자기 V를 승리의 의미로 사용하자는 제안을 해냈으며, 1941년 1월 14일에 그의 제안을 라디오에서 발표했다. V를 사용하려는 생각은 단순하면서도 고무적이었다. 그것은 불어의 victoire, 플란더즈 말 vrijbeid, 그리고 독일어 viktoria와 같은 뜻이었다. 제안에 설득된 BBC는 곧 V의 모스 부호(점-점-점-선)에 해당하는 베토벤 교향곡 제5번의 첫번째 4악장을 배경으로 깔아서 홍보하였다. 이후에 처칠이 V-사인을 사용하게 되었으며 이로 인해 이 제스처를 유명하게 만들었다는 것이다.

다른 학설은 옥스퍼드 편집자 브리지 하다웨이에 의해 발견된 것으로 승리의 표시로 V를 처음 생각해 낸 사람이 존 해머턴 경이라는 설이다. 나중에 유명한 백과사전 편집자가 된 해머턴은 당시에 기자였다. 1940년 9월 어느 날 그가 차를 타고 서식스를 가로질러 지나갈 때 허리케인 전투기가 만들고 지나간 거대한 V자 모양의 흰 연기를 보게 되었다. 그는 나중에 그 전투기가 적군 비행기 3대를 격추시켰었다는 것을 알게 되었다. 1940년 9월 29일 그는 화창한 하늘에서 거대한 V자 모양을 본 경험을 묘사한 기사를 『전쟁 묘사』라는 잡지에 썼다. "전투기가 만들고 지나간 그 글자는 1마일 이상의 높이에 떠 있었고 하얀 구름 안개 속으로 서서히 빨려 들어갔다.… 한 20분 정도 지나지 않았지만 그 순간은 도취되었고 나의 여행 중에서 가장 큰 인상으로 남게 되었다." 이 광경은 해머턴에게 승리를 떠올리는 영감을 주었다. "…나는 V를 승리를 상징하는 문자로 사용할 것이다. 비록 과거에 다른 의미로 쓰이던 V자가 있었지만, 그것은 1887년이나 1897년에 빅토리아 여왕의 즉위를 기념하기 위하여 나무 농장에 새겨 놓았던 문자였다. Victoria와 Victory는 같은 근원에서 발생했다." 비록 해머턴의 기사가 드 레이블레이의 방송보다 6주 먼저 나왔지만 그것이 방송보다 반드시 더 확실한 V-사인의 유래라는 증거는 없다. 아무튼 우리는 오래지 않아 처칠이 최종적인 승리의 표시로 V-사인을 사용하기 시작한 것을 알 수 있다.

이 V-사인이 승리의 V-사인이 되느냐 안 되느냐를 분명히 해두기 위해 영국인들은 모욕적인 사인과 승리 사인을 손바닥의 방향으로 명확하게 구분지어 놓았다.

대부분의 유럽인들에게는 손바닥을 앞으로 하든 뒤로 하든 문제가 되지 않는다. 왜냐하면 그들이 승리의 V-사인을 할 때 모욕을 주는 것에 대해 걱정할 필요가 없기 때문이다. 유럽을

여행하다 보면, 곳에 따라서 손바닥을 앞 또는 뒤로 해서 승리 표시를 하는 사람들을 보게 된다. 이들은 손바닥 방향을 염두에 두지 않고 메시지를 전달하려고 한다. 단지 그들이 유념하는 것은 집게손가락과 가운뎃손가락을 벌리는 데 있다.

그러나 이 그리스와 영국에서는 문제가 다르다. 그리스에서 가장 모욕적인 제스처는 '모우차(moutza)'인데 이것은 모든 손가락을 쫙 벌린 채 손바닥을 앞으로 향하여 상대방을 모욕하는 행위이다.

이 제스처는 양손을 동시에 사용할 때 더 심한 욕이 되고, 집게손가락과 가운뎃손가락만 벌릴 때도 강도가 약해진다. 이 제스처는 상대방에게 손바닥을 보여야 욕이 된다. 그런데 이 '축소형 모우차'는 처칠의 승리의 V-사인과 일치한다. 그리스인의 경우 승리의 V-사인은 손바닥이 본인을 향하고 욕은 손바닥이 전방을 향하는데 영국에서는 손바닥이 앞을 향하면 승리의 V-사인이 되고 손바닥이 뒤를 향하면 욕이 되기 때문이다.

GLOBAL CULTURE & TOURISM

제3부 글로벌 관광행동

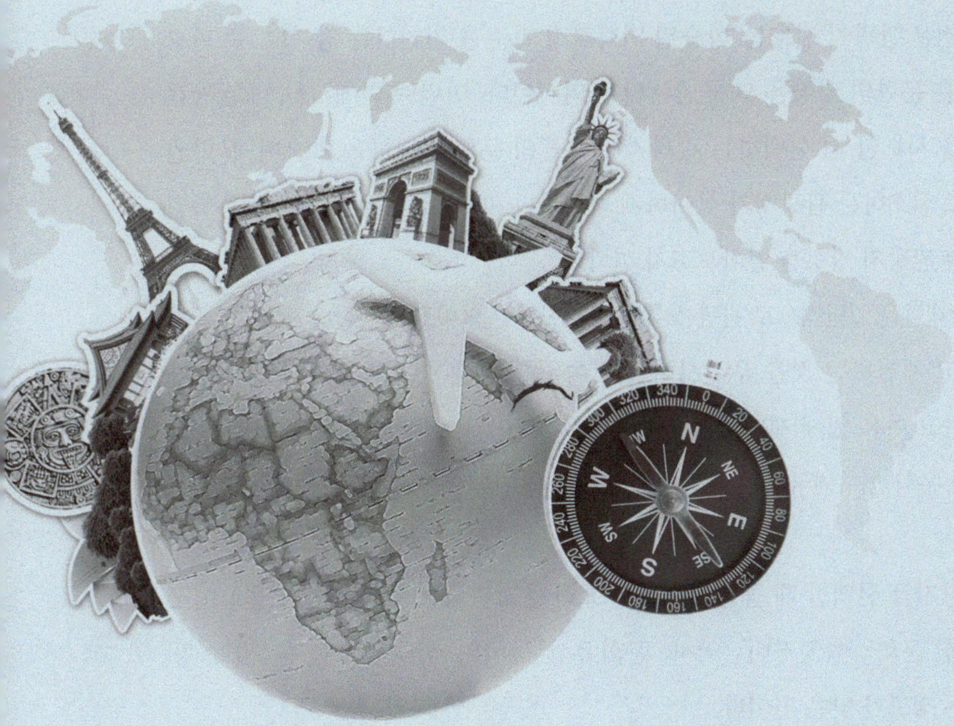

Chapter 8

문화권별 관광지 선호 및 관광행동

1. 문화권별 관광지 선호의 차이

문화권에 따라 그들이 선호하는 관광지가 다르고 관광행동도 다르게 나타난다.

관광객이 특정 관광상품과 관광지를 선호하는 것은 의사결정 기준을 거쳐 제시되는 대안이 그들의 관광동기와 부합될 때 마음이 그쪽으로 움직이기 때문이다. 여기서 주목해야 할 점은 관광지 선호는 '학습된 의사결정 기준'을 거친다는 점이다. 즉 관광지 선호 경향은 문화의 영향을 크게 받는다는 의미이다. 이런 측면에서 국제 관광객이 관광경험을 시도할 때 선택하는 관광지는 그들의 문화에 영향을 받으며, 문화권 혹은 국가별로 선호하는 관광지가 상이하게 나타난다. 따라서 이 절에서는 각 문화권별로 선호하는 관광지 경향을 알아보고자 한다.

구미주 관광객들은 일반적으로 관광을 휴식을 취한다는 의미로 인식한다. 무언가 특별한 것을 즐기고 체험하는 것을 우선시하는 것이 동양의 휴가문화라면 서양의 휴가문화는 느긋하고 여유 있게 재충전의 시간을 갖는 것이다. 이런 이유로 구미주 관광객들은 기후가 온화한 주변국가의 휴양지에서 휴식을 취할 목적으로 관광을 하는 것이 일반적이다.

이들이 관광지를 선택할 때 공통적으로 중요하게 고려하는 것은 '자연경관', '이국적 혹은 독특한 문화', '여행경비', '역사 · 문화유산' 등이며, 상대적으로 '음식', '쇼핑' 등은 고려하는 정도가 낮은 편이다.

미국의 경우는 호프스테드의 문화 분류 중 개인주의 성향에서 세계 1위로 나타나는 만큼 개인의 시간과 자유에 제약받지 않는 개별관광을 선호한다. 개인가이드와 함께 여행을 즐기는 미국관광객들이 증가하고 있으며, 친구나 가족을 동반한 소규모 그룹여행이 인기 있다. 최근 미국인이 가장 선호하는 관광지는 중국으로 관광객 수가 매년 증가하고 있다. 그 이유로는 동양의 유구한 역사문화와 아름다운 자연명소, 다양하고 독특한 음식문화를 체험하고 싶어 하기 때문이다.

캐나다 관광객들은 항공료와 숙박비, 아침식사가 포함된 패키지를 선호하는 경향이 있다. 문화 체험활동 위주의 관광 패키지가 주요 관광상품이다. 캐나다인이 가장 선호하는 관광지는 미국이다. 국경이 맞닿아 있어 가깝다는 이유도 있지만, 계절적인 이유로 캐나다의 추운 겨울을 피해 따뜻한 곳으로의 휴양을 하기 위해서다. 하와이나 괌, 플로리다 주의 휴양지부터 라스베이거스, 뉴욕 등의 대도시까지 다양한 관광상품을 접한다.

영국 관광객들은 여행지에 따라 단일 국가방문과 연계 국가방문 관광형태를 고려한다. 영국인들은 예측하기 어려운 영국 날씨 때문에 일조량이 많은 관광지를 찾기 위해 주로 장거리 여행을 선호한다. 이런 점에서 영국인들이 가장 선호하는 관광지로는 호주와 태국을 꼽을 수 있다. 호주의 쾌적한 자연환경과 청정하고 따사로운 해변은 그들의 국가에서는 좀처럼 볼 수 없는 관광환경을 선사한다. 태국 역시 우기(雨期)를 제외하면 파타야 등 환상적인 해변이 매력을 준다.

독일인들이 가장 많이 방문하는 해외 관광지로는 이탈리아를 들 수 있다. 비가 자주 와서 일조량이 부족한 독일에서는 사계절에 걸쳐 주변국으로 일광욕을 떠나는 경우가 잦다. 또한 독일은 영국과 유사하게 태국으로 관광하는 경우도 많다. 이는 그들의 자연환경과 날씨로 인해 관광지가 결정되는 전형적인 예이기도 하다.

프랑스 관광객들은 단일국가 방문이 대부분을 차지한다. 원활한 의사소통을 위하여 개인가이드를 동행한 관광을 선호한다. 무엇보다 여행의 경제성을 중요시하는 프랑스인들은 바로 옆에 인접한 스페인을 관광지로 선호하는 것으로 나타났다. 또한 프랑스인은 세계 3대 음식의 나라라는 명성에 걸맞게 식도락 여행을 고려하는 정도가 다른 나라에 비해 상대적으로 높다. 이런 점에서 스페인은 프랑스 관광객의 욕구를 충족시키기에 충분한 조건을 갖추고 있다. 스페인은 지중해와 대서양에 면하고 있어 기후가 온화하고 다양한 음식재료가 풍부하여 상대적으로 음식문화가 발달했다는 점이 프랑스인들을 끌어들이는 매력 포인트이다.

집단문화가 발달한 동양에서는 해외여행을 떠날 때 패키지 상품을 선호하는 편이다. 물론 언어소통 문제도 패키지를 선택하는 중요한 요인이다. 한국의 상당수 관광객들도 여행사 패키지를 이용하고 있다. 전체 관광객의 70%가 여행사를 통한 패키지 상품을 이용하고 있는데, 개별 여행보다는 가족이나 단체모임을 많이 이용한다. 짧은 기간에 많은 관광을 하는 것이 특징인데, 유명 여행사의 '짧고 알찬 동유럽 5개국 9일 여행' 상품에서 알 수 있듯이 비용 대비 고효율을 지향하고 있다. 이런 여행 형태는 한 곳에 장기간 머무는 서양인들로서는 도저히 이해하지 못한다.

이런 가운데 연령별로도 여행의 성격 차이를 보인다. 최근 젊은 층을 기준으로 스스로 여행을 계획하고 구경하는 자유여행을 선호하는 추세로 변화되고 있다. 가장 대표적인 형태가 배낭여행이다. 개인적으로 하거나 친구들끼리 모여서 배낭여행을 떠나는데, 이는 외국어 실력과도 밀접한 관련이 있다. 구세대에 비하여 영어를 비롯한 외국어를 구사할 줄 아는 젊은 한국인들은 자유여행을 선호하는 편이다.

통계청이 발표한 내용에 따르면 2017년도 한국인 해외여행객 수는 2,650만 명으로 2016년(2,238만 명)보다 412만 명 증가했다.

관광목적지로는 일본(714만 명)이 가장 많았으며, 다음으로 베트남(242만 명), 태국(171만 명), 필리핀(160만 명), 미국(151만 명) 순이었다. 중국으로의 출국은 69만 명으로 여행객 수가 전년도 대비 대폭 감소했으며, 이는 다양한 국제적 이슈로 인한 중국과의 갈등 및 마찰에 기인한 것으로 볼 수 있다.

관광목적지 통계에서 괄목할 만한 것은 동아시아 및 동남아시아 지역으로의 여행이 상당히 증가한 것이다. 관광행동 발생에 영향을 미치는 요인 중 하나가 경제적 요인으로 최근 몇 년간 이어져 오는 국내 경제 불황과 미래에 대한 불확실성이 장거리 여행보다 단거리 여행으로 이끌었다. 이에 따라 지리적으로 가깝고 저가항공사(LCC)의 취항 지역으로 여행경비가 절감되는 동아시아와 동남아시아를 관광목적지로 정한 것으로 볼 수 있다. 이는 '한국인의 해외여행 선택 이유'에 대한 응답에서도 나타나고 있는데 '저렴한 경비'가 단연 1위(43.1%)를 차지했다. 그 뒤를 이어 식도락(36.2%), 휴양(35.7%), 아름다운 자연경관(30.0%) 순이었다.

일본 관광객들은 해외여행 형태에서 패키지 투어 및 단체관광의 비중은 점점 감소하고 있으나 패키지 투어의 비중은 아직 50% 이상을 점유하고 있다. 한편 개별자유여행의 비율은 점차 증가하는 추세이다. 또한 최근 일본인의 해외여행은 아시아권으로 정하는 경우가 많으며 이러한 경향은 지속되고 있다. 미국 하와이, 한국, 대만, 중국은 일본인 해외여행 목적지 중 재방문율이 평균 이상으로 높은 경향을 보이고 있다. 즉 근거리의 친숙한 관광지 또는 미국 하와이와 같이 가족 휴양형 관광지로의 재방문 비율이 높은 편이다.

또한 패키지 투어보다는 개별 자유여행을 선호하며 유명관광지 관광 위주의 단순한 여행보다는 현지의 전통문화 및 현지인의 생활상을 체험할 수 있는 테마가 있는 여행을 선호하는 편이다. 일본인은 집단주의 성향이 상당히 강하다. 이러한 점을 반영하듯 자녀, 배우자, 부모와 함께 가는 가족여행의 비율도 상대적으로 높은 만큼 목적지 결정에 가족들의 선호가 함께 반영된다고 볼 수 있다.

일본인 관광객들의 관광지에서의 주요 관심사는 쇼핑, 자연감상, 세계문화유산 감상 등으로 성별, 연령대별로 주요 활동 및 관심사에서 다소 차이가 있다. 예컨대 젊은 층은 식도락 및 쇼핑, 도시 관광을 선호하며, 고령층은 세계 문화유산 감상, 전통문화 체험 등에 높은 관심을 보이고 있다.

한국관광공사가 조사한 바에 따르면 일본인 관광객의 해외여행지 선호국은 미국, 이탈리아, 대양주, 하와이, 한국 순으로 한국은 일본인이 4~5번째로 연상하는 해외 여행지로 나타나 아시아 국가 중 1위인 것으로 나타났다. 한국은 '가깝고 저렴한 여행지'로서 주로 쇼핑을 즐기며 맛있는 음식을 먹고 돌아오는 도시 관광 위주의 활동적인 관광지 이미지로 형성되어 있다. 또한 한류열풍으로 인한 일본의 새로운 트렌드로 인해 한국 관광에 대한 선호도가 더욱 높아졌다.

중국의 경우는 관광형태가 해당 국가 방문횟수와 성별에 따라 다르게 나타났다. 즉 1회 방문 시에는 언어소통이 어렵고 지리에 익숙하지 않기 때문에 패키지 관광을 더 선호하며, 2회 이상 방문 시에는 여행지에 대한 생소함이 줄어들어 개별관광을 선호한다. 성별로 나누어볼 때 여성보다는 남성이 개별여행을 더 선호하는 것으로 나타났다. 주 여행 국가로는 일본, 한국, 대만, 홍콩 등 주변 국가이다. 국가별 여행 형태는 안전성과 중국어 사용 가능성에 따라 구분된다.

한국은 안전성은 높으나 중국어 사용 가능성이 떨어지므로 개별여행 가능 2순위 국가에 분류되며, 싱가포르, 홍콩, 마카오 등 중화권지역은 안전성과 중국어 가능성이 모두 높은 국가로 개별여행 가능 1순위 국가로 분류되고 있다. 중국 관광객의 한국 관광 비선호자는 보통 남성들이며, 경복궁, 창덕궁 등 관광지는 중국과 유사하지만 규모가 작아서 볼거리가 없다는 평가가 대부분이다. 중국 관광객의 일본에 대한 이미지는 '중국 침략'이란 이미지를 많이 가지고 있으며, 반일 감정을 가지고 있다. 특히 60~70대의 전쟁을 겪은 세대는 일본 여행을 선호하지 않는다고 한다.

같은 중화권지역인 홍콩은 모든 중국인들이 선호하며 필수 여행지로 인식하고 있다. 같은 문화권이지만 홍콩은 동서양의 문화가 융합되어 중국과는 다른 문화 경험을 할 수 있으며, 홍콩은 영어와 중국어를 공용어로 사용하고 있어 중국인들이 관광하는 데 편의성이 좋기 때문인 것으로 나타났다.

다음으로 조금은 낯설지만 점차 국제관광시장에서 주요 관광객으로 부상하고 있는 이슬람 문화권 국가들의 관광지 선호 경향을 살펴보기로 한다. 이슬람 문화권에는 사우디아라비아, 아랍에미리트, 쿠웨이트, 이란, 이라크, 레바논, 바레인, 카타르, 예멘, 오만, 요르단, 터키, 이집트 등이 있다. 이 국가들의 많은 국민이 이슬람을 종교로 가진 무슬림이다.

전 세계의 무슬림에게는 5대 의무가 존재한다.

- 신앙고백 : 알라 이외에 신이 없고 무함마드는 그 사도임
- 예배 : 하루 다섯 차례 성지 메카를 향해 예배드림
- 헌금 : 자카트라고 불리는 자선 또는 희사 행위로 가난하고 불쌍한 사람들에게 금전이나 물품을 제공함
- 단식 : 라마단 1개월 동안 낮에 음식을 먹지 않음
- 성지순례 : 하지라고 부르는 이슬람력 12월의 순례

이 중 성지순례는 무슬림의 영혼을 깨끗하게 만들며, 천국에 들어가는 데 반드시 필요한 무슬림의 다섯 가지 의무 중 하나로, 무슬림은 평생에 최소한 한번은 성지순례를 해야 한다. 종교관광 형태인 성지순례란 바로 이슬람 창시자인 무함마드가 태어나고 이슬람이 태어난 기원지이기도 한 사우디아라비아의 메카로 가서 그들이 14세기 전 무함마드에게 마지막 계시 '코란'이 전달된 언덕 부근에서 며칠 동안 자신들의 죄에 대한 용서를 위한 기도를 하는 것으로 이슬람인으로 태어났다면 일생에 한 번은 꼭 해야 할 종교적 행사이다. 이런 이유에서 많은 무슬림들은 성지순례 등 종교적 관광의 목적으로 사우디아라비아를 많이 선호한다.

성지순례 시에는 약 2백만 명의 무슬림이 매년 참가하며 사우디아라비아의 성지 메카의 Arafat산(무함마드가 계시를 받은 곳)을 순례한다. 특히 메카의 카바신전은 이곳을 숱하게 찾는 많은 순례자들 덕택에 일종의 '종교관광' 명소로서 막대한 수입을 올리고 있다. 이처럼 무슬림들은 개별적인 여행이나 관광보다 종교적 관광을 선호하는 경향이 있다. 현재 사우디아라비아에서는 매해 증가하는 종교적 관광객과 관광산업 육성을 위하여 정부에서 많은 지원을 하고 있다.

2. 관광동기와 관광행동의 차이

각기 다른 방문지는 나름대로 다양한 상품과 서비스로 관광객을 유치하고 있으며, 관광객은 그중에서 선택할 기회를 갖는다. 아이, 수입, 개성, 비용, 거리, 위험, 동기 등의 여러 요인들은 방문지 선택에 영향을 준다. 관광동기는 다이내믹한 개념이기 때문에 개인마다 다르고 국가마다 다르다. 따라서 다른 문화권의 관광 동기 차이를 조사하는 것은 관광객의 가치, 선호, 그리고 행동을 이해한다는 점에서 방문국의 마케터에게는 매우 중요한 일이다.

소비자 행동 연구에 따르면 욕구와 동기는 상호 연관되어 있다. 욕구는 동기를 낳는다. 사람들은 음식, 건강 등 생리적인 욕구 및 모험과 휴식 등의 심리적인 욕구를 충족할 목적으로 여행을 한다. 관광은 매슬로(Maslow)의 욕구단계이론의 생리적인 욕구와는 연관되지 않고 오히려 새로운 친구 만들기나 명성 추구와 연관이 있다. 이와 같이 관광동기는 다차원적이다. 따라서 국내여행이든 해외여행이든 사람들은 다른 이유로 여행한다.

관광동기에 대한 연구는 많이 진행되어 왔는데 관광동기의 이질적인 본성을 조사한 것도 있고, 때와 장소에 따라 관광동기가 변한다는 결과도 있다. 코작(Metin Kozak)은 2002년 관광동기를 국가 및 방문지별로 구분하여 조사하였는데 관광동기는 국가별로 차이가 있고 또한 관광목적지에 따라 동기가 다르다고 하였다. 그는 관광동기를 문화, 즐거움 추구, 휴식, 레저 활동 등의 4가지로 분류하였다. 독일 관광객은 문화와 자연감상을, 영국 관광객은 재미와 사람과의 교류를 더 선호하는 것으로 나타났다.

터키를 방문하는 관광객은 마요르카(Mallorca)를 방문하는 사람보다 문화와 레저 활동에 대한 동기가 강했다. 그러나 휴식이 동기인 경우에는 국가별로 차이가 없었고 하계휴가 목적지에 따른 차이를 보이지 않았다.

관광동기는 관광의사결정과정에서 중요한 통찰력을 주고 관광 중의 행동에도 시사하는 바가 매우 크다. 호프스테드 문화지수는 관광동기 연구에 매우 관련이 깊은데, 그 이유는 문화가치는 라이프스타일이나 동기와 같은 심리적 요인 등에 따라 모든 인간생활에 영향을 주기 때문이다. 예를 들어 개인주의 문화 배경을 가진 관광객이 새로운 경험(novelty)을 찾을 가능성이 높은 반면, 집단주의 문화 배경을 가진 관광객은 가족과 함께 여행하는 것을 가장 중요하게 생각한다(Kim and Lee, 2000).

Kim & Lee(2000)는 앵글로 미국인과 일본인 관광객 사이에 관광동기를 지각하는 요인에 차이가 있음을 밝혀냈는데 일본인 관광객들은 앵글로 미국인보다 위신과 지위, 가족친목을 위한 동기에 더 많은 관심을 보였으며, 반면에 앵글로 미국인 관광객은 일본인 관광객보다 신비감 추구를 더 중요한 동기요인으로 여기는 것으로 분석되었다. 이와 같은 동기의 차이는 앵글로색슨인과 일본인 문화에서 비롯된 것으로 보고 있는데, 특히 앵글로 미국인 관광객들은 개인주의적이고 반면 일본인 관광객은 공동체적 특징을 가지고 있기 때문이라고 설명하고 있다.

문화권에 따라 관광에 대한 사람들의 생각과 관광지에서 행동하는 방식은 차이가 난다. 이런 것은 지역이나 국가에 따른 사람들의 생각과 법률, 라이프스타일의 차이 등과 같은 문화의 차이에 의해 발생된다. 불확실성 회피 정도가 강한 문화권의 관광객들은 회피 정도가 약한 문화권보다 대부분 여행상품을 미리 구매하거나 숙소를 미리 예약하는 경향을 보이고 여행 중에도 이런 위험을 감소시키려고 상당한 노력을 한다. 불확실성 회피가 강한 문화권에서는 위험과 불확실성의 수준이 약간만 있어도 적극적으로 경감시키려는 경향이 있고, 반대로 불확실성 회피가 약한 성향의 문화권에서는 위험과 불확실성의 수준이 어느 정도 높아져서야 비로소 이것을 소극적으로 경감시키려는 행동을 한다.

불확실성 회피 정도가 강한 문화권의 관광객들은 불확실성 회피가 약한 문화권에 비하여 여행 횟수가 적고, 체류시간이 짧고, 여행 일정에서 방문지 수가 적으며, 큰 규모의 그룹으로 여행하는 편이다. 호스트(관광 목적지)와 게스트(관광 송출지) 간의 문화 거리(cultural distance)가 낮을 때 관광 목적지의 불확실성 회피 지수도 낮다. 대부분의 국제 관광객은 관광목적지에 대한 불확실성 회피 지수가 낮기 때문에 혼자 여행하고 더 자주 여행하며, 여행 기간이 길며, 더 많은 곳을 방문한다.

이에 비해 불확실성 회피 정도가 강한 집단주의 문화권인 한국, 중국, 일본에서는 패키지 관광이 아주 일반적이다. 또한 매우 위계질서가 있고 권위를 존중한다. 따라서 패키지 관광프로그램을 실행할 때는 상세한 부분까지 고려해야 하는데, 이런 특징을 반영하여 관광의 구조적 형태를 제공하고, 위험과 불확실성을 최소화하며, 집단적인 사회작용을 위한 기반을 마련해야 한다.

그러나 전형적인 집단주의 문화인 권력 거리가 큰 사회는 상당히 경쟁적이고, 개인은 이런 생활에서 탈출하고 싶은 욕구를 느낀다. 많은 사람들이 해외여행을 통해 새로운 경험을 찾아 나선다. 결국 패키지 관광객들은 자국의 규범을 일탈한 행동을 보이는데 이것은 자국 문화와 일시적인 관광객 문화에서 나온 것이다. 자파리(Jafari) 교수는 "관광객 문화는 역할, 규정, 행동, 관념, 형태, 힘, 기대, 과정, 그리고 활기의 본질 등을 규정하고 재규정한다"고 하였다. 여행을 하면서 관광객은 새로운 정체성을 가진 새로운 사람으로 변형되어 새로운 문화의 매력에 어울리는 생활을 하게 되는데 이것이 '관광객 문화'라는 것이다.

한국인 관광객들도 해외여행을 하면 일상의 문화에서 탈피하는 경향이 있다. 한국 관광객의 문화를 보면 시끄럽게 떠들고, 식당 테이블을 인원수에 맞게 재배치하고,

객실에서 먹고 마시고, 더 극단적인 집단적 행위를 한다. 또한 제시간에 식사를 하지 않으며, 엘리베이터에서 양보하지 않고, 호텔 시설을 아무렇게나 사용한다. 이런 관광객의 행동은 단체여행일 때 빈번히 발생한다. 말하자면 단체여행객의 행동은 국가 문화와 관광객 문화를 합쳐놓은 것이다.

그럼 주요 관광 국가별 관광행동 차이를 살펴보기로 하자. 유럽 사람들은 여름휴가를 위해 1년을 산다는 농담이 있다. 이들은 짧게는 한 달, 길게는 두 달 동안 바캉스를 즐기기 위해 평소 온갖 스트레스를 참아가며 악착같이 저축을 한다. 이들이 휴가기간에 즐겨 찾는 곳이 유럽 곳곳에서 열리는 공연예술 축제이다. 프랑스 아비뇽, 영국 에든버러, 독일 바이로이트, 이탈리아 베로나, 오스트리아 잘츠부르크 등 100여 개의 크고 작은 공연예술 축제는 휴가와 공연을 함께 즐기려는 사람들로 넘쳐난다. 유럽인들은 이처럼 문화예술적 성향이 짙은 관광지 방문을 선호하며 그곳에서 쌓였던 피로와 스트레스를 날려 버린다.

유럽인들은 '휴양지에서 움직임은 적게, 여유는 많게'라는 개념이 자리 잡고 있다. 한곳에서 오래 머무는 체류형태의 여행을 즐기면서 그 지역의 문화를 체험하고 그곳에서 휴식을 취하며 일상에서 벗어나 조용함과 새로움을 즐긴다. 유럽인이 가장 좋아하는 관광지는 '몰디브'로 7~8월 관광객의 95%가 유럽인이라고 한다.

프랑스인은 한곳에 오래 머무르기보다는 단기간으로 여러 번 가는 추세이다. 이탈리아나 스페인 사람들은 대가족 단위로 장기여행을 선호하는 반면, 프랑스 사람들은 국민성 때문인지 혼자나 커플형태로 단기여행을 자주 다니는 편이다. 프랑스인은 배낭 메고 반바지 차림으로 떠나 민박집에 머물더라도 공연장에 가기 위해 드레스는 반드시 준비해야 한다는 사고를 갖고 있다.

프랑스인들은 1년의 반은 바캉스 계획을 짜느라 보내고 나머지 반은 바캉스 갔다 온 이야기를 하며 보낸다는 말이 있다. 이런 생활의 필수품인 바캉스를 잘 즐기려는 노력은 남다르다. 지하철 광고를 보고 갑자기 결정하기도 하지만, 6개월이나 1년 전부터 여행사를 찾아 꼼꼼히 따지고 가이드북을 사서 '공부'에 들어가는 이들이 많다.

프랑스의 바캉스는 세 개의 시즌으로 나누어지고 그 하나는 8월이며, 그 외에 '노엘(크리스마스) 바캉스', 2월의 '스키 바캉스'가 있다.

또한 프랑스인들이 가장 즐기는 여가생활 중 하나는 영화 관람이다. 프랑스를 여행해 보면 저녁 무렵 영화관 앞에 줄지어 서 있는 프랑스인들의 모습을 쉽게 볼 수 있다. 우루과이 협상 때도 '문화적 예외'를 주장해 협상 대상에서 문화 분야를 제외시킨 것이 프랑스일 정도로 프랑스인들은 영화를 혼과 정신의 반영이라고 굳게 믿고 있다.

영국인들은 외향성이 있다. 영국인들은 연령층을 막론하고 세계 각국으로의 여행을 즐긴다. 통상 수입의 상당부분을 저축하여 해외여행 경비로 충당하며, 1년 내내 휴가계획을 세운다고 해도 과언이 아닐 정도로 여행을 좋아한다.

영국근로자들이 가장 선호하는 휴가기간은 다소 예외가 있을 수 있지만 7, 8월을 정점으로 한 여름휴가와 크리스마스 시즌의 겨울휴가로 구별된다. 특히 여름휴가는 다른 나라로의 여행을 중심으로 이루어지고 있으며, 크리스마스 시즌은 가족단위의 만남을 중심으로 진행된다고 볼 수 있다.

여기에서 유럽지역 관광객들이 한국을 방문해서 행하는 문화관광 활동 선호도를 알아보면 다음과 같다. 전통성을 중시하는 유럽인의 성향을 말해 주듯 한국 전통 문화체험이 선두이다. 그다음으로 고궁 및 역사유적지 방문, 민속축제, 이벤트 행사 관람, 박물관 관람, 예술 공연 및 작품 감상, 쇼핑, 놀이공원(테마파크) 방문, 카지노 등 오락활동 순이다.

미국인은 관광동기가 정치, 문화, 역사, 습관, 음식, 언어 등 색다른 것에 대한 견문과 체험인 것으로 보고되고 있다. 프랑스와 비슷하게 여러 곳을 표면적으로 구경하는 것보다 적은 장소를 깊게 보고 싶어 한다. 그래서 시골을 여행하는 것도 좋아하고 거리를 목적 없이 배회하기도 하고, 카페에 들르기도 하여 그 지역 사람과 사귀거나 그 곳에 사는 척하는 것을 중요하게 생각한다. 바꾸어 말하면 그 지역의 문화에 동화되는 것을 중요하게 생각한다는 것이다. 그래서 숙박을 할 때에도 상당수의 미국인이 유료의 개인 주택에서 숙박할 의사를 보인다.

미국의 명절은 12월에 크리스마스와 신년을 겸하여 Big Holiday, 2월 Valentine Day, 4월 Easter, 5월 Mother's Day, 6월 Father's Day, 7월 Independence Day, 10월 Halloween Day, 11월 Thank's Giving Day 등이다. 미국은 서로 다른 민족들이 모여 나라를 이루고 사는 다민족 국가이지만 이날은 거의 모든 국민이 민족과 종족에 관계없이 즐기고 논다. 명절날은 그날의 의미에 맞게 행사를 하고 개개인은 휴가를 즐겨 여행을 가기도 하고 가족과 친구들에게 선물을 주고받으며 즐긴다.

중국 해외관광객은 중국 정부의 여유법(旅游法: 여행법) 개정 이후 급증하는 추세이다. 2018년 중국인 해외여행객 수는 9,750만 명으로 추산되며, 단체 37.4%, 개별(Air-tel 포함) 62.5%의 구성이다. 2030년에는 2억 5,900만 명으로 세계 최다 기록을 내다보고 있으며, 이는 중국의 가계소득이 계속 오르고 있어 중산층이 증가하고 있기 때문이다. 현재 세계에서 해외여행을 가장 많이 하는 사람은 미국인으로 2018년 1억 1,517만 명이 해외여행을 떠났다. 그러나 2030년에는 중국에게 이 자리를 뺏길 전망이다.

2018년 중국 관광객의 해외소비액은 1,286억 달러(1인 240만 원 정도)로 세계 최다이다. 한 가지 예로 중국 관광객이 스페인 관광에 지출하는 평균 소비는 2,500유로에 달해 다른 나라 관광객들의 740유로를 압도하고 있다.

최근 중국 관광객을 적극적으로 유치하려는 세계 도처의 도시에서는 갈수록 '고급관광'을 요구하는 중국 관광객들을 위해 영혼과 감정적 상품인 체험관광상품을 대거 출시하고 있다. 또한 패키지 관광에서 자유여행과 소그룹 여행에 대한 선호도가 높게 나타나고 있다는 점과 중국인들의 관광피크타임이 10월과 2월인 점을 고려한 관광상품 제시가 속도를 내고 있다.

중국 관광객이 선호하는 도시는 서울, 부산, 삿뽀로, 전남 광주, 파리, 런던, 로마, 베를린, 워싱턴, 로스엔젤레스 순이다.

2018년 1분기(1~6월)에 방한한 중국 관광객은 217만 명이었으며, 2분기(7~12월)에는 이보다 51.7% 증가세로 전환했다. 방한 중국 관광객의 주요활동은 쇼핑(82.8%), 식도락(47.7%), 유흥 · 오락(11.4%) 순이며, 1인당 방한 여행 지출 경비는 2,026달러이다.

출처: http://image.search.naver.com(한국을 방문한 중국 관광객)

다음으로 일본 관광객의 관광행동을 살펴보기로 한다. 이는 방한 일본 관광객의 행태를 살펴보면 전반적인 일본 관광객의 관광행동의 윤곽이 드러날 것으로 판단된다. 한국관광공사는 데이터분석업체 다음 소프트와 2010년부터 2014년까지 야후재팬 등 26개 사이트에서 약 150만 건의 한국여행관련 코멘트를 모아 일본 관광객의 방한관광에 대한 내면 심리를 분석하였다. 이 분석에 따른 일본인 관광행태 트렌드 변화의 주요 내용은 다음과 같다.

최근 일본인들에게 부상하는 지방관광지로는 대전, 전주, 진해 등으로 언급되고 있다. 상대적으로 기존 유명 관광지인 부산, 경주는 관심도가 떨어지고 있다. 대전은 KTX를 이용한 근거리 관광지로서 일본인이 좋아하는 온천이 가까우며, 전주한옥마을, 진해 벚꽃축제 등 특정 테마가 있는 곳이 인기였다. 서울의 관광지는 서촌, 가로수길, 이화마을 등으로 숨은 골목까지 직접 지도를 들고 찾으러 다니는 관광객 수가 늘고 있다. 제주, 안동, 인천, 수원 등은 세계자연유산, 문화유산 보유지로 인기가 높았으며, 특히 수원의 경우 세계문화유산인 수원화성과 수원왕갈비 등이 동시에 언급되며 매력적인 관광지로 꼽히고 있었다. 이것은 세계문화유산에 매우 관심이 높은 일본인 특성상 최근에 세계문화유산으로 지정된 광주의 남한산성 등과 연계하여 경기권역 세계문화유산 투어가 유망함을 알 수 있는 대목이다.

출처: http://blog.naver.com/kotour21(한국을 방문한 일본 관광객)

일본 관광객에게 음식은 전통적인 먹거리보다 2011년 이후 돼지갈비가 뜨는 아이템이었고, 2011년 대비 언급량이 2배 이상 늘어났다. 젊은 여성층 중심으로는 디저트, 팬케이크 등 단 음식에 대한 관심도가 높게 나타났다.

또한 서울을 방문하는 일본인 개별관광객의 절대 다수가 명동-서울역-명동 패턴의 동선으로 움직이고 있다. 이러한 동선의 형성은 김과 과자류를 사기 위해 대형마트를 방문하는 일본 관광객이 늘고 있기 때문으로 파악된다. 외래 관광객 실태조사에 나타난 일본인 관광객의 1인당 소비액이 타 국가에 비해 낮은 수준(2013년 기준 990달러)인데, 빅데이터 조사 결과 전통 차, 과자 등 작고 저렴한 물건을 선물로 고르는 행태에 기인한 것을 알 수 있다.

한국인은 기획여행 상품에서 많이 보는 것처럼 유럽 5개국 6박 7일 일정이나 동남아 3개국 5박 6일 일정처럼 짧은 시간에 여러 곳을 여행하려고 한다. 대학생이나 퇴직자 등을 제외하고는 일주일 이하의 짧은 일정에 사람들이 많이 몰리는 실정이다. 한국은 해외여행이 대중화되었다고는 하지만 과시적이고 자랑하기 위한 여행이 아직 많기 때문에 관광목적지에서 그 지역의 문화를 이해하고 느끼기 위한 여행보다 여러 곳을 가서 사진을 많이 찍고 갈 곳을 늘리는 형태의 여행이 많다.

물론 이런 원인이 과시적이고 자랑하기 위함만은 아니다. 한국의 대학생들은 서로 모여서 이런 이야기를 한다. “대학 졸업하기 전에 배낭여행 한번 가자.” 이런 말에는 우리나라의 여행 문화가 들어 있다고 볼 수 있다. 취업을 하게 되면 연차와 월차라는 것이 분명 존재하지만 그런 것을 쓰기 힘든 기업문화가 아직은 많이 남아 있기 때문이다. 그래서 대학을 졸업하고 사회인이 되었을 때 여름휴가, 추석이나 설 명절, 신혼여행이 되더라도 일주일 이상 여행하기에는 힘든 것이 현실이다.

3. 휴가제도와 휴가인식의 차이

여행 동기, 선호되는 관광자원, 휴가제도와 이의 사용, 휴가에 대한 인식, 그리고 휴가행태 차이에 대한 관광객의 국적별 이해는 방한 외래 관광객에게 차별화된 서비스를 제공하는 데 큰 도움을 줄 수 있다. 따라서 본 절에서는 이 중 휴가제도와 휴가인식 차이에 대해서 살펴보기로 한다.

3.1 휴가제도

한국에서 휴가를 사용하는 층은 공무원과 일반 기업 근로자로 볼 수 있다. 공무원은 '국가 공무원 복무규정'에 의거하여 연가, 병가, 공가, 특별휴가를 부여받게 되어 있다. 기업 근로자는 「근로기준법」에 의거한 법정 휴가와 단체협약 혹은 취업규칙 등에 의해 사용자와 근로자가 협정한 약정휴가를 부여받는다. 법정휴가에는 연차휴가, 생리휴가, 산전후휴가 등이 포함되며, 이 중 생리휴가는 무급휴가이다. 월차 및 연차휴가는 1953년에 제정된 「근로기준법」이 1989년 법령 일부 개정을 통해 부여일수가 상향 조정되었으며, 주 40시간제 도입에 따른 법 개정(2004. 7. 1시행)에 의해 월차휴가는 폐지되었다. 주 40시간 근무제도 도입 후 연차유급휴가 사용촉진제를 신설하여, 근로자에 대하여 휴가사용 촉진조치를 취한 사용자는 근로자의 미사용 연차휴가에 대한 보상비 지급을 면제하도록 규정하고 있다.

2014년 2월에는 박근혜 대통령이 '국내관광 활성화 정책'을 밝히는 자리에서 대체휴일제나 근로자 휴가지원제도 등의 정책을 적극 추진해서 국내 여행 수요를 창출하겠다고 밝혔다. 이에 정부는 '근로자 휴가지원제도'를 마련했는데, 내용은 근로자가 국내 관광지로 휴가를 갈 경우 정부와 회사가 각각 휴가비 10만 원씩을 지원하도록 한 것이다. 또한 매년 5월과 9월 중 각각 11일간(연 22일 동안)을 '관광주간'으로 지정해서 이 기간 초 · 중 · 고교는 단기방학을, 기업은 휴가분산을 유도하고, 여행을 떠나는 국민들에게 교통 · 숙박 요금 등 여행비용까지 할인하는 제도적 장치를 마련하였다.

미국의 경우 기업과 공공기간이 근로자에게 제공하는 휴가에는 연차휴가, 병가, 위로휴가 등의 유급휴가와 가족 의료 휴가법(family and medical: FAML)에 의거한 무급휴가 등이 있다. 통상적으로 휴가의 전반적 사항은 사용자와 피고용인 간 근로계약에 의해 결정되는 것으로 인식되고 있으므로, 연방 노동법에서 휴가제도에 대한 규정은 엄격하지 않은 편이다. 법적으로 규정된 휴가방식이 존재하지 않으며, 노사 간 계약에 의해 휴가제도 운영방식의 차이가 존재한다. 연차유급휴가일 수는 근속연수에 따라 차등 부여하며, 평균적으로 1년차의 경우 연간 10일, 15년 이상 장기 근속자의 경우 연간 25일 수준이다. 또한 미사용 연차유급휴가에 대해서는 기업별로 결정된 근로 계약조건에 따라 다양한 방식으로 처리되고 있다. 즉 자동 소멸방식, 미사용 휴가일수에 근거한 보상비 지급방식, 다음 해 이월 축적 방식(축적 최대일수는 제한) 등이 있다.

영국은 노동법에 의거하여 통상 민간기업이 근로자에게 부여하는 연차유급휴가일수는 평균 24일 수준이며, 이외에 특별휴가가 존재한다. 연차유급휴가는 개별기업이 자율적으로 결정해야 할 사안으로 간주되고 있다. 근로자의 미사용 휴가에 대해 보상비를 지급하는 연차유급휴가 보상비제도는 일반적으로 시행하지 않고 있으며, 극히 소수의 기업에서 보상비를 지급하는 사례는 존재하고 있다.

독일은 근로자에게 연방연차휴가법에 의거 연간 총 24일의 휴가를 부여하고 있다. 단, 독일의 경우에는 복지성격의 특별휴가가 많다. 연방연차 휴가법 제4조에 의거하여 휴가 청구권은 6개월 근속 후에 발생하며, 연소자근로자보호법 제19조에 따라 연소자에게는 각 연령별로 25~30일의 휴가를 부여하고 있다. 또한 중장애자법 제47조에 의거 중증장애자는 5일의 추가 휴가를 부여받는다. 미사용 휴가에 대해 보상비를 지급하는 것은 연방연차휴가법을 위반하는 것으로 간주하므로 연차유급휴가 보상비제도는 원칙적으로 시행하지 않고 있다.

직업소개전문 기업인 Regus에서 전 세계 2만 6천여 명을 대상으로 한 여론조사에 의하면, 미국인 응답자의 79%가 휴가기간 동안 일을 하겠다고 응답했으며, 독일은 36%가 바캉스 기간 동안 일을 하겠다고 대답했다. 2013년 조사에 의하면 여름 바캉스를 떠나는 프랑스 직장인의 비율은 62%이며, 이들 중 45%가 휴가 중에도 일을 계속한다고 대답했다. 휴가 중에도 일을 한다고 대답한 프랑스 직장인의 35%는 바캉스 기간 중 하루에 1~3시간, 응답자의 10%는 3시간 이상 일을 한다고 대답했다. 구체적으로 하는 일에 대해서는 중요 이메일 확인 및 답장 보내기, 화상회의 및 밀린 서류검토 등이 있었다. 이와 같은 현상은 스마트폰 혹은 태블릿 PC 등의 디지털 기술 발달로 인한 디지털 기기 금단 증세와도 연관이 된다.

프랑스 노동부에 의하면 프랑스인들의 2011년 주간 평균 근로시간은 39.5시간으로 EU의 40.3시간과 큰 차이가 나지 않는다. 프랑스는 1998년 한때 법정 주간 노동시간을 35시간으로 줄인 바 있다. 영국인은 42.4시간, 독일은 41시간, 그 아래로 벨기에인, 핀란드인, 네덜란드인, 이탈리아인, 아일랜드인, 덴마크인이다.

일본은 6개월 근속 시 10일, 이후 1년 단위로 1일씩 가산하되 6.5년에 20일 상한을 설정하고 있다. 1987년 노동기준법 개정을 통해 연차유급휴가 최저부여일수가 6일에서 10일로 증가되었으며, 1998년 이전 총 20일 연차휴가를 취득하는 데 10.5년이 소요되었으나, 1998년 노동기준법 개정으로 2001년부터 6.5년으로 단축되었다.

일본 근로자의 경우 과도한 업무 및 대체인력 부족 등으로 인해 연차유급휴가 사용률은 평균 47.1% 수준이며, 매년 근로자에 대한 휴가부여일수는 점차 증가하고 있으나 사용률은 정체상태에 있다. 일본 근로자의 평균 유급휴일은 17.9일이며, 평균적으로 8.5일을 사용하고 있다. 일본은 연차휴가 미사용에 대한 보상비 지급 규정이 없으므로 4억일 분의 노동비용은 결과적으로 기업 편익으로 이전된다. 일본 근로자들이 연차유급휴가를 자유롭게 사용하지 못하는 이유는 대체인력 부족(42.1%), 업무과중(36.8%), 향후 질병 발생 시 사용 계획(21.7%) 등으로 나타났다.

또한 일본은 일정한 요건을 충족한 근로자에 대해 동일한 수준의 연차유급휴가일수가 부여되고 있으나 사용률은 기업규모 및 업종에 따라 차이가 발생하고 있다. 일본의 근로자가 모두 연차유급휴가를 받는 것은 아니다. 농림수산 및 축산업 등 노동기준법의 적용대상이 아닌 경우는 연차유급휴가를 부여받지 못하고 있다. 여기에 해당하는 근로자는 전체의 42% 수준에 달한다.

2007년 중국 국무원이 공표한 근로자유급휴가규정(職工帶薪年休假規定)에서는 1년 이상 근무한 근로자의 경우 연차유급휴가 취득권리가 발생함을 명시했다. 연차유급휴가부여일수는 1년 이상~10년 미만의 경우 5일, 10년 이상~20년 미만의 경우 10일, 20년 이상에 대해서는 15일을 보장한다. 단, 법정공휴일 및 일요일은 휴가일수에서 제외함을 원칙으로 하고 있다. 또한 사용자가 운영상의 필요에 의해 근로자에게 연차유급휴가를 부여하지 못하는 경우에는 근로자에 대해 정상임금 및 복지대우 이외에 보상비를 지급해야 한다는 의무를 규정하고 있다.

3.2 휴가에 대한 인식

휴가를 위해 일하는 프랑스인과 일의 효율성을 높이기 위해 휴가를 가지는 영국인 간의 가치관 논쟁은 오래전부터 충돌하고 있다. 프랑스인들이 가장 맛없는 음식을 부를 때 '영국음식(요리라고 하지 않음)'이라고 하듯이 영국인들은 가장 나태하고 효율성이 떨어지는 일을 '프랑스인의 바캉스'라 부른다. 이러한 것은 영국과 프랑스의 오랜 갈등에서 기인된 것도 있지만, 프랑스인들이 바캉스를 단순하게 일을 중단하고 여행이나 삶을 즐기는 도구라기보다 삶의 모든 예외를 인정할 수 있는 아주 특별한 의미로 생각하기 때문이다. 합리성을 추구하는 영국인으로서는 이에 대해 다소 냉소적으로 반응한다고 할 수 있다. 최근 영국에서는 이러한 휴가에 대해 예전과는 달리 좀 더 프랑스에 가까운 쪽으로 의미를 찾으려는 경향이 짙어지고 있다.

한국인의 휴가인식은 단기간에 집중적으로 사용하는 것으로 되어 있다. 그중에서도 여름에 가장 많은 휴가를 사용하고 휴가비용이 가장 높게 나타났다. 휴가를 단기간 사용해야 한다는 인식은 동양적 사고에서 기인하는 것으로 한국 및 일본에서는 '조직을 위한 개인 생활 포기' 및 '장시간 노동'이 일종의 미덕인 것으로 인식되고 있는 경향이 오래전부터 남아 있기 때문이다. 물론 최근에는 이러한 경향이 완화되긴 했지만 사회 기득권층에서는 여전히 남아 있는 사고이다. 현재 많은 직장에서는 휴가 사용에 대하여 경직되고 수직적인 직장문화로 인하여 의무적으로 사용해야 하는 휴가가 아닌 휴가는 거의 사용하지 않는다.

이를 증명하듯 2015년 글로벌 온라인 여행사 익스피디아가 조사한 바에 따르면 우리나라 직장인 10명 가운데 7명은 일 년에 연차휴가를 열흘도 채 쓰지 못하는 것으로 나타났다. 설문조사는 20~40대 한국 남녀 직장인 1천 명을 대상으로 실시되었는데 유급휴가 사용 관련 설문조사에서는 70.3%가 유급휴가를 10일 미만으로 썼다고 대답했다. 휴가를 4~6일 사용한 직장인(25.1%)이 가장 많았으며, 휴가를 단 하루도 사용하지 못한 직장인도 12.3%에 이른다. 이들이 휴가를 제대로 사용하지 못하는 이유에서 가장 많은 수(51.5%)가 '직장 상사와 동료의 눈치'라고 답했다. 이렇듯 한국 사회는 여전히 조직을 위해서 개인 생활을 포기하는 경우가 많다(연합뉴스, 2015. 4. 20.).

또한 대부분의 한국인의 경우 휴가나 여가활동에 대한 지출보다는 자녀 사교육, 노후대책, 금융상품 구입, 주택마련 등을 위한 가계지출 범위가 넓은 경향이 있어서 휴가에 대한 중요성이 낮다.

한편 미주 및 유럽지역에서는 장기휴가 문화가 원활하게 정착되고 휴가사용률이 월등히 높다. 그 이유로는 근로와 휴가를 각각 독립된 것으로 인정하는 근로환경과 근로자 복지 및 가족문화를 중요하게 간주하는 인식 때문이다. 이들의 휴가인식은 모든 업무를 처리한 후 잔여시간을 휴가로 사용할 수 있다는 논리가 아니라, 휴가는 근로를 통해 발생하는 것이므로 근로자 개인의 당연한 권리로 간주하고 있다. 또한 미주 및 유럽에서는 근로 후 노동능력 재충전과 개인 생활 관리를 위한 여가시간도 중요한 사안으로 생각한다. 연간 소득을 휴가 때 소진하는 경향도 있다.

이상에서 살펴본 한국인과 외국인의 휴가인식 차이를 정리해 보면 다음과 같다. 미주 및 유럽국가와 비교하여 한국 직장인들의 휴가사용률이 현저히 낮은 것은 휴가에 대한 가치관 및 제도적 차이가 주된 원인이다. 구체적으로 미주 및 유럽국가에서는 휴가를 근로제공을 통해 획득하는 당연한 개인권리로 인식하는 반면, 우리나라와 일본에서는 개인보다 조직을 우선하는 까닭으로 인해 휴가는 근로와 종속관계로 간주하는 경향이 있다. 또한 미주 및 유럽국가에서 휴가는 지극히 개인을 위한 시간으로 생각하여 여가활동과 여행 등을 즐기지만, 한국의 휴가는 가족과 함께하는 경향이 있어 단체여행에 편중되어 있고 여가활동 등도 활발하지 않은 편이다.

3.3 휴가 행태 차이

휴가 행태는 국가별로 차이가 난다. 우선 바캉스의 원조인 프랑스에 대해 살펴보면 다음과 같다. 앞서 언급한 바와 같이 프랑스의 본격 여름 바캉스 시즌은 7~8월이고 그 외에 '노엘(크리스마스) 바캉스', 2월의 '스키 바캉스'가 대표적이다. 최근 프랑스인의 휴가기간이 종전보다 짧아지고 휴가 경비도 줄어든 것으로 나타났다. 프랑스의 직장인들은 바캉스 시즌에 대개 2주에서 3주씩 휴가를 떠난다. 프랑스인들은 남쪽으로 바캉스 떠나는 것을 무척 좋아한다. 주로 스페인, 이탈리아, 터키, 그리스, 포르투갈 혹은 북아프리카로 떠나며 국내에서 여행하는 사람들은 지중해가 있는 니스, 코르시카 등 남부 프랑스로 혹은 애틀랜틱 해변이 있는 브르타뉴 지방으로 떠난다. 특히 나폴레옹이 태어난 곳으로 유명한 코르시카 섬은 정말 사랑받는 휴양지이다.

프랑스인의 휴가 활용 성향도 유형별로 다양하다. 첫째, 애국형이다. 프랑스에도 볼 게 많다는 것이다. 그래서 프랑스에서 즐긴다. 10명 중 8명꼴이 여기에 속한다. 둘째, 장기 체류 및 소비 지향형이다. 휴가 일수가 길어 휴가를 위해서라면 1년간 모아뒀던 돈을 쓰는 것을 아끼지 않는 것이 평소 검소한 유럽인들의 전반적 특성이다. 거기에 프랑스인들은 한술 더 떠서 2002년 유럽 국가 중 휴가 비용 지출과 여행지 체류기간 최다라는 기록을 남겼다.

셋째, 바다로, 산으로 형이다. 모든 유럽인의 희망사항이 바캉스 기간 동안 바다로 가는 것이라면 프랑스인들은 거기에 '엽록소'를 더하고자 한다. 즉 프랑스인의 주된 바캉스 체류 희망지역은 바다와 산이다. 넷째, 휴식 · 문화 체험형이 있다. 의미 없이 휴가를 놀고먹기 전용으로만 사용할 것이 아니라 피서지의 문화를 체험하고 견문을 넓히는 기회로 삼는다. 문화대국 프랑스의 국민은 어디서 뭘 해도 문화활동을 하고자 한다. 다섯째, 단기간 · 다수휴가 즐기기 형이다. 최근 들어 바캉스 기간 중 '피서지'로 떠나는 기간은 줄어드는 경향이다. 특히 사람들이 붐비는 여름 바캉스 기간 중 '피서지'를 찾아 떠나는 기간은 현격히 줄어들어 현재 13.5일인 것으로 드러났다.

여가나 휴가기간에 프랑스인들이 활동하는 것은 다른 유럽인들과 비슷하다. 살펴보면 휴식(59%), 문화 체험(55%), 가족 방문(36%), 스포츠 활동(14%) 등의 순으로 나타났다. 이웃 유럽 국가들과 차이가 있다면 정원을 손질하고 집안 단장을 하는 등 집안 꾸미기가 21%를 차지해 스포츠 활동보다 높다. 즉 휴가를 떠나는 것뿐 아니라 집안을 단장하는 일에도 열성을 보여, 평소에 '집안에서 뒹굴기'를 좋아하는 프랑스인들이 집에 보이는 애착을 나타낸다.

또한 프랑스인들은 휴가를 문화 체험과 밀접히 연관시킨다. 가장 인기 있는 아이템은 도시 탐방(57%), 문화유산 방문(42%), 축제 참가(40%), 박물관 탐방(34%) 등이다. 이들의 다양한 바캉스 활동이 보여주듯, 프랑스인에게 있어 바캉스는 평소에 할 수 없었던 활동과 휴식을 통해 일상에 지친 몸과 마음을 치유하고, '쉼' 가운데 가능한 활동을 통해 인생의 또 다른 가치를 발견하게 하는 창조적인 역할의 비중이 크다.

영국은 대부분 맞벌이를 하는 부부가 많으므로 어린 자녀를 둔 경우 사실상의 휴가는 방학기간 중 자녀들을 돌보는 시간으로 많이 활용하고 있다. 특히 14세 이하 어린이의 경우 혼자 방치하게 되면 Social Service상의 문제로 인해 자녀와 격리되어야 하는 경우가 발생할 수 있으므로 이런 어린 자녀를 가진 부부들은 교대로 휴가를 신청하여 자녀를 돌보는 경우가 허다하다.

영국 근로자들이 가장 선호하는 휴가기간은 다소 예외가 있을 수 있지만, 7, 8월을 정점으로 한 여름휴가와 크리스마스 시즌의 겨울휴가로 구별된다. 특히 여름휴가는 다른 나라로의 여행을 중심으로 이루어지고 있으며, 크리스마스 시즌은 가족단위의 만남을 중심으로 진행된다고 볼 수 있다.

북유럽 사람들의 경우에는 '여윳돈을 휴가기간에 사용하는 것이 가장 큰 즐거움'이라고 말해 생필품 구입보다는 휴가 활동에 치중하고 있는 것으로 나타났다. 북유럽의 경우 여름휴가의 시작은 Midsummer(夏至)부터이다. 백야로 인해 일 년 중 가장 소중하게 긴 하루하루를 즐기는 북유럽인들에게 Midsummer는 한여름날의 절정을 상징하는 큰 축제의 의미를 지닌다. 이날은 북유럽뿐 아니라 독일을 비롯한 유럽 여러 나라에서 기념하는 날이기도 하다. 예수보다 6개월 먼저 태어난 세례자 요한의 축일(St. John's day)이란 종교적인 의미로 해석하고 기념하는 것이기도 하지만, 전통적인 관습과 의미로서 기념하고 즐기는 것이다. 북유럽, 특히 스웨덴과 핀란드에서는 Midsummer Eve인 금요일을 공휴일로 쉬며 다양한 전통을 지킨다. Midsummer의 밝은 밤에 다 함께 축제를 즐긴다. 이와 관련하여 북유럽인들은 도시를 벗어난 휴가 별장(Vacation Home)에 대해 중요한 의미를 부여하고 있다.

미국의 휴가기간은 한국과 비슷한 7~8월로 특히 추수감사절이나 크리스마스도 휴가철에 포함된다. 그러나 그리 길게 모아서 쓰지 못하는 직장이 많아서 보통 짧게 여러 번 간다. 미국은 서로 다른 민족들이 모여 나라를 이루고 사는 다민족 국가이지만 이날은 거의 모든 국민이 민족과 종족에 관계없이 즐기고 논다. 명절날은 그날의 의미에 맞게 행사를 하고 개개인은 휴가를 즐겨 여행을 가기도 하고 가족과 친구들에게 선물을 주고받으며 즐긴다.

한국인 직장인에게 '돈과 여가' 중 선택하라면 무엇을 고를까? 우리나라 직장인 10명 중 6명은 돈보다 여가시간이 더 중요하다고 답했다. 취업포털 커리어가 직장인 858명을 대상으로 '돈과 여가생활'을 주제로 설문조사를 실시하였다. '임금 상승과 여가시간 증가' 중 선택하라는 질문에 64.10%가 '여가시간 증가'를 선택했다. 반면 '임금 상승'을 선택한 직장인은 35.90%에 그쳤다. 늘어난 여가시간에 무엇을 하고 싶으냐는 질문에는 '휴식 · 여행(51.25%)'을 1위로 꼽았다. 그 다음으로는 '운동 · 건강관리(17.50%)', '자기계발 · 공부(16.25%)', '취미생활(15.0%)' 순이었다.

근로기준법상 법정 노동시간은 주당 40시간, 직장인 37.50%도 적당한 주당 노동시간이 얼마냐는 질문에 '37~40시간'을 첫 손에 꼽았다. 주당 1일 7~8시간씩 주 5일을 근무하는 셈이다. 이어 '41~45시간(17.50%)', '33~36시간(16.25%)', '30~32시간(11.25%)', '30시간 미만(10.0%)', '46시간 이상(7.50%)' 등이 뒤를 이었다(동아일보, 2015).

한국 직장인이 휴가를 내기 어려운 이유로는 '동료와 휴가기간을 맞추기 어렵기 때문'이라는 응답이 36%에 달했고, '시간적 · 경제적 여유가 부족하다'는 답이 27%로 나타났다. 한국인의 휴가가 짧은 이유로는 근로시간이 다른 나라에 비해 길다는 것도 한 몫 한다. 세계경제개발협력기구(OECD)에 의하면 한국인은 산업국가들 중에서 근로시간이 긴 나라에 속한다. 일 년에 평균 2,256시간을 일하는데 이는 미국의 1,778시간, 영국의 1,647시간과 대비된다. 앞서 언급한 것과 같이 일 년에 평균적으로 휴가를 가는 일수는 10일인데 이것마저도 조금씩 나누어 가는 것이 보통이다. 이렇게 노동시간이 길지만 생산성은 OECD국가 중 가장 낮다.

한국 근로자들의 휴가에 대한 이러한 행태는 어디에서 기인한 것일까? 그 답의 단서는 한국의 휴가 문화에 있다. 한국의 근로자들은 자신들이 휴가를 가면 자신이 맡은 일자리가 꼭 필요한 것이 아닐 수 있는 것으로 보여질까봐 두려워한다. 이런 문화가 바뀌려면 상당히 걸릴 것이고, 어떤 경우에는 특단의 조치를 취하지 않으면 안 될 것이다(BBC News, 2011). 파이낸셜 타임스(FT) 독일판(2011년 7월 25일자)에 '한국인은 휴가를 통해 충전하기보다는 더 일하기를 원하고 이를 통해 추가 보너스와 칭찬받기를 원한다'고 하였다.

프랑스의 진짜 바캉스는 9월에 시작된다?

프랑스에서 6월 말~7월 초 공식적인 바캉스가 시작된 후, 여행지로 대거 떠나는 행렬을 '그랑 데파르(Grand de ′ part)'라 한다. '바캉스 9월 시작설'은 여행이라면 사족을 못 쓰는 프랑스인들이 일터로 복귀하자마자 또 다른 바캉스 계획을 잡기 시작한다는 뜻에서 붙은 우스갯소리다. 프랑스에서 최소 한 달은 된다는 '여름 바캉스' 외에 '노엘(크리스마스) 바캉스', 2월의 '스키 바캉스'가 대표적이다.

여름 바캉스의 경우 기간이 한 달 반 가까이 되다 보니, 프랑스 내 다른 도시에 한 번 다녀온 뒤 외국으로 한 번 더 다녀오는 경우도 많다. 애인이랑 다녀온 뒤 가족들과 또 떠나는가 하면 부모의 이혼으로 헤어진 아이들은 친아빠 가족들과 한 번, 친엄마 가족들과 또 한 번 떠나는 풍경들이 펼쳐진다.

'바캉스(vacance)'라는 단어는 프랑스어다. 라틴어로 '빈자리'나 '공허함'을 뜻하는 '바누스(vanus)'나 '무엇으로부터 자유로워지는 것'을 뜻하는 '바카티오(vacatio)'에 그 어원을 둔다. 바캉스는 원래 단순히 '휴가'를 뜻했는데, 프랑스인들이 워낙 떠들썩하게 여행을 즐기는 통에 마치 이름난 휴양지나 바닷가로 떠나야 하는 것처럼 인식됐다고 한다.

그들에게 바캉스는 밥 먹고 일하는 지극히 당연한 '일상생활'의 하나이다. 한국에선 대개 여름철에 일주일에서 열흘 정도 휴가 간다고 하면 대부분의 프랑스인들은 "그럼 여행은 언제 가는데? 진짜 바캉스는 언제냐?"고 되묻는다.

프랑스인들에게 바캉스는 이처럼 삶의 큰 의미이자 일하는 이유 가운데 하나이다. 1936년부터 실시되어 온 프랑스 유급휴가제도는 회사별로 매년, 휴가기간이 5월 1일부터 10월 31일까지 길게는 4~5주까지 여름휴가를 계획할 수 있도록 되어 있다.

프랑스인들이 주로 가는 휴가지는 '니스와 모나코', '마르세유', '프로방스의 아름다운 마을인 아를' 등 개인의 취향에 따라 다양한 지역을 방문한다. 해외여행을 하는 경우 기차와 차로 이동이 가능한 지중해를 끼고 있는 인근 국가들인 이탈리아, 스페인, 포르투갈과 같은 유럽국가의 방문이 주를 이루며, 소수의 사람들이 아프리카, 아시아 등과 같은 지역으로 바캉스를 떠난다.

본격적인 프랑스 바캉스 시즌인 8월이 되면, 직장인뿐 아니라 가게를 운영하는 사람들도 '연중 정기휴가'라는 쪽지를 남겨두고 훌쩍 떠난다. 물론 학생들부터 직장인 모두, 대통령까지 모두 휴가를 잘 지내는 것은 무척 중요한 일이므로 본격적인 바캉스 시즌에 프랑스를 방문하는 것은 빈집에 찾아가는 것과 같다는 사람들도 있다(주간조선, 2003).

Chapter 9

관광경험의 문화 차이

1. 관광에서 경험한 문화 차이

상이한 문화권을 관광하는 관광객들은 관광경험 과정에서 자국의 문화와 다른 문화를 접하게 된다. 이렇게 접한 문화는 새로움에 대한 호기심을 유발하여 관광의 재미를 배가시킬 수 있지만, 반면에 문화 차이로 인해 마찰 혹은 갈등을 겪을 수도 있다. 만약 후자의 상황이라면 불만족스러운 관광경험이 되어 관광만족도를 떨어뜨릴 뿐 아니라 그 지역에 대해 부정적인 이미지를 형성하게 된다.

통상적으로 관광만족도는 관광경험의 호불호(好不好)에 따라 달라지며 이를 결정하는 요인 중 하나가 문화적 이질성이다. 실제 관광목적지의 문화와 관광객 자신의 문화가 충돌함으로써 나타나는 관광만족도가 관광경험 중 나타나는 만족도의 대부분을 차지한다고 해도 과언이 아니다. 관광경험의 만족도에 의해 나타나는 결과에 가장 민감한 측은 관광목적지를 포함한 관광기업이다. 이유는 이들의 향후 관광수요 증대 여부와 밀접한 관련성이 있기 때문이다.

따라서 관광목적지 및 관광기업은 관광객의 관광경험 중 나타날 수 있는 문화충돌 요소에 대해 알고 있어야 한다. 결국 관광객의 관광경험 시 발생되는 문화충돌의 사례들을 파악해 보는 것은 관광목적지를 포함한 관광기업의 마케팅 측면에서 필수적인 것이라 할 수 있다.

이와는 다른 시각에서 본 장의 학습이 필요한 이유를 보면 다음과 같다. 일반적으로 관광객이 해외관광상품을 구입하면 관광코스에 나타난 관광목적지에 대해 다양한 정보원천을 활용하여 탐색한다. 이때 관광객은 주로 관광목적지에서 자신이 접하게 될 유형적 관광상품에 중점을 두고 정보탐색을 한다. 여기에서 간과하지 말아야 할 것은 해외 관광객들이 관광목적지에서 자신이 접하게 되는 관광상품 요소는 두 가지로 유형적 상품인 관광지와 무형적 상품인 문화라는 것이다. 실제 관광객이 유형적 관광상품보다 더 많이 접하는 것은 관광목적지의 문화이기도 하다. 그러나 관광객들은 현실적으로 유형적 관광상품에 대한 정보탐색을 주로 한다.

이처럼 관광객들은 관광경험 전 정보탐색을 하는 데 있어서 매우 제한적이기 때문에 관광상품 판매자는 관광객에게 관광목적지에 대한 별도의 정보, 이를 테면 그 지역의 생활양식, 관습, 습관, 금기사항 등을 전달해야 한다. 만약 관광상품 판매자가 관광목적지의 문화에 대한 정보를 전달하지 않으면 관광객은 관광목적지의 문화에 대해서는 무지한 가운데 관광경험을 하게 된다. 이와 같은 상태에서의 관광객들은 모국(母國)과 상이한 환경에 노출되면서 자신의 문화와 다른 상황에 직면하게 된다. 이때 관광객은 문화적 차이에 의해 그 지역민들과 충돌할 가능성이 높으며, 이것은 관광만족도를 저하시키는 요인으로 연결될 수 있다.

따라서 여행사를 포함한 관광기업들은 특정 관광목적지에서 발생할 수 있는 문화와 관련한 다양한 사건들에 대해 예견하고 관광객들에게 전달할 필요가 있다. 이때 관광마케터들이 예견할 수 있는 관광목적지에서의 사건들은 그 관광목적지에서 관광경험을 해본 관광객들의 구전을 통해 정보를 획득할 수 있다. 즉 관광경험 사례를 수집하는 것이다. 수집된 관광경험 사례를 통해 문화 차이를 파악함으로써 다음 여행에서는 상이한 문화 간의 만남에서 빚어지는 문화충돌을 미연에 방지할 수 있는 방법을 확보할 수 있다. 이것은 결국 관광객과 지역민 모두의 이미지를 호의적으로 변화시킬 수 있는 방안이기도 하다.

일반적으로 국제관광객의 관광경험에 직접적으로 영향을 미치는 것은 이들 관광객과 일선에서 만나게 되는 관광서비스 제공자들이다. 어떤 관광목적지에서든 국제관광객들과 서비스제공자들 간에는 문화적 차이가 존재한다. 이 문화적 차이가 이들 관광객의 사회적 경험과 만족도에 영향을 미친다. 결국 지역의 서비스제공자들이 문화적 차이를 이해하지 못하면 관광객의 관광경험에 악영향을 미치게 되고 나아가 새로운 관광상품의 개발 혹은 기획을 제안할 수 없다. 즉 관광목적지에서 근무하는 종사자들은 그곳을 방문하는 관광객의 문화적 배경에 대한 학습을 충분히 하여야 한다. 이렇게 했을 때 양질의 서비스를 제공할 수 있고 더불어 관광상품의 개발 및 판매가 한결 수월해진다.

흔히 관광객은 관광경험 시 그 과정에서 나타나는 문화적 충돌 및 마찰을 경험하게 된다. 이때 관광객의 입장에서는 이것이 문화 차이에서 오는 마찰임을 인지하지 못하고 그 상황을 당황스럽고 고단하게 느끼기 마련이다. 이러한 감정은 여기에서 그치는 것이 아니라 관광경험 종료 후에도 계속 잔존하고 있어 관광객은 주변인 및 지인, 잠재관광객에게 경험담으로 전달한다.

이렇게 전달된 관광경험담은 그 이야기를 전달받은 사람들의 사고에 영향을 미쳐 잠재관광객들의 관광목적지에 대한 이미지의 변화를 가져오게 한다. 이것은 관광목적지에 있어 관광수요의 감소라든지 이미지 추락의 원인이 될 수 있다. 따라서 이를 방지하기 위해서는 사전에 이를 차단할 수 있는 능력이 있어야 하며, 그 능력을 만드는 방법 중 하나가 관광경험을 한 관광객들의 경험담을 주의 깊게 듣는 것이다. 만약 그것이 문화적 차이에서 기인한 것이라면 숙지해서 관광마케터와 관광업계 직원들은 주요 관광계층의 문화를 이해하고, 더불어 자신의 문화와의 차이를 알아내어 업무에 적용시키는 것이 필요하다.

결국 관광객의 관광경험 과정에서 발생할 수 있는 문화충돌 및 갈등상황을 알아내고 분석하는 것은 관광마케터들에게는 필수적이다. 즉 관광경험에서 나타나는 문화차이를 반드시 학습해야 한다는 것이다. 따라서 본 장의 2절에서는 동서양 간의 관광행동 차이를 설명하고, 3절에서는 관광정보 탐색의 차이, 4절에서는 다양한 관광경험 사례들을 제시하고자 한다.

2. 동서양 간 관광행동의 차이

많은 연구들이 아시아와 서구 관광객들의 행동 차이를 연구하였다. 아시아 관광객들은 일반적으로 기대치가 높고 서비스에 대한 평가가 서양 관광객에 비하여 덜 우호적이다. 이런 차이는 문화 가치에 기인한다. 우선, 아시아 문화는 인간중심의 집단적 사회이고, 예의와 남을 위한 배려를 중시한다. 그리고 아시아 문화는 권력 거리가 큰 편이어서 서비스 종사자들보다 자신들이 더 많은 힘을 가지고 있다고 생각한다. 따라서 서비스를 평가할 때 훨씬 엄격한 편이다.

유교적 역동성(confucian dynamism)은 체면, 지위, 전통 등과 특별히 관련된 가치인데 아시아 관광객의 행동을 이해하는 데 연관이 있다. 비록 종업원들의 서비스에 대한 평가가 아시아인들이 좀 더 부정적이고, 여행 경험에 만족하지 않더라도 재방문 여부를 묻는 질문에는 호의적으로 답하는 것은 중국 문화의 가치체계인 지속성(continuity)에 기인한다. 종업원의 체면을 세워주기 위하여 부정적인 응답을 하지 못하는 것이다. 중국인들은 다른 사람과의 조화를 생각하여 공개적으로 불만을 표출하거나 행동을 하지 않는다. 불만을 표출하는 것은 서비스 직원의 체면을 구기는 일이기도 하지만 관광객 자신에게도 당황스런 일이다.

이외에도 전반적인 아시아 관광객들의 관광경험 전이나 관광 중의 행동특성을 알 수 있는 사례로 호주관광을 들 수 있다. 호주에서의 아시아 관광객들의 관광경험을 살펴보면, 아시아 관광객들은 1995년에 78% 증가했으며, 이후에도 꾸준한 성장세를 보이고 호주로 이동하고 있다. 특히 일본이 호주 입장에서는 주요 관광시장이다. 이어서 한국, 말레이시아, 태국 등지의 관광객이 자리하고 있다. 호주는 호주를 방문하는 관광객 중 아시아 관광객의 비율이 높다는 것을 인지하고 재방문을 유도하고, 아시아 시장에서의 마케팅을 위해 다양한 조사를 하였다. 그중 하나가 아시아 관광객이 호주에서 휴가를 즐기는 동안 그들의 경험을 분석하는 것이었다. 결과는 호주를 방문하는 아시아 관광객들은 짧은 기간의 휴가를 즐기며 주로 단체여행을 많이 하였다. 그리고 지역민들과 만나는 시간을 충분히 가진다. 또한 아시아 관광객들은 서비스 제공자들과의 만남을 통해 지역에 대한 인식을 하는 것으로 나타났다.

홍콩으로 여행 온 외국 관광객들을 조사하여 동서양의 관광행동 차이를 조사한 연구에 의하면, 서양 관광객들은 아시아인에 비하여 서비스 품질, 가치 인식, 화폐 가치, 방문 만족, 홍콩의 매력에 대해서 우호적으로 평가하였다. 그러나 서양 관광객들은 동양 관광객에 비하여 홍콩을 재방문할 가능성이 낮았다. 홍콩과의 거리가 그 이유로 분석된다.

서양 관광객의 관광행동을 연구한 대표적인 학자로 Prebensen을 들 수 있다. Prebensen은 따뜻한 목적지로 떠나는 노르웨이 관광객들을 네 개의 특징적인 소그룹으로 나누어 조사하였는데 이들은 관광지 선택이나 여행정보 탐색 등 여러 면에서 차이가 있음을 발견하였다. 그러나 이들 차이가 있는 4개의 소그룹을 한 집단으로 합쳤는데도 불구하고 마치 집단주의 문화에서 나타나는 것처럼 개인주의적 문화가치가 관광상품이나 활동을 선택하는 데 광범위하게 스며 있다는 점을 발견하였다.

또한 Prebensen, Larsen, and Abelsen(2003)은 노르웨이로 여행 간 45명의 독일 관광객들에게서 개성이라는 개념에 대하여 흥미로운 점을 발견하였다. 그들은 관광동기를 아름다운 자연풍광과 노르웨이 문화를 즐기려는 동기, 가족친지 방문 동기, 개인여행 선호와 노르웨이 정서를 중요시하는 가치표현 동기, 방문 경험/지인의 추천/착한 가격/여행사가 제공하는 혜택 등의 실용적 동기로 나열하였다. 거의 90%의 응답자가 그들을 전형적인 독일 관광객이 아니라고 보았고, 관광동기나 참여활동에 대해서도 전형적인 독일 관광객과 비전형적인 독일 관광객 간에 차이가 없었다.

개인주의 특성은 관광객의 자가 이미지(self-image)에도 적용된다. 싱가포르 공항에서 여행객을 대상으로 실시된 조사에 따르면 관광객의 자가 이미지와 관광목적지 이미지가 서로 조화를 이루어졌을 때 관광객의 만족이 높았다. 여기에서 이미지는 개인주의 또는 집단주의 이미지를 말한다.

관광 생명주기(라이프사이클)는 특히 전통적이고 집단주의 성향이 강한 한국, 일본, 중국을 세분하는 데 매우 유용하다. 일본 관광객들이 단체여행을 구매하는 비율은 수학여행, 해외신혼여행은 90~100%, 회사에서 가는 여행 80~90%, 어학연수 75~85%, 가족여행과 허니문 75~80%, 실버여행 60~70%, 그리고 졸업여행이 50~70%이다. 일본인들은 학교, 직장, 또는 인간관계에서 집단주의 문화에서 나오는 행동패턴을 익히도록 교육받았다. 집단주의 문화권에 있는 사람들은 단체여행에서 얻는 위험감소라는 장점을 누리지만 그것이 단체로 여행하는 주된 이유는 아니다. 집단주의는 그들이 선호하는 생활방식이다.

일본의 가족여행은 부모와 어린이를 포함하는데, 가장 선호하는 여행지는 하와이다. 아주 어린 애들이 있는 경우는 인근의 사이판이나 괌을 선호한다. 조부모와 함께 하는 해외여행도 새로운 추세이다. 일본여행사(JTB)에 따르면 40%는 배우자와 여행을 하고, 24%는 가족, 그리고 20%는 친구나 친지와 함께 여행한다. 60세 이상 실버들은 65% 이상이 패키지여행을 하는데 미국을 가장 선호한다. 이들은 해외에서 오랫동안 머물고, 지출도 많이 하는 계층이다. 그 이유는 실버층이 가처분 소득이 높으며, 자녀들에게 부담이 되는 높은 상속세를 예방하려는 목적에서이다. 일본인들은 일 년에 한번 회사 동료들과 함께 최대 일주일 정도 여행을 떠나는데 회사에서 대부분을 지원해 주며 선호 여행지는 미국이다.

문화가 관광행동에 미치는 영향은 관광동기에서부터 의사결정과정까지 다양하다. 이와 같이 문화는 인간 행동을 결정하는 광범위한 결정 인자이고, 사회적 혹은 심리적 요인에 의해 소비자 행동에 간접적인 영향을 미친다. 다른 어떤 서비스 분야보다 관광분야에서 문화에 따른 관광객의 행동은 극명하게 차이가 나타나는 것이다. (본 절에서는 동서양의 관광행동 차이를 동양과 서양이란 큰 틀에서 알아보았다. 따라서 동양과 서양의 주요 관광국가별 구체적인 관광행동의 차이는 본서의 Chapter 8을 참고하기 바란다.)

3. 관광정보 탐색의 차이

관광객은 관광경험 전에 통상적으로 행하는 정보탐색에서 문화적 차이를 보인다. 홀(Hall)의 배경문화권을 재검증하는 연구의 하나로 Usunier과 Roulin의 2010년 연구를 그 사례로 들 수 있다. 이 연구자들은 상용 웹사이트 디자인이나 콘텐츠, 언어 사용에 있어서 고정황과 저정황 문화의 커뮤니케이션 양상이 미치는 영향을 분석했다. 정보화의 급격한 변화에도 불구하고 홀의 배경문화권에 따른 행동 차이는 디자인, 콘텐츠, 웹사이트에서 사용하는 언어스타일에 그대로 나타나고 있음을 보여주었다.

홀의 동서양 문화권에 따라 정보탐색에서 차이가 있음을 예상할 수 있다. 예컨대 주변의 상황, 배경을 중시하는 동양인의 경우 지인에게 물어보거나 행인에게 물어보는 등 면대면 방식의 정보추구 행태를 보일 것이다. 서양인의 경우에는 동양인과는 달리 객관적인 사실을 중요시한다는 점으로 보아 동일한 상황에서 책이나 지도 같은 정보원을 이용할 것이라 예상할 수 있다.

실제 이 예상이 옳은 것인가에 대한 해답을 얻기 위한 연구가 있다. 이정미(2011)는 연구에서 이를 밝혀내었는데, 한국에 대한 정보를 어디에서 획득하는가에 대한 질문에 응답자 중 30.6%의 외국관광객이 학교교육과정, 뉴스, 소설 등을 언급했으며, 29.2%는 영화나 TV, 드라마에서 한국의 정보를 얻는다고 답했다. 이것은 중국, 일본, 미국 등 동서양과 관계없이 나온 응답이었으며 한류의 영향이 개입되었을 가능성이 크다.

동양과 서양의 정보추구행태에서도 문화 차이는 존재한다. 인터넷으로 정보를 획득하는 것에 동양이 31.1%, 서양이 63.0%로 나타나면서 서양 관광객의 경우 상대적으로 인터넷 사용률이 높음을 알 수 있다.

이는 홀의 배경문화에 따른 정보획득 문화 차이를 보여주는 실례라 할 수 있다. 여기에서 흥미로운 사실을 한 가지 발견할 수 있는데, 동양인은 관광경험 중 주변 정보를 획득하고자 할 때 보행자나 주위의 사람들에 의존하는 경향이 강하게 나타난(51.1%) 반면, 서양인은 단 한 명도 보행자나 주위의 사람들에게 의존하지 않는다는 것이다. 이처럼 동양과 서양의 관광객들은 관광경험 전 관광정보 획득에 있어서 문화적 차이를 보이고 있다.

선호하는 관광정보원천에 있어서는 중국, 홍콩 관광객은 여행사, TV, 라디오를 통해 정보를 획득하며, 미국 관광객은 브로슈어, 신문, 잡지 등의 인쇄매체를 통해서 정보를 획득한다(김성섭, 2004). 그리고 호주 관광객은 인터넷, 일본은 친구나 친척으로부터 주로 정보를 얻는다. 정보입수경로의 경우 중국은 여행사를 선호하고, 미국인은 인터넷, 일본인은 가이드북과 여행사를 선호하는 것으로 나타났다. 이것은 대체로 영어권은 인터넷이나 인쇄매체를, 중어권은 여행사를 선호한다는 것으로 홀의 배경문화에서 서류 등을 중시하는 저정황 문화권과 행동 및 정황을 중시하는 고정황 문화권의 특징을 여실히 보여주는 것이라 할 수 있다.

이와 맥을 같이해서 관광경험 과정에도 일어권이 주로 패키지를 이용하면서 가이드의 설명에 의존하는 반면, 영어권은 개별여행자들로 게시판의 설명문을 이용하는 특성을 보이고, 해설 내용에 있어서도 영어권은 흥미로운 해설보다는 관광지의 실질적인 가치와 충실한 설명을 선호하고, 일본어와 중국어권은 흥미로운 해설과 관광지 자체의 예술성이나 프로그램의 원형성 등에 중요성을 두고 있는 것으로 나타났다.

또한 관광경험 전 해외여행에 대한 관심에 있어서도 문화 차이가 존재한다. 현재 국제관광에 있어서 아시아인들의 해외여행이 크게 증가하고 있다. 한때는 아시아에서 일본이 해외여행을 가장 많이 하는 나라였으나, 2000년대 들어서 중국인의 해외여행 숫자가 급속히 늘어나고 있다. 특히 단체 여행을 하는 중국인들이 홍콩이나 마카오뿐만 아니라 유럽 국가들을 온통 휩쓸고 있다고 해도 과장이 아닐 정도이다.

이에 비하여 3억 인구의 미국은 인구의 30%(캐나다 60%, 영국 75%) 정도만이 여권을 소지하고 있는데, 이는 미국인들이 해외여행에 많은 관심을 두고 있지 않다는 증거이다. 50% 정도가 여권을 필요로 하지 않는 캐나다나 멕시코로 여행한다. 미국인도 휴가기간을 길게 허락받지만 실제로 36%는 다 사용하지 못하고 직장으로 돌아온다. 여가보다는 돈을 우선하기 때문이다. 반면에 단기간의 여행을 자주 하는 것이 미국인의 여행특성이기도 하다.

소득이 높고 학력도 높은 편인 미국이 이런 현상을 보인 것은 예외적인 사례이다. 그렇다면 왜 이렇게 된 것일까? 우선, 미국은 넓어서 구경거리도 많고, 중국, 유럽 등 다양한 문화가 존재하기 때문에 굳이 해외에 나가서 외국 문화를 경험할 필요를 느끼지 않는다. 미국인들은 외국 문화에 별로 관심이 없거나 무시하는 경향을 보이고 있다. 모든 것을 다 갖춘 미국이라는 자부심이 큰 탓이다. 둘째, '시간은 돈이다'라는 인식이 어느 문화권보다 팽배하다. 유럽이나 아시아권은 지역 내 관광(intra-regional tourism)이 활발한데 그 이유는 아시아권 내의 한 국가에서 다른 국가로 이동하는 시간이 별로 걸리지 않기 때문이다. 유럽도 마찬가지이다. 그러나 미국의 서부지역에서 유럽으로 가거나 아시아로 가는 비행시간은 최소 6시간 이상이 소요된다. 셋째, 휴가기간이 미국은 상대적으로 짧은 편이다. 유럽 선진국들은 대략 3~4주 정도의 여름휴가가 있지만, 미국은 평균 16일 정도이다. 마지막으로 2001년 9월 11일 미국에서 발생한 테러사건 이후 미국인들은 외국에 나가는 것에 두려움을 갖고 있다. 특히 중동국가로 여행하는 것은 위험하게 여기고, 다른 외국을 여행할 때도 미국인들은 신분의 안전을 염려하기 때문에 해외여행을 꺼리는 것이다.

4. 관광경험으로 본 문화 차이 사례

관광객의 관광경험 과정에서 발생할 수 있는 문화충돌 및 갈등상황을 알아내고 분석하는 것은 관광마케터들에게는 필수적이다. 즉 관광경험에서 나타나는 문화 차이를 반드시 학습해야 한다는 것이다. 이런 사례를 분석하는 것은 중요하다. 관광객들 자신들의 경험은 일반적으로 관광객들 사이에 회자되기 때문이다. 또한 관광객의 경험을 파악하여 분석하면 관광객들을 보다 성공적으로 낯선 환경에 적응시킬 수 있는 방법을 알게 된다. 이는 세밀하게 할수록 낯선 환경에의 적응에 더 큰 도움을 줄 수 있다.

더불어 관광객의 만족은 관광목적지의 문화습득과 불가분의 관계에 있다. 문제는 관광객에게 어떤 방식으로 관광목적지의 문화를 습득시키는가에 달려 있는데, 그 방법 중 하나가 관광경험 과정에서 발생하는 문화충돌 사례를 살펴보는 것이다. 다음은 관광경험 중 발생한 문화충돌 사례들이다.

4.1 대화는 공통어로

예현은 모처럼 미국에 있는 친구인 John에게 놀러 갔다. 마침 John은 미국 친구들과 홀랜드라는 미시간 호수 도시에서 여름휴가를 보내고 있어서 만나지 못했다. 그녀는 John의 부모님과 하룻밤을 보내고 그 다음날 버스를 타고 홀랜드로 갔다. John은 미국 친구들과 호변을 따라 산책하고 있을 때였다. 어릴 때부터 친구인 이들은 서로를 보자마자 매우 반갑게 인사를 나눴다. 예현은 John의 미국 친구들과도 서툰 영어로 인사를 했다. 그들은 이국땅에서의 만남에 무척 기뻐하며 한국어를 사용하여 시끄러운 소리로 재미있게 대화를 계속하였다.

얼마 되지 않아 미국 친구들은 불쾌한 모습으로 이들을 쳐다보면서 “Speak in English!”라고 소리쳤다. 처음에는 미소를 띠면서 말했지만, 이들이 계속 한국어로 말하자 다시 한 번 영어로 말하라고 얼굴을 찡그리면서 불평했다. 이를 알아차린 예현과 John은 조용한 소리로 그들의 대화를 이어 나갔다.

Q 미국인 친구들은 왜 불쾌감을 느꼈는가?

4.2 한국의 유럽 패키지여행

한국 사람들은 '빨리빨리' 정신이 DNA에 녹아 있다. 식당에 들어서자마자 어떤 메뉴가 빨리 나오느냐고 묻는다. 중국 식당에 전화로 주문하고 5분도 안 돼서 왜 빨리 가져오지 않느냐고 성화를 부릴 때, 자장면 국수는 이제 겨우 삶아지고 있을 때다. 그런데도 종업원은 "예, 지금 갑니다"라고 소리쳐 대답한다. 여행할 때도 편안하게 쉬지 않고 시간을 쪼개어 많은 곳을 찾아다닌다. 그래야 본전 생각이 안 난다고 한다.

후버트는 오스트리아 인스부르크에 있는 대학의 관광학과 교수인데, 등산을 좋아하고 스키를 즐기는 아웃도어 마니아다. 그는 교환교수로 한국에 와서 2주를 보내기도 하였다. 한국에 오기 전에 어디를 여행할까 미리 정보를 수집해 두었다. 그러는 과정에 한국인들이 유럽으로 '베네룩스 3국 + 파리, 독일 7일' 같은 패키지여행을 한다는 사실을 발견하곤 고개를 갸우뚱하면서 미소를 지었다.

출처: www.krt.co.kr

Q 후버트 교수의 미소는 무엇을 뜻하는 것일까?

4.3 맥도날드 오륀지 주스 사건

지철은 미국으로 여행가기 위해 아르바이트를 시작했다. 동네에서 일 년 동안 맥도날드 햄버거 식당에서 십여 명의 동료들과 일하는 즐거움은 더할 나위 없었다. 주중에는 3일에 3시간씩, 주말은 이틀간 10시간을 일했으니 1년간 모은 돈은 북미 3주 여행에 충분하였다. 패키지여행이 아니라 FIT 여행이기 때문에 호텔보다 저렴한 게스트하우스나 유스호스텔에서 자고, 레스토랑보다는 햄버거나 토스트 등 패스트푸드 종류로 때웠다. 그 덕에 다음에 기획한 유럽여행 비용도 일부 미리 마련할 수 있었다.

그러나 외국에서 혼자 여행한다는 것은 여간 어려운 일이 아니었다. 특히 영어로 대화하는 과정에서 상대방의 말을 이해하기 힘들었고 그럴 땐 좌절감을 맛보아야 했다. 그렇게 오랫동안 일했던 맥도날드에서의 주문 기억은 잊히지 않는다. 빅맥을 주문한 후 음료수를 고를 때 눈에 크게 들어온 것이 오렌지 주스였다. 악센트 없이 우리말 발음하듯이 "오렌지 주스"라고 외쳤다. 그러나 10대로 보이는 여자 종업원은 못 들은 듯한 표정을 지었다. 목소리가 작아서 그런가 보다 하고 이번에는 더 크게 "오렌지 주스"라고 외쳤더니, 또 알아들을 수 없다고 고개를 갸우뚱하는 게 아닌가. 두어 번 더 시도하였지만 소통이 되지 않아 메뉴판에 있는 오렌지 주스 사진을 가리켰다. 그때서야 그 종업원이, "오~ 오륀지 주스!"

Q 이 영어발음 사건이 시사하는 것은 무엇인가?

4.4 문화재에 낙서

해외여행이 동남아시아 국가에서도 이제는 필수품이 되어가고 있다. 한국은 이미 1989년 해외여행 자유화를 시작하여 연간 1,400만 명 이상이 해외여행을 즐긴다. 중국에서도 베이징, 광조우 등 1선 도시 주민을 시작으로 이제 그보다 인구수가 작은 2선 도시 주민들도 홍콩이나 마카오, 한국, 미국 등을 여행하고 있다. 최근에는 수많은 본토 중국인들이 전 세계를 여행하는 것이 추세이다. 파리의 에펠탑 앞이나 뉴욕의 타임스 스퀘어, 한국의 명동거리에도 중국인들이 넘쳐난다.

해외여행을 하는 중국인들이 늘어날수록 문제가 발생하는 빈도도 높아졌다. 에펠탑 철제 기둥에 자기 이름을 새기거나, 로마의 귀중한 문화재에 낙서를 하는 바람에 해당 국가로부터 비난을 받았고, CNN에서도 이러한 문화재나 시설을 훼손하는 반달리즘(vandalism)을 보도하였다. 급기야 시진핑 중국주석은 해외여행 가는 사람들에게 일정한 교양교육을 필수로 하겠다고 선언하기에 이르렀다. 교육을 통하여 준법정신을 기르고, 해외에서 중국인에 대한 좋은 이미지를 심어주기 위한 것이 그 목적이다. 한국도 해외여행이 시작되고 나서 '어글리 코리언'이라는 불명예스러운 이름을 얻은 적이 있지만, 이런 행동에서 완전히 자유롭지는 않다.

Q 왜 한국인과 중국인들이 이런 행동을 지속적으로 하는 것인가?

4.5 호텔 타월은 내 것?

진희 할머니는 나이가 60이 넘었지만 아파트에 같이 살고 있는 주민들과 해외여행을 떠났다. 오랫동안 함께 살아온 동네 주민들이어서 웬만한 집안사정쯤은 서로 잘 알고 지내는 편한 사이이다. 인천공항으로 가는 버스 안에서 시끌벅적하게 떠들고 노래도 부르고 하여 여행 기분도 한껏 돋우었다. 싱가포르 여행이라 비행시간 부담도 크지 않고 같은 아시아 국가라고 해서 서로 이해해 줄 거라고 생각하니 마음도 편했다. 호텔은 특1급 수준으로 오션뷰(ocean view)가 한눈에 들어오는 멋진 방에서 잠을 잤다.

진희 할머니는 여행의 마지막 밤을 보내고 아침에 한국으로 돌아갈 채비를 마치고 있었다. 그런데 암만 보아도 그 특급호텔의 수건이 맘에 들었다. 몸을 가릴 수 있는 크기에다 도톰한 것이 일반 가정에서는 볼 수 없는 그런 수건이다. 한 사람당 하나씩 사용하도록 방에 두 개가 있었다. 작은 수건으로도 충분히 몸을 닦는데 익숙한 진희 할머니는 엉뚱한 생각을 했다. 이거 내가 안 쓰고 남겨 놓은 것이니까 집에 가져가서 써도 상관이 없겠다고 생각하였다. 그래서 가방 속에 하얀 목욕타월을 쑤셔 넣었다. 거기에는 호텔 이름이 박혀 있었다.

Q 만약 당신이 진희 할머니라면 어떻게 했을까?

4.6 중국 친구와의 첫 만남

한국에서 의료관광전문 여행사를 경영하는 이 사장은 작년에 중국 파트너인 샤를 만나러 산동성의 위하이시(市)를 처음으로 방문하였다. 그동안 샤와는 이메일과 전화로 비즈니스를 협의해 왔지만 직접 만나서 사업 이야기를 하는 것이 신뢰를 쌓는데 도움이 될 거라 생각했기 때문이다. 샤는 매우 반기며 점심식사를 하자고 했다. 그날 초대된 사람은 샤의 오랜 친구인 위하이시 고위공무원인 리치앙, 칭다오에서 온 중국인 사업가, 중국에 파견된 현지 사무소장 등이었다.

점심이지만 서로 술을 권하면서 건배하다 보니 어느덧 백주를 두 병 정도 마셨다. 얼큰해질 즈음에 샤의 친구인 리치앙은 "이젠 이 사장이 내 어릴 때부터 절친인 샤의 친구니깐 내 친구도 된다"고 말했다. 이 사장은 리치앙을 그날 처음 만난 것이라 약간

서먹했지만 기꺼이 친구가 되기로 하고 러브 샷을 했다. 그리고 리치앙은 이 사장이 앞으로 위하이 항구로 물건을 보낼 때 세관에서 문제가 생기면 말해 달라고 하였다. 친구의 친구를 위하여 기꺼이 돕겠다는 의사표시인 셈이다. 이제 이 사장은 중국에 든든한 인맥이 생겼고, 사업도 잘 될 것이라는 믿음도 가지게 되었다.

Q 이 사장의 믿음은 과연 실현될 가능성이 있는 것인가?

4.7 국제회의에서 발표시간

오 교수는 인터내셔널 컨벤션 국제학술대회에 참가해 본 경험이 많다. 미국, 오스트리아, 홍콩, 캐나다, 중국, 말레이시아 등에서 발표를 하거나 토론, 좌장(토론 진행자)을 맡곤 하였다. 영어가 국제학회의 공용어라서 웬만한 아시아의 학자들도 자기 모국어를 사용하면서 통역을 두는 대신 직접 영어로 프레젠테이션을 한다. 그런데 그는 동양인과 서양인 사이에 발표시간이나 토론시간을 사용하는 데 상당한 차이가 있음을 발견하곤 한다. 동양 학자들은 영어권에서 공부를 했다 해도 영어를 네이티브 스피커만큼 하기 어렵기 때문에 (그러나 이것은 결코 부끄러운 일이 아니다) 원고를 보면서 발표한다.

그러나 발표나 토론시간을 보면 양 문화권에서 많은 차이가 있음을 발견한다. 동양인 발표자의 경우,

사회자: 1분 남았습니다.

발표자: 오케이(시계를 보며 발표를 계속한다).

사회자: (시간이 다 되자) 이제 마쳐주시겠습니까?

발표자: 아니 조금만 더(그러면서도 발표를 이어 나간다).

사회자: 시간이 몇 분 초과되었습니다.

발표자는 그때서야 서둘러 발표를 마친다.

서양 학자들은 주어진 시간에 맞춰 발표를 끝내는 반면, 동양인들은 예정된 시간을 초과하는 경우가 많다. 아시아 국가 중에서도 홍콩이나 싱가포르 출신의 학자들은 시

간을 준수하는 편이지만, 이외 나라의 학자들은 서양에서 공부한 사람이라도 제대로 시간을 지키는 경우가 드물다. 그 후에 이어지는 세션도 연이어 지연됨에 따라 본부에서는 일정을 진행하는 데 곤란을 겪는 일이 발생한다.

Q 이런 시간 준수에 대한 동서양 차이는 왜 생기는 것일까?

4.8 명함 교환은 나중에

마크는 여행사를 경영하는 미국인이다. 그는 매년 열리는 세계관광총회에 참가하고 있는데, 미국이나 유럽, 아시아 국가에서도 여행업계 전문가들이 수천 명씩 참가하여 네트워크를 구축하면서 비즈니스 정보도 얻는 꽤 유용한 컨벤션인 셈이다. 그런 컨벤션에 참가할 때마다 명함을 주고받곤 한다. 예전에는 미국이나 유럽 참가자들이 중심이었는데, 이제 중국 관광객들이 전 세계적으로 폭증하고 있고 한국이나 일본에서 해외로 나가는 관광객도 증가일로에 있어 아시아 국가에서 관광총회의 참가자가 늘고 있다. 마즈다는 일본 JTB 대표로 참가했다.

마크는 그날 마즈다를 처음 만나 인사를 나눴다. 마즈다는 만나자마자 명함을 마크에게 건넸지만, 마크는 그냥 반갑게 악수만 하고 이야기를 했다. 마즈다에게 JTB에서 무슨 일을 하는지, 비즈니스가 어떤지, 어떤 상품이 잘 팔리는지 등의 업무에 관한 질문을 주로 하였다. 마즈다는 마크가 명함을 주지 않은 것에 대하여 내심 불쾌했다. 한국이나 중국 사람들은 인사하기 전에 명함부터 교환해 왔기 때문이다. 한참 이야기를 나눈 마크는 흡족한 표정을 지은 후 헤어지면서 "keep in touch"라고 말하면서 마즈다에게 명함을 건넸다.

Q 마크는 만나는 즉시 왜 명함을 교환하지 않는가?

4.9 강남 숯불가든의 가위

Joel은 무기 중개를 하는 프랑스인인데 한류 영향으로 한국이 좋아서 일부러 한국 근무를 자청하였다. 다른 보통 프랑스인처럼 음식에 관심이 높다. 격조높은 음식문화를 음식 맛뿐만 아니라 그릇이나 나이프, 포크 등의 식사도구에서도 찾는다고 한다. 프랑스인들은 보통 2~3시간 동안 음식을 즐기며 대화를 한다. 포도주를 마시면서 그 포도주의 생산연도와 생산지, 일조량은 물론, 색깔과 향이 어떻다느니 등 한국에서는 일반사람들이 관심을 갖지 않을 법한 소소한 내용을 이야기하는 것을 좋아하는 문화이다.

Joel은 다른 외국인처럼 불갈비를 아주 좋아한다. 심지어 프랑스 회사동료들이 한국을 방문하면 집에서 갈비를 대접할 정도이다. 그가 한국에 온 지 얼마 되지 않을 때였다. 본국에서 날아온 동료들과 서울 강남에서 제일 유명하다는 불갈비 식당으로 갔다. 한국적인 근사한 분위기에다 손님도 많았다. 기본 반찬이 세팅되고 마침내 주문한 갈비가 나왔다. 활활 타오르는 숯불에 갈비를 얹었다. 프랑스에서는 먹어보지 못하는 숯불갈비다. 이때 웨이트리스가 가위를 들고 갈비에 붙은 고기를 먹기 편하게 잘랐다. 그 순간 일행은 동시에 뜨악한 표정을 지었다. 도저히 이해하기 어렵다는 모습으로 서로를 바라보았다.

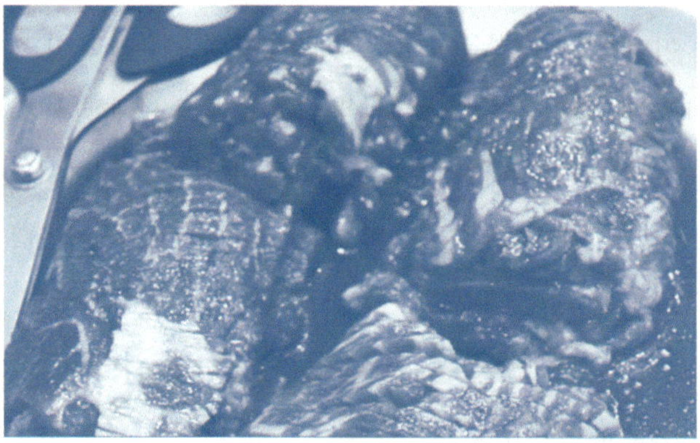

Q 그렇게 맛있는 숯불갈비를 두고 그들은 왜 그런 표정을 지었을까?

4.10 셀카봉 사용을 꺼리는 일본인

스마트폰으로 촬영한 사진을 SNS에 업로드할 기회가 늘어남에 따라 셀카봉이 인기를 누리고 있는데 미국 타임지 선정 2014년 최고의 발명품 25(The 25 Best Inventions of 2014)에도 애플 워치 등과 함께 선정되었다. 사진 찍는 사람도 함께 찍힌다는 점(자기 촬영 selfie)에 젊은 층에서 점차 인기를 얻기 시작하더니 나이와 상관없이 여행의 필수품이 되었다. 특히 아시아나 유럽, 중국, 미국에서 이 발명품은 호기심의 대상이 되었고, 외국에서도 불티나게 팔렸다. 실제로 최근 관광지에서 셀카봉이 많이 눈에 띈다.

봄이는 같은 동아리 친구들과 일본 여행을 했다. 마침 환율도 일본 엔화에 비해 강세여서(한국화폐의 가치가 높아짐) 일본여행의 비용 부담이 작아졌다. 벳푸의 온천 일대를 여행하면서 온천물에 계란을 삶아먹기도 하였다. 이런 광경을 놓치기 싫어서 친구들과 셀카봉을 사용하여 기념사진을 찍었다. 팔을 쭉 뻗고 이리저리 움직이면서 화면을 조정하였다. 이런 과정에서 옆에 있던 몇몇 일본인들은 셀카봉을 피하려고 머리를 뒤로 젖히기도 하고 위험하게 느꼈는지 아예 봄이 일행에게 가까이 오려고 하지 않았다. 주위에 있던 일본 사람들은 신기해하면서도 표정은 그리 밝은 편이 아니었고, 셀카봉을 사용하는 일본 관광객도 별로 없어 보였다. 봄이는 궁금했다. 세계적으로 인기를 얻고 있는 상품인데 왜 일본에서는 셀카봉을 사용하는 사람들이 별로 없을까?

출처: www.datanews.co.kr

Q 셀카봉이 세계적인 히트상품이지만 왜 일본에서는 사용하기를 꺼리는가?

4.11 일본인의 혼네와 다테마에

일본어 통역 가이드인 희진은 여느 때와 다름없이 일본인 개별 관광객을 김해국제공항에서 맞이했다. 이번의 관광객은 가족여행을 온 일가족 4명이었는데 상당히 예의가 바른 사람들이었다. 공항을 출발하여 곧장 경주로 향했고 보문관광단지 내의 H 호텔에 여행 가방을 풀고 곧바로 경주지역 투어가 시작되었다. 이들은 경주국립박물관, 불국사, 석굴암, 그리고 안압지 등 경주지역의 문화유적을 둘러보고 이번 여행에 상당히 만족하는 분위기였다. 특히 안압지의 야경을 보면서 연신 감탄했다. 2박 3일간의 짧은 일정이었지만 희진과 일본 관광객은 상당히 친해졌다. 일본 관광객은 희진과 연락처를 주고받으며 동경에 올 기회가 된다면 자신들에게 꼭 연락하라는 당부까지 하였다.

몇 개월이 지난 후 희진은 동경에 갈 일이 생겼다. 동경에 도착하여 업무를 보고 난 뒤 불현듯 예전에 연락처를 받았던 일본 관광객이 생각났다. 희진은 조금 들뜬 마음으로 그들에게 전화를 걸었다. 그러나 통화 연결 후 통화하는 과정에서 희진은 매우 당황했다. 그들은 희진에게 매우 싸늘하게 대했으며 전화한 것에 대해 거부감까지 보였기 때문이다.

Q 일본 관광객이 관광 중 희진에게 연락처를 준 이유는 무엇일까?

5. 관광지 문화를 존중하는 여행

5.1 현지 관행을 알고 나서 선물하기

어느 미국인이 중동에 새로운 거래를 트기 위해 출장을 갔다. 그곳에서 그는 아주 신앙심이 깊은 중동인 바이어를 만나게 되었다. 그가 중동의 종교에 대해 깊은 관심과 진실 된 이해를 표시하자 이에 흡족한 중동 바이어는 그에게 영어와 아랍어로 된 코란을 선물했다. 미국인도 이에 답례하기 위해 은으로 만든 나침반을 선물했는데, 이 은제 나침반 선물은 중동인을 다시 한 번 감동시켰다. 하루에도 몇 차례씩 메카를 향해 기도해야 하는데, 낯선 도시나 지역에서 나침반은 메카의 방향을 정확히 알려주는 매우 요긴한 선물이었기 때문이다.

이러한 예에서 보다시피 미국인의 선물은 그가 원하는 비즈니스 관계로 발전시키는 데 결정적인 역할을 하게 되었다. 이 경우 누구도 선물을 뇌물이라고 보는 사람은 없다. 선물을 제대로 하지 못하면 때때로 하지 않은 것만 못한 경우도 있다. 잘못 전해 준 선물이 상대를 궁지로 몰아넣는 경우도 종종 있다. 미국 같은 나라에서는 선물에 대해 극히 민감하다. 특히 고위층일수록 그러한 경향이 더욱 강하다. 국가안전보장회의 위원장이 일제 시계 2개를 선물로 받았다가 해임된 경우만 보아도 미국 사회에서 선물은 그 가격이나 선물의 목적 등에 의해 뇌물로 비춰질 소지가 있기 때문에 엄격히 법으로 규정하고 있다.

그러나 아시아, 아프리카, 중동 등 일부 국가에서는 미래에 있을 거래의 대가나 이에 대한 인사치레가 관례로 받아들여지고 있다. 스페인 사람들은 선물 주고받는 것을 서로에 대한 예의의 표시로 생각하고 있으며, 필리핀 같은 국가에서는 우리가 선물이라 보기에는 지나친 거액의 선물을 주고받는 것을 관행으로 보고 있다.

이와 같이 선물에 대한 인식은 국가마다 다르므로 반드시 미국인들이 선물에 대해 갖고 있는 일반적인 인식인 감사나 우정, 작은 성의 표시로 그쳐야 한다는 에티켓을 원칙으로 삼을 필요는 없다. 비즈니스 목적을 달성하기 위해 물불 가리지 않고 덤비는 세상에 설사 선물을 가장한 뇌물을 줄지라도 이를 막을 법은 없을지 모른다. 단지 선물을 주는 사람의 인격과 양식에 따를 뿐이다. 이러한 현지 선물 문화의 관행에 대한 해답은 자신의 판단보다는 현지인의 조언을 받는 것이 안전하다(http://blog.naver.com).

5.2 문화적인 관광객과 여행 매너

문화적인 관광객

문화적으로 좀 더 현명한 관광객이 되려면 어떤 조건을 갖춰야 할까? "국제관광객은 미술박물관의 개와 같다"라는 옛말이 있다. 겉으로는 보되 감상할 줄 모른다는 뜻이다. 그렇게 되어서는 안 되지만 사실 의도적이고 심사숙고하여 접근할 때 해외여행은 4가지 문화 지성의 능력과 긍정적인 관련이 있다. 여행 전이나 여행 중에 문화지성적인 관광객이 하는 일을 소개한다(David, 2014).

① 웹 검색

문화지성인은 어느 특정 장소의 역사, 문화 규범, 그 지역의 핫이슈 등을 한눈에 빨리 훑어보기 위하여 인터넷을 사용한다. BBC TV의 국가 소개 프로그램을 보거나 방문국의 호프스테드 6가지 지수를 자국과 비교한다거나 방문국의 도메인을 사용하는 사이트를 찾아서 뉴스거리를 알아보는 행위가 이에 속한다.

② 방문국에 대한 소설이나 비망록 탐독하기

문화지성적 관광객은 TripAdvisor나 Lonely Planet의 내용을 벗어나 방문국에 대한 문화적 통찰력을 갖기 위해 소설이나 비망록을 읽는다. 캄보디아에 갈 때 프랑수아 비조(Francois Bizot)의 '대문(*The Gate*)'이라는 비망록을 읽는다. 파리에 간다면 David Lebovitz의 '파리에서의 달콤한 생활(*The Sweet Life in Paris*)'을, 브라질의 리우데자네이루를 방문한다면 '민병대 하사관의 기억(*Memoirs of a Militia Sergeant*)'을 읽고 간다.

③ 영화관람

영화는 문화지성적 관광객이 방문지에 대하여 좀 더 심층적인 이해를 얻기 위한 좋은 수단이다. 특히 감성지수가 높은 관광객은 영화에서 나타난 어느 문화권의 특성이 다른 나라에 있는 그 문화권 사회에서도 똑같이 발생한다고 단정 짓는 것이 위험하다는 것을 알고 있다. 그러나 영화는 방문지 문화를 아는 데 중요한 수단이다.

④ 스스로 돌보기

여행할 때 육체적이고 정신적인 고갈상태를 극복하는 것은 아주 중요하다. 문화지성적 관광객은 스트레스와 피로가 평상시와 달리 문화충격과 좌절을 쉽게 받아들인다는 것을 이해하고 있다. 시차가 있는 외국으로 나갈 때 비행기에 타자마자 방문지 시간에 맞춰놓고, 여행 중에는 현지 시간에 맞게 잠을 자거나 아침이나 낮에는 잠을 자지 않고, 현지 식사시간을 따르도록 하는 게 좋다. 기내식은 반 정도 먹고, 알코올은 적당히 취하되 비알코올 음료는 제공되는 것을 전부 마시면 좋다.

⑤ 식품가게 방문

문화지성적 관광객은 식료품 가게에 가서 어떤 품목이 팔리고, 어떻게 진열되어 있고, 손님들이 무엇을 사는지를 살펴본다. 이런 행위는 자기가 사는 도시나 국가에서도 흔히 행하는 전략인데 익숙하지 않은 품목을 일부만 사거나 먹어본다. 이런 것은 방문지에서 하루하루 생활을 경험하는 재미있는 방법이다.

⑥ 뉴스 비교하기

방문지의 뉴스를 자국의 뉴스와 비교해 본다. 어떤 뉴스가 어떤 방식으로 보도되는가를 살피고 유사한 사건에 대해서도 방문지와 자국의 보도를 비교해 본다.

⑦ 택시기사와 이야기하기

문화지성적인 관광객은 방문지 택시기사와 이야기를 나눈다. 택시기사들은 현재 일어나고 있는 일이나 방문지, 그리고 지역문화에 대하여 재미있는 견해를 가지고 있어 그들의 통찰력을 배울 수 있기 때문이다.

⑧ 안식처를 벗어나 모험

문화지성적인 관광객은 두려움을 떨치기 위해 할 수 있는 일을 한다. 상하이 같은 대도시에서도 안식처 같은 스타벅스에서 나와서 시내버스를 타면서 갑자기 로컬 문화에 빠져든다.

⑨ 미술 감상하기

문화지성적인 관광객은 루브르 같은 유명 미술관만 방문하는 것이 아니라 하노이, 두바이 같은 곳에서 부티크 미술관이나 박물관에 들러서 로컬 예술을 맛본다. 우연히 마주친 시암립의 미술관은 캄보디아 방문의 하이라이트였다. 그곳을 방문하지 않았더라면 놓칠 뻔했던 현 시대의 크메르 사람들의 사고방식을 이해하는데 도움이 되었다.

⑩ 자신을 즐기기

문화지성적인 관광객은 너무 심각하지 않다. 방문지 언어를 몇 개 말해 보고, 로컬 음식을 먹어보고, 가끔은 갈피를 못 잡게 되기를 바라기도 한다. 자신에 대하여 웃거나 자신의 실수를 통하여 배우는 능력은 적절히 행동하거나 전체적인 경험을 즐기는 가운데서 문화적 차이를 발견할 수 있다. 해외를 여행하는 것처럼 문화지수(CQ)를 향상시킬 수 있는 것은 없다. 비즈니스 여행을 하든, 유학을 가든, 여행을 하든 자신과 세계를 좀 더 이해하도록 여행을 활용하는 것이 좋다.

여행 매너

다음은 여행하면서 알아야 할 매너를 몇 가지 소개하겠다.

- 일본 … '유카타'는 호텔 안에서만 입는다

  일본은 아무리 작은 호텔이라도 대부분 면으로 만든 일본식 파자마 '유카타'를 비치해 둔다. 아무리 근사하고 고급스럽게 생겼어도 '유카타'는 실내, 즉 호텔 복도까지만 입는다. 이 사실을 모르는 해외 관광객들은 온천에서 유카타만 입고 거리를 활보하기도 한다(물론 일본인 중에도 이런 사람이 간혹 있다). 일본에서 유카타를 입고 거리를 활보하는 모습은 빨간 내복을 입고 KTX를 타는 것만큼이나 이상하게 보이니 절대 삼가야 한다.

- 인도 … 왼손으로 음식을 집어먹지 말자

  손가락으로 음식을 떠먹거나, 맨손으로 음식을 섞는 것에 굉장히 익숙한 곳이 인도지만, 왼손으로 음식을 만지면 무례한 행동이 된다. 화장실에서 뒤처리를 하는 손으로 여겨지기 때문이다. 단, 그릇 같은 도구를 옆 사람에게 건넬 땐 왼손으로 줘도 된다. 왼손으로 음식을 집지 말아야 하는 것은 동남아 지역 대부분 국가에서의 관습이기도 하다.

- 태국 … 악수는 금물, 합장을 하자

  태국 사람들은 악수를 잘하지 않는다. 만나서 인사를 나눌 땐 '와이(Wai)'라고 불리는 합장을 하는 게 좋다. 불교국가의 전통에 따라 종교적인 의미로 합장을 하기도 하지만, 사람들끼리 손을 잡는 것이 위생상 좋지 않다고 생각해 악수를 꺼리기도 한다고 하니, 합장을 할 땐, 양손을 코 아래쪽까지 모아서 들어 올리고 고개를 가볍게 숙이며 인사한다.

- 두바이 … 남에게 발바닥을 보이지 말자

  아랍 문화권에서 발바닥을 남에게 보이는 것은 상대방에 대한 모욕으로 여겨진다. 두바이에서 유행하는 물담배 바(bar)는 대부분 신발을 벗고 바닥에 앉게 되어 있는데 양반다리를 하더라도 발바닥이 상대방을 향하지 않도록 주의하자. 의자에 앉을 때는 다리를 꼬지 말고 발바닥을 바닥에 붙이는 것이 예의 바른 자세로 여겨진다.

• 뉴욕 … 정확한 팁 계산으로 인기 있는 손님 되기

한국 관광객들은 미국을 여행할 때 팁 때문에 스트레스를 받기 일쑤다. 가르쳐 주는 이도 없고 도시마다 원칙이 다른 팁을 어떻게 계산해서 주면 좋을까? 뉴욕 관광청이 제시하는 뉴욕 '팁의 규칙'에 따르면 택시에서는 세전 금액의 15~20% 정도가 적합하다. 계산하기 복잡하면 세금의 두 배 정도를 주면 된다. 술집이나 레스토랑에서는 '기본 팁'으로 요금의 10~15% 정도를 주되 술집인 경우 종업원이 술 한 잔을 가져올 때마다 1~2달러 정도를 추가로 준다.

택시의 경우는 특히 주의해야 하는데 일부 택시기사들은 특별한 요구가 없으면 "땡큐(Thank you)!"라고만 한 후 거스름돈 돌려줄 생각을 하지 않는다. 이런 경우 얼떨결에 굉장히 많은 팁을 줄 수 있으므로 요금에 팁을 더한 게 얼마 정도 되는지 계산을 마친 후 적절한 지폐를 건네는 게 안전하다.

• 프랑스 … 웨이터를 부를 땐 '손짓' 대신 '눈 맞춤'

프랑스를 비롯한 유럽의 레스토랑에서 점원에게 손을 마구 흔들며 부르면 예의에 어긋난다. 음식을 주문하거나 계산서를 달라고 말하고 싶을 땐 지나가는 웨이터를 조용히 쳐다보며 눈이 마주치길 기다리자. 눈길이 부딪힐 때 고개를 끄덕이면, 점원이 알아서 다가온다. 또한 프랑스 관광 시 현지식이 나오면 한국 관광객들은 대부분 음식에서 나는 냄새 때문에 식사를 하지 않고 그냥 나오는 경우가 있다. 이런 경우 레스토랑 주인과 종사원을 꽤 불쾌하게 만들 수 있다. 어느 나라를 가든지 현지식을 먹기 마련인데 가능한 이것도 관광경험이라 생각하고 음식을 맛있게 먹어줘야 문화 차이에서 오는 갈등을 최소화할 수 있다.

추월차로로 주행하는 거북이 차량들

차로(車路)에는 저마다 역할이 있다. 고속도로에서 1차로는 추월 차량을 위해 비워두는 차로다. 추월차로인 1차로에서 제한속도를 지켜가며 계속 주행하는 것은 지정차로제 위반에 해당한다. 전문가들은 고속도로에서 추월차로의 기능을 무시하고 정속 주행을 하는 차량이 차량흐름을 무너뜨리고 법규 위반을 조장하는 원인이 되고 있다고 지적한다.

취재팀은 지난 1일 경부 · 중부 고속도로, 용인–서울고속도로, 평택–제천고속도로, 인천국제공항고속도로 등 주요 도로를 달리며 지정차로제 운영실태를 취재했다. 추월차로 주행 원칙대로 1차로를 이용해 2차로 차량을 앞지르고 다시 2차로로 복귀하는 차량은 찾아보기 어려웠다. 앞지르기를 할 때 이용하는 차로도 오른쪽 · 왼쪽을 가리지 않았다. '1차로는 추월할 때 외에는 비워둬야 한다'는 지정차로제는 있으나 마나 한 제도였다.

"1차로로 가는 운전자들은 속도만 잘 맞추면 괜찮다고 생각하는 것 같다"고 하소연했다. 전문가들은 모든 도로에서 지정차로제 준수를 기대하기엔 한국과 교통 선진국의 격차가 너무 크다고 지적한다. 우선 고속도로처럼 다차로에서 '1차로는 추월차로'라는 인식을, 다른 도로에서도 추월은 좌측 차선으로 하는 것이란 원칙을 확립하는 것이 급선무이다.

독일의 고속도로 '아우토반'에는 속도 무제한 구간이 있다. 일부 차는 이 구간에서 시속 200㎞로 질주하기도 한다. 하지만 독일은 차량 1만 대당 교통사고 사망자 수(2012년 기준)가 0.7명으로 2.4명인 한국의 3분의 1 수준이다. 독일 아우토반이 최고 시속 110㎞로 제한된 한국의 고속도로보다 안전한 것에 대해 전문가들은 "차로 이용에 대한 운전자 간 신뢰가 쌓여 있기 때문"이라고 말한다. 도로교통공단 관계자는 "속도보다는 '흐름'이 교통사고 발생에 더 큰 영향을 준다"고 지적했다. 독일에서 운전자들은 앞지르기할 때를 빼고는 추월차선을 항상 비워둔다. 1차선에서 저속 주행을 하거나 우측 차로를 이용해서 끼어드는 등의 원칙 없는 차로 이용으로 차량 흐름을 저해하는 요소가 거의 없다. 공단 관계자는 "독일에서는 잠깐 추월차선을 달릴 때라도 뒤에서 다가오는 차량이 있으면 무조건 비켜주는 것이 불문율"이라며 "80년 가까이 고속도로를 운행한 나라이기에, 독일 운전자는 배려 · 양보가 안전과 직결되는 요소임을 잘 알고 실천하는 것"이라고 설명했다.

일본은 차량 1만 대당 교통사고 사망자 수가 0.6명 수준이다. 전문가들은 '복면(覆面) 경찰차' 효과가 크다고 말한다. 사복 차림 경찰이 일반 승용차를 타고 암행(暗行) 단속을 하며 교통법규 위반을 적발하는 방식이다. 한국에선 추월차선에서 계속 주행해도 단속당하는 일은 거의 없다. 삼성교통안전문화연구소 관계자는 "일본은 복면 경찰차 덕분에 적발될 가능성이 낮은 교통법규도 지키려고 노력하는 편이고, 이 때문에 추월차선이 항상 비어 있다"고 했다.

영국은 차 1만 대당 교통사고 사망자 수가 0.5명으로 OECD 평균인 1.1명의 절반 수준이다. 이는 '하이웨이 코드'라는 도로 교통령에 따라 차량 질서가 엄격히 확립돼 있기 때문이다. 한국교통연구원 관계자는 "영국에서는 원칙적으로 느린 차는 바깥쪽 차로로 운행해야 하고, 길이 비어 있으면 차는 중앙선을 기준으로 바깥쪽 차선부터 채워야 한다"고 했다. 영국에는 '추월차로는 화장실이다'란 교통 금언(金言)이 있다고 한다. 볼일을 보고 나면 바로 나오는 곳이지, 오래 머무르는 곳이 아니라는 뜻이다(조선일보, 2015. 7. 7).

Chapter 10

주요 관광국가의 국민성과 여행문화

1. 국민성과 여행문화

국민성이란 한 국가의 성원에게 공통적으로 나타나는 가치관, 행동양식, 사고방식, 기질 등의 특징을 말한다. 구체적으로 설명하면 한 사회의 성원은 어느 정도 비슷한 공통적인 경험을 하면서 자란다. 따라서 사회 성원의 성격, 즉 인성에는 상당한 정도의 규칙성이 나타나게 된다. 그 사회의 단위를 국가(nation-state)로 보았을 때 성원들의 인성구조를 '국민성'이라고 한다.

국민성과 비슷한 개념으로 민족성을 들 수 있는데 이것은 언어, 인종, 문화 등과 같은 기준에 기초하여 다른 집단과 뚜렷이 구분되는 '민족'을 단위로 한다. 이런 점에서 국민성과 민족성은 차이를 보인다. 다만 한국과 같이 단일민족으로 구성된 경우에는 민족성과 국민성이 동의어로 사용될 수 있다.

국민성은 피상적인 개념인데 이것은 한 나라 사람들의 성격을 한두 가지의 특성으로 묘사하기 때문이다. 예컨대 질서를 존중하고 집단의식이 강한 일본인, 이론을 좋아하는 독일인, 직관적이며 매사를 예술적으로 보는 프랑스인, 개척정신이 강하고 실용주의적인 사고를 가진 미국인, 전통을 존중하고 신분계급의식이 강한 영국인 등 각 나라의 국민성은 이와 같은 고정형의 평가를 벗어나기 어렵다.

물론 한 사회의 성원은 각자 고유의 성격을 가지기도 하지만 그 사회에서 생활한 결과로 인해 공통의 인성을 형성하게 된다. 즉 정치, 경제, 군사, 교육 제도 등과 같이 모든 국민에게 적용되는 제도는 비록 사회적 지위와 참여 정도에 따라 달리 나타나기는 하지만 개개 성원의 정신적인 혹은 심리적인 구조에 구현되어 국민성 형성의 기초가 된다.

국민성은 거의 모든 일상의 행동과 태도에 영향을 미친다. 가령 전통을 존중하는 영국인들은 재판을 하는 판사와 변호사가 흰색(경우에 따라 회색 또는 진한 회색)의 가발을 쓰는 것을 당연하게 여긴다. 영국전통인 이 하얀 가발은 중세시대 때부터 영국 정치의 산물로 이어져 왔고 18세기에 사라지는가 싶더니, 유독 법조계는 이 전통을 지금까지 이어 오고 있다. 실제로 2007년 BBC 설문조사에 따르면 영국 법조인들의 70%가 하얀 가발을 비롯한 영국전통을 표현하는 각종 특별의상을 입는 것에 찬성하였다.

최근 영국의 젊은 세대 사이에서 가발을 안 쓰고 재판을 하는 것이 좋겠다는 여론이 일기도 했지만 아직도 이것에 반대하는 국민이 많다. 한 가지 덧붙이자면 영국 여왕을 국왕으로 두고 있는 호주 역시 영국의 영향을 받아 재판관과 변호사들이 가발을 쓰고 있다. 여하튼 이런 전통은 영국을 대표하는 상징 중 하나임에 틀림이 없다. 이러한 전통이 오늘날까지 영국인들의 삶 속에 녹아 있는 것은 바로 전통을 존중하는 영국의 국민성 때문이다.

이러한 국민성은 여행문화에도 관계된다. 즉 관광지의 선택, 관광지에서의 행동, 관광경험의 호불호(好不好) 등을 들 수 있다. 전통과 서정성을 중시하는 국민들은 관광지를 선택할 때 감성을 자극하고 예술성이 우수한 관광지를 선택하는 경향이 강하다. 실례로 1999년 4월 영국 여왕의 한국 방문 중 70년 생일을 기념하여 행선지로 삼은 곳이 바로 안동 하회마을이다. 하회마을은 이 한 번의 영국 여왕 방문으로 세계적 관광 관심 도시가 될 수 있었으며, 이후 안동과 안동 하회마을은 적지 않은 변화를 가져오게 되었다.

관광지에서의 행동에서도 국민성이 상당 부분 관여된다고 볼 수 있다. 예를 들면 일본 관광객의 경우 단체관광을 즐겨하며 관광지에서도 이들은 무리에서 이탈하는 법이 없다. 이처럼 무리의 이탈이 없기 때문에 현지 가이드는 오른손에 깃발을 하나 들고 목적지를 향해 앞만 보고 걸어가면 된다는 말까지 나올 정도이다. 이들은 관광목적지 선택에서부터 관광경험을 하는 것까지 독단적으로 하지 않는다. 즉 무리에서 튀는 행동을 싫어한다. 이것은 질서를 존중하고 집단의식이 강한 국민성에서 나온 행태라 볼 수 있다.

흔히 일본의 국민성을 그들의 국화(國花)인 '벚꽃'에 비유한다. 벚꽃의 특징을 생각해 보라. 4월 초가 되면 한순간에 개화하여 일정시간이 흐른 뒤 그 꽃잎은 한순간에 떨어져 버린다. 일본인은 이러한 성격과 기질을 가지고 있다.

국민성은 관광경험의 호불호와도 관련성이 있다. 3개 국가의 국민이 동일한 관광경험을 한다고 하자. 과연 그 관광경험에 대해 3개 국가 국민이 동일한 만족도를 보일 것인가. 분명 그렇지 않을 것이다. 가령 지중해에 있는 니스로 관광을 간다면 예술적 기질이 강한 프랑스인이나 서정성이 강한 독일인의 경우는 파스텔 톤의 바다와 낭만적인 휴식을 주는 해안을 무척 좋게 느낄 것이다. 그러나 조급함의 기질이 강한 한국인의 경우 그러한 풍경에는 감탄할지 모르나 아마도 베르사유 궁이나 루브르박물관 아니면 세계적인 명품 브랜드 매장으로 가자고 현지 가이드를 재촉할 것이다.

이처럼 국민성은 여행문화에 큰 영향을 미친다. 그러므로 관광기업은 주요 거래국가의 국민성을 학습해야 한다. 즉 관광기업을 경영하는 자나 종사자는 주거래 국가의 국민성을 알고 있으면 업무를 수행하는 데 한결 도움이 된다. 예컨대 관광상품 개발, 관광 일정 기획, 관광객의 인솔, 관광홍보, 관광광고 등에 많은 기여를 할 것이다. 더불어 관광 목적지의 국민성도 문화적 마찰을 차단 혹은 최소화하기 위해 알아둘 필요가 있다.

2. 주요 관광국가의 국민성

CHINA

2.1 중국

신뢰

중국인들은 우선 한번 친해지면 오랫동안 친해질 수 있는 끈끈한 관계를 유지한다. 이들과의 관계를 맺는 기간은 오래 걸리나 이들과 관계를 맺는다면 우리가 생각하는 그 이상으로 친해진다.

상거래에 있어서도 '신뢰'를 우선시한다. 일반적으로 중국인들이 이민 오면 십시일반으로 돈을 모아 그가 가게를 낼 수 있도록 돕는다. 더불어 그 가게에서 물건을 팔아 줌으로써 이민 온 사람이 자리를 잡도록 한다. 물론 이민자도 부지런히 일한다.

우회적 표현

중국인은 우회적인 표현을 즐겨한다. 중국인들과 비즈니스를 하다 보면 자기의 의사표현을 명확하게 밝히지 않는 경향이 있어 그들의 속마음을 알기가 결코 쉽지 않다. 예로부터 중국인들은 겉과 속이 같으면 동물과 다를 바가 없다고 생각했다. 그러므로 사람은 세련될수록 겉과 속이 다르게 행동해야 한다고 그들은 강조한다.

중화사상

중국인은 중화(中華)사상으로 무장되어 있다고 할 수 있다. 즉 중국인들은 이 지구상에서 중국인만이 유일무이(唯一無二)한 민족이라 생각하고 있으며 중국민족을 제외한 다른 민족은 모두 오랑캐로 취급하고 있다. 중화사상은 해외에 있는 약 5천만 화교들이 경제적으로 중국을 적극적으로 도와주는 계기가 되어 오늘날과 같이 경제적 발전을 할 수 있었던 직접적인 계기가 되었다.

만만디

만만디(漫漫的)사상을 추구한다. 이것은 중국인들의 느긋함을 나타내는 말이기도 하다. 매사에 바쁘지 않고 침착하게 행동하는 사람들이다. 중요한 안건의 해결을 위해 절대로 속셈을 드러내지 않고 추구한 바를 이루기 위해 현세대에 안 이루어지면 다음 세대 손자 때까지라도 이루겠다는 강한 집념을 가지고 절대로 서두르지 않는다. 우공이산(愚公移山)이란 말이 있듯이 '할아버지 때 못 옮긴 산의 흙을 손자 때까지 옮기겠다'는 정신은 만만디를 단적으로 나타내는 고사성어라 할 수 있다.

체면

중국인은 체면을 중요시한다. 중국인은 다른 사람의 인격도 존중해 주고 또한 다른 사람으로 하여금 자신의 인격도 존중받기를 원하고 있다. 중국인 앞에서 어떠한 이유에서든지 욕설을 한다거나 비하하면 기필코 보복을 하고야 마는 무서운 사람들이다.

돈을 좋아하는 중국인

중국인은 특히 땅보다 돈을 더욱 좋아한다. 중국의 유명한 문호 호적은 "중국역사의 2/5는 전쟁이다. 고로 일생에 전쟁을 치르지 않은 사람은 가장 행복한 중국인이다"라고 했듯이 중국은 오랜 역사를 통하여 중원을 차지하기 위한 전쟁이 계속되었으며, 땅에 대한 집념이 상대적으로 약화됐고, 전쟁 중 보관과 이동이 용이한 것이 바로 돈(황금)이기 때문에 돈에 대한 강한 집념은 오늘날 중국인들에게 이어지고 있다.

앞에서 언급한 중국인의 국민성을 토대로 중국인과 상관습상 주의해야 할 점을 요약하면 다음과 같다.

- 매사에 급하게 서둘지 마라.
- 중국인의 대답을 잘 들어야 한다.
- 합의되거나 약속된 사항은 필히 서면으로 남겨야 한다.
- 식사 대접을 중요하게 생각하고 있다.
- 선물할 때에는 중국인의 기호에 맞추는 것이 좋다.

JAPAN

2.2 일본

화(和)사상

일본의 대표적인 국민성을 논하려면 화(和)사상을 아는 것이 우선이다. 화는 일본인의 특징을 가장 잘 나타내주는 말이고, 일본인의 잠재의식 속에 자리 잡고 있는 일본인의 가장 핵심적인 사상이다. 화는 사람과 사람이 조화를 이루고 화합하여 안정된 사회를 이루게끔 하는 사상이다. 섬나라의 특성상 제한된 영토 안에서 모든 사람들이 평화롭게 살기 위해선 화합과 조화가 필요하다. 사방이 막힌 섬나라에서 전쟁이 계속 일어난다면 모두에게 다 피해가 미치기 때문이다. 이 사상은 일본을 철저한 계급사회로 만들었고, 모든 사람이 자신의 위치를 아는, 즉 '분수'에 어긋나지 않는 행동을 하게 했다. 이로 인해 일본인은 자신의 영역을 매우 중시하고, 또한 상대의 영역도 존중하게 되었다. 일본인의 대화가 직선적이지 않고 돌려 말하거나, 거절의 표시를 쉽게 하지 않는 것, 은혜에 대해 답례를 꼭 하는 것도 화의 사상 때문이다.

다양성

일본 문화에서 두드러진 점 중의 하나가 다양성이다. 이는 문화, 종교, 예술, 사상, 경제, 정치 등 거의 모든 분야에 걸쳐서 나타나고 있다. 화의 사상을 유지하고 집단의 안정을 위해 일본인들은 서로의 구역을 인정할 뿐 간섭하거나 침범하려 하지 않는다. 그냥 상대를 그대로 인정하는 것이다. 예전부터 일본에서는 많은 신들을 섬겨 왔다. 이러한 전통이 태어나서는 신도의식을 치르고, 결혼은 크리스트교 의식으로, 장례는 불교의식으로 치를 수 있는 밑바탕이 된 것이라고 할 수 있다. 초월적인 신이 없고 무수한 신이 공존하는 일본의 신도가 보여주듯, 외래에서 들어오는 신앙의 초월적인 가치는 일본 안에서 해체되어 구체적이고 현실적인 면만을 남겼다.

혼네와 다테마에

일본인들은 본심을 잘 드러내지 않는다. 이른바 혼네(本音)와 다테마에(建前)이다. 이 혼네와 다테마에는 일본사회의 집단성을 말해 주는 대표적인 단어 중 하나이다. 집단이 어떤 것을 해 나가는 데 있어 자신의 의견을 명확하게 내놓을 수 없었던 일본인들은 자신의 진정한 생각, 즉 혼네를 감추고 자신이 속한 단체의 의견을 좋든 싫든 따를 수밖에 없었다. 이러한 집단성에서 나오는 사상이 자신이 속한 마을에 대한 화합과 통합이고, 다른 무엇보다 그것을 중요하게 여겨왔다. 일본사회에서는 본심을 드러내지 않고 숨길 수 있는 능력을 훌륭한 인격 중의 하나로 보며, 감정의 직접적 표현, 특히 얼굴로 표현하는 것을 천박한 것으로 생각한다. 다테마에는 현실적인 결과를 말하지 않고 그 이상상(理想像)을 말하는 것으로, 일본 역사상 1천여 년부터 천황정치, 무사정치 등의 체제에서 상전에 절대복종하는 아랫사람(또는 일반서민)들이 체득한 지혜라고 볼 수 있다. "오늘은 격식 없이 마시자"라 할지라도 부하가 이것을 믿고 혼네를 이야기해 버리는 것은 어리석은 것으로 인식된다. 또한 혼네로 상사와 논쟁하든지 예의 없이 굴면 그것을 이유로 출세코스로부터 밀려나는 것도 보통 있을 수 있는 일이다.

실용주의- 좋은 것만 취한다

일본인은 내세의 평안을 기원하기보다는 현세에서 자신들의 부와 건강 등 개인적인 이익을 위해 신을 섬긴다. 때문에 자신은 종교가 없다고 하면서도 필요에 따라 신사나 절에 나가기도 한다. 이처럼 일본인은 자신의 이익에 맞는 것이라면, 가리지 않고 이용하는 실용적인 면을 가지고 있다.

폐쇄성

과거 일본은 다른 나라와는 전혀 교류가 없이 자신만의 독특한 문화를 발전시켜 왔다. 한국과 중국만이 몇 년에 한 번씩 일본과 사신을 주고받았을 뿐, 이천 년 가까이 일본은 일본인끼리만 살아왔다. 일본인은 외부와 내부에 대한 구별도 뚜렷하며, 그 대응양식도 다르다. 즉 앞서 언급했듯이 외부 세계에 대해서는 '다테마에'로, 집단 내에서는 '혼네'로 대하는 것이 일반적이다.

개인주의 사고- 와리캉(공동적 균등부담)문화

일본 사람에게 있어 와리캉이란 극히 당연한 일이고, 일상 생활화되어 있으며 상당히 좋은 이미지를 가지고 있다. 와리캉은 부담스럽지 않고, 당연한 것이 되어 있으며 서먹서먹하다거나 치사하다는 인상을 가지는 사람은 적다.

냉정성 중시

일본인이 존경하는 대표적인 인격은 '냉정성'을 갖춘 사람이다. 냉정은 화(和)의 실현에 중요한 역할을 하며, 업무상의 손실을 방지하는 의미에서도 중요하다. 예컨대 업무상 문제가 생겨 큰소리를 치면서 흥분한다면 몰상식한 사람으로 인식되어 경원시되며, 자기억제를 하지 못하는 사람으로 평가받게 된다. 마음에는 불타는 노여움이 있더라도 얼굴에는 표현하지 않고 말씨도 변하지 않고 태연한 자세를 견지하는 것이 중요하다.

예절의 중시

일본사회는 매우 수직적인 사회로 예절과 매너가 철저하게 중시된다. 일본인이 중시하는 예절은 겸손, 자제, 인내, 관용 등이다. 일본인들은 이와 같은 예의범절을 일본 특유의 것으로 생각하고 있다. 그러므로 외국인들이 일본인들처럼 행동해 주기를 기대하지는 않지만, 이를 완전히 무시하고 행동하면 거부감을 나타낸다.

인사할 때 악수를 하는 것이 보편화되고 있지만, 허리를 굽히는 일본전통의 인사법이 더 보편적이라고 할 수 있다. 일본인들은 인사를 할 때 비굴하다고 느껴질 만큼 허리를 굽히며(30도 이상) 오랫동안 굽힌 허리를 펴지 않는다. 특히 작별인사의 경우에는 여러 차례에 걸쳐 이러한 인사를 반복한다.

집단성

개인보다 자기가 소속된 집단을 중요시한다. 일본인은 일반적으로 집단행동을 좋아하는데, 기업사회에서도 각종 협회, 조합 결성 등에 뚜렷이 이 기질이 드러나며 일본인들의 여행하는 모습 속에서도 나타난다.

INDIA

2.3 인도

검다는 것에 대한 콤플렉스

이들에게 블랙이라는 말을 하기가 어려울 정도로 검다는 것에 대해서 신경을 쓴다. 고대시대부터 이들에게 있어서 검고 흰 것은 선과 악의 구분처럼 되어 왔기 때문에 산스크리트어로 명예는 white fame이라 하고 불명예는 black fame이라 할 정도로 희고 검은 것에 대한 강박관념이 아주 심하다. 상대적으로 피부가 하얀 사람들은 모든 면에서 자신감을 보이고 있다.

자연식

이들이 머리가 좋은 이유는 아직도 인스턴트식품을 먹지 않는다는 데 있다는 말이 있다. 가정에서 해먹는 간단한 요리의 양념이 적어도 16가지가 넘는다. 화학조미료는 아예 없다. 냉장고에 들어간 음식을 안 먹는 사람이 많아 집안의 냉장고는 거의 텅 비어 있다. 점심도 이들은 집에 가서 먹는다. 잘사는 가정은 음식을 요리사가 매일 집으로 와서 해놓고 간다. 이들은 하루가 지나면 음식을 못 먹는 것이라는 생각이 지배적이다. 채식주의자라 해도 우유 제품과 다양한 콩 종류와 야채를 많이 먹기 때문에 영양이 충실하다. 인도음식을 한 달만 먹으면 인도 사람들처럼 머리가 돌아간다는 농담도 있다.

약점에 대하여

인도인들에게 약점을 보이면 이들은 이것을 가지고 계속 괴롭힌다. 약점이라 해서 대단한 것이 아니라 가령 "너의 예의 없는 이런 점이 싫다"고 말을 하면 그 싫어하는 행동만 보는 앞에서 일부러 계속 반복하는 것이다. 그리곤 표정을 가만히 살핀다. 하루 이틀이 아니라 볼 때마다 끊임없이 타인을 직접 혹은 간접적으로 괴롭히기 때문에 이에 적절한 대응을 하지 않으면 이들에게서 피로를 느끼게 되는데 대응방법은 두 가지다. 하나는 철저히 무시하는 것이며 다른 하나는 독사가 되는 것이다. 독사가 되어 한번 딱 물면 그때서야 끝이다. 실제로 인도인 부모들은 인도의 아이들에게 이렇게 가르친다고 한다. "남이 너를 괴롭히면 넌 shrewd as a snake가 되어야 한다. 알았지?"

이들은 말을 배우기 전부터 부모님으로부터 남을 먼저 괴롭히는 방법을 통해 자신을 보호하는 방법을 배운다. 이것이 문제가 된다는 심각성이 이들에겐 없다. 자신이 먼저 카스트제도의 카르마(업) 속에서 살아 생존해야 하기 때문이다. 그래서 학교에서 많은 한인청소년과 인도계 청소년 사이에서 싸움이 일어나는 것이다. 그리고 예전에 한인 유학생들에게 인도학생에게는 돈을 빌려주지 말라는 은연중의 묵계가 있었다. 왜냐하면 인도인들은 경제적인 도움을 베풀지도 않고 받아도 되돌려주지도 않는 관습이 몸에 배어 있기 때문이다.

외부세계에 대한 무관심과 침묵

인도의 5천 년을 가능하게 한 또 하나는 외부세계에 대한 무관심과 침묵이라는 국민성이다. 그러나 이는 다른 문화나 이질적인 것에 대한 인도의 관용과 환대로 볼 수 있다.

남아 선호사상의 극치

인도에서는 아들이 없는 남자는 자신의 인생이 실패했다고 여긴다. 딸만 낳은 여인은 집안이나 사회에서 존경받지 못한다.

THAILAND

2.4 태국

낙천성

태국인들은 지극히 낙천적이다. 무슨 일에도 적극성을 띠거나 서두르지 않는다. 태국인의 낙천주의는 기존 질서를 유지하려는 안일성과 현재의 상태를 평온하게 유지하려는 자세와 비록 제한된 자유라 할지라도 만족해 하는 평온한 태도에서 근원된 것으로 분석된다.

므앙타이

태국인들은 자기 나라를 '므앙타이'라고 부른다. '자유의 땅'이라는 뜻이다. 태국인들은 나라 이름 그대로 자유를 몹시 존중한다. 그러나 태국인들의 자유는 개인의 존엄성을 인정한 자유가 아니라 상류 사회인들의 사회와 제도와 구조를 유지하기 위하여 허락한 제한된 자유라고 말할 수 있다.

분장된 사회

불교의 평온한 마음은 태국인들에게 그들의 감정을 표현하기보다는 억눌러 참을 것을 가르쳤다. 외국인이 태국에서 제일 빨리 느끼게 되는 우정적이며 예절적인 점은 '분장된 사회'의 영향에서 오는 것이다. 태국에서 가장 높은 가치관 중에 하나는 차분한 마음이다.

웃음과 미소의 나라

태국인들은 의견이 결정적으로 대립되는 순간을 만나면 미소를 짓거나 웃고 만다. 그들의 태도는 찬성인지 반대인지 불확실하다. 진실한 마음을 알기 위해서는 오랜 시간이 필요하다. 의견이 대립되는 경우에는 제삼자를 협상의 다리로 사용한다. 웃음도 그 동기는 타인의 기분을 상하지 않게 하려는 마음에서 시작된다. 그들에게는 '무슨 일을 하느냐'는 것보다는 '어떻게 평안히 지내느냐'라는 문제가 훨씬 더 중요한 것이다.

USA

2.5 미국

개인적이다

미국인들은 거의 모든 일에서 무엇보다도 자기 자신을 먼저 생각한다. 가족관계와 단체의 일원으로서의 충성심이 있긴 하지만 개인성이나 개인적 권리가 더 중요시된다.

독립적이며, 자신을 믿는다

개인에 대한 존중은 미국인의 특성인 독립심과 자기 신뢰와 관련되어 있다. 어릴 때부터 아이들은 독립심을 기르도록 교육받으며 대부분의 학생들이 부모에게 의지하지 않고 스스로 자신의 과목을 정하고 전공을 선택하며 직업을 정한다. 고등학교를 졸업한 후에는 대부분 부모의 가정에서 벗어나 독립하여 생활한다.

직선적

미국인에게 정직함과 솔직함은 체면을 지키는 것보다 훨씬 중요하다. 그들은 때때로 무뚝뚝해 보일 때도 있고, 너무 논쟁적이거나 공격적이기도 하다. 미국인은 형식적인 예의범절에 많은 시간을 소비하지 않는다. 이러한 직선적인 성향은 논쟁을 수습하기 위해 제삼자에게 의존하기보다는 자신이 직접 말하거나 오해를 가라앉게 하려고 노력하는 성향을 길렀다.

협동적

서로에 대한 경쟁의식을 지니고 있으면서도 어떤 목적을 성취하기 위해서는 타인과 협력하는 협동정신을 가지고 있다.

강한 성취욕구

운동 경기의 기록에 집착하고 사무실 벽에 사업실적을 붙여놓기도 한다. 책이나 영화의 경우 그 내용이 아니라, 판매부수나 수익금의 다과로 성취여부를 평가하기도 한다. 대학에서도 역시 성적이나 평점에 관심이 많으며 이를 중시하고 있다.

많은 질문

미국인들은 질문을 많이 하는데, 질문 중에는 요점이 없는 것처럼 보이는 것도 있고 지적이지 못하거나 매우 초보적인 것도 있다. 방금 만난 사람에게서도 아주 개인적인 질문을 받을 수 있는데, 이는 건방진 의도가 있어서가 아니다.

CANADA

2.6 캐나다

청렴함

캐나다는 현재 GDP가 1조 8,045억$로 세계 10위에 달할 정도로 경제가 발전하였다. 또한 앨버타 주의 오일 샌드에서 원유가 채굴되는 산유국이기도 하다. 이러한 풍요로움에 일조한 것은 정부와 국민의 부패척결 의지 덕분이다. 실제로 캐나다는 2008년 뇌물공여지수에서 1위를 차지하였으며, 2011년에는 8.5점/10점으로 6위를 차지하며 여전히 상위권에 랭크되고 있다. 뇌물공여지수란 세계에서 경제적으로 큰 영향을 발휘하는 산업국가의 기업(인)들을 대상으로 뇌물을 주고받은 것을 조사하여 지수가 산출된 것이다. 이것은 부패의 공급측면을 나타내는 것으로 이 지수가 높을수록 청렴한 것을 의미한다.

철두철미한 도덕성

캐나다인의 도덕성은 다양한 곳에서 찾아볼 수 있다. 캐나다의 거리에는 'stop' 교통 표지판을 지겹게 볼 수 있는데, 이 교통 표지판을 무시하고 주행하는 운전자를 찾아보기 힘들다. 이를 규제하는 법 자체에 대한 공포심이 상당하기 때문이다. 일단 위반하게 되면 벌금과 벌점이 내려지고 보험갱신 시 보험료 인상까지 감수해야 한다.

미국에 대한 자격지심

캐나다는 미국에 대한 상당한 자격지심을 가졌다. 캐나다의 초기 구성원들은 영국에서 건너온 귀족들, 대농장주들, 그리고 미국에 반하고 미국을 부정적으로 생각하는 친영파(왕당파)였다. 미국과는 다르게 자유보다는 권위를 더 중시했고 애초에 미국이 추구하는 자유가 지나치다고 생각하는 사람들이었다. 게다가 미국과의 경제적 격차가 크게 나타났다. 캐나다달러의 가치는 미국에 비하면 무척 낮고 캐나다는 인구가 적어 내수시장이 위축되어 있으며, 수출무역에 있어서도 미국이라는 초강대국을 이웃으로 하고 있어서 자연스레 비교가 될 수밖에 없어 열등감과 자격지심이 생길 수밖에 없었던 것이다.

조화로움

캐나다에는 수많은 이민자들이 있기 때문에 대부분의 캐나다인들은 다양한 문화와 인종이 함께 조화를 이루고 화합한다. 그리고 그들은 이러한 자신들의 사회에 대한 자부심을 가지고 있으며, 각 민족들의 문화적 다양성을 인정하고 서로 교류하고 나누는 복합문화주의를 표방하고 있다.

강한 애국심

캐나다의 수도인 오타와 지역에는 강변을 따라 전통과 역사를 알 수 있는 크고 작은 전쟁기념관 및 박물관, 평화의 탑과 충혼탑, 국립현대미술관, 자연사박물관, 문명사박물관 등의 건물들이 모두 모여 있는데 이를 중요 관광코스로 이용하고 있다. 이처럼 캐나다인들은 자연과 예술을 중시하고 애국심이 강하다는 것을 보여준다. 무엇보다 세계의 평화를 수호하려 전쟁에 참전한 군인들을 위해 도심 곳곳에 세워둔 기념비는 평화에 대한 캐나다인들의 남다른 관심을 보여준다.

친절함

캐나다인들은 온화한 성격으로 외국인에게도 친절하다. 그리고 사람들을 배려하고 양보와 매너를 갖추고 있다.

실용성 우선과 검소함

캐나다인들은 실용성을 우선시하고 검소하며, 독립적이고 자주적인 국민성을 지녔으며 정해놓은 원칙에 있어서는 어떠한 일이 있어도 벗어나지 않으려고 하는 국민성도 지니고 있다.

CHILE

2.7 칠레

근면, 성실

칠레인들은 남미 국가 중 가장 근면하고 성실한 성격을 지녔다. 이것은 독일인들이 이곳으로 대거 이민 온 영향이 큰 것으로 보인다.

온순한 성격

칠레인들은 극심한 변화를 보이는 자연환경에서 참을성을 배운 탓인지 다른 남미인들과 달리 침착하고 온화한 성격을 지니고 있다. 한편 3백여 년간의 독립 투쟁사가 웅변하듯 끈질긴 저항력도 지니고 있다.

아이들과의 시간을 소중히(가족중심 문화)

칠레의 부모들은 아이와 많은 시간을 보내는 것이 가장 좋은 교육방법이라 생각하고, 자녀가 많을수록 훌륭한 가정이라 생각한다. 나이 터울이 별로 나지 않는 형제자매가 어울려 함께 자라는 것이 교육적으로도 좋다고 여기기 때문이다. 몇 년 전만 해도 한 가정에 열 명 정도의 자녀가 있는 것이 일반적이었다. 요즈음은 그 정도는 아니지만, 대부분 적어도 두 명 이상은 낳는다.

남미 특유의 여유로움

19세기 후반 독일을 비롯한 유럽이민의 국가 건설과 맞물려 칠레인들은 오늘날에도 은연중에 자긍심이 강한 국민성을 보이고 있다. 칠레인들은 다른 중남미 국가들과 달리 합리적 · 개인적 · 보수적 성격이 두드러져 보이며 말수도 적고 좀처럼 속을 내보이지 않는다. 전체적으로 국민성은 낙천적이고 온화하며, 특히 외국인에 대해서는 친절하다. 자국에 대한 자부심이 강하며, 경치 · 기후 · 국민들에 대해 칭찬해 주는 것을 좋아한다.

정확하지 않은 약속시간

칠레를 포함한 중남미인들은 약속시간을 정하면 이를 엄수하지 않는다. 그보다는 융통성 있게 약속 스케줄을 잡고, 어떤 사안에 대해서 빠른 템포보다는 느긋한 마음으로 일을 추진하려 한다. 그렇기 때문에 지나친 기대를 하며 서둘러 일을 진행하다가는 기대에 따른 실망감으로 일의 진행이 용두사미가 되기 마련이다. 이런 특성을 감안해 스케줄의 여유를 가지고 장기적인 관점에서 인간적 유대관계를 끈끈히 다지며 비즈니스를 전개해야 소기의 성과를 높일 수 있다.

자신을 과소평가하는 성향

칠레인들이 외국인 앞에서 자신감을 표현하는 방법 중의 하나는 자기의 성취를 과소평가하거나 자기를 심하게 낮추는 것이다. 칠레인들은 자기들이 게으르고 계획성 없이 늑장을 부린다고 끊임없이 투덜댄다. 그들의 말에 약간의 진실이 들어 있을 수도 있으나 현실적으로 이 나라의 상황은 낙관적이다.

UNITED KINGDOM

2.8 영국

보수성

유럽대륙의 경우 논리학과 변증법이 발달한 것에 반해 영국의 경우는 과거의 경험을 중시하는 경험론과 공리주의가 발달하였다. 과거를 존중하기에 골동품을 좋아하고 이를 바탕으로 박물관이나 소더비(Sotheby) 같은 골동품 경매장이 발달하였다. 대체적으로 보수적 성향을 띠지만 '변화 외에 영원한 것은 없다'라는 속담이 있어 역사의 흐름에 대한 적응력도 보여준다.

이성적 사고

신사의 나라라고도 불리는 영국은 일반적으로 참을성이 강하고 이성적으로 사고하는 경향이 있다. 라틴계통의 스페인이나 프랑스에 비해 정열적인 부분이 덜 보이고 위험이나 어려운 상황에 처하더라도 감정을 잘 나타내지 않는다. 또한 불쾌한 상황에서도 겉으로는 침착하게 대응한다. 대륙과 영국의 기질을 비교한 유머 중에는 '영국인은 위스키처럼 투명한 지성을, 프랑스인은 포도주처럼 달콤한 감성을, 독일인은 맥주거품처럼 끓어오르는 정열을 가지고 있다'라는 말이 있다. 그러나 훌리건으로 대표되는 다혈질적 기질을 가진 사람들의 숫자도 적지 않아 사회적 문제가 되기도 한다.

프라이버시 존중

'영국인의 집은 성이다(An Englishman's house is castle)'라는 말이 있을 정도로 영국 사람은 자신의 집에 방문하는 것을 쉽게 허락하지 않는다. 독자적이고 배타적인 성격을 가지고 있어 쉽게 친해지기가 힘들다. 집의 구조 또한 이러한 이들의 성향을 잘 반영한다.

절제된 사람

영국인들이 즐겨 쓰는 말에는 젠틀맨이란 것이 있다. 영국에서 이 말의 의미는 '절제된 사람'이다. 이 젠틀맨의 기본 정신 중 하나는 운동이건 시험이건 이긴다고 해서 다 되는 것이 아니고, 승자는 나름대로 겸손과 미덕을 가지는 페어 스포츠맨십이 있어야 한다는 것이다.

철저한 합리주의, 꼼꼼함

철저한 합리주의와 꼼꼼한 준비 정신 또한 영국인의 독특한 트레이드마크다. 맑은 날에도 우산을 들고 다님으로써 만약의 경우 비가 올 때를 대비하는 영국 신사의 모습에는 인간에게 벌어질 수 있는 모든 돌연적 상황에 치밀하게 대비하는 영국인의 상식적인 사고방식이 담겨 있다.

2.9 독일

질서 지향적

독일인들은 자동차를 몰고 다닐 때나 거리를 걸어갈 때 질서를 지키는 것이 당연하다고 생각하고 행동한다. 공공장소에서 교과서적으로 질서를 지키는 민족이다. 질서를 어기거나 예의에 어긋나는 것이라고 판단되면 항의를 하거나 주의를 준다. 이웃집이라도 불법이라고 판단되면 단호하게 경찰에 신고한다. 따라서 개인적으로 친한 것과 법률을 준수하는 것을 구별한다. 특히 개인주의가 생활화되어 있기 때문에 개인의 사생활을 침해하거나 참견하지 않는다. 친구 사이라도 지킬 것은 지켜야 한다.

검소함과 합리주의

독일인의 경우 집이나 가구는 튼튼하고 호화롭고 값비싼 것을 선호하지만 쓰고 버리는 식의 성향은 없다. 재활용은 독일의 특징이다. 자신에게 필요 없는 물건은 벼룩시장을 통해서 판다. 벼룩시장에 모이는 사람이 가난한 사람들은 아니다. 부유하거나 가난하거나 재활용은 생활이기 때문이다. 독일의 벼룩시장에 가면 버릴 수도 있는 물건들이 매우 많다. 부모들은 어릴 때부터 아이들에게 이러한 교육을 시키기 때문에 연필 몇 자루를 가지고 나온 어린이도 볼 수 있다.

꼼꼼함과 깔끔함, 그리고 이치를 밝히는 기질

일정표에 따르는 생활리듬, 고집스러울 정도의 자기주장, 논쟁을 좋아한다는 점이다. 이것은 정연한 거리와 반들반들하게 닦은 유리창과 깨끗한 부엌 등에 잘 나타나 있다. 독일인들이 일하는 장소는 언제나 깨끗하다. 주변정리를 항상 하기 때문에 바쁜 가운데서도 혼란하지 않다. 만들어내는 제품은 일정한 품질을 갖고 있으며 일정한 수준에 도달하지 않으면 판매하지 않는다. 또한 독일인들은 논쟁을 매우 좋아한다. 학교에서도 논쟁을 오랜 시간 동안 실시한다. 어떤 주제를 가지고 자신만의 논리를 전개하고 또한 타인의 주장을 받아들인다. 이러한 전통은 독일인들을 논리적으로 사고하게 만들었다. 논쟁하기 위해서는 독서량이 매우 중요하기 때문에 독일인들의 독서량은 매우 많은 편이다.

음악을 사랑하는 민족

'독일에는 명곡(名曲)은 있으나 명화(名畵)는 없다'는 말이 있을 정도로 독일인은 음악을 애호한다. 그것은 맥주 집에서의 합창이나 교회의 수준 높은 서민합창단으로도 알 수 있다.

보수적

독일인들은 보수적이다. 보수적인 것을 개방적인 것과 반대되는 개념으로 받아들이면 안 된다. 그것은 자신이 가지고 있는 문화, 자연, 건물, 물건들을 아주 소중하게 생각한다는 것으로 받아들여야 한다. 독일인의 자연보호정신은 세계적이다. 그리고 그들은 문화재를 소중히 하는 데도 정평이 나 있다. 전쟁의 피해를 복구하는 데 있어서도 옛것을 그대로 복구하는 데 노력을 기울였다. 뿐만 아니라 자연환경을 파괴하지 않고 그대로 두는 것을 중요하게 생각하며 자신의 고장에 대한 자부심도 대단하다.

ITALY

2.10 이탈리아

미완성의 이탈리아인- 뚜렷한 지방색

이탈리아 사람들은 인종, 문화, 사회, 경제 면에서 현저한 차이가 있다. 1861년 이탈리아 왕국이란 이름으로 통일될 때까지 독립국만 여럿 있었다. 그래서 이탈리아인들은 고향이나 자기가 사는 곳을 기준으로 스스로의 정체성을 확인하는 성향이 강하다. 예를 들어 해외에 나갔을 때에는 자신을 이탈리아인이라 생각하고 이탈리아에 있을 때에는 토스카나인으로 생각하고 토스카나 지방에 있을 때에는 시에나인이라고 여긴다. 이탈리아인은 정확하게 출신지를 대며 자랑거리처럼 평생 동안 달고 다닌다. 이탈리아에 대해 이야기를 시작하면 이들은 이방인들에게 고향에 있는 성당의 역사와 유적지를 자랑스럽게 설명하고 자기 고장의 예술가들과 지역 특산물의 우수함을 칭찬한다. 자기 지역에서 생산되는 와인의 뛰어남에 대한 믿음은 거의 맹목적이다.

외모와 옷차림에 대한 높은 관심

이탈리아인은 인생의 대부분을 남에게 잘 보이기 위한 일에 쓴다. 언제나 주어진 역할을 제대로 소화해 내려고 하기 때문에 각자가 맡은 역할에 맞는 옷을 입는 것이 매우 중요하다. 따라서 이탈리아인은 언제나 상황에 맞추어 옷을 차려 입는 일에 크게 신경 쓴다. 다른 사람의 옷차림에도 관심이 많다.

나이와 상관없이 남자들은 자신의 옷차림에 대단히 민감하고 미적 감각을 발휘한다. 젊은 여성들에게 화장은 매우 중요한 요소이다. 아름다움을 숭배하는 이탈리아인들이 의상이나 디자인 분야에서 뛰어난 창의성을 보이는 것은 자연스러운 일이다.

많은 신체접촉

신체접촉이 많은 것은 연극과 같은 동작과 사교적 행동을 좋아하는 이탈리아인들의 천성에서 비롯되었다. 이탈리아인들은 크고 높은 소리로 손짓해 가면서 말하고 신체접촉을 많이 한다. 대화 중 팔을 건드린다면 이상하게 여길 필요가 없지만 다리를 건드리면 친밀함, 가까워지고픈 마음을 뜻한다. 일상생활에서 잘 모르는 사람 사이의 존댓말은 오래가지 않는다. 금방 반말을 쓰게 되는데 이것은 이탈리아인의 열렬한 기질을 드러내는 증거이다.

즐기는 인생

인생이란 일하기 위해 사는 것이 아니라 살기(놀기) 위해서 일한다는 것이다. 축구는 이탈리아에서 중요한 스포츠이다. 축구경기는 매주 일요일 오후에 열리는데 이 시간대에는 가족과 함께 산책을 하면서도 라디오를 귀에 대고 걷는 남자들을 볼 수 있다. 국가 대표팀이 월드컵에 출전하면 온 국민이 경기를 시청한다.

프랑스인에 대한 감정이 좋지 않다

프랑스인이 콧대가 높고 거만하게 구는 것은 이탈리아를 무시하기 때문이라고 생각한다. 프랑스산 포도주로 세계시장을 석권하고 있다는 것을 용납하지 못한다. 이탈리아인들은 자기네 포도주가 훨씬 낫다고 믿으며 프랑스산 포도주는 사지 않는다.

열정적, 약한 인내심

이탈리아인은 열정적이며 흥분을 쉽게 한다. 말이 많고 다혈질의 성격을 지닌다. 또한 게으르며 인내심이 없어 줄을 서서 기다리는 것을 싫어한다.

2.11 러시아

인내심과 낙천주의

인내심에 관해서는 러시아인들을 따를 수 있는 민족이 없다고 할 정도로 인내심이 강하다. 역사적으로 러시아 민족은 제 목소리를 못 내고, 제 권리를 누려보지 못했다. 제정러시아 시대에 왕족과 귀족들은 권력을 이용하여 보다 견고한 기득권을 유지하기 위해 피지배층의 수를 늘리고 향락과 사치에 몰두했다. 피지배층인 국민은 귀족들의 눈치나 살피며 자신의 신세를 그저 인정하며 참고 살아야만 했다. 그러므로 러시아 민중은 변화에 적응하는 법을 터득하여 권력자에게 순응하는 삶을 살아왔다. 이 속에서 러시아인들의 낙천성은 스스로를 위안하며 고난을 이겨내는 힘이 되어왔다.

강한 자존심

러시아인들 대부분은 거만하다 할 정도로 자존심이 강하다. 대놓고 말하는 경우는 많지 않지만 러시아라는 국가가 세계 최고이며 전 세계를 이끌 수 있는 재량을 갖췄다고 생각한다. 이러한 경향은 정당하다 싶은 정도의 비판에도 구현된다.

미사여구를 사용하는 데 인색

러시아인들은 다른 사람들에게 자신의 의견을 말하는 것을 좋아하지만 전달할 때 둘러말하지는 않는다. 자신의 감정이 담긴 단어를 여과 없이 전달하는 경향이 있다.

이러한 직설적인 표현은 러시아인을 제외한 이들에게 건방져 보이기도 하고 싸움을 거는 형태로 비춰지기도 한다. 러시아 문학의 수많은 미사여구를 생각하면 다소 의외인 성향이다.

2.12 호주

메이트십

호주인들은 약한 편을 돕는 메이트십(mateship)이 강하다. 이런 점은 축구경기에서도 종종 볼 수 있는데 호주인들은 강팀보다는 오히려 약팀을 응원하고 돕는 것을 볼 수 있다. 호주인들은 항상 힘들고 곤경에 처한 사람들을 내버려두지 않고 그 사람들의 입장을 이해해 주고 적극적으로 돕는다. 그래서 World Vision과 같은 charity 활동에 참여하는 사람을 심심찮게 볼 수 있다. 호주인들은 모든 사람들이 평등한 사회적 · 종교적 · 정치적 · 법적 권리를 가져야 한다고 믿는다. 차별금지법은 어느 누구라도 인종, 성별, 결혼 여부, 종교, 신체적 결함 때문에 차별받는 것을 방지하는 역할을 하고 있다.

남녀차별이 없는 호주

호주에서는 영어를 쓸 때도 교육수준이 높은 사람들일수록 she/he, her/his를 함께 쓰는 경향이 있다. 법적으로도 상당 부분 여자가 남자보다 유리하게 되어 있다. 물론 전 세계에 남자와 여자가 100% 완벽한 평등사회는 거의 없다. 그러나 호주에서는 학교에서부터 sexual discrimination에 대해 매우 엄격하게 가르친다. 호주 가정에서 남자와 여자가 부엌일을 함께하는 것은 결코 보기 힘든 광경이 아니다. 또한 여성은 남성과 같은 조건으로 같은 액수의 연봉을 받으며, 기혼 여성도 자신 소유의 재산을 독립적으로 갖는 것이 법적으로 보장되어 있다.

직업에 귀천이 없다

호주 사람들은 직업을 가지고 사람을 차별하지는 않는다. 호주의 교육 역시 'generalist'보다는 'specialist'를 양성하는 데 중점을 두고 있다. 의사가 있으면 배수관을 고치는 plumber도 있어야 한다고 생각하는 것이 호주인들의 사고방식이며, 이렇게 혼자서는 살아갈 수 없으니 자신과 다른 분야에 종사하는 사람들도 중요하다고 생각하는 것이다. 따라서 호주인과의 만남에서는 부모의 직업이나 사회적 신분에 관한 질문은 삼가는 것이 좋다.

New Zealand

2.13 뉴질랜드

초기 항해사

크리스토퍼 콜럼버스(Christopher Columbus)보다 4백여 년 앞서 이미 마오리인들은 사전 지식도 없이 드넓은 태평양을 작은 항해용 카누로 건너 아오테아 뉴질랜드의 첫 주민이 되었다. 오늘날까지 마오리 문화는 국가로서 뉴질랜드 정체성의 바탕을 이루고 있다.

강인한 개척자

뉴질랜드의 초기 유럽인 개척자들은 용감하고 강인하며 독립적이었다. 농장과 마을을 세우기 전에 먼저 울창했던 삼림을 베어내야 했다. 힘들고 때로는 위험한 일이었으나 지리적인 고립과 이러한 생활여건 때문에 초기 뉴질랜드인들은 강인해야 했고 여러 기술을 몸소 익혀야 했다. 이것이 오늘날 뉴질랜드인의 재능과 독창성으로 연결되고 있다. 과거 개척자들이 지녔던 이 특성은 오늘날의 신개척자들(젊은 키위 사업가, 컴퓨터 소프트웨어 개발자, 영화 제작자, 패션 디자이너, 스포츠인)에게 이어지고 있다.

뒷마당의 천재

20세기 초 어니스트 러더포드(Sir Ernest Rutherford)가 원자가 쪼개질 수 있음을 보여준 것을 시작으로 뉴질랜드인들의 발견과 발명은 계속되고 있다. 이러한 발명 대다수는 글자 그대로 뒷마당에서 이루어졌다. 냉동육, 해밀턴 젯보트, 번지점프 등은 많은 키위(뉴질랜드인을 키위라고도 한다) 발명품 중 유명한 몇 가지이다. 뉴질랜드인의 발명품 중에는 마취총, 지진 격리 '받침'(지진피해를 최소화하는 고무-납 재질의 블록), 전기 울타리, 세계 최고의 속력을 내는 오토바이, 냉동 진공펌프, 우표 판매기, 간격이 넓은 양털 깎기 빗, 연기 연료펌프 등등 수없이 많다.

야외활동을 사랑하는 뉴질랜드인

뉴질랜드인들은 아름다운 자연환경을 즐기며, 야외활동에 정열적이다. 뉴질랜드인들이 수상 스포츠를 즐기고, 보트를 보유한 가구 비율이 15%를 넘는 것은 해안선이 긴 뉴질랜드에서 그리 놀라운 일은 아니다. 뉴질랜드인들은 일류 요트 설계자로서 주목받는 한편, 요트, 카약, 윈드서핑, 조정경기에서 이름을 날리고 있다. 다른 인기를 끄는 야외활동으로 하이킹과 캠핑, 낚시, 숲과 해변 걷기 등이 있다.

Republic of South Africa

2.14 남아프리카공화국

느긋한 성격

남아프리카공화국의 음식 중 브라이 파티를 할 때 남아공 사람들의 특성이 드러나는 한 면을 볼 수 있다. 손님을 초대하고 그때부터 숯을 달궈 장작불을 피우고 그 불 옆에서 와인이나 맥주 한 잔씩을 마시며 분위기가 한창 무르익은 다음에야 비로소 고기 구경을 하게 된다. 이러한 느긋한 성격이 다른 국가 사람들에게는 게으른 성격을 가졌다는 인식을 줄 수 있다. 남아프리카공화국은 풍부한 광물과 지하자원을 보유하고 있어 이것이 성격에 영향을 미쳤다고도 볼 수 있다.

보수적이며 비배타적

남아프리카공화국의 백인들 가운데 가정어로 아프리칸스어를 사용하는 정통 네덜란드계 백인이 있는데 이들은 남아공의 전형적인 백인들로 '아프리카너'라고 부른다. 그들은 그들 스스로의 문화와 언어에 자부심을 느끼며 완고하고 지극히 보수적인 성향을 띤다. 남아공에서 혼전성관계와 그로 인해 태어난 아이들에 대한 시각은 다양하게 나타나고 있다. 많은 아프리카너와 보수적인 영국계 백인들은 그러한 행위나 언급에 대해서 찬성하지 않는다. 적출이 아닌 서출에 의해 태어난 아이들에 대해 가족 모두 수치스럽게 생각하고 있는 것이다.

국민 모두가 스포츠 광

현지인을 새로 사귈 때면 제일 먼저 묻는 것이 학교에서 무슨 스포츠를 하는가이다. 남아공 아이들은 누구나 한두 가지씩 스포츠는 기본으로 하기 때문이다. 초등학교건 고등학교건 온갖 종류의 스포츠 활동이 왕성하여 남자아이건 여자아이건 상관없이 누구나 한두 개씩의 스포츠 특기는 가지고 있다.

시간약속을 잘 안 지킨다

남아공 비즈니스맨들 중 백인들은 일반적으로 약속을 잘 지키는 편이다. 유럽의 영향을 많이 받아 비교적 시간관념이 철저한 편이다. 백인 비즈니스맨들과 약속을 잡을 때는 늦어도 일주일 전에 이메일 또는 팩스를 통해 시간과 장소를 정하는 것이 좋다. 이에 반해 흑인 비즈니스맨들은 약속을 잘 지키지 않는 편이다. 약속 시간보다 20~30분 이상 늦게 나타나는 경우가 많으며 때로는 아예 나타나지 않기도 한다.

우분투(ubuntu)정신을 가짐

우분투(ubuntu)는 사람들 간의 관계와 헌신에 중점을 둔 윤리사상 혹은 인본주의 사상이다. 이 말은 남아프리카의 반투어에서 유래된 말로 아프리카의 전통적 사상이며 평화운동의 사상적 뿌리이다. 한국말로 해석하면 자비의 실천이라고 할 수 있다. "나는 우리로 인해 존재한다"는 '우분투(ubuntu)' 정신을 남아프리카공화국 사람들은 계승하고 있다.

말레이시아 지진과 누드사진 소동

2015년 5일 말레이시아 보르네오 섬 사바 주(州) 라나우 지역 쿤다상에 위치한 키나발루 산에서 규모 5.9의 지진이 발생했습니다. 지진의 여파로 동남아시아에서 가장 높은 키나발루 산(4,095m)에서 산사태가 일어나 등산객 18명이 숨지거나 실종되었습니다.

지진 이틀 만에 말레이시아에서 뜻밖의 여론이 형성됐습니다. 키나발루 산에서 음란행각을 벌인 서양 관광객을 잡아들이라는 것입니다. 지진이 일어나기 닷새 전, 젊은 관광객들이 키나발루 산 정상 부근에서 나체로 '인증샷'을 찍어, 인터넷에 올린 일이 문제가 됐습니다. 말레이시아 메일 온라인판은 "10명의 관광객은 누가 알몸상태에서 오래 추위를 견디는가를 겨루기 위해 옷을 벗었다"고 보도했습니다.

경찰이 즉각 수사에 나섰습니다. 공식적인 혐의는 음란 공연이었습니다. 그러나 많은 사바 주 사람들은 "이방인이 음란한 행동으로 키나발루 산을 모독, 재앙(災殃)을 불러일으켰다"고 생각했습니다. 실제로 키나발루 산에 터를 잡은 부족들의 족장들이 '누드사태'에 대해 불만을 터뜨렸다고 합니다.

2000년, 키나발루 산은 세계자연유산으로 지정됐습니다. 동남아시아 식물 다양성의 보고(寶庫)라는 평가입니다. 자연 식생이 키나발루 공원의 93%를 뒤덮고 있는데, 이 가운데는 세상에서 가장 큰 꽃 '라플레시아'가 있습니다. 영산(靈山)이라는 인식도 강합니다. 원주민 말로 키나발루는 영혼의 안식처를 뜻한다고 합니다. 사바주 부주지사 조셉 패어링 키틴건은 "원주민들은 키나발루 산을 죽은 사람들의 영혼이 쉬는 곳으로 믿고 있다"고 말했습니다.

분노를 일으킨 것은 '누드셀카'만이 아니었습니다. 이들은 정상 부근에서 소변을 보고, 현지 가이드를 모욕했다는 내용이 현지 언론에 의해 보도됐습니다. 말레이시아 당국 관계자는 영국의 일간 텔레그래프에 "가이드가 그러지 말라고 경고했지만, '멍청한 놈아, 지옥으로 꺼져'라는 대답이 돌아왔다"며 "그들은 단체사진과 셀카를 모두 찍은 다음에야 옷을 입고 숙소로 돌아갔다"고 전했습니다.

검찰은 "피의자들과 키나발루 산의 지진에는 어떠한 연관성이 없다"면서도 "이들의 행동이 지역사회의 상식을 크게 벗어난 것은 사실"이라고 밝혔습니다. 사바 주 코타키나발루 법원은 음란 공연죄로 추방령과 함께 구류 3일, 벌금 5,000링깃(약 148만 원)을 선고했습니다.

말레이시아는 동남아시아에서는 부국(富國)대접을 받습니다. 최대종교는 이슬람으로, 국민의 60.4%가 믿습니다. 공공장소에서의 애정표현 행위는 금지되고 있습니다. 지난 1월에는 우리 아이돌 그룹 'B1A4' 멤버가 쿠알라룸푸르에서 열린 공연에서 히잡을 쓴 소녀팬과 포옹하고 입을 맞춰 논란이 됐습니다. 이후 말레이시아 정부는 공연장에서 남녀 관객이 섞여 앉는 것을 금지하는 등의 새로운 공연 가이드 라인을 만들었습니다.

사바 주 당국은 등반을 원하는 관광객들에게 ▲현지 문화를 존중하고 ▲외설적인 행동을 하지 않겠다는 서명을 미리 받는 방안을 검토하고 있습니다. 이와 별개로 종교지도자들은 산의 분노를 달래기 위한 정화(淨化)의식을 준비하고 있는 것으로 알려졌습니다. 지역 관습에 따르면 문제를 일으킨 서양 관광객들이 산의 수호자를 달래기 위해서는 적어도 10마리의 버펄로를 바쳐야 한다는군요. 보통 10마리의 돼지나 10마리의 닭을 바치는 점을 감안하면 무거운 벌금인 셈이지요. 원주민들은 이렇게 바치는 재물을 '소깃(sogit)'이라 부르고 있습니다(김형원 특파원의 동남아 산책, 조선일보, 2015. 06. 24).

GLOBAL CULTURE & TOURISM

제4부 문화적 특징과 비즈니스

Chapter 11

글로벌 금기문화

1. 금기문화의 개념과 관광

금기는 대개 오랜 세월 동안 한 지역에서 내려오고 있는 것이며, 사회 구성원들이 공유하는 문화이다. 사람들은 금기사항을 어겼을 때 불안해 하며, 어긴 자가 타인인 경우 곱지 않은 시선을 보낸다거나 질책을 한다. 금기(taboo, tabu)란 종교적 관습에서 어떤 대상에 대한 접촉이나 언급이 금지되는 일인데 금지되는 것에는 행동과 말이 모두 포함된다. 실제로 이러저러한 행동을 하여서는 안 되고, 무엇인가에 근접하거나 손을 대어서는 안 되고, 무엇인가를 입에 올려서는 안 되고, 또 어떤 대상을 보거나 들어서도 안 되는 것이 금기이다.

그렇다고 금기가 언제나 기피나 회피 쪽에 일방적으로 치우쳐 있는 것은 결코 아니다. 가령 부정한 짓을 해서는 안 될 경우 부정에 빠지지 않게 목욕재계하는 것은 좋은 보기가 될 것이다. 무엇인가를 하지 말라는 금령이 있을 경우, 하지 않음으로써 보장될 어느 결과를 이끌어낼 수 있도록 행동하는 일이 우리의 민속현장에서 쓰이고 있는 '지킴'이나 '가림'에는 포함되어 있기 때문이다.

민속신앙에서 문제되는 '깨끗함'과 '더러움', '청정'과 '부정'의 이원론적 대립을 두고 볼 때, 금기는 더러움이나 오염 또는 부정에 걸리지 않고 청정하고 맑고 깨끗함을 보장하기 위한 행동이라는 것이 드러나게 된다. 즉 종교적 오염에서 벗어나는 것이 곧 금기이다. 금기에는 오염감이나 더러움을 느끼는 마음만이 중요한 것은 아니다. 두려움이나 무서움, 그리고 위험감도 금기를 촉발하는 중요한 심리적 동기가 되는 것이다. 더러운 느낌을 줄 수 있는 금기의 대상 가운데서 우리들이 오관을 통해 직접 불결함을 느낄 수 있는 것들이 주류를 이루고 있다.

금기사항을 학습한다는 것은 글로벌 시대를 살아가는 현대인에게 필수적이다. 금기사항을 학습하면 글로벌 시대의 생활에 적응할 수 있는 힘을 얻을 수 있다. 또한 국제관광에서 상호 금기사항을 지킨다는 것은 서로 예의를 지키는 것과 같다. 반대로 금기사항을 어긴다는 것은 그 지역의 문화를 업신여기는 것과 같다. 특히 관광기업의 경영자나 종사자들은 주 고객층의 금기사항을 반드시 알고 있어야 한다. 관광기업의 경영자나 종사자들이 주 고객의 금기사항을 학습하는 것은 경영성과를 높인다거나 혹은 금기사항을 소재로 관광상품을 개발하고자 하는 것이 아니다. 해외여행이 크게 증가하는 상황에서 관광객이 관광목적지에 대한 금기사항의 숙지 여부는 문화충돌의 발생 여부와 큰 관계가 있다. 관광객의 관광경험에서 문화충돌이 발생한다는 것은 관광객과 지역민 모두에게 악영향을 초래한다. 이를테면 관광경험 만족도가 저하된다든지 혹은 상호 비호의적인 이미지를 형성할 수 있는 빌미를 제공한다.

호텔을 예로 들어보자. 통상적으로 호텔은 신혼부부의 투숙 시 이들에게 호의를 베푼다는 의미에서 사과, 바나나, 배 등을 담은 과일 바구니와 와인 한 병을 객실 테이블에 놓아둔다. 그런데 만약 중국인 신혼여행객의 투숙 시 평상시대로 과일 바구니에 배를 담아두었다면 이들 투숙객들은 상당히 불쾌해 할 것이다. 중국에서는 부부나 연인이 배를 서로 나누어 먹는 것을 금기시하고 있기 때문이다. 이유는 과일 배(梨)의 한자음과 이별하다는 뜻의 이(離)의 한자음이 동일하게 읽히기 때문이다.

또한 방문지의 금기사항 숙지는 관광기업만의 몫이 아니다. 관광객들도 친선효과를 위해서 그 지역의 금기사항을 알고 있어야 한다. 일반적으로 관광객이 다른 나라를 여행할 때 간혹 그 지역의 금기사항을 어기는 경우가 있다. 예컨대 태국을 여행하다 만난 어린아이의 머리를 쓰다듬을 수도 있다. 태국에서는 어린아이의 머리를 쓰다듬는 것도 금기시되고 있지만, 만약 쓰다듬은 손이 왼손이라면 더 큰 문제이다. 이 경우 이 광경을 본 아이의 부모는 매우 화를 낼 것이며, 관광객은 그 상황이 무척 당혹스러울 것이다. 한국인이 중국인과의 만남에서 그에게 시계를 선물한다면 그 시계를 받은 중국인은 무척 당황스러워할 것이다. 중국에서는 시계 선물이 금기사항이다. 상대방이 시계를 선물한다는 것은 인간관계를 끝내려는 의미로 해석하기 때문이다.

이것은 문화충격이다. 국제관광에 있어 관광객이든 지역민이든 문화충격을 겪는다는 것은 국제친선 효과 측면에서 바람직하지 못하다. 더불어 상호 부정적인 이미지를 형성하게 된다. 따라서 특정 지역으로 여행을 하는 관광객들은 문화충격을 방지하기 위하여 그 지역의 금기사항을 알고 지키려는 노력이 필요하다. 결국 특정 지역의 금기사항은 관광기업과 관광객 모두가 알고 있어야 한다. 관광기업 측면에서는 관광객들로부터 호의적인 이미지를 얻기 위해 필요하며, 관광객 측면에서는 순조로운 관광과 상호 친선효과를 위해서 필요하다.

2. 나라별 금기문화 사례

2.1 중국

- 시계는 중국인들이 하지 않는 선물 중 하나이다. 그 이유는 시계의 중국어 발음에 있다. 시계는 중국어 발음이 중(鈡)으로 시계를 선물하다는 말은 쑹중(送鈡)이라고 하는데, 이 발음은 '사람이 죽어서 마지막 기를 본다'는 뜻의 쑹중(送終)과 같다. 이 때문에 중국인들은 시계를 선물받으면 꺼림칙한 느낌이 든다고 한다.
- 우산도 발음 때문에 절대로 하지 않는 선물 중 하나이다. 우산의 싼(傘)이라 는 발음은 '흩어지다'는 뜻의 싼(散)과 발음이 같기 때문이다. 동일한 의미로 부채(扇)도 선물하는 것이 금기시되어 있다.
- 녹색 모자를 선물하는 것도 큰 실례이다. 중국에서는 이 녹색 모자가 '아내가 바람이 났다'는 뜻으로 쓰이므로 중국인에게 녹색 모자를 선물해서는 안 된다.
- 중국인들이 싫어하는 숫자는 4와 7이다. 이것은 동음(同音)에 의한 것으로 사(四, 중국어로 Si)와 발음이 동일한 사(死, Si)의 음을 피하기 위해 사용을 꺼려 4월에는 혼인을 꺼린다든가 혼례 등의 축의금을 보낼 때 4단위 액수를 피한다. 전화번호, 자동차번호, 방 번호 등에 숫자 4를 넣지 않는다. 7을 싫어하는 것은 장례 풍습과 연관이 많은 숫자이기 때문이다.

- 주전자 입을 사람 쪽으로 놓으면 그 사람이 구설수에 오른다고 생각한다.
- 홀수를 기피한다. 홀수는 불균형과 부조화를 의미한다. 친구들에게 선물할 때 개수를 짝수로 한다. 연회에서의 음식 가짓수도 대개 4, 8, 12로 정해진다.
- 새끼손가락을 들지 않는다. 이것은 상대방에게 '능력도 없고 형편없는 인간'이라는 뜻이며, 매우 무시하고 인정하지 않는 의미이다.
- 자식은 아버지의 성함이나 스승의 휘를 말하지 않는다. 이렇게 하면 부모님이나 스승이 일찍 죽게 된다는 속설 때문이다.
- 식사 중 금기사항

  ① 젓가락 끝부분을 맞추지 않아 정연하지 않을 때 이는 불길한 뜻이 있다고 하여 꺼린다.

  ② 젓가락을 입에 오래 물고 있거나 젓가락을 여러 번 빨아 소리를 내는 경우 이는 교양 없는 행동, 심지어는 무례한 행동으로 간주된다.

  ③ 젓가락으로 그릇을 두드리는 행위는 안 된다. 이는 옛날 각설이패들이 밥 동냥을 할 때 하는 행동의 일종으로 다른 사람에게 불쾌감을 줄 수도 있다.

  ④ 요리를 이리저리 헤집는 행동도 안된다.

  ⑤ 요리국물이 다른 그릇이나 음식상에 떨어지거나 튕기는 것도 안 된다.

  ⑥ 젓가락을 땅바닥에 떨어뜨리는 행위 역시 큰 실례가 된다.

  ⑦ 젓가락을 엇갈아 놓는 경우, 이는 다른 사람들을 무시한다고 생각한다.

  ⑧ 손님은 식탁에서 일어나 먼 곳의 음식을 집지 않으며, 요리 접시를 깨끗이 비우지 않고, 생선을 먹을 때 뒤집지 않으며, 음식찌꺼기를 개에게 던지지 않고, 먼저 식탁에서 일어나지 않아야 한다.
- 홍콩에서 현지인에게 식사나 파티에 초대를 받았다면 그 후 감사의 말을 전해서는 절대 안 된다.

2.2 일본

- 남의 집을 방문할 경우에는 구두를 벗고 앞굽이 문을 향하게 놓는 것이 관례이다.

- 일본인이 싫어하는 숫자는 4와 9이다. '4'는 사(死)의 발음이 숫자 4의 발음 'し'와 같기 때문에 잘 사용하지 않으며, '9'도 한국처럼 '쿠(く)'라고 발음되는데, 일본에서 'く'로 시작되는 일부 한자들은 그 의미가 좋지 않아서 싫어한다. (예: 구루시이: くるしい(苦しい) - 괴롭다, 고통스럽다)
- 향기가 강한 꽃이나 분재의 꽃은 문병할 때 금지사항이다.
- 선물할 때 칼, 흰색의 물건, 깨지기 쉬운 물건도 하지 않으며, 짝수를 이루는 선물은 하지 않는다.
- 대화 도중 가급적 자기자랑은 피하는 것이 좋다. 조화를 중시하는 일본의 풍토에서 그러한 행위는 자기의 인격과 품위에 손상을 줄 우려가 있다.
- 옆 사람의 술잔이 비게 하면 안 된다. - 일본의 술 문화는 첨잔 문화이다.
- 정원에 동백나무를 심으면 안 된다. 동백꽃은 아름답지만 질 때는 머리가 잘리듯이 똑 떨어져 목이 잘리는 형상과 같다는 데서 유래되었다.
- 화장실에서 침을 뱉으면 안 된다. 화장실이란 기능적으로 배설의 장소이지만 일본에서는 세 분의 출산 신 중 한 분이 화장실 신으로 화장실을 깨끗이 해야만 예쁜 아기가 태어난다는 속설이 있다. 이런 속설에 따라 화장실에 침을 뱉으면 벌을 받는다는 의미에서 이런 금기사항이 생기게 되었다.
- 시집가기 전의 딸은 8월 대보름에 쓰키미단고(月見団子: 보름달처럼 생긴 일본 떡)을 먹으면 안 된다. 시집가서 남의 집 사람이 될 사람은 생가의 제사음식을 먹지 않는다는 데서 유래되었다.
- 식사와 관련된 금기사항

  ① 하시와타시 : 젓가락과 젓가락으로 반찬을 주거니 받거니 하지 않는다.

  ② 호토케바시 : 밥에 젓가락을 수직으로 세워두면 안 된다.

  ③ 너미바다시 : 젓가락에서 국물을 뚝뚝 흘리는 것은 금기이다.

  ④ 가키바시 : 밥공기의 테두리에 입을 붙여 젓가락으로 막 넣으면 안 된다.

  ⑤ 고미바시 : 입안에 먼저 먹었던 것이 있는데, 다시 다른 음식을 먹어서는 안 된다.

  ⑥ 내부리바시 : 먹고 있는 것도 아닌데 젓가락을 입에 넣어 핥으면 안 된다.

⑦ 요세바시 : 젓가락으로 멀리 있는 그릇을 가까이 당기면 안 된다.

⑧ 와타시바시 : 젓가락을 쉬게 할 때 젓가락을 젓가락 받침대에 두지 않고 밥공기 등의 위에 그냥 놓아두면 안 된다.

⑨ 다타키바시 : 그릇을 두드려 사람을 부르거나 재촉하면 안 된다.

⑩ 가라바시 : 한번 음식을 젓가락으로 집었다가 먹지 않고 다시 놓으면 안 된다.

⑪ 마요이바시 : 젓가락을 들고 무엇을 먹을지 접시 위에서 망설이면 안 된다.

⑫ 사구리바시 : 국물 등을 휘저어 알맹이를 탐색하는 것 혹은 위에 있는 것을 치우고 밑에 있는 것을 골라내면 안 된다.

⑬ 오쿄바시 : 젓가락 두 짝을 합쳐서 숟가락을 동시에 사용하여 음식을 퍼내면 안 된다.

⑭ 가가미구이 : 앞으로 상반신을 구부려서 음식을 먹으면 안 된다.

⑮ 쓰키바시 : 음식을 젓가락으로 푹 찔러 먹으면 안 된다.

⑯ 모로오코시 : 그릇과 젓가락을 한 손에 쥐고 한꺼번에 들면 안 된다.

⑰ 나메구이 : 입 주위를 혀로 핥으면서 음식을 먹는 것은 금기사항이다.

일본에서는 식탁예절과 관련된 많은 금기사항들이 있다. 젓가락 사용과 식탁 매너에 관한 금기들이 매우 많아 다른 어느 나라보다 일본의 식사예절이 복잡하고 까다롭다고 알려져 있다. 일본인들은 이 금기들을 아주 중요하게 생각하므로 같은 젓가락 문화권인 한국인이라도 일본인과 함께 식사할 땐 세밀하게 주의를 기울일 필요가 있다.

- 밤에 방안에서 돈을 세면 안 된다. 일본은 밤과 관련된 금기사항이 많다. 특히 밤에 돈을 세면 도둑이 든다는 이유에서 돈을 세면 안 된다는 것이다.

2.3 인도

- 외국인이 자국의 종교와 카스트에 대해 이야기하는 것을 꺼린다.
- 북부지역 시크교도를 중심으로 하는 전통 힌두사회에서는 흡연을 좋게 생각하지 않는 편이므로 담배를 권하는 행위를 하지 말아야 한다.

- 초대를 받으면 쿠키, 케이크, 꽃 등이 선물로 적절하다. 선물의 개수는 홀수로 준비해야 한다.
- 인도에서 부엌은 집안에서 가장 성스러운 공간이므로 함부로 들어가지 않도록 한다.
- 흰색의 꽃은 죽음을 상징하므로 삼간다.
- 힌두 인도인들에게 소가죽으로 만든 지갑, 가방 등의 제품도 피한다.
- 음주에 대한 제한이 있다. 금주제도를 실시하는 주가 있는가 하면 일반 식당에서도 금주일이 있고, 판매시간이 제한된다.
- 향신료가 많은 음식과 채식을 선호하므로 오찬 혹은 만찬 시 메뉴선정에 있어 육류를 가급적 피해야 한다.
- 음식을 먹을 때는 개인 그릇을 사용하고, 큰 접시에 준비된 음식에는 공동 스푼을 사용하여 자기 그릇에 덜어 먹는다.
- 식사를 할 때에는 원칙적으로 대화를 하지 않는 것이 예법이며, 식사를 끝내고 손과 입을 씻고 난 뒤에만 허용된다.
- 음식을 흘리거나 남겨선 안 된다.
- 인도 여성들은 복장 법령에 따라 공적 활동 시 반드시 전통의상인 사리 또는 사르와즈 카미즈를 입어야 하는데, 여행하는 도중 과도한 노출, 미니스커트는 피해야 한다.

2.4 태국

- 물건을 수수할 때 왼손 사용을 부정한 것으로 여긴다.
- 머리를 중히 여겨 어린이라도 머리를 쓰다듬지 않는다.
- 발은 걷기를 위한 용도 이외에는 절대 사용하지 않는다. 발로 사람이나 물건을 가리키는 것은 엄청난 모욕에 해당하는 행동이다. 또한 다리를 뻗고 쉬는 것도 참아야 하며, 다리를 사람 머리 높이 가까이 두는 것을 피해야 한다. 남에게 발바닥을 보이는 행위도 심한 모욕으로 받아들인다.
- 불상은 성스럽기 때문에 불상 앞에서 사진을 찍거나 만지거나 기어 올라가는 등

의 행위를 절대 해서는 안 된다.

- 태국은 왕실에 대한 믿음과 존경이 대단하며, 외국인이라도 왕실을 모욕하는 말이나 행동은 절대 금지하고, 극장 등에서 국왕 찬가가 연주될 때에는 기립하여 경의를 표하는 것이 관행이다.
- 음주 시 술잔을 돌리지 않으며 지나치게 술을 권하는 것은 실례이다.
- 태국은 비교적 스킨십에 관대한 편이지만, 한국에서처럼 사람을 넘고 다니는 행동은 금기사항이다.
- 자유분방하고 개인주의적 성향이 높은 나라지만 불이익을 당했을 때, 단체 혹은 개인적으로 테러를 당할 수도 있다.
- 태국인은 친절한 미소를 가지고 있지만, 상대의 눈을 오래 보는 것을 매우 싫어한다.
- 태국의 마약 단속 법규는 매우 엄격하므로 특별히 주의해야 한다.

2.5 필리핀

- Pinoy(피노이)는 필리핀 사람을 일컫는 단어지만 외국인이 쓸 경우 필리핀 사람을 비하하는 뉘앙스가 있으므로 가급적 쓰지 않는 것이 좋다.
- 사람을 부를 때 큰 소리로 부르거나, 검지손가락으로 가리키며 부르면 안 된다. 또한 영어 단어 hey를 쓰지 않도록 해야 한다.
- 돼지나 원숭이를 닮았다고 말하는 것은 모욕적인 표현이며, 특히 영어단어인 stupid는 저주를 의미하기 때문에 다른 사람을 빗대어 사용하면 안 된다.
- 많은 사람들 앞에서 공개적으로 실수를 지적하면 안 된다.
- 남자끼리 눈을 오래 마주치고 있을 시 그것은 싸움을 건다는 의미이기 때문에 주의해야 한다.
- 13명과 같이 3으로 끝나는 숫자모임을 꺼린다.
- 선물을 받았을 경우 선물을 준 사람의 허락 없이 그 자리에서 공개적으로 풀어보면 안 된다.

2.6 싱가포르

싱가포르는 다양한 인종이 모인 만큼 금기사항도 인종별로 차이가 난다. 중국계 사람과 말레이계 사람, 인도계 사람의 금기사항은 다음과 같다.

- 각종 법규 및 벌금 관련

① 대중교통, 박물관, 도서관, 엘리베이터, 극장, 에어컨이 달린 식당, 미용실, 슈퍼마켓, 백화점과 정부 건물에서는 흡연이 금지되어 있다. 이를 어길 경우 최고 S$1,000의 벌금이 부과된다.

② 15g 이상의 헤로인, 30g 이상의 모르핀, 30g 이상의 코카인, 500g 이상의 마리화나, 200g 이상의 마리화나수지, 1.2kg 이상의 아편에 대한 거래, 제조, 수입 또는 수출범에 대해서는 사형이 구형된다.

③ 횡단보도 50m 이내에서 무단으로 횡단할 경우 S$50의 벌금이 부과된다.

④ 쓰레기를 길거리에 버리는 초범의 경우 최고 S$1,000의 벌금, 재범의 경우 S$2,000의 벌금과 공공장소를 청소해야 한다.

⑤ 공공장소에서 침을 뱉는 행위에 대해서는 초범의 경우 S$150의 벌금, 재범의 경우 S$500, 빈번한 범법자의 경우 S$1,000의 벌금이 부과된다.

⑥ 자선 추첨, 토토 그리고 싱가포르 스윕 복권 및 싱가포르 터프클럽 경마장에서 행하는 장내 베팅 등이 싱가포르에서 인정하는 유일한 도박이며, 이것들을 제외한 싱가포르 안에서의 모든 도박은 모두 불법이다.

⑦ 공공 교통수단에서의 음식물 섭취 시 무거운 벌금이 부과된다.

⑧ 2004년부터 껌의 수입규제가 해제되었으며, 껌을 씹는 행위는 자유지만 함부로 버려서는 안 된다.

⑨ 화장실에서 용변 후 물을 내리지 않아서 잡힌 경우 S$150을 내야 하고, 다시 그런 행동을 하면 S$500, 3번 이상이면 가차 없이 S$1,000을 내야 한다.

⑩ 세관, 경찰, 기타 정부 민원부서와의 접촉 시 사례금, 뇌물 등 반대급부 제공은 절대 금기사항이다.

⑪ 법질서를 기만하는 행위로 예컨대 주차권 변조, 입국 시 술, 담배 등을 소지하

고도 없다고 부인하는 행위는 처벌이 중하다.

2.7 베트남

- 새해 첫날 쓰레기를 밖으로 버리지 않는다. 또한 새해 첫 3일 동안은 집안 대청소를 하지 않고 오히려 구정 섣달 그믐날 이전까지 집안을 말끔히 정리하는 것이 통례다. 이유는 그렇게 할 경우 덩달아 행운도 사라져 버린다고 생각하기 때문이다.
- 새해 첫날에는 천박하고 야한 그림들을 멀리하고 돼지, 닭 등 풍요와 다산을 상징하는 그림으로 대체한다.
- 불행은 쉽게 전가된다고 믿기 때문에 불행을 당한 사람, 장례를 치른 사람 등은 새해 첫날 타인의 집을 방문하지 않는다.
- 그릇은 가정을 상징하기 때문에 고의든 실수든 절대로 그릇을 깨서는 안 된다.
- 저주나 부정적인 말을 입에 담지 않는다.
- 중부지방 사람들은 구정 첫날, 새해가 시작되는 그해 첫 달에는 일체 오리고기를 먹지 않는다. 불행이 닥친다고 믿기 때문이다.
- 일부 중부지역에서는 새우나 몸이 구부러지고 뒷걸음치며 헤엄치는 생물을 먹으면 그해 내내 일이 꼬이고 사업이 제대로 되지 않는다고 믿기 때문에 금기한다.
- 흰색 옷이나 흰색 천을 사지 않는다. 흰색은 죽음을 상징하기 때문이다.
- 베트남에서는 보통 아이들한테 직접 칭찬의 말을 하지 않는다. 직접 아이를 칭찬하면 아이가 시기를 받아 건강이 좋지 않게 된다거나 불행해진다고 생각하기 때문이다.
- 시험을 준비할 때는 오랫동안 씻지 않고, 머리를 잘 자르지 않고, 손발톱을 깎지 않는다. 공부한 내용도 함께 씻겨 나갈 수 있다고 생각하기 때문이다.
- 새로운 옷을 입지 않고 밖에 나갈 때 처음 만나는 사람이 여자면 운이 없다고 생각한다.
- 결혼식 때 신부의 어머니는 신부를 배웅하는 것을 금기시한다. 옛날, 혼례를 결정할 때 아버지의 의사가 중요했으며 어머니의 의견은 존중되지 않았다. 신랑의 집 밖에서는 잔치 분위기지만 안에서는 어머니와 신부가 헤어지는 슬픔을 견디

지 못하여 도망가는 경우가 있었기 때문에 이를 방지하기 위해 배웅하는 것을 금지한다.

- 부모는 아이의 장례식에 참석하는 것이 금지되어 있다. 또한 관 옆에 고양이가 있으면 안 된다고 한다. 살아 있는 사람의 눈물이 죽은 사람에게 떨어지는 것도 안 된다.
- 장사를 하는 사람은 5일, 17일, 23일에 출발하는 것을 기피한다. 또한 출발하는 날이 7일이면 안 되고 도착하는 날이 3일이면 안 된다. 그리고 장사하는 날 처음 만나는 사람이 중요한데 여자를 만나는 것은 피한다. 이유는 불행을 가져온다고 믿기 때문이다.
- 베트남인들이 좋아하는 음식 중에 개고기가 있는데 보통 안 좋은 일을 풀기 우해 개고기를 먹는다. 그러나 음력으로 월초에는 절대로 개고기를 먹지 않는다. 불행한 일이 생긴다고 믿기 때문이다.
- 베트남에서는 길을 묻기 위해 베트남 사람의 어깨를 톡톡 두드려서는 안 된다. 그럴 경우 매섭게 쏘아 보거나 화를 내며, 운이 나쁘면 그에게 얻어맞을 수도 있다. 베트남 사람들은 모두 자신의 수호신이 양 어깨에 깃들어 있다고 생각한다.

2.8 미국

- 동성끼리 손을 잡거나 어깨동무를 하면 안 된다. 만약 이러한 행동을 한다면 게이나 레즈비언으로 오해받는다. 또한 나이트클럽 등에서 남자끼리는 절대 춤을 출 수 없다.
- 다른 사람 앞에서 기침이나 재채기를 하는 것은 큰 실례이다. 기침이나 재채기를 할 때에는 입을 막고 하는 것이 좋다.
- 시간을 엄수해야 한다. 미국인은 시간 지키는 것을 상당히 소중하게 생각한다.
- 어린이를 만져보려면 반드시 부모의 허락을 받아야 한다. 1996년 애틀랜타 올림픽 때 북한 체조 코치가 지나가는 아이의 체격이 체조를 하면 좋겠다는 생각이 들어 다리와 팔을 좀 만져보았다고 해서 고소를 당했다.
- 13세 미만의 어린이를 혼자 두고 외출할 수 없다.

- 택시 운전사 옆자리에 앉으면 절대 안 된다. 옆자리는 운전사만의 공간이다.
- 백합을 선물하면 안 된다. 미국은 영국의 청교도가 세운 나라이기 때문에 미국 역시 백합은 죽음을 의미한다.
- 상대방과 이야기할 땐 눈을 쳐다보아야 한다. 이야기하는 사람과 눈을 마주치지 않으면 이야기할 맘이 없거나 장님으로 생각한다.

2.9 캐나다

- 캐나다 인디언들에게 '인디언'이라고 부르는 것은 인종차별적 발언으로 간주될 수 있다. 보통 First nation people 혹은 Native라고 한다.
- 캐나다에서는 모르는 여자에게 함부로 말을 걸면 안 된다. 그리고 상대방의 외모를 지적하거나 나이를 묻고 결혼 여부를 묻는 것 등은 모두 실례되는 행동이므로 그렇게 해서는 안 된다. 이것은 부녀자 희롱으로 생각한다. 상대가 불쾌하다고 느껴 신고하는 경우 연행될 수 있다.
- 캐나다에서는 아이가 아무리 예뻐도 손대지 않아야 한다.
- 캐나다의 모든 버스에는 장애인 리프트가 있기 때문에 장애인보다 먼저 탑승하는 것은 절대 금지하고 있다.
- 술은 아무 곳에서나 살 수도 마실 수도 없다. 캐나다에서는 길거리나 공원 잔디밭에 앉아 맥주 한 캔도 마실 수 없다. 지붕이 없는 야외 또는 지정되지 않은 장소에서 술을 마시는 것을 금하고 있기 때문이다.
- 트랜스젠더나 동성애자를 이상하게 쳐다보아서는 안 된다. 진한 화장을 하고 작은 핸드백을 들고 여자처럼 다니는 남자를 봐도 이상하게 혹은 신기한 눈으로 계속 쳐다보지 않아야 한다. 캐나다는 성적소수자들에게 관대한 편이다.
- 캐나다 학교에 견과류를 가져가면 안 된다. 현재 캐나다는 많은 아이들이 알레르기를 앓고 있다. 땅콩, 아몬드, 호두 등의 견과류에 알레르기 반응을 보이는 아이들이 늘어나면서 피넛 알레르기에 대한 주의가 각별해졌다.

2.10 브라질

- 보신탕을 먹다가 발각되면 국외로 추방될 수 있다.
- 싸움이나 언성을 높이는 일은 절대 삼가야 한다.
- 어느 특정 축구팀을 비난하는 등의 행동은 피하는 것이 좋다. 국민 대부분이 축구를 좋아하고 각 지역이나 출신지 등을 구분하여 자신이 좋아하는 팀을 가지고 있기 때문이다.
- 음주를 즐기나 만취하는 것을 용납하지 않는다. 더불어 억지로 술을 권하거나 술잔을 돌리지 않는다.
- 보라색 꽃을 선물하면 안 된다. 브라질에서의 보라색은 죽음을 의미한다.

2.11 칠레

- 칠레인과 대화할 때 가급적 정치 이야기는 하지 말아야 한다.
- 상대방에게 피노체트에 대한 평가를 묻지 않는 것이 좋다. 이유는 앞의 내용과 같다.
- 상대방이 혼혈 같아 보인다고 해서 메스티소(원주민과 백인의 혼혈)라는 표현을 사용하면 매우 불쾌하게 생각한다. 전반적으로 칠레인의 피부색은 밝은 톤이며, 흑인과의 혼혈은 거의 없다. 칠레에 처음 오는 사람들이 중미지역의 물라토(흑인과 백인의 혼혈)를 연상하고 칠레에 왔다가 흑인이 하나도 없다며 신기해 하는 경우가 많다. 실제로 칠레인은 원주민(마푸체)과 백인 간의 혼혈이 대부분이며, 순수 백인은 드물다. 하지만 칠레인들은 원주민을 무시하는 경향이 있어 자신에게 원주민의 피가 섞였다는 것을 인정하지 않으려 한다.

2.12 페루

- 절대 옥수수를 남기거나 버리면 안 된다. 옥수수가 주식인 페루에서는 옥수수를 신성시하기 때문이다. 심지어 페루의 신은 옥수수의 모양을 하고 있다. 절대 식탁에서 옥수수를 남기거나 흘리면 안 된다. 페루의 속담에는 "옥수수를 흘리고도 줍지 않으면 지옥에 간다"는 말이 있다.

- 레스토랑에서 요리를 나눠 먹으면 안 된다.
- 식사 또는 음료를 마실 때 소리내면 안 되며, 입안에 음식을 넣고 말하는 것과 타인이 보는 앞에서 이쑤시개를 사용해도 안 된다.
- 상대방의 결혼과 관련된 사생활, 보수문제 그리고 여성에 대한 연령은 대화 주제로 금기시된다.
- 페루 사람들과 거래할 때, 단도직입적인 Yes 혹은 No 대답을 요구하면 안 된다.
- 손으로 OK사인을 만들면 안 된다. 손가락으로 하는 링 사인이 대부분 OK사인으로 받아들여지지만, 남미에서는 음탕하고 외설적인 사인으로 간주되기도 한다.

2.13 영국

- 꽃을 선물할 때 빨간 장미나 하얀 백합, 국화는 피한다.
- 작위나 칭호가 있는 경우가 있으므로 호칭에 유의해야 한다.
- 북아일랜드, 영국의 왕실, 유럽연합, 계급시스템 등에 대한 언급은 피하는 것이 좋다.
- 손등이 보이게 V자를 그리는 것은 매우 불쾌한 욕이므로 피해야 한다.
- 어떤 종교가 되었든 종교를 좋지 않게 말하거나 비방하는 행동은 삼가야 한다.
- 커피나 수프 등 국물이 있는 음식을 먹을 때 소리 내는 것은 절대 금기이다.
- 결혼식에서 결혼식 직전까지 신랑이 신부의 드레스나 얼굴을 보면 안 되고, 참석자들은 모자를 포함한 정장을 입어야 한다.
- 영국인들은 집을 방문할 때 신발을 벗지 않고, 들어오라고 할 때까지 기다려야 한다. 대화 중에는 상대방의 몸을 건드리지 말아야 한다.
- 승자를 인정해 주지 않는 패자나 이겼어도 예의가 없는 경우 영국에서는 용서받지 못할 행동이다.
- 식사할 때에는 머리를 만지거나 다리를 포개는 것은 예의에 어긋난 행동이다.
- 남자에게는 절대 꽃을 선물하지 않는다.

2.14 독일

- 가운뎃손가락을 세우는 것은 일반적인 금기사항이다.
- 통념상 타인에게 불쾌감을 줄 수 있는 행동을 하지 않아야 한다.
- 독일인들은 자기 얼굴 앞에서 위아래로 손을 흔드는 동작이 '어이없다', '한심하다'는 의미이므로 피해야 한다.
- 독일에서 OK사인은 조악하고 외설적인 의미이다.
- 나치나 히틀러와 관련된 이야기를 하거나 표현하는 것을 피해야 한다. 독일에서 이것은 매우 중요한 금기사항이다. 독일 관광을 할 때 현지가이드가 관광객들에게 "자신이 '히 선생'이라 하면 히틀러로 알면 된다"고 조용히 문화적 금기사항에 대해 알려줄 정도로 히틀러와 관련된 것을 독일인은 무척 싫어한다.

2.15 프랑스

- 인종 및 종교적인 발언은 금기사항이다. 프랑스는 전 세계 다양한 인종들이 모여 사는 국가이기 때문에 인종 간의 갈등이 언제 또 표면화될지 모르는 상황이다.
- 삿대질(손가락질)을 하는 것은 무례한 행동이다.
- 남녀의식이 정착된 만큼 여성을 비하하는 것은 결례이다.
- OK사인은 '가치 없다'는 뜻으로 통용된다.
- 13명이 모여서 식사하는 것을 금기한다.
- 프랑스인들은 보통 인사를 악수로 하는데 – 손을 잡고 약간 흔드는 정도 – 이때 너무 꽉 잡거나 흔들면 안 된다.
- 남의 물건에 손대는 것은 실례이다. 생선이나 육류를 살 때도 판매원의 허락을 받고 만져야 한다.
- 프랑스에는 국수주의자들이 많다. 쓸데없는 논쟁이나 싸움을 피하고자 한다면 프랑스인 앞에서 프랑스에 대한 비판을 하지 말아야 한다.
- 바게트 빵은 구워서 부풀어 올라온 부분이 늘 하늘로 향하게 하고 절대 뒤집어 놓지 말아야 한다.
- 봉급 액수를 묻는 등의 상대방의 돈에 대한 질문은 삼간다.

• 식사 중에는 양손이 테이블 위에 계속 보이게 해야 한다. 이것은 '테이블 아래 무기를 숨기고 있지 않다'는 증명이기도 하다.

2.16 이탈리아

• 선물을 줄 때에는 보라색을 피한다. 그 이유는 율리우스 시저의 시대 이후로 나쁜 기운을 담고 있다고 여겨지기 때문이다. 또한 검은색도 피하는 것이 좋다. 검은색은 애도의 뜻을 담고 있기 때문이다.

• 꽃을 선물할 때 노란색은 질투의 의미를 담고 있고, 빨간색 꽃은 불미스러운 비밀을 뜻하므로 피하는 것이 좋다.

• 프랑스에 대한 이야기를 별로 좋아하지 않는다. 이유는 다양한데 앞장의 이탈리아 국민성에서 언급한 것 외에, 15세기 말 프랑스의 샤를 8세가 이탈리아를 수회 침입한 역사적 사실이 있다.

• 식사 중엔 팔을 식탁 밑으로 내리거나 팔꿈치를 식탁 위에 올리지 않는다.

• 와인을 따를 때 라벨을 위로 한 채 병 끝을 잡고 따르는 것은 "싸우자"는 사인이므로 주의한다.

• 손가락을 턱에 대었다 떼었다 하는 것은 '귀찮다'는 의미이며, 자신의 귀를 만지는 것은 상대방을 모욕하는 행동이다.

• 정치, 종교, 스포츠 관련 화제와 이탈리아에 대한 부정적인 언급은 피한다.

• 이탈리아의 바티칸박물관, 카타콤베에서는 소매 없는 옷, 짧은 치마, 반바지는 입으면 안 된다.

• 이탈리아에서는 말하면 안 되는 세 가지가 있다. 첫째, 엄마에 대한 이야기 둘째, 여동생에 대한 이야기 셋째, 축구 이야기이다.

출처: http://image.search.naver.com(영화 '이탈리아인' 중 한 장면)

2.17 핀란드

- 자기자랑을 너무 하지 말아야 한다.
- 금전적인 이야기를 삼가야 한다.
- 평등사상은 핀란드 사회에 뿌리 깊은 원칙이므로 핀란드 사람과의 만남이 사교이건 사업적이건 간에 이 원칙을 존중해야 한다.
- 악의적인 농담을 삼가고, 공정성을 유지해야 한다.
- 공격적인 발언이나 행동을 자제해야 한다. 이런 발언이나 행동으로 신뢰도와 존경심을 잃게 된다.
- 핀란드인 동료들이 핀란드를 비난한다고 해서 덩달아 핀란드를 비난하는 것을 삼가야 한다.
- 약속시간에는 절대 늦지 않아야 한다. 만일 늦어질 것 같으면 전화로 양해를 구해야 한다.
- 무언가를 요구할 경우 "Would you~"나 "Could you~" 같은 표현을 사용하면 안 된다. 핀란드 사람들은 이 말이 명령형임을 이해하지 못한다.
- 공공장소에서 시끄럽게 굴면 안 된다. 아이들이 소리 지르며 뛰어다니게 하는 것 역시 금물이다.
- 핀란드는 선물은 꼭 필요한 경우에만 하는 것으로 인식하고 있으므로 판매촉진이나 홍보용으로 선물을 주는 것은 피하도록 한다. 그러나 저렴한 가격에 작은

소품들은 마음을 전하는 것에 별다른 구애를 받지 않는다.

- 핀란드인들은 본인의 재산이나 학력, 지위 등 본인에게 장점이 되는 얘기는 스스로 하지 않는다.
- 출장자들이 현지 레스토랑에서 식사할 때 김치나 소주를 식당으로 반입하여 주인 몰래 마시는 경우가 있는데, 특히 소주 등의 주류는 손님이 외부로부터 레스토랑에 반입한 것이 정부 기관원에게 발견되면 레스토랑 주인은 이런 손님을 받아들였다는 이유만으로도 주류허가가 취소될 수 있는 중대 상황으로 발전할 수도 있다.
- 나이나 결혼여부 등 지나치게 개인적인 질문은 아주 친해지기 전까지 하지 말아야 한다.
- 핀란드에서 합장은 거만함을 의미하므로 하지 않는 것이 좋다.
- 자살이라는 단어를 쓰면 안 된다. 자살률을 낮추기 위해 '자살'이라는 단어를 금기어로 삼아 언론 보도뿐 아니라 일상생활에서도 사용하지 않는다.
- 사우나에 수영복을 입고 들어가면 안 된다.

2.18 노르웨이

- 노르웨이에서는 정상적으로 부부로 등록하여 남편과 아내로 사는 가정이 절반이 채 되질 않는다. 그 절반 중에서도 상당수가 한두 번의 이혼절차를 거쳐서 사는 경우가 많기 때문에 가족관계가 다소 복잡하다. 따라서 이들에게 사생활에 대한 질문을 하거나 간섭이나 관심을 보이는 것은 지극히 실례가 될 수 있다.
- 내가 남보다 더 낫다고 뽐내는 것을 사회적으로 금기시한다. 그래서 어떤 분야에 실력이 뛰어난 사람이 누군가에게 칭찬을 받았을 때 단지 운이 좋았다든지 하는 겸손한 태도를 드러내도록 문화적으로 요구받는다. 이것이 자기 과시를 철저히 배제하는 노르웨이의 사회 풍토이다. 노르웨이인들은 좋은 학벌과 물질적 풍요를 자기과시의 도구로 이용하는 것을 꺼린다.
- 북유럽인 특히 노르웨이는 문어와 오징어를 혐오한다. 문어를 먹지 않는 가장 큰 이유는 기독교의 영향이 크기 때문이라고 할 수 있으나, 동시에 문어는 주로 온

대에서 열대 바다에 걸쳐 분포하기 때문에 북유럽 민족에게는 대부분 익숙지 않은데다가 특이한 생김새와 습성으로 인해 옛날부터 왠지 기분 나쁜 존재로 여겨지고 있다.

2.19 러시아

- 러시아인들은 선물받는 것을 좋아하기 때문에 특별히 금기하는 물건은 없다.
- 꽃을 선물할 때는 홀수로 해야 한다. 짝수는 애도의 의미이다. 선물용 꽃으로 노란색 꽃과 흰색 꽃은 금기시된다. 이런 색의 꽃은 장례식에서나 볼 수 있다.
- 휘파람은 '돈이 없어진다'를 의미하므로 휘파람을 불지 않는 것이 좋다. 또한 러시아 공연단에게 휘파람을 부는 것은 찬사가 아닌 불만족의 표현이다.
- 최고라는 의미로 엄지손가락을 치켜세우는 행동은 '나는 동성애자입니다'라는 표현이다.
- 남의 집이나 사무실을 방문할 때 문지방을 밟거나 문지방을 사이에 두고 인사 혹은 악수를 하지 말아야 한다.

2.20 체코

- 꽃 선물에 유의해야 한다. 35세 이상 사람들의 대부분은 꽃을 로맨틱한 선물이라고 생각하여 선물을 받을 때 다른 의미로 받아들일 수 있으니 조심해야 한다. 또한 꽃을 선물할 때에는 불운을 뜻하는 13을 제외하고 홀수의 개수로 선물해야 한다. 백합은 장례식에 사용하므로 백합 선물은 금기시된다.
- 처음 보는 사이에 이름을 부르면 안 된다. 이것은 무례한 행동으로 생각한다.
- 서로 동의하지 않고 편안하게 대하면 상대방에 대한 모욕으로 보며 고의적인 행동이라고 본다.

2.21 호주

- 호주는 친환경적인 나라이기 때문에 일회용품을 취급하지 않는다.
- 잠자는 코알라를 건드리지 말아야 한다. 물릴 수 있기 때문이다.

- 캥거루의 등 뒤에 멍하니 서 있지 말아야 한다. 불안감을 느낀 캥거루의 뒷발에 차일 수도 있다.
- 엄지손가락을 세우거나 V사인을 하지 말아야 한다. 호주에서는 상대방에 대한 모욕 혹은 욕으로 쓰이기 때문이다.
- 호주인들이 말을 걸었을 때 고개를 돌리고 대답하지 않으면 굉장히 무례하게 본다.
- 동성애자나 사회생활을 하는 여성, 여성주의자, 실업자에 대해 말할 때 어떤 편견도 드러내면 안 된다. 이들에 대해 공공연하게 반감을 표시하는 일은 예의바른 호주사회에서 결코 바람직한 행동이 아니다.
- 모임에 어떤 사람들이 있는지 확인하기 전에는 문화적 차이나 인종적 차이에 대한 농담을 하거나 섣불리 의견을 내놓는 것은 바람직하지 않다.
- 사교적 모임에서는 돈에 대해서 말하지 않는다.
- 한턱내기 습관은 상대방의 권리를 침해하는 것이고 자존심을 건드리는 행동이기 때문에 자제해야 한다.

2.22 뉴질랜드

- 원주민 마오리 및 남태평양 소수민족, 세계 각국의 이민자들이 어울려 사는 점을 감안할 때 인종차별문제에 관한 언급은 삼가야 한다.
- 개인 주택에 담이 없는 경우도 많기 때문에 사유지를 침범하지 말아야 한다.
- 인권을 중시하는 나라이므로 어린이와 여성, 노인들의 인권을 최우선으로 다룬다. 따라서 가정폭력이나 아동학대는 엄하게 다뤄진다.
- 여행 중 낚시나 해산물(전복, 조개 및 각종 어패류 등)을 채취할 기회가 있을 경우 뉴질랜드 자원보호청에서 정한 사이즈 및 수량 규정을 사전에 숙지해야 한다.
- 철저한 핵가족주의이므로 개인생활을 존중하도록 한다.
- 집에 어른 없이 13세 이하의 아이만 두어서는 안 된다.
- 마오리족의 머리를 만지면 안 된다. 그들의 몸 중에서 머리가 가장 신성한 부분이기 때문이다.

- 손가락으로 사람을 가리키는 것은 큰 실례이다.
- 여자아이의 머리카락을 만지는 등의 행위는 성희롱으로 간주될 수 있다.
- 뉴질랜드에는 물건 값을 깎는 관습이 아예 없다. 따라서 상점에서는 절대로 디스카운트 교섭을 하지 말아야 한다. 만약 디스카운트를 요청할 경우 몰상식하고 인색한 인간으로 보고 노골적인 경멸의 시선을 받게 된다.

2.23 남아프리카공화국

- 오랜 기간 동안 흑백 차별을 극복하고 인종평등시대를 연 남아공은 인종차별에 대한 언급은 절대 금기시하고 있다.
- 남아공에는 세계 각국에서 몰려든 다양한 인종들이 살고 있기 때문에 인종이나 종교를 비판하는 것은 절대 하지 말아야 한다.
- 남아공 공무원 및 공기업 직원들에게 선물을 줄 경우에는 특별히 주의해야 한다. 남아공 정부는 공직자들의 부정부패 해소를 위해 일정 금액 이상의 선물을 받을 경우에는 반드시 관계 기관에 신고하도록 하고 있다. 따라서 이들에게는 고가의 선물 제공보다는 간단한 성의만 표시할 수 있는 소액 선물이 무난하다.
- 국립공원 내에서 사파리를 하는 동안에는 절대로 개인행동을 해서는 안 된다.

2.24 사우디아라비아

- 메카, 메디나는 이슬람교도 이외에는 입성이 불가하다.
- 라마단 기간의 낮 시간에는 이슬람교도 앞에서 음식을 먹거나 담배를 피워서는 안 된다.
- 여성을 힐끔힐끔 보면 안 되고 사진도 찍지 말아야 한다.
- 왼손은 부정한 손이기 때문에 남에게 물건을 건넬 때 쓰지 말아야 하고 악수할 때에도 주의해야 한다.
- 돼지고기제품, 주류, 성인용 잡지는 가져가지 않아야 한다(잡지의 수영복 사진도 안 된다).
- 여성은 외출 시 아바야를 착용해야 하고 혼자 돌아다니면 안 된다.

출처: http://www.naver.com(아바야를 착용한 사우디아라비아 여자들)

2.25 아랍에미리트

- 이슬람국가이므로 휴일은 금요일이며, 일주일은 토요일부터 시작된다.
- 현지인, 특히 여성 앞에서 사진촬영을 할 때에는 반드시 동의를 구해야 한다.
- 정부청사 등 공공건물, 발전시설, 군부대 등에서 사진촬영을 해서는 안 된다(무단 촬영 시 경찰에 체포될 수도 있다).
- 라마단기간 중에는 호텔을 포함한 모든 식당이 일몰 이전까지는 문을 닫는다.
- 라마단기간 중 외국인도 낮에는 공공장소에서 흡연, 식음 등은 금물이다. 단 호텔 내 룸 서비스는 가능하다.

2.26 아랍지역의 공통 금기사항

- 기도 중인 사람을 방해하거나 똑바로 응시하는 행위는 안 된다.
- 누군가 구걸할 경우 거절해서는 안 되며, 줄 것이 마땅치 않을 때는 "신이 당신에게 베풀 것입니다"라고 말해야 한다.
- 종교나 관습에 대한 부정적인 발언을 삼가야 한다.
- 여성에 대한 발언, 부인이나 딸에 대한 안부, 술 · 마약 · 섹스 등에 대한 언급은 삼가야 한다.
- 자신을 지나치게 낮추는 행위는 금물이다.
- 부와 명성을 과시하는 행위는 안 된다.

- 공공장소에서 남녀 간의 노골적인 접촉은 피해야 한다.
- 격한 감정이나 부정적인 반응 표출은 자제해야 한다.
- 다른 사람에게 발바닥을 보이거나 엄지손가락을 치켜세우는 것은 남을 모욕하는 행위로 인식한다.
- 선물을 받아 그 자리에서 풀어보는 행동은 자제해야 한다.
- 금요일은 휴일이므로 약속 잡는 것을 피한다.

금기음식

덴은 홍콩 사람이고 타나즈는 테헤란 사람이다. 그들은 은행에서 같이 일하는 동안 서로 친구가 되었다. 어느 날 덴이 자신의 남자친구와 함께 식사하는데 타나즈와 그녀의 남동생 해미드를 초대했다. 그들이 자리를 잡은 곳은 유명한 중국 음식점이었다. 웨이터가 왔을 때, 덴이 대부분의 주문을 했다. 야채, 누들, 밥, 살아 있는 낙지, 그리고 앵무조개 등. 타나즈는 밥을 택했다. 반면에 해미드는 누들을 택했다.

중앙에 끓는 물이 있고 양옆으로 뜨거운 기름이 있는 팬이 테이블 위에 올려졌다. 덴의 남자친구는 팬의 기름 속에 자신이 택한 음식을 넣었고 덴은 앵무조개를 끓는 물 속에 넣었다. 몇 분도 안 되어 음식은 조리가 되었다. 덴은 삶은 앵무조개를 건져 자신의 접시 위에 조금 놓고, 자신의 남자친구 접시 위에 조금, 타나즈와 해미드의 접시 위에 조금 올려놓았다. 그녀가 그렇게 하자마자 타나즈가 테이블에서 벌떡 일어나 덴과 두 번 다시 식사를 하지 않겠다고 큰 소리로 선언했다. 그녀와 그녀의 남동생은 도망치듯 식당을 나가버렸다.

대부분의 사람들이 독실한 유대인들과 이슬람교도들에게 돼지고기가 금기라는 것은 잘 아는 반면 조개를 먹는 것이 금기라는 것은 잘 모른다. 타나즈를 그토록 분노하게 만들었던 모욕의 근원은 바로 그것이었다. 타나즈는 이슬람교도였다. 그녀가 금기시하는 음식이 자신의 접시 위에 올려지는 것을 보고 충격을 받았다. 이후에 그녀는 덴에게 자신의 음식문화를 설명하고 오해를 풀었다.

음식금기는 강한 위력을 가지고 있다. 어떤 종교적인 집단의 사람이 음식금기의 규율을 어긴다면 같은 집단의 다른 구성원들의 비난의 대상이 된다. 누군가가 본의 아니게 금기음식을 먹었다 하더라도 그 반향은 크다(노린 드레서, 1997).

Chapter 12

글로벌 특이문화

1. 특이문화와 관광상품

특이문화란 특정 지역만이 가지고 있는 고유의 문화로 한 나라의 특이문화는 국가 차원의 관광상품으로 개발되기에 충분한 가치를 지니고 있다. 관광객은 타 지역을 여행할 때 자신의 문화권에서는 접할 수 없는 그 지역만의 독특한 문화를 체험해 보고 싶어 하기 때문이다.

예를 들면 일본의 모든 택시에는 자동문이 설치되어 있다. 이것은 손님은 문도 직접 열지 말아야 할 정도로 귀하게 모셔야 한다는 관념이 녹아 있는 일본 교통문화의 하나이다. 일본을 여행하는 다수의 관광객들은 일본의 철저한 서비스 정신이 반영된 이와 같은 문화를 체험하기 위해 종종 가까운 거리의 이동에도 택시를 이용한다. 이것은 비록 여행사가 기획한 관광상품이 아님에도 불구하고 관광객에게는 소소한 재미를 주는 비공식적 관광상품인 것이다.

탈것과 관련된 또 다른 예로 캄보디아의 '툭툭이 택시'를 들 수 있다. 툭툭이 택시는 일반 택시에 비해 초라하고 보잘것없지만, 캄보디아를 여행하는 관광객이라면 한 번쯤 이용해 보는 것이 당연시되고 있다. 결국 일본의 택시라든지 캄보디아의 툭툭이 택시는 비공식적 관광상품이라 할 수 있다.

한국에는 때를 미는 목욕문화가 있다. 우리에게는 익숙한 이 문화가 이방인에게는 특이한 문화로 다가가며, 이런 문화에 대해 알고 있는 이방인들은 체험해 보고자 하는 욕구를 가진다. 실제 한국의 이 목욕문화는 한국관광공사가 '때밀이 관광'이라는 관광상품으로 출시하여 한동안 일본 관광객들에게 인기를 얻기도 했다.

실상 우리 주변에는 앞의 예와 같은 특이문화와 관련된 관광상품이 상당히 많다. 여행사를 비롯한 관광기업이 직접 개발 · 기획한 것을 공식적 관광상품이라 한다면 이는 비공식적 관광상품에 해당되며, 특이문화는 대개 비공식적 관광상품 형태로 판매된다. 여행사가 관광일정에 포함하지 않았지만, 단체관광객 및 개별관광객이 종종 이용하는 비공식적 관광상품의 수는 헤아릴 수 없이 많다. 오히려 비공식적 관광상품이 여행사에서 기획한 관광상품보다 더 많을 수도 있으며, 관광객들의 선호도가 더 높을 수도 있다. 이런 비공식적 관광상품은 그 지역만이 가지는 특유의 것일 때 더 빛을 발하며, 관광객들은 이러한 상품으로 인해 자신이 이질의 문화권에 들어와 있는 것을 실감하고 이질적 문화를 즐긴다.

대부분의 비공식적 관광상품은 그 지역의 일상생활과 관련된 것이 많으며, 다른 지역과 차별되는 문화가 주류를 이룬다. 비공식적 관광상품, 즉 특이문화가 만들어낸 관광상품의 매력이 어느 정도인가를 보여주는 사례를 보자. 태국 관광상품에는 반드시 수상시장 방문이 일정에 포함되어 있다. 관광객들이 수상시장 방문 일정을 마치고 배에서 내리면 느닷없이 젊은 여성들이 열대나무 꽃으로 만든 목걸이를 관광객 모두에게 걸어준다. 이것은 태국이 가지고 있는 특이한 문화인데 관광객은 예상에 없던 이벤트에 놀라워하며 그 상황을 무척 기쁘게 받아들인다. 좋은 향기의 꽃목걸이를 목에 건 관광객들의 얼굴에는 미소가 가득하며, 그날 숙소에 도착할 때까지 그 꽃목걸이는 그들의 목에 걸려 있다.

미국에는 '핼러윈 데이(Halloween Day)'라는 것이 있다. 핼러윈 데이는 10월의 마지막 날로 미국에서는 아주 큰 축제에 해당하는데 이것은 미국만이 가지는 특이문화이다. 이 문화를 현재 미국에 본사를 두고 있는 세계적인 체인 호텔들이 상품화시켜 놓았다. 한 예로 한국에 들어와 있는 웨스틴 호텔은 핼러윈 데이 때 호텔 내부를 핼러윈 분위기로 단장하고 종사원들은 마귀 복장을 하고 관광객들에게 서비스를 제공한다. 이 특이한 모습은 환상적이고 드라마틱해서 이 분위기를 느껴보고자 많은 관광객들이 이날 호텔을 방문하며 객실 상품뿐만 아니라 다양한 호텔 상품을 구매한다.

이처럼 한 나라의 특이문화는 관광상품 개발에 소재를 제공한다. 결국 관광기업에서는 특이문화의 관광상품화를 통하여 관광객의 끊임없는 새로운 것에 대한 추구 욕구를 충족시켜 주어야 한다. 이 일환으로 평소 간과했던 소소한 특이문화를 발굴하고 학습하여 상품화시키는 작업이 필요하다. 따라서 이러한 작업의 토대를 제공하기 위하여 본 장의 2절에서는 주요 관광국가의 대표적인 특이문화를 제시하고자 한다.

2. 나라별 특이문화

2.1 중국

- 설날 문에 '福'자를 거꾸로 붙인다. '거꾸로 하다'라는 뜻의 '倒: dáo(다오)'와 '도달하다'라는 뜻의 '到: dáo(다오)'가 발음이 같아 '福'자를 거꾸로 붙임으로써 복이 온다고 생각하기 때문이다. 또한 창문에는 붉은 종이를 오려 만든 꽃을 붙이고 문에는 홍등을 건다. 전통 혼례에서 신부는 붉은색 옷을 입고, 신랑은 붉은색 띠를 두르며 신방에는 붉은색 초를 밝힌다.
- 춘련(春聯)에는 빨간 종이에 대구(對句)를 적어 문이나 기둥에 붙이는 풍속이 있다. 붙이는 장소에 따라 대련, 영련, 문련 등으로 불리며, 새해를 맞이하기 위해 제야(除夜)에 써 붙인다. 춘련의 풍속은 10세기 말 촉나라 맹창으로부터 시작되었다고 하나 이미 진나라와 한나라 시대에 섣달 그믐날 밤에 이신상(二神像)을 문에 장식하여 마귀를 쫓는 데 썼다고 한다. 그것이 뒤에 문신(門神)이 되었다. 이것을 상서로운 문자로 바꾼 춘련은 구복(求福)과 풍취를 겸하였고, 장소에 적당한 문자를 골라서 썼다.
- 춘절(음력 1월 1일)에는 폭죽을 터트린다. 밤 12시가 되면 집집마다 일제히 폭죽을 터뜨리는데 이를 통해 묵은해를 보내고 새해를 맞이하며 한 해의 안녕과 제복을 기원하는 것이다. 이 폭죽놀이는 춘절의 분위기가 최고조에 달했다는 것을 의미한다.[1)]

1) 고대의 사람들은 전염병을 산귀신이 퍼뜨린다고 생각했기 때문에 대나무를 불에 태워 산귀신을 쫓아냈다. 대

• 설날에는 만두를 먹는다. 만두는 원래 중국 음식으로 한나라 때 처음 만들었다고 한다. 송나라의 『사물기원』에 다음과 같이 전한다. “1700년 전쯤 촉나라 제갈공명이 남만(南蠻: 미얀마 부근)의 맹획(孟獲)을 치고 돌아올 때 여수(濾水)에 이르렀는데 풍파가 심하여 건널 수가 없었다. 한 부하가 남만의 풍습에 따라 사람 머리 마흔아홉 개로 물귀신에게 제사를 올리자고 하자 제갈공명이 생사람을 죽일 수는 없다고 하여 양고기를 밀가루로 싸고 만인의 머리(蠻頭)처럼 그려서 제사를 지냈더니 풍파가 가라앉아 무사히 강을 건넜다.” 명대의 『망수유고(亡修類稿)』에서도 “본래 만인(蠻人)의 머리를 본뜬 것이어서 만두(蠻頭)라 하였으나 후에 만(蠻)과 만(饅)의 음이 같아서 만두(饅頭)가 되었다”고 하였다. 중국에서 설날 전날(음력 12월 30일)에 밤 12시가 되면 만두를 먹는다. 그리고 만두 안에 동전이나 대추를 넣고 만든다. 그 뜻은 동전이 있는 만두를 먹으면 1년 동안 돈을 많이 벌게 되고, 대추가 있는 만두를 먹으면 1년 동안 운이 좋다는 것이다.
• 중추절(음력 8월 15일)에는 월병(月餅)을 먹는다. 중추절의 전통음식인 월병은 원형의 모양으로 '모임'을 상징하며 집안 식구들이 모두 한자리에 모였으면 하는 염원을 나타낸다. 중추절에 월병을 먹는 전통은 원나라 때부터 시작되었는데, 당시 주원장은 한족을 거느리고 원나라의 폭정을 반대하는 봉기를 일으켰는데 8월 15일에 일제히 거사하기로 약속하고 월병 속에 소식을 담은 쪽지를 넣어 선물을 하듯 월전병을 전하는 방법을 사용했다고 한다. 그 후 주원장은 원나라를 무너뜨리고 명나라의 첫 황제가 되었는데 훗날 만족이 중국에 들어와 청나라를 세웠을 때도 사람들은 오랑캐로부터 통치권을 되찾았던 이 명절을 계속 경축하였다고 한다. 중국의 월병은 오랜 세월 동안 끊임없이 모양이 변하고 품종이 증가되었을 뿐만 아니라 지역마다 각기 다른 외관과 맛을 자랑하고 있다.

나무는 열을 받으면 터지면서 소리를 내기 때문에 '폭죽(爆竹)'이라 하였고, 후에는 폭죽을 터트리는 용도로 주고 즐거운 마음을 표시하였다. 화약이 발명된 이후부터 폭죽은 화약으로 만들게 되었다. 지금은 폭죽의 종류가 매우 많다. 매년 연말이 되면 거리 곳곳에서 폭죽을 판다. 그러나 최근에는 북경 등의 몇몇 도시에서 화재와 환경오염을 방지하기 위하여 불꽃 터뜨리는 폭죽을 금지하고 있다.

2.2 일본

- 일본에서는 욕조에 물을 받아 온 가족이 사용한다. 보통 저녁때가 되면 부인들은 욕조에 물을 받아 놓는다. 그렇게 한 번 욕조에 물을 받으면 보통 가장인 아버지로부터 시작하여 아들, 딸, 어머니가 모두 그 물을 사용한다. 물론 욕조에 들어가기 전에 샤워를 하고 그 다음에 욕조에 몸을 담근다. 그렇게 식구들이 다 사용하고 난 물은 마지막으로 세탁을 하거나 화장실을 씻는 경우가 많다. 일본인은 몸을 씻기 위한 목적만으로 입욕하는 경우가 거의 없다. 욕조에서 천천히 몸을 따뜻하게 하는 관습이 있다. 몸을 씻는다던지 때를 벗기는 일은 욕조 밖에서 한다. 욕조 안의 따뜻한 물은 가열할 수 있게 되어 있어 온수가 줄었을 때에는 냉수로 채워 놓고 데운다. 여러 사람이 순서에 따라 목욕을 하고 마지막 사람이 목욕이 끝난 후에는 욕조 안의 온수는 모두 버린다.
- 일본에서는 '메이와쿠'라는 문화가 있다. 메이와쿠는 한국어로 '민폐'라는 뜻으로, 일본인들은 다른 사람에게 절대 민폐를 끼치지 않으려는 국민성을 가지고 있다. 일본이 이렇게 개인주의적이며 타인에게 폐를 끼치지 않으려는 정서가 생기게 된 것은 섬나라라는 특이성 때문이다. 그들은 섬에서 살기 때문에, 싸우면 그들에게 좋지 않다는 것을 알고 타인에게 폐를 끼치지 않는 '메이와쿠'라는 문화가 발달하였다. 섬이라는 지리적 조건 속에서 다툼이나 분쟁이 일어나면 다 같이 멸망하거나, 도망칠 곳이 없기 때문에 서로서로 조심하자 하는 차원에서 생겨난 개인주의이다.

  일본의 아이들은 다른 사람에게 폐를 끼치지 말라는 교육을 가장 먼저 받는다. 가정교육에서부터 유치원, 초등학교를 거치며 지속적으로 학습되고 있기 때문에 자연스럽게 몸에 배는 것은 당연하다고 할 수 있다. 또한 일본인들은 도와달라는 요청을 받기 전에는 남의 일에 나서는 것을 금기시한다. 결과가 좋든 나쁘든 타인이 자신의 영역에 허가 없이 침범하는 것을 달갑지 않아 한다.
- 중국과 한국에서는 근친혼을 금지하나 일본에서는 친사촌, 고종사촌, 외종사촌, 이종사촌 구별 없이 사촌 간의 결혼을 금하지 않았고 숙질 간의 결혼도 가능하였다. 이것은 촌수로 말하면 3촌까지 결혼이 가능하다는 것으로 금혼의 대상이 되

는 것은 부모, 형제자매의 2촌 이내의 근친에 한한다. (전후 개정민법에서는 4촌끼리의 결혼까지 법적으로 금지하고 있으나 사회적 관습으로 아직 통혼이 허용되는 지역이 있다).

일본 학자들은 4촌간의 결혼은 거의 모든 사회에서 인정되며, 미개사회에서는 고종사촌이나 외종사촌 간의 결혼을 바람직한 것으로 보고 있다고 설명한다. 일본에서 근친혼이 많은 이유는 첫째, 친척관계에 있는 집끼리의 결혼은 사회적 조건이 비슷하므로 안정성이 있고 둘째, 친척관계를 더욱 강화해 주며 셋째, 서로 친숙한 사이이기 때문에 결혼 상대방을 찾기 쉽고 넷째, 결혼비용 등이 적게 들어 경제적이기 때문이라고 한다.

• 일본은 한국과는 달리 3월에 졸업식이 거행되고 4월에 입학식을 한다. 일본의 졸업식은 입학식과 같이 엄숙하고 조용한 분위기이다. 특이한 것은 한 사람 한 사람이 나가서 졸업장을 받기 때문에 한 명 한 명에게 특별한 졸업식이 된다는 것이다. 일본의 고등학교 졸업식에서 여학생이 남학생의 교복 두 번째 단추를 가져가는 문화가 있다. 일본의 여학생은 남학생이 자신에게 교복의 두 번째 단추를 주었을 때 좋아한다는 고백의 표시로 받아들인다. 두 번째 단추를 가져가는 이유는 두 번째 단추가 심장에서 가장 가깝기 때문이라고 한다.

• **오타쿠(お宅)**

오타쿠라는 단어는 '당신' 또는 '댁'이라는 뜻을 지닌 2인칭 대명사의 일본어에서 유래한 말로 1938년 일본에서 등장했는데 같은 취미를 가진 사람들이 동호회에서 만나 서로 예의를 지키고 존중하는 의미에서 오타쿠라 부르면서 시작되었다. 과거의 오타쿠들은 세계 모든 여성을 사로잡는 루팡 3세를 갈망하거나 건담 같은 거대 로봇의 파일럿을 동경해 그들이 되고 싶어 하며 사람들에게 나쁜 이미지를 주기보다는 만화 주인공처럼 영웅 대접을 받기도 하였다.

그러나 최근 그 뜻이 변질되어 무언가에 편집증적인 집착을 하고 사회와 동떨어져 생활하는 사회 부적응자 등의 부정적인 이미지로 정착하게 되었다. 그러나 일본의 오타쿠 인구는 점점 증가하고 있고, 애니메이션 캐릭터만이 아닌 여행, 자동차, 패션 등의 여러 분야에서 그 영향력 또한 높아져 단순히 관련 물품을 구매해 주는 고객의 개념을 넘어서, 그들의 창작 욕구가 사회에 환원되는 동력원으로서 인정하는 풍토가 생기고 있다. 최근 한국에도 오타쿠 문화의 기류가 편승되어 오덕후, 십덕후 등의 말로 사용되고 있는데 한 언론에서 오타쿠를 이슈화하기도 했다.

2.3 캄보디아

• 캄보디아에서는 물벼락을 맞으면 감사해야 한다. 흔히들 캄보디아는 두 계절의 나라라고 한다. 건기(11~5월)와 우기(6~10월)가 뚜렷하게 구분되어 있고 건기에는 물이 매우 귀하다. 그런데 물이 거의 메말라 가는 12월에 물 축제까지 열리곤 한다. 캄보디아의 신년인 4월은 가장 더우면서도 물이 가장 귀한 시기이다. 따라서 신년맞이 덕담으로 서로에게 물을 뿌려준다. 이것이 바로 '행운을 드립니다'라는 뜻이다. 건기에 물이 귀한 캄보디아에서 물은 맞는 것은 큰 행운이다. 일반 평범한 주택에서는 씻을 물조차 없어서 길거리에 물을 뿌리는 일은 엄두도 낼 수 없다. 길거리에 물을 뿌리는 사람은 대부분 대형 상점이나 게스트 하우스 주인들이다. 외국 손님을 맞아야 하는데 길에 먼지가 너무 많아 손님들을 배려하고자 물을 뿌리는 것이다.

• 캄보디아에는 '툭툭이 택시'라는 것이 있다. 오토바이 뒤에 탈 곳이 연결되어 있는 이동수단으로 기사 등에 있는 번호가 라이선스 등록번호이다. 우리말로 하면 개인택시 등록번호라고 한다. 앙코르와트에 가려면 툭툭이를 이용해야 빠르고 간편하다.

툭툭이 택시

- 캄보디아는 1월 1일이 3번 있다. 양력 1월 1일(국경일), 음력 1월 1일(국경일은 아니지만 '중국 설'이라는 이름으로 많은 상점이 문을 닫는다. 음력설을 지내는 중국인, 중국계가 상점을 대부분 소유하고 있기 때문이다), 캄보디아의 설날(국경일, 4월에 있는데 캄보디아에서는 '쫄 츠남'이라고 한다. 일주일에서 이 주일가량 연휴임) 등이다.
- 캄보디아에서 연애결혼은 찾아보기 힘들며 양가부모님의 결정에 따라 크게 좌우된다. 특히 모권이 강한 사회인 캄보디아에서는 남자 쪽 어머니보다는 여자 쪽 어머니의 결정권이 크다. 남자는 처갓집에서 사윗감으로 적당한지를 테스트 받는다. 그리고 사윗감으로 적당하다고 판단되면 결혼날짜를 잡는다. 그리고 결혼 생활에 필요한 지참금을 가지고 가야 한다.

2.4 태국

- 태국은 모계사회의 전통이 남아서 예전부터 데릴사위제가 일반적이다. 한국과 달리 큰딸이 친정부모를 부양하며, 전통적인 결혼식은 신부의 집에서 9명의 승려를 초대해서 신랑신부를 축복해 주는 의식을 갖는다. 결혼식은 정오 이전인 오전에 치르고 오후에는 피로연을 가지며 1년 중 짝수인 달(2월과 8월은 피한다)에만 결혼식 택일을 한다. 예외로 9월에 행운이 있다고 믿어 결혼을 하기도 한다. 결혼 시엔 신랑이 신부 쪽에 현금이나 예물로 지참금을 내는 것이 일반적이며 요즘 도시에서는 승려를 부르는 것은 드물고 웨딩 촬영하는 것으로 결혼식을 대체한다. 하지만 재력 있는 가정의 경우엔 호텔 등에서 결혼을 하고 신랑이 신부 쪽에 현금이나 예물로 지참금을 내는 것이 일반적인데 이는 아직도 풍습으로 이어지고 있다. 태국 남자들은 게으르고 나태하지만 태국 여자들은 생활력이 강해서 결혼해도 직업을 가지는 경우가 많다.
- 태국의 연관 검색어로는 밤 문화가 항상 뜰 만큼 클럽이나 술 문화가 발달한 나라 중 하나이다. 푸껫, 파타야, 방콕 등은 다른 어떤 지역보다 다양하고 편안한 밤 문화를 즐길 수 있는 분위기와 다양한 볼거리, 먹거리, 즐길거리가 많은 지역이다. 태국은 남성보다 여성의 비율이 높고 남성에 비해 여성이 사회에서 경제적

활동을 더 많이 하다 보니 트랜스젠더들이 많다.

2.5 인도

- **카스트제도**

2000여 년의 역사를 자랑하는 인도의 카스트(caste)제도는 1947년 법적으론 금지됐지만 인도인의 정체성을 규정하는 가장 중요한 요소로 인도 사회에 여전히 강하게 살아 있다. 카스트제도는 아리안족이 인도를 정복한 후 소수집단인 지배계급이 피지배계급에 동화되는 것을 방지하기 위한 목적에서 시작된 것으로 알려져 있다.

카스트제도는 브라만(승려계급), 크샤트리아(무사계급), 바이샤(工商계급), 수드라(노예계급) 등 4개 계급 외에 수드라 이하의 계층으로 구성되어 있다. 전체 인구 중 브라만은 7%가량이며, 20% 이상이 수드라 이하의 계층에 속한다. '달리트(Dalit)'로 불리는 불가촉천민(Untouchables)은 온갖 멸시와 배척을 받으면서 이른바 3D업종에 종사하는데, 이들은 인도 인구의 15%를 차지한다. 이보다 더 낮은 계급이 '부족민' 또는 '트리발(Tribal)'로 일컬어지는 토착민들로 약 5,000만 명에 이른다. 달리트와 트리발은 아예 카스트에 끼지도 못하는 열외 인간으로 사람 대접을 못 받는다.

2.6 미국

- **아미시(Amish) 공동체**

아미시 공동체는 펜실베이니아 주 랭커스터 카운티의 니켈마인스에 있다. 그들은 옛날 복장을 하고 옛날 방식으로 살아간다. 자동차 대신 마차를 끌고, 트랙터 대신 말을 부리며 농사를 짓는다. 전기도 사용하지 않는다. 오랫동안 그런 방식을 고집하며 살고 있다.

- 미국에서는 가족, 친지, 이웃이 함께 모여 간단하게 음식이나 다과를 먹으며 담소하는 시간을 좋아한다. 따라서 모이는 사람의 수, 차려지는 음식의 종류와 양, 모이는 장소에 상관없이 파티라고 부르는 모임이 생활화되어 있다. 모든 파티가

화려하거나 차려지는 음식이 특별하거나 양이 많지는 않다. 경우에 따라서는 초대받은 손님이 음식을 가지고 와서 나누어 먹는 커버 디시(cover dish) 또는 포트럭(pot luck)과 같은 합리적인 파티문화도 있다.

- **들러리**

  고대 로마시대에 시작되었으며, 잡귀들이 신부를 질투하는 것을 막기 위해 친구들이 신부와 똑같이 단장하는 것에서 유래되었다. 미국 결혼식의 빼놓을 수 없는 조연 들러리는 보통 3~6쌍의 남녀로 이루어지며, 신랑 신부 측에서 따로 남녀 들러리를 뽑고, 이는 결혼 여부 혹은 커플 여부에 상관없이 선정된다(심한 경우 남녀 합쳐 20명이 넘는 들러리를 세우기도 한다). 남녀 들러리 대표는 각각 best man, maid of honor로 분화되어 있으며, 만약 maid of honor가 기혼여성일 경우에는 특별히 matron of honor라 칭하고, 이 모든 들러리를 통틀어 The Bridal Party라 칭한다.

- 추수감사절은 1620년 메이플라워호를 타고 신대륙 미국에 정착한 미국 청교도들이 이듬해 11월 추수를 마치고 3일간 축제를 연 데서 유래한다. 경작법을 가르쳐준 인디언들을 초대하여 칠면조(turkey)를 잡아 나눠먹었고 그 후로 칠면조요리는 추수감사절의 단골메뉴가 되었으며 이날을 '터키데이(Turkey day)'로 부르기도 한다. 이런 전통을 이어 1864년 링컨 대통령이 11월 넷째 주간을 추수감사주일로 정했고 1941년부터 11월 넷째 목요일은 추수감사절로 정하여 현재까지 이어지고 있다. 추수감사절에는 한국의 추석과 비슷하게 가족을 만나기 위한 대이동이 시작되기도 한다. 미국인들은 소스를 뿌려 구운 칠면조 고기와 옥수수빵, 설탕을 친 감자, 호박파이 등을 먹으며 이날을 축하하고 있다. 한편 추수감사절 다음날을 '블랙 프라이데이(Black Friday)'라고 하는데, 이날부터 성탄절까지 연말 대세일이 시작된다. 이때가 1년 중 최대 규모의 쇼핑이 이뤄지는 시기이다.

2.7 캐나다

- 캐나다는 Daylight Saving Time(DST)이라고 하는 서머타임을 적용한다. 이는 여름 동안에 지역 시간을 원래 시간대의 시간보다 한 시간 앞당기는 것으로 조명과

같은 전기 사용을 줄여 절약하고자 하는 의도에서 처음 시작되었다. 실제 낮 시간과 사람들이 활동하는 낮 시간 사이의 격차를 줄일 수 있고 여가시간을 유용하게 활용하라는 취지로도 실시된다. 보통 3월 둘째 주부터 11월 첫째 주까지 실시하며 이 기간 동안에는 밤 9시에도 어둡지가 않아서 스포츠 등 취미활동이나 야회에 나와서 대자연과 호흡하는 사람들을 많이 볼 수 있다. 참고로 캐나다의 서스캐처원 주, 매니토바 주는 예외로 서머타임이 적용되지 않는다.

- 캐나다의 고속도로에는 오토바이가 달린다.
- 캐나다의 모든 차는 시동을 걸면 자동적으로 헤드라이트가 환하게 켜진다. 그래서 아침에도 헤드라이트를 켜게 된다. 그렇게 제조하지 않으면 캐나다 시장은 포기해야 한다. 이런 방식이 안전운전에는 큰 도움이 된다고 한다.

2.8 브라질

- **브라질리안 타임**

약속시간이 7시라면 적어도 30분에서 한 시간 정도는 늦는 것이 예의이다. 브라질에선 약속시간에 늦는 것에 대해 미안해 하지도 않고 그럴 필요도 없다고 생각한다. 브라질 사람과 약속하기 위해서는 전화로 구두약속을 했더라도 가능하면 다시 한 번 확인전화를 하거나 이메일로 답신을 받는 것이 좋다. 적어도 1, 2주 전에 미리 날짜를 잡는 것이 좋고, 특히 정부기관과의 면담 일정은 한두 달 전에 약속하는 것이 좋다. 브라질 사람들은 약속시간을 지키는 데 철저하지도 않을 뿐만 아니라 급한 약속은 잘 이뤄지지도 않는다. 사실 그렇게 임박한 만남은 약속도 없이 무조건 찾아가는 것이 더 좋은 결과를 낳을 때가 많다. 브라질 사람들은 자신을 만나기 위해 멀리서 찾아온 사람을 야박하게 만나주지 않는 일은 드물기 때문이다.

- **삼바학교**

1930년대 초반까지만 해도 카니발은 곳곳에서 싸움이 벌어지는 무질서한 거리 축제였으나, 삼바학교들이 설립되고 학교별로 퍼레이드를 펼치면서 오늘날과 같은 큰 규모와 형식을 갖춘 축제로 발전하였다. 삼바학교는 삼바를 즐기려는 사람들의 자발적인 모임으로, 많은 카니발 단체들은 삼바학교를 중심으로 거액의 상금이 걸린 퍼레이드에 참가한다. 삼바 퍼레이드의 경연장인 삼보드로모에는 최고의 퍼레이드 팀만이 참여할 수 있으며, 매년 사랑, 평화, 자유와 같은 주제를 가장 독창적이고 호화롭게 표현하는 팀이 우승한다.

삼바학교 학생들의 퍼레이드

- **시에스타(siesta)**

점심을 먹은 뒤 잠깐 자는 낮잠을 말하는데 날씨가 온화한 국가에서는 이런 습관이 오래전부터 남아 있기도 하다. 시에스타라는 단어는 스페인어이며 원래는 라틴어 horasexta(여섯 번째 시간)에서 유래했다. 이는 동틀 녘부터 정오 사이인 6시간이 지나 잠시 쉰다는 의미를 내포한다. 시에스타는 스페인에서 낮잠을 자는 전통적인 습관이다. 스페인 문화의 영향으로 수많은 라틴아메리카들에서도 시에스타를 흔히 볼 수 있다. 포르투갈의 지배를 받은 브라질도 시에스타가 있다. 대개 시에스타의 원인을 높은 기온에서 찾곤 한다. 날씨가 더울 때 많은 양의 음식을 먹게 되는 것도 한 이유이다. 두 가지가 조합되어 식후 졸림증을 유발한다. 스페인어권 국가를 빼고도 비슷한 습관은 필리핀, 중국, 베트남, 인도, 이탈리아, 그리스, 크로아티아, 몰타 등에서도 나타난다. 위 국가들은 낮 기온이 상당히 높은 것이 공통점이어서 점심식사 후에 잠깐의 휴식이 꼭 필요한 곳이기도 하다. 중동 지역 국가에서도 잔디에 눕거나 그늘에서 쉬는 모습이 오후에 나타나는데 이것과도 일맥상통한다. 그러나 북부 스페인이나 아르헨티나 북부, 칠레는 시에스타가 존재하지만 기후는 캐나다와 비슷하기도 하다. 현재 남미 파라과이는 시에스타 시간에 가게 문을 닫는다. 그 외는 교대하는 종업원이 있다. 최근에는 이런 풍습이 사라지는 것도 심심찮게 볼 수 있다.

2.9 영국

- Great London Bus는 영국을 대표하는 2층 빨간 버스이다. 2층에 탑승할 수 있으며, 관광객이 시내 관광을 위해 2층을 선호하기도 한다. 무엇보다 혼잡한 런던 교통 사정상 2층 버스가 무척 효율적인 대중교통 수단이 되며, 관광상품이 되기도 한다.
- 영국에서 양력 12월 26일은 복싱데이(Boxing day)로 마음껏 먹는 축제일이다. 오늘날 12월 26일 복싱데이에는 모든 상점들이 세일을 하고, 사람들이 일찍부터 상점에 줄을 서서 많은 물건을 산다.
- 영국의 공휴일은 각 지역마다 다르다. 즉 각 지역의 오리지널 공휴일이 있으며, 스코틀랜드는 성 앤드류 데이, 북아일랜드는 성 패트릭 데이 등에 종교관련 휴일이다. 스프링 뱅크, 서머 뱅크는 은행 휴일인데 이것도 국가적인 공휴일이다.
- 영국 판사는 근대에 판사들이나 귀족들이 쓰던 가발을 아직도 쓰고 법을 집행한다.
- 영국의 택시는 모두 검은색이다. 또한 차량의 뒷좌석이 넓다. 승객은 절대 운전사 옆에 타지 못한다. 당연히 운전사와 뒷자리 승객 사이는 유리로 가려져 있다.
- 영국은 아파트도 5층을 넘는 고층이 별로 없다. 대개 2, 3층으로 단독주택이 꽤 많은 편이다. 특이한 건 주택마다 아직까지도 굴뚝이 있다는 것이다. 방의 개수에 따라 굴뚝의 개수가 달라지는데 보통 2층집은 4개 정도의 굴뚝이 위에서 보면 한자어(田) 모양으로 몰려 있다. 그래서 영국은 아직도 굴뚝청소부가 꽤나 전통 있는, 수입도 괜찮은 직업의 하나이다.

영국의 아파트

2.10 독일

- 독일은 전철을 탈 때 표를 검사하지 않는다. 표를 검사하지 않으면 폐쇄형 개찰구를 만들고 유지 보수하는 비용이 들어가지 않아서 좋고, 역에 상근해야 할 역무원을 고용하지 않아 인건비도 절약할 수 있다. 대신에 이 제도의 허점을 노려서 무임승차하는 사람들이 많아지면 오히려 그것은 비용의 증가로 이어질 수 있다. 사람들의 의식이 성숙해지지 않는다면 완벽한 실패가 될 가능성이 많은 제도인 것이다. 그러나 가끔씩 무작위로 표를 검사할 때가 있는데 무임승차 시 적발되면 40유로의 벌금을 내야 한다.
- 독일은 동거문화가 보편화되어 있고 당연한 것이다. 독일은 결혼보다 동거가 우선이다. 미혼부부의 천국이라 할 정도로 결혼보다는 동거가 보편화되다 보니 결혼하지 않은 상태에서 아이를 낳는 사람들이 상당히 많다. 이혼 또한 아주 자연스럽다. 독일인의 결혼개념은 보수적이지 않고 언제나 상대가 싫어지면 쉽게 헤어질 수 있다고 생각하기 때문에 망설임 없이 이혼하는 경우가 많다.

2.11 프랑스

- 프랑스는 한국과 달리 지하철 문이 자동문이 아니라 수동시스템이다. 지하철을 탈 때, 내릴 때 손잡이에 있는 버튼을 누르거나 손잡이를 위로 올려 하차해야 한다.

• 커피, 에스프레소 하면 흔히 이탈리아를 떠올리지만 사실 유럽에서 프랑스 커피는 이탈리아 커피 못지않게 유명하다. 카페(Cafe)라는 단어는 원래 커피를 뜻하는 프랑스어인데 지금은 커피 파는 집을 아울러 카페라고 부르는 데서 커피와 프랑스의 긴밀한 관계를 짐작할 수 있다. 카페는 루브르박물관, 프랑스 요리와 함께 프랑스 문화의 3대 상징으로 손꼽힌다. 카페는 17세기에 처음으로 유입되어 유명한 문인들과 예술가들이 모여 토론하던 낭만적인 장소로서 프랑스 일상의 문화이다. 미식으로 유명한 나라답게 프랑스는 커피를 음식의 영역으로 끌어들였다. 프랑스인들은 식사의 맨 마지막 순서로 커피를 마시는 습관을 정착시켰다. 프랑스인의 삶에서 빼놓을 수 없는 장소가 카페이다. 아침식사와 간단한 저녁식사를 할 수 있는 공간으로 문학, 예술, 철학의 공간이기도 하다. 즉 프랑스 사회와 문화를 담고 있는 그릇의 역할이라 볼 수 있다.
• 프랑스에서는 젊은이들이 결혼 전에 동거하는 모습을 어렵지 않게 볼 수 있다. 직장인이건 대학생이건 마찬가지이다. 특히 20대 후반까지는 결혼한 커플보다 동거하는 커플이 더 많을 정도이다. 동거 커플은 제2차 세계대전 후부터 가족수당의 혜택을 받았다. 동거 커플이 전체 커플 중 15% 정도에 이르고, 50%에 가까운 아이들이 혼외관계에서 태어나는 것을 보면 동거 커플을 결코 일시적인 현상이거나 일정한 연령에 한정된 현상이라고 할 수 없다. 국가는 민법(515조 8항)에서 '안정성'과 '지속성'이 있는 이성 또는 동성 사이의 동거를 사실혼으로 인정하고 있으며, 동거부부는 직업, 의료, 주택 등과 관련하여 법적으로 결혼한 커플과 동등한 대우를 받고, 많은 사회보장제도의 혜택을 누릴 수 있다.
• 시민연대계약(PACS: Pacte civile de solidarite('팍스'라고 하며 계약동거 혹은 법적 동거))

시민연대계약은 이성이든 동성이든 관계없이 성인인 두 사람 사이에 공동의 삶을 위해 체결되는 계약이다. 시민연대계약은 동성애자를 포함하여 결혼하지 않은 커플을 둘러싼 법률적 공백을 메우기 위해 만들어진 것이다. 얼마간의 자유가 보장되고, 동거와 결혼의 중간단계에 위치하며, 최소한의 법적인 안정성을 보장한다. 결혼과 달리 시민연대계약은 어느 한 편의 요구만으로 계약이 파기될 수 있다. 게다가 동성애자들에게까지 열려 있다는 것이 결혼과의 큰 차이점 중 하나이다. 법령이 발표된 후 2004년까지 5년여 동안 20만 명이 넘는 커플이 시민연대계약을 체결하였다. 하지만 초기의 개념으로부터 실제 적용에 이르기까지는 많은 어려움이 있었다. 시민연대계약은 시청에서 2명의 증인이 참석한 가운데 신고하면 간단하게 이루어진다. 재산과 관련해서 결혼한 부부와 같은 체제를 따르는데, 재산세의 경우는 계약과 동시에 곧바로 되며, 소득세는 계약 후 3년 후부터 공동과세대상이 된다. 주택계약이나 육아휴직 같은 사회보장제도의 혜택도 결혼한 부부와 마찬가지이다. 지금까지의 계약자들 중에서 계약을 해지한 경우는 12~13% 정도이다.

2.12 이탈리아

- 이탈리아 사람은 하루 세 번 커피 타임을 가질 정도로 커피를 자주 마시고 좋아한다. 카페라테, 카푸치노, 마키아토, 아포카도 등이 모두 이탈리아어이다. 많은 커피 중에서 에스프레소를 제일 즐겨 마신다. 이탈리아에는 가정마다 에스프레소를 추출할 수 있는 기구가 다 있을 정도이다. 이는 에스프레소를 처음 만든 나라가 이탈리아이기 때문이다. 원래 커피는 이슬람교의 음료로 알려져 있어 이탈리아에서 금기시하려 했지만 교황이 마시고 처음이자 마지막으로 음식에 세례를 내렸다. 이로 이해 커피가 정식 수입되면서 유럽 최초의 커피 카페인 '플로리안'이 생겼다. 또한 이탈리아 커피문화는 스탠딩 문화이다. 의자에 앉아서 마시기보다는 바에서 서서 에스프레소를 한두 번에 비우고 나가버린다. 물론 자리에 앉아 편안히 즐기기도 한다.
- 이탈리아인들에게 축구는 생활의 일부이며 최고의 스포츠로 여겨진다. 매주 열리는 각 도시별 경기와 자기가 좋아하는 팀의 경기에 대한 관심과 열정이 대단하다. 이들의 축구 열기는 축구복권(Toto calcio)의 인기로도 이어진다. 경기 당일 대부분의 바에서는 양 팀으로 나뉘어 떠들썩하고 열광적으로 응원하는 이탈리아인들의 모습을 볼 수 있다. 그들이 이토록 축구에 열중하는 이유는 이탈리아 특유의 향토애인 '캄파닐리스모'와도 관련이 있다. 캄파닐리스모란 자신이 속

한 마을의 조탑(캄파넬라)이 가장 아름답다고 생각하는 데서 비롯된 것으로 자신의 가족과 고향, 공동체를 세계 제일이라고 자부하는 것을 가리킨다. 프로축구리그 소속 클럽은 도시를 대표하기 때문에 어떻게든 이탈리아인들은 자신이 사는 도시의 팀이 이기길 바란다. 참으로 심장에 정열이 가득 찬 이탈리아인들이다.

- 이탈리아는 예술의 본고장, 세계문화의 수도, 열린 박물관 등 역사와 문호가 전국 곳곳에 아로새겨져 남아 있는 문자 그대로 '전 국토가 문화재'라고 해도 과언이 아닌 나라이다. 그 배경에는 세계문화유산 51개 보유로 세계 1위라는 것에 있다. 이탈리아인들이 얼마나 문화유산을 소중히 생각하는지 두 가지 사례로 알 수 있다. 한 노인이 자신의 집을 페인트칠했다가 징역 5년을 선고받을 뻔했다. 이유는 그 노인이 거주하는 지역이 세계문화유산으로 지정된 구역이었기 때문이다. 자신의 집이지만 마음대로 못할 정도로 문화유산에 대한 이탈리아의 법은 강력하다. 그리고 이탈리아 정부가 재정난으로 문화유산 관리를 제대로 하지 못하자 시민들이 발 벗고 나서 기금을 모아 복구한 곳만 23곳이 넘는다. 이처럼 문화유산을 지키려는 문화가 이탈리아를 문화의 수도로 만든 것이다.
- 이탈리아 사람들은 "손이 없으면 말을 못 한다"는 말이 있을 정도로, 이탈리아인들이 사용하는 제스처는 다양하고, 또 구체적이다. 시끌벅적한 곳에서도 자신의 말을 돋보이게 하기 위해, 남들 모르게 소통하기 위해 제스처를 사용한다. 제스처로써 말을 좀 더 명확하고 부드럽게 이어갈 수 있기 때문이다. 이탈리아에서 제스처가 발달한 원인은 독특한 민족성보다도 그들이 겪은 역사에서 찾을 수 있다. 그들이 오랜 기간 동안 오스트리아, 프랑스, 스페인 등 타국의 통치를 받아야 했기 때문에 지배국이 이해할 수 없는 손동작을 커뮤니케이션 수단으로 발달시켰다는 것이다.

2.13 그리스

- 그리스에는 똑같은 이름이 많다. 여성의 경우 마리아, 소피아, 엘레니, 이리니, 흐리스티나, 엘레나, 세바, 조이, 카테리나, 데스피나, 아나 등이 가장 흔한 이름이

며 항상 끝은 '아' 혹은 '이'로 끝나게 되어 있다. 특히 마리아의 경우 국민의 40% 이상을 차지하는 이름이다. 남자의 경우 야니스, 미할리스, 요르고스, 안토니스, 바실리수, 마놀리스, 스타브로스 등 모든 남자의 이름이 '스'로 끝난다. 이렇게 헷갈리게 이름을 짓는 이유가 있다. 바로 가족중심 문화 때문이다. 그리스에서는 결혼해서 첫째 아이를 낳아 남자면 할아버지, 여자면 할머니 이름을 그대로 물려주게 되어 있다. 둘째 아이를 낳으면 역시 다른 쪽 할아버지와 할머니 이름을 물려준다. 즉 외할머니, 친할아버지 먼저 그 다음 순서에 친할머니, 외할아버지이다. 첫 딸에게 외할머니 이름을 주는 것은 여성중심 가족문화 때문이다.

- 그리스에서 한낮(2시~5시)에는 대부분의 상점들이 문을 닫고 집에 가서 쉰다. 스페인에서는 낮잠을 시에스타라고 하지만 그리스에서는 메시메리라고 한다. 따라서 하루 일과가 다른 나라보다 일찍 시작된다. 이러한 이유는 해가 길고 뜨겁게 내리쬐는 태양 볕에 일의 능률이 오르지 않는 날씨를 겪으며 낮잠을 통해 체력을 보충하려는 전통 때문이다. 이 메시메리 시간에 전화를 하거나 시끄럽게 떠드는 행위는 실례가 된다.
- 그리스에서 하는 몸짓 중 "예"라는 의미는 대부분의 나라에서 머리를 끄덕이는 것과 반대로 머리를 좌우로 흔드는 것이다. 그리고 한 손으로 턱을 쓰다듬는 행위는 매력적이라는 의미이며, 오른손의 세 손가락을 오므려 빙빙 돌리는 행위는 상태나 일의 진행 정도를 묻는 의미로 해석된다. 그리스인들은 기쁠 때뿐만 아니라 화가 났을 때 웃기도 하므로 표정판단을 신중히 해야 한다. 또한 다섯 손가락을 펴서 손바닥을 상대편 가까이에서 흔드는 행위는 대부분의 나라에서 안녕의 의미로 사용되나, 그리스에서는 '모짜'라고 하여 상대방에 대한 멸시를 의미하는 것으로 강한 모욕의 표현이 된다.

2.14 핀란드

• 사우나 문화

핀란드인들이 인류에게 선물한 가장 위대한 발명품 중 하나로 사우나를 들 수 있다. 약 2000년 전부터 시작되었다는 사우나는 'Sauna Life'라고 불리는 독특한 핀란드만의 문화를 형성하는 구심점 역할을 했다. 전체인구 520만 명에 핀란드 전국의 사우나 숫자는 160만 개로 인구 3명당 1개꼴이다. 핀란드에서는 '집을 짓기 전에 사우나를 먼저 짓는다'는 말이 있을 정도이다. 실제로 사우나가 없는 정부와 공공기관 및 호텔은 생각할 수도 없고, 집값도 사우나의 유무에 따라 가격이 다르다. 물론 추운 겨울뿐만 아니라 일 년 내내 사우나를 즐기는 것은 당연하다. 핀란드인은 사우나를 할 때 Vihta라고 하는 자작나무의 여린 가지를 작은 빗자루 모양으로 만들어 말려두었던 것을 뜨거운 물에 다시 불려 그것으로 온몸을 때리면서 충격마사지를 한다. 핀란드 사람들은 자기 집의 사우나에 초대하는 것을 손님에 대한 가장 큰 예의라고 생각하며, 중요한 회의가 있을 때에는 같이 사우나를 즐긴 후에 일을 처리하기도 한다. 친구들과 모이거나, 파티를 할 때에도 사우나는 필수불가결한 요소이다. 이들은 사우나를 같이 즐기면서 서로 솔직하고 거짓 없는 모습으로 돈독한 정을 쌓아가고 있는 것이다.

또한 가구마다 사우나를 설치할 수 없는 도심의 아파트에서는 지하에 공동 사우나를 짓고 유료로 이용할 수 있게 하기도 한다.

- **핀란드인의 서비스**

핀란드에서 손님을 대하는 방식은 외국인에게 몹시 이질적으로 다가올 것이다. 이 사람들은 마치 손님을 대접하지 않거나 아주 엉뚱하게 대하는 것처럼 보인다. 냉정하게 보이나 진실로 핀란드 사람들이 손님을 대하는 방식은 영국이나 미국, 아시아 등에서 주로 대하는 방식과 완전히 다르다. 또한 핀란드의 레스토랑에서는 일단 주문을 한 후에 서비스를 받기가 대단히 어렵다. 우선 웨이터나 웨이트리스와 눈을 마주치기가 쉽지 않기 때문에 아주 격렬한 몸짓으로 그들에게 도움을 청해야 한다. 예를 들면 어떤 사람이 수프가 미지근하다는 불평을 하려고 웨이트리스를 불렀는데 한참 만에 돌아온 웨이트리스에게 그 사람은 약간의 불만을 표시하며 수프를 건넸다. 그러나 그녀는 그 사람이 계산할 때까지 돌아오지 않았다. 이런 것을 보고 그들의 불친절함을 탓할 게 아니라 핀란드 사람의 사고방식을 이해해야만 진실로 다가설 수 있을 것이다.

그들은 눈을 맞추는 것이 다른 사람의 사생활을 침해하는 것이라고 믿는다. 따라서 이들은 어떤 불필요한 접촉 없이 손님을 침묵 가운데 내버려두는 것이다. 게다가 핀란드 사람들은 불평하는 경우가 거의 없으므로 그런 것을 수습하는 데 서툰 편이다. 앞의 웨이트리스의 경우도 그녀가 어떻게 해야 하는지를 몰랐던 것으로 해석할 수 있다. 그럴 때는 "실례합니다. 내 수프가 미지근한데 이걸 좀 가져가서 뜨겁게 해주겠어요?"라고 말해야 한다. 핀란드는 대단히 평등한 사회이므로 이곳 사람들은 재촉하는 것에 익숙하지 않다고 한다. 그러므로 자신이 바라는 것을 그들에게 정확하게 전달해야 한다. 그리고 핀란드에서는 식사 후 디저트를 권하는 경우도 거의 없는데, 이것도 무성의한 것이 아니고 손님이 '팔아주기 위해' 있는 것이 아니고 사생활을 침해하고 개인의 침묵을 방해하면서까지 디저트를 팔려고 하지 않는 것이다.

2.15 덴마크

- 덴마크는 세계에서 자전거가 가장 상용화된 나라이다. '자전거의 선진국', '자전거의 천국'이라 불리는 덴마크에는 어느 길이나 자전거 전용도로가 따로 있고, 심지어 전철에도 자전거 칸이 따로 마련되어 있다. 고급 아파트 단지 주차장에도 자전거가 즐비하고, 시장, 공무원은 물론이고 시민의 3분의 1 이상이 자전거로 출퇴근을 한다. 덴마크가 자전거 국가가 된 이유에는 여러 가지가 있다. 첫째로 자동차 관련 세금이 비싼 편이다. 덴마크는 자동차 구매 시 금액의 180%라는 살인적 세금을 부과한다. 이산화탄소를 많이 배출하는 제품에 매기는 탄소배출세인데 이러다 보니 택시비 역시 10km 이동에 5만 원이 넘는 건 예사이다. 둘째로 가장 높은 곳의 해발이 179m로 덴마크는 산이 거의 존재하지 않는 평평한 땅으로 구성되어 있다. 그러다 보니 자전거로 다니기 편하다는 점이다. 셋째는 자전거 전용도로라든지, 자전거 신호체계와 같은 정부의 시책이 잘되어 있다는 점이다.
- 코펜하겐 시내에 위치한 아파트들을 보면 대부분 한국의 아파트 면적에 비해 훨씬 좁고 또 지어진 지도 오래되었다. 그러다 보니 내부시설로만 보면 한국 기준으로 상당수가 재건축 대상에 오를 정도다. 이와 같은 아파트에 거주하는 이들의 경우 대다수가 아파트 1층에 위치한 주민 전용의 공용세탁기(건조기)를 사용한

다. 요금은 충전된 카드를 구입하여 사용하는데, 주택가 길거리에는 동전주입식 빨래방이 있다.

- **토론문화**

  덴마크는 어렸을 때부터 학교에서 비판적 사고와 토론정신을 중요하게 가르친다. 그러다 보니 식사를 하거나 영화를 보는 등의 일상생활에서 토론이 빠지지 않고 나타난다.

2.16 노르웨이

- 겨울철에는 스노타이어 사용이 의무적이다.
- 노르웨이 사람들은 옥외의 생활에 대해 매우 열광적이다. 예를 들어 여름철에는 국토 횡단 여행, 낚시, 수영, 캠핑, 보트놀이를 즐기며, 겨울철에는 스키나 스케이팅을 즐긴다. 스키는 노르웨이의 국가적인 스포츠라 할 수 있으며, 오슬로 교외 홀멘콜렌의 세계 스키점프대회는 국민적 행사의 하나가 되고 있다. 숲이나 산 속에서 즐길 수 있는 크로스컨트리(cross country) 스키는 특히 인기가 있다.

2.17 오스트리아

- 빈의 시민은 전통적으로 직장인들과 남녀노소 할 것 없이 하루 3번 – 오전 8~9시와 오후 3시, 오후 9~10시 – 카페를 찾는다. 그리고 특이한 점은 커피 주문 시 물이 딸려 나오는 것이다. 이는 커피 맛을 더 잘 느끼게 하기 위함이다.
- 오스트리아는 일요일이나 공휴일 상점이나 슈퍼도 문을 열지 않는다. 지형의 70% 이상이 알프스 산지이기 때문에 해가 지면 빨리 집으로 들어가 식구들과 식사를 한 후 일찍 잠자리에 들고 아침 일찍 일어나서 하루 일과를 시작하는 특성이 있다.

2.18 체코

- 체코는 크리스마스에 잉어를 삶아 먹는 전통이 있다. 크리스마스 며칠 전부터 잉어를 받아 욕조에서 키우는 사람도 있으며, 주변 강이나 호수에서 키운 잉어

를 대량으로 시장에서 판매한다. 잉어수프, 잉어튀김 등을 만들어 가족과 함께 먹는다.

- 결혼식을 축하하기 위해 폴카 춤을 추는 전통이 있다. 폴카는 체코 보헤미아 지방의 농촌지역에서 시작된 전통춤이다. 결혼식을 하기 위해 모인 남성과 여성들이 신랑 신부를 축하해 주며 많이 추는데, 남녀가 짝을 이루어 빙빙 돌면서 세 번의 빠른 스텝과 한 번의 뛰어오르는 동작을 하는 춤이다.

2.19 호주

- 호주에서는 술을 판매하고 구입하는 게 매우 엄격하기 때문에 슈퍼마켓이나 편의점에서 술을 구입할 수 없다. 대신에 술을 전문으로 파는 바틀 숍이 따로 있어 이곳에서 술을 구입할 수 있다. 하지만 주류가 굉장히 비싸고 도심지에서는 새벽 1~2시까지, 그 외 외곽지역은 10시쯤에 문을 닫는다. 그리고 술을 살 때에는 외국인의 경우 여권을 들고 가야 한다.
- **세계에서 가장 오래된 원주민의 역사 '어보리진'**

  세계에서 가장 오래된 원주민인 호주 원주민은 오스트레일리안 어보리진(Australian Aborigines)이라 불린다. 이들은 인류 최초로 바다를 건너 이주한 민족으로, 기원전 3만 5천 년경에는 호주 전역에서 생활하게 되지만, 약 1만 년 전 해빙기 때 해수면이 상승하여 대륙 간의 교통이 어려워지면서 수천 년 동안 다른 대륙으로부터 완전히 고립되었다. 광활한 땅에 흩어져 살았기 때문에 9백여 개의 수많은 부족들이 2백 개 이상의 언어와 6백 개 이상의 방언을 사용하였다. 18세기까지 긴 세월 고립되어 살았던 어보리진은 외부세력에 대해 전혀 대비하지 않았기 때문에 유럽 이주민의 문화와 정책에 의해 빼앗기고 약탈당하면서도 권리를 찾지 못하였다. 땅을 소중히 여긴 어보리진은 땅을 찾기 위해 끊임없이 투쟁했고, 1976년에는 토지 소유법을 통해 자치 권리가 향상되기도 했다. 그러나 오랫동안 비참한 환경에서 생활했기 때문에 18세기 약 30만 명에 이르던 인구가 점점 줄어들어 현재는 4만 명에 불과하다고 한다. 어보리진들은 새로운 문화와 조화롭게 공존할 수 있는 가능성을 높이기 위해 계속해서 노력하고 있다.

2.20 아프리카

- 남아프리카공화국은 동성애 혐오가 사회적으로 남아 있음에도 국가 주도로 2006년 동성결혼을 허용했다. 이로써 아프리카 나라들 중 최초로 동성결혼을 합법화한 국가가 되었다.
- 아프리카에서는 결혼 시 신부 측은 신랑 측의 가정형편에 따라 로볼라(Lobola: 결혼지참금)를 매긴다. 신랑 측이 잘사는 집안이거나 신부가 교육을 많이 받았으면 지참금도 올라간다. 로볼라를 내지 않으면 결혼은 성사되지 않는다. 때문에 돈이 없어서 몰래 동거하는 커플들이 많다. 로볼라는 아프리카 결혼 풍습에 있어 가장 중요한 특징이라 할 수 있다. 아프리카의 구체적인 결혼 풍습은 다음과 같다.

  연인 간에 결혼을 약속한 후 전통적으로 결혼 허가를 받기 위해선 먼저, 예비 신랑 측에서 한 무리의 남성협상가를 구성해 예비 신부 측 가족들을 방문하여 결혼 승인을 요청한다. 그때 신부 측 가족들은 결혼 요청을 허가하거나 반대한다. 예비신부 아버지에게서 결혼 요청이 받아들여진 경우엔 신랑 측 가족들은 임부람로모(Imvulamlomo)라는 1만 원에서 2만 원 상당의 상징적인 돈을 먼저 지불한 후 본격적으로 협상을 시작한다. 과거에는 몇 마리의 소를 지불할 것인지를 논의했지만 지금은 그에 해당하는 현금을 요구하고 있다. 일반적으로 신부 측에선 izibizo라는 예물리스트를 준비하는데, 거기에는 장인을 위한 도끼, 모자, 우산과 장모를 위한 이불, 솥, 스토브, 앞치마, 염소가 포함되고 일가친척에게도 다른 여러 가지 상징적인 선물이 들어 있다. 결혼식엔 이런 선물이 오가고 신부 측에서도 umabo라고 하여 신랑 측 가족에게 선물을 증정한다.

아프리카 원주민 결혼식

- 케냐에서 가장 중요한 의례 중 하나는 성년식이다. 케냐의 마사이족은 이 성년식을 어린 전사의 지위에서 성년의 삶으로 넘어가는 통과의례로 간주한다. 전쟁의 상징인 붉은 황토색이 평화의 상징인 하얀 줄무늬로 대체된다. 여성 할례의식 또한 뿌리 깊은 전통과 함께 여전히 행해지고 있다. 케냐는 1990년 일부 형태의 할례를 금지했지만, 매년 약 6,000명 이상의 케냐 여성이 할례를 받고 있는 것으로 보고되고 있다.

2.21 중동(아랍) 지역

이슬람국가 57개국 중 중동(아랍) 지역 국가는 22개국이다. 이 지역의 공통된 특이 문화에 대해 알아보도록 하자.

- 하루 5차례 예배를 한다. 즉 해 뜨기 전, 12시 전후, 오후 3시경, 해 진 직후, 잠들기 전이다. 각 예배는 3~10분 정도 걸린다. 경우에 따라 이 예배는 저녁에 한꺼번에 몰아서 하기도 한다.

- 단식(Ramadan)은 이슬람력으로 9월에 행해진다. 목적은 알라에 대한 감사와 절

제 및 나눔 실행이다. 일출과 일몰 사이 시간에 단식을 하며, 이때 물, 담배, 섹스, 나쁜 생각, 언행이 금지되어 있다. 단식시간이 끝나는 밤에는 음식을 먹고 축제의 시간을 갖는다. 이 한 달 동안 중동 지역에선 업무가 느슨해진다.

• 메카와 메디나를 평생 한 번은 방문해야 하는 것이 의무이다. 매년 200만 이상 모이는 국제행사이며 기도하는 방향과 메카를 알려주는 시계가 있다. 이 시기 사우디아라비아는 최고의 관광수입을 올린다.

• 코란(Koran)은 이슬람교 경전으로 알라가 무함마드에게 내린 최종 완결판 계시이다. 코란은 몸을 씻고 만져야 하며 소중히 다뤄야 한다. 아랍인들은 외국인이 코란 만지는 걸 썩 좋아하지 않는다.

• 시, 스토리텔링, 말하기를 좋아한다. 우리에게 익숙한 '천일야화'(아라비안나이트)가 이 지역에서 나왔다. 더운 나라에서 바깥에 나가 운동하기가 어렵기 때문에 저녁에 모닥불을 피워 놓고 수다 떠는 게 더 익숙하다. 가을 동화, 겨울 연가, 주몽, 대장금의 인기가 매우 높은데 특히 대장금은 순간 시청률이 90%까지 간 적도 있다.

• 이슬람은 19세기 우리나라 유교문화와 비슷하다. 개인보다 공동체 문화, 명예살인이 있고 사우디에선 살인자 공개처형 및 절도범은 손을 자르기도 한다.

• 아랍인들은 가축을 키우며 목초지를 찾아 이동한다. 그들에게 오아시스와 우물을 지키는 것은 생존이었으며 남자들은 일 년 내내 전투태세를 갖췄다. 이런 이유로 유목사회는 남성 중심 · 가부장 문화가 특징이다.

• 예멘에서는 마약이 합법이다.

• 중동의 모든 유전은 국영이어서 아예 60%는 국가가 생산한다. 따라서 강력한 국가 주도 경제로 효율성 및 생산성이 낮다. 이런 이유로 중동엔 유명한 민간 제조업체가 없다.

노란 꽃

아르메니아 문화권에서 노란 꽃을 선사하는 것은 "난 당신이 보고 싶어요"라는 뜻이다. 이것이 에나이드가 신혼여행 중인 자신의 이란 친구인 레일라 골레스타니의 어머니에게 노란 꽃을 들고 간 이유였다. 그녀는 골레스타니 부인이 딸 때문에 너무 쓸쓸해 하는 것을 발견하고 그녀를 방문한 것이다.

골레스타니 부인은 에나이드를 반갑게 맞아들이며 그녀를 껴안았다. 그러나 에나이드가 그녀에게 노란 꽃을 내밀었을 때 그녀는 얼굴색이 바뀌었다. 그녀는 에나이드를 거실로 데리고 들어갔지만 바로 양해를 구하고 차를 끓이러 가버렸다. 아무리 시간이 지나도 그녀가 나타나지 않자 에나이드는 그녀를 도와줄 일이 없는지 살펴보러 부엌으로 들어갔다. 그녀는 골레스타니 부인이 울고 있는 것을 보았다. 놀란 에나이드가 물었다. "뭐가 잘못됐어요? 레일라에게 무슨 일이 있어요?" 골레스타니 부인이 대답을 하기 전에 에나이드는 자신이 가져온 노란 꽃이 부엌 한쪽 구석 마루에 내동댕이쳐져 있는 것을 발견했다. "네가 날 그렇게 싫어하는 줄 미처 몰랐다." 골레스타니 부인은 그녀를 비난하듯이 말했다.

이란 문화권에서는 노란 꽃이 적을 상징한다. 상대방에게 노란 꽃을 주는 것은 그 사람이 싫다는 것을 의미한다. 그 속에는 그 사람이 죽어버렸으면 좋겠다는 뜻까지도 들어 있다. 에나이드는 골레스타니 부인에게 무슨 일로 그러는지 말해 달라고 간청했다. 그러나 골레스타니 부인의 말은 그녀에게 충격적이었다. 에나이드는 그것을 해명하기 위해 아르메니아인들이 노란 꽃을 주는 것은 그 반대의 의미라고 했다. 결국 그녀는 골레스타니 부인을 설득시켰고 그들의 관계는 회복되었다.

페루인들도 노란 꽃을 부정적으로 생각하기 때문에 함부로 상대방에게 노란 꽃을 주지 않는다. 멕시코인들 사이에서도 노란 꽃은 장례식과 관계되는 부정적인 의미가 있다. 노란 꽃은 죽은 사람을 제사 지내는 날에 빠지지 않고 사용된다(노린 드레서, 1997).

Chapter 13

글로벌 기업의 성공 비즈니스

1. 글로벌 비즈니스 환경

기업들이 타국 시장에 진입할 때나 타국 기업이 자국으로 진출을 시도할 때, 실무자는 해당 국가의 문화 · 사회 · 정치를 이해하고 해석해 주는 역할을 해야 한다. 소위 문화통역 모델(Cultural Translation Model)은 이러한 주장을 바탕으로 개발된 것이다. 글로벌 비즈니스를 성공적으로 하려면 문화 차이를 식별하고 분석할 수 있는 개념적 틀에 대한 지식이 있어야 한다. 호프스테드나 홀 등이 제안한 문화 구성 차원 개념 등이 이러한 틀에 해당한다. 또한 글로벌 비즈니스는 문화 차이의 분석에서 끝나는 것이 아니라, 문화적 가변성에 민감한 통역사가 될 수 있어야 한다. 예를 들어 문화적 차이에 따른 커뮤니케이션 스타일의 차이를 식별하고 이에 맞는 메시지를 개발할 수 있어야 하는 것이다.

국제화라고 하면 얼마 전까지만 해도 물질의 교류, 교역을 의미했지만 이제는 사람의 교류가 중시된다. 바로 면대면 커뮤니케이션의 원초적인 영역에서 국제화가 진행되어야 함을 의미한다. 글로벌 기업경영을 위해서도 국제화는 필수이다. 자국시장에 안주하던 기업들은 생존을 위해 외국시장을 찾게 되었고 자국시장도 더 이상 국내기업들의 이익을 보장해 주지 못한다. 개방화의 시대적 분위기는 국내시장조차도 다국적 상품의 각축장으로 바꾸어 놓았고 기업들의 내수 판매도 국제화의 경험 없이는 난항에 부닥치기 쉽다.

현재 지구촌에는 다양하고 많은 수의 글로벌 기업이 존재한다. 해마다 미국의 경제 전문지 『포춘』은 매출액 기준 세계 500대 기업을 발표한다. 2007년 기준으로 미국, 프랑스, 독일, 영국 기업 순으로 주로 북미와 유럽에 본사를 둔 기업들이 이 순위의 76%를 차지하며 특히 상위 순위를 중심으로 포진해 있다. 나머지 한국을 포함한 아시아 기업들이 차지하는 비중은 24%이다. 이들의 비즈니스 무대는 글로벌 시장이다. 모든 분야를 막론하고 거대 글로벌 기업들이 견인차가 되어 만들어내는 변화는 시대의 지형도를 바꾸고 있다. 많은 경제학자와 사회학자는 다국적기업이야말로 현대의 새로운 권력으로 부상했다고 지적한다.

따라서 글로벌 기업이 주도하는 변화를 제대로 읽을 줄 아는 것이 필요하다. 또한 그런 변화와 호흡을 함께하며 소통하는 것이 그 어느 때보다 중요해졌다. 현재 글로벌 비즈니스 현장에서 통용되는 게임의 룰과 커뮤니케이션 방식은 북미와 유럽 기업이 주도하고 있다. 그러나 아시아는 무한한 잠재력을 가진 시장이며 역동적인 에너지를 가지고 있다. 그 속에서 아시아적 가치와 글로벌 마인드로 무장한 아시아 출신의 글로벌 인재들이 부상하고 있는 것이다.

이와 같은 사실을 반증하는 예로 글로벌 경영 컨설팅사 AT커니와 미국의 정치 전문지 『포린 폴리시(Foreign Policy)』가 해마다 전 세계 72개국을 조사 대상으로 글로벌화 지수(Globalization Index)를 발표하는데, 전 세계에서 글로벌화 지수가 가장 높은 나라는 아시아의 싱가포르와 홍콩으로 나란히 1, 2위를 차지하고 있다. 한국의 순위는 35위로 중간 정도이다.

글로벌 시대에서 한 국가의 글로벌화 지수를 높이기 위해서는 국가 내의 글로벌 기업이 지향하는 시각이 중요하다. 우리가 일반적으로 가지고 있는 시각은 로컬 혹은 한국적 시각이다. 어떤 현상이나 상황을 한국인의 입장에서 한국적 현상의 관점으로 바라보는 것이다. 그러나 로컬 시각은 긍정적으로 보면 주체적인 시각이라고 할 수 있지만 거기에 함몰되어 있으면 자신을 객관적으로 바라보기 어렵다.

더구나 일상의 수많은 사건과 현상이 더 이상 한국 또는 한국인의 문제로만 국한될 수 없기에 로컬 시각만으로는 현명한 대처가 쉽지 않다. 이때 글로벌 시각은 상대방의 관점을 충분히 이해하면서도 중심을 잃지 않고 균형을 잡는 데 훌륭한 나침반 역할을 해준다. 아시아권 나라들 중에서도 특히 한국과 일본은 외부세계와 소통하는 데 어려움을 느낀다고 한다. 많은 글로벌 기업의 외국 임원들 역시 한국이나 일본에서 느끼는 폐쇄적인 정서와 거리감을 자주 지적한다.

글로벌 시각을 갖는다는 것은 쉽지 않은 일이다. 몇 번의 해외여행과 체류 경험이 글로벌 시각을 키우는 데 도움이 되긴 하겠지만, 그 자체만으로 글로벌 시각이 완전히 생기는 것은 아니다. 예컨대 미국에 오래 살았다면 미국 문화에 대한 이해는 깊어지겠지만 그것을 글로벌 시각이라고 볼 수는 없다.

글로벌 시각이란 어떤 정치 · 경제 · 문화적 사안을 내가 속한 사회에 국한된 가치와 현상의 틀에서 벗어나 글로벌 차원의 확대된 문맥에서 바라보는 것을 말한다. 또한 문화의 다양성을 인정하는 개방적 태도와 국적을 초월해 범지구적인 공동체 의식을 갖는 것을 의미하기도 한다.

다인종 · 다문화 사회로 개방적 정서를 가진 국가, 특히 외부 세계와의 경제 및 인적 교류가 역동적으로 이루어지는 국가의 국민이라면 글로벌 시각을 키우는 것이 상대적으로 쉬울지도 모른다. 그러나 기본적으로 단일 인종 · 단일 문화 사회에서 글로벌 시각이란 자연스러운 체화의 산물이라기보다는 의식적으로 노력해서 갖추어야 할 능력이라 할 수 있다. 이러한 글로벌 시각, 즉 글로벌 사고방식은 개개인에게만 해당하는 것이 아니라 글로벌 기업의 경영자나 종사자가 갖추어야 하는 것이다(박현정, 2008).

2. 글로벌 기업의 사고방식

글로벌 기업의 사고방식은 업의 본질을 중심으로 생각하고 한국기업의 사고방식은 기업의 규모와 매출을 중요하게 여겨왔다. 글로벌 기업은 고객에 대한 가치 제공에, 한국 기업은 경쟁사 제압에 집중하여 업무를 수행한다. 글로벌 기업은 전문역량을 중시하는 수평적 조직에서 담당자를 중심으로 조직이 운영되는 반면, 한국 기업은 일반적 소양과 조직에 대한 충성을 높이 사는 수직적 조직에서 관리자를 중심으로 조직이 운영되어 왔다. 사람에 대한 생각을 비교해 보면, 글로벌 기업은 아웃풋(Output)

과 창의성을 중심으로, 한국 기업은 인풋(Input)과 성실성을 중심으로 인재를 판단한다. 이러한 사고방식의 차이와 배경에 대한 이해를 바탕으로 한국의 실정에 맞게 글로벌 방식을 적용하는 기업만이 세계시장에서 백전백승을 거둘 수 있다(박은연, 2008).

왜 기업 문화와 글로벌 기업의 문화, 특히 글로벌 기업의 사고방식을 돌아보아야 하는가? 그 이유는 시장과 환경이 크게 변화하고 있기 때문이다. 끊임없이 변화하는 시장에 끊임없이 적응하여 효율을 높이고 새로운 상품과 서비스를 내놓아야 하는 것은 기업의 숙명이고 일상사이다. 그러나 일상적인 적응으로는 감당할 수 없을 만큼 커다란 환경의 변화가 오는 시기들이 있다. 한국 기업들의 입장에서는 세계적 경제대국인 미국, EU, 중국, 일본 등과 자유무역협정이 진행되는 지금이 바로 그런 시점 중 하나이다. 이미 해외시장에 진출한 기업들은 말할 것도 없거니와, 지금까지 글로벌 기업들과 직접적으로 경쟁하지 않았던 기업들도 국내 시장에서까지 한층 많은 세계 각국의 기업들과 경쟁하는 것을 피할 수 없게 된 것이다.

그뿐만 아니라 지난 몇 년 사이 국내시장의 고객들도 빠르게 글로벌화되어 왔다. 해외여행객의 수가 이제는 연 2,000만 명으로 늘었고, 추계인구의 15%가 해외여행을 다녀왔다. 이에 따라 글로벌 시장의 상품과 서비스를 경험한 사람들은 증가하고 있으며 이들은 당연히 그에 걸맞은 취향과 욕구를 가진다. 여기에다 인터넷으로 세계 각국의 상품을 직구할 수 있게 된 것을 감안하면 새로운 환경에서 한국 기업들이 앞으로의 50년도 성장하고 성공하기 위해서는 글로벌 기업문화를 알아야 한다.

세계적으로 좋은 성과를 내고 있는 글로벌 기업들을 이해함으로써 한국 기업의 경쟁력을 높이는 것이 중요하다. 그렇다고 해서 이 기업들의 제도나 일하는 방식을 무작정 모방해서는 안 된다. '한강의 기적'이라고 불릴 만큼 성공했던 과거의 우리 기업들이나 지금 세계 시장에서 우위를 점하고 있는 한국 기업들에서 잘하고 있는 것을 무시하면서 엉뚱한 남의 제도를 들여온다면 오히려 일을 그르치기만 할 것이다. 많은 공을 들여 벤치마킹을 하여 성공한 기업들의 제도를 들여와도 실행이 제대로 되지 않는 경우가 바로 이런 예이다. '한국 실정에 맞지 않는다'는 말이 가장 흔히 듣는 실패의 이유이고, 또 사실 그러하기도 하다. 환경을 알고 '나를 알아' 환경에 잘 맞춘 것이 성공의 원인이었으니, 남을 따라 배운다고 나를 잃어버려서는 큰 도움이 될 리 없다. 한 발 앞으로 나가면서 두 발 뒤로 물러서는 격이다.

그렇다면 글로벌 기업에 대해 무엇을 알면 우리 기업의 새로운 도약에 도움이 될 것인가? 글로벌 기업의 행동과 제도의 배경에 깔린 '생각하는 방식'을 알아야 한국 기업의 환경과 글로벌 시장 환경에 맞는 것인지 아닌지를 판단하여 가려 쓸 수 있다. '적을 아는 것'은 잘 나가는 글로벌 기업들의 생각하는 방식을 이해하는 것이다. 일단 그들의 생각을 이해한 후에는 우리 기업에 맞도록 변형하여 쓸 수도 있고, 전혀 환경에 맞지 않는 부분은 골라서 버릴 수도 있다.

문화비평가인 새뮤얼 헌팅턴은 최근 저서에서 재미있는 사례를 소개했다. 1960년대 한국과 가나는 1인당 GNP 수준이나 공업화 수준, 외국의 원조를 받는 점까지 비슷했다. 그로부터 30년 뒤 한국은 세계 10위권에 육박하는 산업 강국이 되었고, 가나는 한국 GNP의 15분의 1 수준에 머물러 있다고 한다. 헌팅턴은 다른 물리적 조건들이 유사함에도 나타난 이런 엄청난 발전의 차이를 설명할 수 있는 길은 한 가지뿐이라고 주장한다. "문화가 결정적인 차이를 만들어낸다"는 것이다. 눈에 보이지 않은 마음의 상태인 문화가 얼핏 겉으로 보기에는 아무런 차이를 만들어내는 것 같지 않지만, 사실상 경제적 성취와 밀접하게 연계되어 있다는 것이 그의 논지이다. 문화란 무엇인가? 바로 그 집단의 사람들이 공유하는 생각과 행동의 방식이다. 말하자면 헌팅턴 역시 생각하는 방식이 기업과 경제의 성공을 좌우한다고 본 것이다.

그럼 글로벌 기업이 가져야 할 사고방식에 대해서 구체적으로 살펴보도록 하자(박은연, 2008). 첫째, 글로벌 기업은 우수한 인재를 판단할 때 그 사람이 창출하는 결과물을 본다. 특히 사원을 뽑을 때 서류 전형과 인터뷰에서 그치지 않고 반드시 인턴이나 아르바이트 일을 시켜 그 사람의 결과물을 검증한 후에 사람을 선발한다. 이것은 아무리 뛰어난 이력서와 학력을 가진 사람도 결과물을 보지 않고는 판단할 수 없다는 생각에서이다. 3M의 창의성 발휘 방식을 보고 근무시간의 15%를 자기가 하고 싶은 일에 쓰는 제도를 들여온다고 해도 관련된 사람들 사이에 창의성과 자발적 의견이 많은 사람이 인재라는 생각이 같이 따라오지 않으면 실행될 수가 없다. 또 성실하게 주어진 그대로 수행해야 하는 업무에 창의성만 많은 사람을 인재라고 쓴다면 제대로 일이 되지 않는다.

둘째, 글로벌 기업은 사람을 키울 때 일을 통한 육성이 많다. 휴렛팩커드나 제너럴 밀스의 경우 육성의 80~90%가 직장 내 훈련(OJT)으로 구성되어 있다. 새로운 일을 맡기고 이를 수행하는 동안에 옆에 상사나 멘토가 붙어 지도와 코칭을 제공하는 방식이다. 한편 한국 기업의 일반적인 육성방식은 집합교육과 훈련이다.

셋째, 성공하는 글로벌 기업에서 가치 있는 일이란 고객에게 가치를 제공하는 것이다. 글로벌 기업 GE는 고객에게 도움이 되는 일을 가치 있는 일로 일상에서 체험하고 실행한다. GE는 모든 사업부의 핵심 경영 지표에는 고객이 GE의 상품이나 서비스를 다른 사람에게 추천할 의도가 있는지를 측정하는 순수고객추천지수(NPS: Net Promotor Score)를 포함하고 있으며 차세대 경영진의 육성과정에도 이를 포함시키고 있다. 우리 기업들에서 고객을 위한 일이 가치 있는 일이라는 생각이 그토록 철저하다고는 아직 볼 수 없다. 여전히 많은 회의에서 경쟁사 대비 매출과 수익이 얼마나 앞섰는가를 이야기하는 것으로 99%의 시간을 쓴다.

넷째, 글로벌 기업은 일과 삶의 균형이라는 개념을 가지고 있어야 한다. 즉 신속한 의사결정을 통해 주어진 시간 내에 업무를 마치고 귀가하는 사람을 일 잘하는 사람으로 보는 데서 비롯된다. 도요타에서는 보고서를 '한 장으로 정리하라'는 것이 규율로 되어 있다. 일의 진행을 돕는 데 꼭 필요한 만큼만 보고하는 것으로 시간의 낭비를 막는다. 세계 굴지의 다국적 엔지니어링 그룹인 ABB는 "7대3 공식"을 주창한다. 한 번의 바른 결정을 내리기 위해 시간을 많이 쓰는 것보다 같은 시간에 신속하게 10번의 결정을 내려 그중에 7번만 바른 의사결정이 나오는 편이 결과가 더 좋다는 생각이다.

다섯째, 직업관에 있어 글로벌 기업은 특수화된 평생 직업관으로 'OO전문가'라 불리는 개인을 중심으로 한 직업관이 흔히 나타난다. 즉 개인의 성과와 성취를 중시한다. 글로벌형 채용시장에서 구직인의 목표는 영업, 마케팅, 재무 또는 인사와 같은 어느 특정 분야에 들어가 스페셜리스트(specialist)로 자리매김하며 경력을 쌓고 전문가로 성장하는 것이다. 따라서 분야만 맞으면 직장을 옮기는 것은 흔히 있는 일이며 '내가 잘 되는 것은 내가 하기 나름이다'라는 생각이 강하다. 즉 자신의 이익과 성취에 주안점을 두는 것을 자연스럽게 생각한다는 것이다. 기업 측에서는 특정 업무를 잘

해낼 수 있는 역량과 경험을 가진 사람을 찾는 것이 목적이다. 따라서 채용 공고의 직무 내용은 어떤 일들을 하게 될 것인지를 상세히 적어야 하며, 특수 분야에 대한 지식 및 경험과 기술을 가진 사람을 찾아야 하므로 자격 요건도 아주 구체적으로 기술된다. 사례나 실전문제를 푸는 면접과 인턴십이 많은 것도 이와 같은 맥락에서 생겨난 것이다.

여섯째, 글로벌 기업의 조직관은 한 직장에 반드시 오래 머물지는 않으며 직위와는 상관없이 개개인이 자기의 전문 분야와 업무가 있으니 이에 따라 담당자와 관리자의 관계가 형성된다. 업무는 분야 전문가인 담당자를 중심으로 진행되며, 상위관리자라도 그 분야를 모르는 담당자와 동등한 위치에서 이야기하고 담당자의 발의에 의해서 일이 시작된다. 물론 업무책임도 담당자가 지게 된다. 글로벌 조직이 수평적이라 하고 직장 상사라도 사적인 자리에서는 연공서열을 무시하는 모습을 종종 보는데, 이런 데서 그 원인을 찾을 수 있다. 제각각 맡은 분야가 확실한 만큼 성과주의를 통한 차별적인 보상이 용이하다.

일곱째, 글로벌 기업에서 잘한 경영이란 규모의 경제가 아니라 고객 취향에 발 빠르게 맞출 수 있는 민첩성이 요구되며, 치열한 경쟁 속에서 살아남기 위해서는 업무의 본질에 충실하게 핵심 역량에 집중해야 한다. 또한 투자자들의 기업의 크기보다 현금의 흐름에 주목하는 것이 글로벌 성향이기 때문에 이것에도 적응할 필요가 있다.

여덟째, 글로벌 기업은 일하는 방식이 다르다. 영미권 글로벌 기업의 일하는 방식을 보면 계획에 아주 공을 들인다. 전체 비즈니스 관점에서의 전략적 고려가 계획에 충분히 반영되었는지, 투자가치가 있는지, 어떤 가시적 결과를 기대할 수 있는지, 예산이나 인력 배치는 합리적인지, 다수의 협력을 이끌어낼 수 있을지 등을 따져서 완벽한 계획을 만들기 위해 노력한다. 그리고 계획에 대한 컨센서스(consensus: 전체 합의)가 이루어지기까지의 의사결정 과정에 많은 시간과 노력을 투자한다. 완벽한 계획을 만들기 위해서는 당연히 미래의 불확실성이나 위험과 같은 요소에 집착할 수밖에 없다. 한 프로젝트를 계획할 때 일의 순서를 시간 기준으로 서술하는 간트(Gantt)차트는 기본이고, 위기관리 차원에서 시나리오별(scenario-based) 전략과 대응책을 준비한다. 대안이나 대비책을 뜻하는 'Plan B' 같은 표현도 흔하게 쓰인다. 이처럼 그들이 철저한 계획을 세우는 것은 충분한 시간과 고민을 거쳐 나온 계획은 실행의 효율성을 높일 수 있다는 논리에 기반한 것이다. 계획이 완벽하면 리스크가 줄 뿐만 아니라 불필요한 자원의 낭비를 줄임으로써 목적하는 바를 가장 효율적으로 달성할 수 있다고 보기 때문이다.

아홉째, 글로벌 기업은 서면화와 기록을 중시한다. 아무리 좋은 아이디어와 실행계획이 있어도 문서화하지 않으면 아무런 의미가 없다. 머릿속에만 있는 계획 혹은 입으로만 말하는 계획은 엄격히 말해 계획이 아니다. 이런 사고방식은 자연스럽게 업무 스타일에도 반영된다. 상세한 자료 관리 원칙이나 사내 자료실 등이 그러하다. 조직체계를 제대로 갖춘 글로벌 기업들은 고지식하게 보일 정도로 모든 자료를 문서화하고 그것을 체계적으로 정리하는 데 강박적인 성실함을 가지고 있다. 문서화 및 기록이 중요한 이유는 그 자체가 회사의 지적자산이자 비즈니스 활동의 역사를 보여주는 공식적인 증거이기 때문이다. 특히 회계 또는 세무상의 문제나 법적인 문제가 발생했을 때 필요한 증거 자료의 부재는 회사에 결정적인 손해를 입힐 수도 있다. 또한 과거의 모든 의사결정 과정에 대한 기록은 미래의 시행착오를 줄이는 유용한 참고자료가 된다. 문서화와 기록 관리가 제대로 이루어지지 않는 조직은 인수인계에서부터 법적 소송에 이르기까지 늘 그때마다 모든 것을 백지에서 다시 시작하는 고비용 비효율의 구조를 자질 수밖에 없다.

열째, 유연성보다는 원칙 중시가 필요하다. 유연성과 원칙주의도 서로 동전의 양면 같은 특성을 가진다. 유연성에는 '비합리적, 무계획적, 타협적, 대충대충, 정석을 벗어난, 과정은 무시하고 결과만 중시하는' 등과 같은 부정적 이면이 존재한다. 반면 원칙을 중시하는 태도는 상황에 따라 '갑갑한, 꽉 막힌, 편협한, 고지식한, 유연하지 못한'의 뜻이 될 수 있다. 한국인이 유연성을 중요시한다면 영미권 사람들은 원칙을 중요시한다. 글로벌 기업에서 한 개인을 평가할 때 중요시하는 '정직'과 '청렴', '신뢰' 같은 키워드들은 원칙을 중요시하는 그들의 마인드와 같은 선상에 있다. 아무리 좋은 결과를 냈다고 하더라도 그 과정에서 원칙을 무시했다거나 편법을 사용했다면 좋은 평가를 받기 어렵다.

열한째, 커뮤니케이션 능력을 키워야 한다. 여기에서는 영어능력이 영어로 커뮤니케이션하는 능력을 의미하지 않는다는 점에 주의해야 한다. 물론 세계 공용어로서 영어는 확실히 자리를 잡았을 뿐만 아니라 글로벌 시대의 주요 커뮤니케이션 수단은 영어라는 사고를 가져야 하는 것은 당연하다. 우리말 능력이 뛰어난 사람이 영어로 커뮤니케이션하는 능력도 뛰어나고, 우리말 능력이 떨어지는 사람은 영어로 커뮤니케이션하는 능력 역시 떨어진다. 이 점을 이해하지 못한 채 자신의 영어능력을 커뮤니케이션 능력과 동일시하면서 스스로를 과대평가하거나 과소평가하는 경우가 종종 있다. 영어능력은 영어로 커뮤니케이션하는 데 중요한 요소 중 하나지만, 더욱 중요한 것은 상대방 문화에 대한 이해를 바탕으로 핵심 메시지를 얼마나 분명하고 설득력 있게 전달할 수 있는가이다.

'가장 한국적이면서도 가장 글로벌한' 것의 효과가 어떤지는 이미 여러 분야에서 나타났다. 히딩크 감독의 글로벌한 생각이 한국 선수들의 역량에 맞게 적용되었을 때 월드컵에서 4강의 기적이 일어났고 캐논 변주곡이란 가장 서양적인 고전음악이 가장 한국적인 악기 가야금에 맞게 적용되었을 때 숙명여대 가야금 연주단의 '카네기홀 공연 전회 매진'이 가능했다. 그들은 또 힙합을 한국 것으로 만든 비보이와 손을 잡으면서 파리를 열광으로 몰아넣었다. 이 같은 결과가 기업에서도 얼마든지 나타날 수 있다. 가장 한국적이면서도 가장 글로벌한 기업이라면 세계 시장에서 백전백승을 거둘 수 있다.

3. 글로벌 커뮤니케이터 자격

이 절에서는 글로벌 커뮤니케이터가 갖추어야 할 자질과 글로벌 인재가 지녀야 할 사고방식에 대해 알아본다. 우선 훌륭한 글로벌 커뮤니케이터가 갖춰야 할 자질을 살펴보면 다음과 같다.

- 실력이 있어야 한다. 경험이 뒷받침된 실력이야말로 커뮤니케이션의 재료인 콘텐츠를 만들 수 있다. 실력이 없으면 커뮤니케이션의 콘텐츠가 빈약해진다. 여기에 전략적 사고능력 또한 제외할 수 없다. 자신이 원하는 커뮤니케이션 결과를 얻기 위해서는 상대를 제대로 이해하고, 자신의 말과 표현방식이 미칠 영향을 가

늠할 수 있어야 하기 때문이다.

- 자신감이 있어야 한다. 한국인의 정서에서는 겸손함이라는 미덕이 중요하다. 이 부분에서 서양과 동양의 정서적 차이가 크게 드러난다. 영미권 외국인과 커뮤니케이션을 할 때에는 설령 내가 틀렸더라도 논리적으로 제대로 우긴다면 내 의견은 존중받아야 마땅한 것이 된다. 반대로 내가 전달하려는 메시지가 아무리 옳고 정당하다 해도 논리가 빈약하거나 자신감이 없어 보이면 프로페셔널해 보이지 않는다. 특히 한국식의 침묵이나 겸손은 별 볼 일 없음이나 비굴함으로 비춰지기 쉽다. 따라서 본인의 장점, 성취, 주장, 요구, 아이디어 등을 때로는 자신감 있게 밝히는 것이 매우 중요하다.
- 인격이 필요하다. 상대방에 대한 이해와 배려가 없으면 커뮤니케이션을 잘할 수 없는 것은 당연하다. 진정성이 느껴지지 않고 따뜻한 사람 냄새가 나지 않으면 커뮤니케이션 능력이란 영원히 미완으로 남게 된다.
- 유머와 독창성이 있어야 한다. 유머는 커뮤니케이션에 개성과 생기를 불어넣는 윤활유와 같다. 독창성은 스스로의 사색과 통찰이 우러날 때 빛을 발한다. 특히 서양인들은 성별에 크게 구애받지 않고 그 사람의 독창적 아이디어와 개성에 높은 점수를 준다.
- 다양한 문화에 대한 개방성과 유연성이다. 비즈니스 환경이 급속도로 글로벌화되면서 우리 인간관계의 지평 또한 넓어지고 있다. 나이, 세대, 계급, 국경을 뛰어넘는 폭넓은 비즈니스 인간관계는 다른 정서나 행동방식의 차이를 이해하는 데 커다란 장점이 된다.

앞서 언급한 바와 같이 글로벌 기업은 그렇지 않은 기업과 다른 사고방식으로 기업경영에 임해야 한다. 한 나라의 국민만을 대상으로 하는 기업 경영방식을 글로벌 기업이 그대로 수용한다는 것은 분명 잘못된 일이다. 이와 맥을 같이하여 글로벌 인재도 사고방식에 룰이 있다.

다음은 글로벌 커뮤니케이터가 커뮤니케이션 과정에서 실수하기 쉬운 대표적인 사례들로 표현은 같으나 서로 다른 해석에 관한 것이다.

'식사하셨어요?'처럼 한국적인 인사나 사교의 표현들이 있다. 하지만 다음과 같은 표현들이 우리에게는 긍정적 의미일지 몰라도 영미권에서는 아주 친한 사이가 아니라면 충분히 부정적으로 들릴 뿐 아니라 오해를 살 수도 있다.

"You look tired."

"얼굴이 안돼 보이세요."처럼 피곤해 보이는 상대방의 수고를 염려하는 우리식 표현이다. 하지만 외국인에게는 상대의 약점을 지적하는 무례한 표현으로 받아들여지기 쉽다. '아니, 활기가 넘쳐 보인다고 해도 시원찮은데 피곤해 보인다니?'

"Are you OK? You don't look happy."

"혹시 무슨 일 있으세요? 기분이 안 좋아 보이세요."처럼 상대방을 염려하는 친근한 표현이다. 하지만 이런 말을 하면 외국인들은 '아니, 내가 그렇게 프로답지 않아 보이나? 그리고 웬 상관이람?'이라고 받아들이기 쉽다.

"Your new hair style looks so nicer."

"새로운 헤어스타일, 훨씬 멋져 보여요!" 이런 내 칭찬을 상대방은 '그럼 예전 스타일이 그렇게 나빴다는 거야?'라는 뉘앙스로 받아들일 수 있다. 새로운 헤어스타일을 칭찬하고 싶다면 "I love your new hair style."이 무난하다.

4. 글로벌 비즈니스 경쟁력

글로벌 기업이 비즈니스에서 경쟁력을 가지기 위해서는 첫째, 커뮤니케이션 기술 중에서 '설득'하는 법을 알고 있어야 한다. 모든 커뮤니케이션 노력은 결국 설득의 시도이다. 특히 비즈니스 커뮤니케이션은 그 결과가 단순한 의사소통을 넘어 이해관계에 직접적으로 영향을 준다는 점에서 '설득'은 중요한 부문이다. 훌륭한 커뮤니케이터가 되기 위한 중요한 원칙은 다양하지만, 글로벌 비즈니스 현장에서 특히 영어로 커뮤니케이션을 할 경우 설득력이 높아질 수 있는 주요 원칙들을 살펴보고자 한다.

- 겸손보다는 자신을 잘 표현하는 것이 좋다. 특히 동양과 서양은 자신에 대해 서로 다른 개념을 가지고 있는데, 예컨대 미국인들은 자신을 스스로 칭찬하는 것이 매우 자연스러운 반면, 동양인들은 겸손할 뿐만 아니라 실제로 서양인보다 자신을 덜 긍정적으로 평가한다는 연구 결과가 있다. 동양인들에게는 자신이 '특별하다', '남들보다 탁월하다'라고 믿게 하는 문화적 압력이 없기 때문이라는 것이다. 개인이 아닌 인간관계를 중시하는 동양의 교육은 아이들에게 남들과 마찰 없이 더불어 사는 법을 가르치지만, 서양에서는 자신을 '특별한 존재'로 느끼도록 가르친다.

  이런 성향은 커뮤니케이션의 특징으로 연결된다. 서양인들에게 커뮤니케이션의 주목적은 정보와 의견을 교환하는 것이고, 직접화법을 선호한다. 갈등이나 비판도 직선적이고 솔직하며 공개적인 방식으로 대처한다. 반면 동양인은 커뮤니케이션의 주체보다는 듣는 입장을 중요하게 생각하고 논쟁을 회피하는 경향이 있다. 또한 간접화법을 선호하고 신중한 표현을 중시한다. 따라서 우리와 다른 문화권 특히 서양문화권과의 교류에 있어서는 그들의 커뮤니케이션 특징, 즉 직접화법으로 대화하고 갈등과 비판에 있어서도 자기주장을 확실하게 하는 것이 바람직하다.

  상대방 관점을 가질 필요가 있다. '상대방은 무엇을 알고 싶어 할까? 상대방에게 득이 되는 건 뭘까? 상대방이 가장 듣고 싶어 하는 말은 무엇일까?' 등 상대방의 입장에서 고민하는 훈련이 되어 있는지의 여부이다. 내가 아닌 상대방 관점으로의 전환, 즉 You-Attitude가 훌륭한 커뮤니케이터의 초석이 된다. 상대방 관점을 갖게 되면 자연스럽게 자신의 메시지를 받는 사람, 즉 수신자의 특성을 고민하게 된다. 상사인지 부하인지 동료인지 타 부서 직원인지 협력업체인지 주주인지 언론인지 경쟁사인지 고객인지 등에 따라 메시지의 초점과 톤이 결정되는 것이다. 이런 관점에서 볼 때 'I'로 시작하는 문장보다는 'You'로 시작하는 문장을 쓰는 것이 상대방에게 훨씬 설득적으로 들릴 수 있다. 물론 부정적인 내용이라면 You를 지나치게 강조하면 안 된다.

■ I have a good idea. → You may like this idea.

■ As I mentioned earlier~ → As you recall~

• 기업 문화의 고려가 필요하다. 모든 기업은 저마다 고유의 기업 문화를 가지고 있다. 기업 문화는 기업의 커뮤니케이션 문화에도 당연히 영향을 미친다. 수평적 조직문화를 가진 회사라면 평사원이 CEO에게 직접 이메일을 보내는 것이 자연스러운 일일 수 있지만, 의사결정 단계가 복잡하고 보수적인 조직문화를 가진 회사라면 오해를 불러일으킬 돌출행동으로 받아들여지기 쉽다. 따라서 자신이 속한 기업의 커뮤니케이션 문화의 특징을 제대로 인식하는 것이 중요하다. 다른 조직에서라면 효과적일 수 있는 것들이 자신이 속한 조직에서는 문제가 될 수도 있다는 사실을 고려해야 한다. 서로 다른 문화적 배경을 가진 외국인과 커뮤니케이션하는 데도 같은 원리가 적용된다.

우리나라 글로벌 기업들이 저지르는 잘못의 하나가 외국어 한두 마디 잘하면 국제화는 다 된다는 식의 사고방식이다. 이는 진정한 의미의 국제화를 지연시키는 이유 중 하나이다. 언어는 문화가 다른 사람과 공유할 수 있는 커뮤니케이션 수단에 불과하다. 언어는 어디까지나 문화의 한 부분이고 언어를 배우는 것은 해당 언어를 사용하는 문화 성원들의 사고방식을 배우자는 것이다. 언어는 문화 속에 융해되어 있고 문화가 추구하는 가치관들이 언어 속에 반영되기 때문이다. 문화를 이해하지 못하고 외국어를 사용하는 사람은 그저 '통역 기계'에 불과하다. 글로벌 기업에게 진정으로 요구되는 것은 의식개혁이고 태도의 재무장이다.

둘째, 설득적 메시지를 어떻게 만들 것인지에 대해 고민해야 한다. 일반적으로 '상대방 관점에서' 그리고 '부정적 표현을 피하고 긍정적 표현'을 쓰며, 논리 및 사실, 감정적 호소 등이 풍부한지 반드시 확인해야 한다. 더불어 상대가 호감을 가질 수 있는 사람이 되는 것도 한 몫 한다. 보통 반감을 느끼는 사람보다는 호감을 느끼는 사람이 하는 말에 더 끌리는 것이 인지상정이다.

셋째, 콘퍼런스 콜(conference call: 2인 이상이 어떤 의제를 가지고 다자간 통화를 통해 하는 전화 회의)을 잘해야 한다. 글로벌 기업에 근무하게 되면 콘퍼런스 콜을 자주하게 된다. 물론 글로벌 기업에서 근무한다 해도 부서나 업무 특성상 콘퍼런스 콜이 드문 경우도 있지만, 업무가 해외의 여러 사람들과 긴밀한 연계를 필요로 한다면 콘퍼런스 콜은 흔히 접하게 된다. 즉 콘퍼런스 콜은 글로벌 기업의 커뮤니케이션 문화를 대변한다고 볼 수 있다. 콘퍼런스 콜의 가장 큰 장점은 다수의 이해관계자들이 동시에 접속해 실시간으로 주요한 사안을 공표하거나 상호 토론 및 아이디어 교환을 할 수 있다는 점이다. 최근에는 온라인 세미나, 채팅, 콘퍼런스 콜 등을 합쳐 동시에 진행하는 등 기술적 측면에서 좀 더 발달된 방식으로 커뮤니케이션을 하기도 한다.

마지막으로 영어 프레젠테이션을 성공적으로 하는 것이 글로벌 비즈니스에서 경쟁력을 갖는다고 할 수 있다. 그렇다면 성공적 프레젠테이션은 어떻게 하는 것인가? 첫째, 프레젠테이션에는 되도록 표현을 단순화하는 것이 좋다. 슬라이드를 빼곡히 채우는 것보다는 요점만 쓰는 것이 좋다. 차트, 그래프, 개념도, 이미지 등을 활용해 시각적 전달효과를 높여야 한다. 프레젠테이션의 발표 내용은 핵심 내용으로만 구성하되, 구두로 소화하지 못할 내용은 별도의 참고자료나 부록으로 처리하는 것이 좋다. 둘째, 시각적 효과를 극대화시키는 일이다. 문자보다는 비주얼이 메시지를 더 빠르고 효과적으로 전달할 수 있기 때문이다. 셋째, 탄탄하고 논리적으로 구성되어야 한다. 영어를 잘한다고 해서 프레젠테이션을 잘하는 것은 아니다. 논리적으로 구성된 콘텐츠를 시각적인 효과를 사용함으로써 핵심 메시지를 설득력 있게 전달하는 것이 중요하다(박현정, 2008).

지금까지 글로벌 비즈니스 시장에서 경쟁력을 가질 수 있는 기본 기술에 대해 알아보았다. 마지막으로 글로벌 경쟁에서 승리하기 위한 문화적 전제조건에 대해 알아보도록 한다. 첫째, 경쟁력과 시장에서의 성공에 대해 자국의 전통적인 생각을 고집하는 것을 버려야 한다. 둘째, 다국적 팀과 다국적 전략을 통해서 경쟁력을 확보하고 관리해 나가기 위해서는 몇 가지 장벽을 극복하고, 잘못된 개념과 신념을 수정해야 한다.

글로벌 기업이 극복해야 하는 장벽은 다음과 같다.

• 글로벌 기업은 제각기 서로 다른 문화의 특성을 감추지 않았고 또 감출 수도 없

다. 아무리 기업문화가 강하게 뿌리내렸다고 해도 사람들은 결코 자신의 민족적 배경과 기호를 버리지 않는다. 사람은 환경에 적응할 수는 있지만, 위기나 불확실성의 시기가 닥치면 본래의 신념과 문화적 가치체계로 되돌아가는 속성을 가지고 있다. 위기와 불확실성은 글로벌 조직의 매우 중요한 특성이기 때문에, 각 민족의 고유한 문화가 사람들의 일상 행동에서 종종 중요한 역할을 한다.

- 사람들은 다른 민족 집단과 접촉할 경우, 상대방과 자신을 더욱 명확하게 차별화하려는 욕구가 커진다. 많은 사람들은 문화적 차이에 직면할 경우 그것에 적응하려 들지 않고 오히려 자신의 가치관을 더욱 고집하게 된다. 그러므로 부정적인 고정관념을 더욱 강화하는 결과를 빚는 경우가 많다.
- 새로운 종류의 경영이론이나 실천은 그것을 문화적으로 소화해 내지 못하는 사람이나 받아들이려 하지 않는 사람에게는 아무런 소용도 없다. 예를 들어 업적평가의 경우, 대부분의 글로벌 기업에서는 구성원 개개인의 스타일이 다르기 때문에 도입하기가 쉽지 않다. 미국인들은 스스로 개방적이고 직접적이며 솔직하다고 믿고 있다. 반면 아시아인은 간접적이고 빗대서 얘기하며 자신의 감정을 잘 드러내지 않는다. 그래서 업적평가 제도처럼 누구나 기본적이고 일반적이라고 생각하는 것이라도 글로벌 차원에서는 획일적으로 도입할 수 없는 것이다.

그리고 다음과 같은 중요한 문화적 패러다임은 글로벌 게임에 대해 다시 생각해 보는 데 많은 도움을 줄 것이다.

- '우리는 모두 같다' 증후군은 많은 사람들이 처음 외국을 방문했다가 돌아오면서 경험하는 것 중의 하나이다. 즉 '우리는 하나다. 우리는 똑같은 인류이다'라는 생각에 사로잡히게 되는 것이다.
- 그러나 민족 간의 미묘하고 특유한 차이를 처음 알게 되었을 때, 인간에 대해 이해가 좀 더 깊어지는 인식의 두 번째 단계로 나아간다. 그래서 비로소 사람들 사이에 니즈(needs)나 느낌에서 아주 비슷한 점이 많기는 하지만 그런 니즈를 '충족시키거나' 느낌을 '표현하는' 방식에는 분명한 차이가 있다는 것을 깨닫게 된다.
- 세 번째 단계는 사람들 사이에 다른 점과 같은 점이 공존한다는 사실을 알게 된다. 조직, 리더십 또는 매니지먼트 모델은 공통적인 면과 다른 면을 동시에 포괄할 수 있어야 한다.

글로벌 기업의 경영자들 다수가 자신들의 기업문화와 가치관만 제대로 세울 수 있다면 지구상의 어느 곳에서 사업을 전개하든 전략적 쟁점과 각 지역 단위의 실천을 예측할 수 있고, 일관되게 관리할 수 있을 것이라는 태도를 보인다. 또 어떤 사람들은 기업의 가치관이나 신념, 그리고 행동양식은 반드시 모기업의 가치관이나 신념, 행동과 태도를 기준으로 삼아야 한다고 주장한다. 그러나 이것은 출발점부터 잘못 잡고 있다. 국내기업이든 글로벌 기업이든 다양성이야말로 기업의 창조적인 에너지를 공급하는 엔진으로 작용할 것이다. 글로벌 경영자로 성공할 수 있는 사람은 바로 이 다양성을 관리해서 기술혁신과 경쟁우위를 확보할 수 있는 사람이다.

5. 글로벌 매너와 비즈니스 에티켓

이 절에서는 글로벌 비즈니스 성공을 위해 필요한 매너와 에티켓에 대해 알아보도록 한다. 글로벌 매너는 세계 어디에서나 통용되는 예절인데, 핵심은 남에 대한 배려이다. 글로벌 매너를 지키는 것은 상대방에 대한 존중을 표현하는 것이다.

또한 글로벌 매너는 글로벌 리더가 갖추어야 할 원칙 중 하나이기도 하다. 좋은 글로벌 매너는 서로 다른 문화 사이에서 올바른 커뮤니케이션이 이루어질 때 나오는 것, 즉 문화의 상대주의를 이해하는 사람이 글로벌 매너를 잘 알고 있는 사람이라는 것이다. 글로벌 사회에서는 외국어만 잘한다고 해서 모든 것이 해결되지 않는다. 그 나라의 문화나 사람들의 관습, 생각하는 방식을 이해해야만 그들과 쉽게 통할 수 있다. 특히 글로벌 리더가 될 사람들에게 이러한 태도는 필수적이다.

미국 유명 경영 컨설팅사들은 신입사원을 채용할 때 공식 인터뷰 절차에 파트너와의 식사를 포함한다고 한다. 식사매너를 통해 그 사람의 교양과 세련됨의 정도를 파악하는 것이다. 그러나 보통 글로벌 매너를 얘기하면 어떤 스푼과 포크를 언제 어떻게 사용해야 한다는 테이블 매너처럼 기술적 측면을 강조하는 경우가 많다. 하지만 더욱 중요한 것은 문화적 우월감이나 열등감 없이 상대방에 대한 건강한 호기심과 열린 태도를 가지는 것이다.

우리에겐 익숙한 것이 이방인의 눈에는 신기할 수 있다. 우리에겐 정상인 것이 이방인의 눈에는 비정상적으로 보일 수도 있다. 어느 것이 옳다고 단정할 수는 없다. 문화적 배경과 지역적 특성에 따라 특정 행위나 사고방식은 나름대로 충분한 명분과 그럴 만한 이유가 있기 때문이다.

여기에서는 우리나라 사람들이 실수하기 쉬운 점 몇 가지를 예시한다.

"애인 있으세요?", "결혼하셨어요?" 등의 사적인 질문

우리가 평소에 친근해지기 위해서 쓰는 말이지만, 초면인 사람에게 애인이 있는지, 결혼은 했는지, 어느 학교를 나왔는지를 묻는 것은 실례다. 대부분의 외국인은 개인의 사생활 존중을 중요시 여긴다.

위아래로 훑는 행위

누구나 앞자리 혹은 앞사람, 눈에 보이는 사람을 한 번씩 훑는데 유난히 외국인이라면 좀 더 훑어보게 된다. 이런 시선을 느끼는 외국인은 굉장히 불쾌하다.

사무실의 두루마리 화장지

두루마리 화장지는 기본적으로 화장실에서 용변 후에 사용하는 휴지이다. 그러나 우리나라에서는 음식점의 탁자 위에도, 사무실의 책상 위에도 놓여 있는 것을 빈번히 보게 된다. 이 모습은 이방인이 보면 굉장히 놀란다. 특히 외국인과 교류가 많은 업종이라면 사무실 책상에 이런 두루마리 휴지는 없어야 한다.

아이를 만지는 행위

우리나라에서는 귀엽다고 쓰다듬거나 볼을 장난으로 꼬집기도 하는 등의 애정표현을 하지만 외국인이 바라볼 때 이런 애정표현은 성추행으로 보일 수도 있고, 세균감염을 염려하기도 한다.

모든 나라 사람들이 삼겹살을 좋아하는 것은 아니다

삼겹살은 우리나라에서 매우 사랑받는 음식이다. 그러나 우리가 좋아하고 자랑스러워하는 음식을 외국인들도 다 좋아할 거라고 믿는 것은 오산이다. 특히 중동 사람의 경우 돼지고기는 혐오 혹은 금기시하는 음식으로 절대로 먹지 않는다. 쇠고기도 종교적 이유 때문에 특정한 방식으로 도살한 고기만을 먹는다. 철저한 채식주의자도 많다. 따라서 외국인이 동석한 중요한 비즈니스 모임이라면 우리 문화를 경험시켜주겠다는 의도도 좋지만 우리 기준에서 최선이라고 생각되는 메뉴를 정하기보다는 상대방의 기호를 사전에 확인하는 배려가 필요하다.

양복에 흰 양말

외국인들이 국내 기업을 방문했을 때 놀라는 풍경 중 하나가 사무실에서 남자들이 앞 코가 트인 실내화를 신고 있는 풍경이다. 드레스 코드는 업종이나 회사의 기업문화에 따라 차이가 있다. 비즈니스 캐주얼의 정의는 약간씩 다르다. 예컨대 각 나라 직원들이 모이는 국제 콘퍼런스나 행사에 참가할 경우 프로그램에 따라 명시된 드레스 코드가 무엇을 의미하는지를 미리 꼭 확인할 필요가 있다. 모두 면바지에 셔츠 정도의 캐주얼한 옷을 입었는데, 혼자만 정장 차림을 하고 있다면 웃음거리가 될 수 있다. 특히 양복 차림에 흰 양말을 신는 것은 더더욱 안 된다. 이것은 구색이 맞지 않을 뿐 아니라 내 발에 무좀이 있다고 떠들고 다니는 것과 같다.

한국말로 우리끼리 소곤소곤

일행 중 외국인이 있을 때 그가 우리말을 이해하지 못한다는 사실에 전혀 개의치 않고 우리들끼리 아무렇지도 않게 한국말을 하는 경우이다. 상대방을 존중한다면 다 같이 이해할 수 있는 언어를 사용하는 것이 예의이다. 영어를 잘 못하기 때문에 외국인과 대화를 할 수도 없고, 하고 싶은 마음도 없을 수 있지만 그렇더라도 최소한 "영어가 유창하지 않아 실례지만 우리끼리는 한국말로 대화를 하겠다"는 양해를 사전에 구하는 것이 예의이다.

사적 공간을 침범하지 말자

영미권 사람들은 개인의 사적인 공간을 중요시한다. 개인적 공간이란 심리적으로 불편함을 느끼지 않고 편안함을 느끼는 사적인 공간의 범위를 뜻한다. 미국인들은 낯선 사람들과 지나치게 가까운 거리에 있을 때 예민하게 반응하며 자신만의 고유한 영역을 침범당했다고 느낀다. 또한 영국인들의 경우에는 적정거리를 유지하는 것이 예의라고 생각한다. 종종 호탕한 성격의 한국 남성들이 친밀감을 표시하고 격의 없다는 뜻으로 취하는 접촉은 상대에게 불쾌감을 줄 수 있다. 얘기를 나눌 때 상대방에게 지나치게 가까이 다가가면 당황스러움과 무례한 느낌을 줄 수 있다는 사실을 알아야 한다. 이와 연속선상에서 공공장소에서 서로 부딪히는 경우에 반드시 미안하다는 말이나 행동을 취해 주어야 한다.

길에서 우연히 지인을 만났을 때

친구와 함께 있는데 우연히 지인을 만났을 때 우리는 흔히 원래 동행하던 친구를 옆에 놓아두고 그 지인과 한참 대화를 나눈다. 친구는 머쓱하게 두 사람의 대화가 끝나길 기다릴 뿐이다. 이런 상황에서 우리나라 사람들은 원래 동행했던 친구를 우연히 만난 지인에게 소개하지 않는 것이 일반적이다. 어차피 서로 모르는 관계이고 앞으로 만날 일도 없을 테니 동행한 친구에게 낯선 사람을 인사시키는 어색한 불편함을 주기 싫어서인 경우가 많다. 하지만 영미권 사람들은 이런 상황에 놓이면 당황스러워하고 자신이 소외되었다고 생각한다. 무시당하는 듯한 불편한 감정을 느끼는 것이다. 일행이 있는데 우연히 지인을 만났다면 일단 양쪽을 서로 소개시켜 인사를 나누게 하는 것이 예의이다.

자신을 과시하는 질문

세미나나 콘퍼런스 같은 공식행사에서 질의응답 시간일 때 질문자가 질문이 아닌 일장 연설을 하는 경우이다. 질의응답 시간은 질문을 위한 시간이다. 청중의 한 사람으로서 자신의 지식이나 견해를 과시하기 위한 자리가 아니다. 질문을 이해시키기 위한 배경 설명이 아닌 이런 '연설'은 하지 말아야 한다. 연사에 대한 매너도 아닐뿐더러 한정된 질의응답 시간을 일장 연설을 하는 몇 사람 때문에 허비하게 되는 결과를 초래하기 때문이다.

파티에서는 대화를 시도하자

한국 사람들은 외국인들과 잡담(small talk)하는 것에 약하다. 이는 언어능력의 문제라기보다는 문화적 유연성의 문제다. 보통 주선자는 손님들이 즐거운 시간을 보내는지 확인하면서 자잘한 신경을 쓰는 것이 의무이고, 그 자리에 초대된 손님은 사람들과 섞여 얘기를 나누는 것이 의무이다. 다수가 모인 저녁식사 자리에서 처음부터 끝까지 아무 말도 없이 열심히 먹기만 하는 사람에게 호감을 느끼기는 어렵다. 서양 에티켓의 3대 원칙 중 하나인 '상대방에게 호감을 주라'는 원칙에 어긋나는 일이다.

감사를 표현하자

외국인의 집에 초대를 받거나 선물을 받거나 식사 대접을 받은 후에는 카드나 전화, 이메일 등으로 감사를 표현하는 것을 잊어서는 안 된다. 우리는 마음속 깊은 곳에서는 고마워하더라도 그것을 표현하는 것에는 인색하다. 반면 외국인들은 감사의 표현이나 제스처를 잊지 않고 꼼꼼하게 챙기는 편이다. 감사의 마음은 마음속에만 묻어두는 것이 아니라 밖으로 표현해야 한다.

매너와 에티켓은 비즈니스와 사교의 품위를 높여주는 윤활유일 뿐이지 딱딱한 수학공식이 아니다. 상황에 따라 경중이 달라질 수도 있다. 중요한 것은 상대방을 존중하는 마음과 유연한 태도를 갖는 것이다. 자신의 서양식 테이블 매너가 완벽하지 않은 것을 한정식 테이블 매너에 서툰 것보다 더 부끄러워해야 할 이유도 없다. 결국 얼마나 상대방을 배려하고 열린 태도를 가지느냐의 문제이다.

의식적으로 계속 노력해야 몸에 배는 것이라는 점 또한 잊지 말아야 한다. 예를 들어 와인도 마찬가지다. 평소 삼겹살에 소주만 즐기면서 와인 책 하나를 달달 외운다고 와인매너가 자연스럽게 몸에 밸 수는 없다. 경험이 축적되면서 몸으로 익혀야 하는 성질의 것이기 때문이다. 와인이 자신의 취향과 썩 맞지 않는 술이라면 와인 잔을 제대로 잡고 마시는 법 정도만 익히고, 와인을 잘 아는 상대방의 말을 경청하는 것이 차라리 비즈니스 디너 때 사교의 윤활제로 와인을 즐길 수 있는 방법이다. 최소한 유행을 좇듯 와인에 대한 피상적인 지식을 과시하는 것보다는 훨씬 바람직하다(박현정, 2008).

34개국 진출 치킨 체인점 BBQ

"빨리 빨리!" 제이손 비소소(Vizoso, 29) 씨가 한국말로 소리쳤다. 스페인 수도 마드리드 외곽 신도시. 한국 제너시스가 직영하는 치킨체인 BBQ 바구아다(Vaguada)점의 조리실 안은 전투가 벌어지는 듯 분주했다. 점장(店長) 비소소 씨는 "빨리빨리"를 연발하며 하루 닭 170여 마리를 요리해 내는 조리실 직원 2명을 독려했다. 페루 출신인 그는 2005년 스페인으로 건너와 2년 반 만에 점장까지 올랐는데, 그 비결이 바로 '한국 사람처럼'이다. 그는 "한국 방식(Korean Way)에 적응하느라 처음에는 힘들었다"고 말했다.

이 식당은 스페인식 '문법(文法)'에서 한참 벗어났다. 우선 배달. 스페인은 한국보다 닭 소비(1인당 1년 34kg)가 4배나 많지만 BBQ가 오기 전까지는 배달이라는 개념 자체가 없었다. BBQ는 우선 '텔레 포요(Tele Pollo. 전화로 배달해 먹는 닭)'라는 상표를 등록했다. 비가 오나 눈이 오나 반경 2.5km까지 무조건 배달한다는 것을 기치로 걸었다. 닭이 눅눅해지는 것을 막기 위해 숨구멍이 달린 빨간색 닭 배달통도 한국에서 공수해 달았다. 이젠 배달 닭 매출이 전체 매출의 40%를 차지할 만큼 한국식 배달문화를 스페인에 심었다.

바구아다는 낮 12시부터 밤 12시까지 문을 연다. 주말에도 쉬지 않는다. 이것 역시 한국식이다. 스페인 식당들은 대부분 오후 4~8시까지는 문을 닫고, 주말에도 쉰다.

스페인 식당은 대개 손님이 불러야 점원이 온다. 낙천적인 국민성을 반영하듯 식당 서비스도 느긋하다. 반면 BBQ는 한국식으로 식탁에 벨을 달았다. 처음에 스페인 고객들은 벨의 쓰임새를 몰라 신기해 했다고 한다. 아직 스페인 고객들이 벨을 눌러 점원을 부르는 한국 방식에 익숙하지는 않다. 그래서 점원들은 항상 손님들에게 한국식으로 말하라고 교육받는다. "키에레 알고 마스(Quiere algo mas?(더 필요한 것 있으세요?)"라고.

맛도 다르다. BBQ 진출 전 스페인의 닭요리 체인점은 KFC 같은 튀긴 닭과 스페인 전통 아사도(asado, 전기구이통닭)뿐이었다. BBQ는 한국식 양념치킨, 야채치킨을 전면에 내걸었다. "세계에 한국의 음식뿐 아니라 문화까지 함께 팔아야 한다"는 것이 BBQ 윤홍근 회장의 지론이었기 때문이다.

현지화도 중요하지만, '현지 맞춤식 우리 문화'도 함께 팔아야 다른 글로벌 업체와 차별성을 갖게 된다는 것이다.

물론 쉬운 작업은 아니었다. 한국식 매운맛도 해외에 수출해야 할 맛이라는 판단에 현지인 1,000명을 상대로 '테스트 마케팅'을 했다. 그런데 조사 대상자의 80%가 한국식의 매운맛에 익숙지 않다는 예상 밖의 결과가 나왔다. 2005년 3월, BBQ 첫 스페인 직영점을 열어 테스트 마케팅 결과에 굴하지 않고 매운맛을 시도하고, 경기 이천에 있는 'BBQ 치킨대학' 연구소에서 매운맛과 양념 맛을 조절한 치킨을 개발했다. 그렇게 만들어진 것이 현재 BBQ 바구아다의 주력 메뉴인 바르바코아(Barbacoa). 한국식의 '달콤 짭짜름한' 바비큐 양념 맛이다.

2005년 스페인의 외식 전문 잡지 『호텔레리아(Hoteleria)』는 BBQ 스페인 진출을 두고 "KFC에 도전하는 한국 프랜차이즈"라고 평가했다. 문재근 BBQ 스페인 사장은 "스페인 프랜차이즈 협회 사람들도 맛과 배달 시스템을 벤치마킹하러 온다"고 말했다. 목표는 KFC와 같은 다국적 프랜차이즈를 뛰어넘는 것이다. 그러나 방법은 다르다. BBQ는 2003년 이후 세계 34개국에 진출했다.

중국의 경우 시내 중심가보다는 주택가를 타깃으로 했다. 아파트 주변에 닭 요리 체인점이 밀집한 한국식이다. 안전성을 믿게 하기 위해 주방과 홀 사이에 창을 설치해 기다리던 손님들에게 조리과정을 보여줬다. 한국에선 익숙하지만, 중국에서는 낯선 방식이다. 미국에서는 대학가 주변을 공략했다. 대학 주변에 먹거리가 마땅치 않다는 것에 착안한 것이다. 기숙사로도 배달하는 낯선 방식을 도입했다. 몽골의 경우, 조만간 오토바이 대신 '말'을 타고 배달하는 시스템을 선보이기로 했다.

윤홍근 BBQ 회장은 "우리의 라이벌인 KFC는 닭을 가장 많이 소비하는 중동과 중남미에서 실패했지만, 우리는 한국식 맛과 마케팅으로 반드시 성공할 것"이라고 말했다(조선일보, 2007).

참고문헌

권삼윤(2000), "세계 술 문화 기행, 데킬라는 목구멍으로 코냑은 콧구멍으로", 『신동아』, 6. 1.

김득중(1999), 『국제생활과 예절, 생활예절』, 교문사.

김성섭(2004), "방한 외래관광객의 비교 문화 연구", 『관광레저연구』, 16(1): 9-14.

노린 드레스(1997), 『낯선 문화 엿보기』, 박미경 옮김. 프레스빌.

니시다 히로코(2005), 『이문화간 커뮤니케이션』, 박용구 옮김, 커뮤니케이션북스.

동아일보(1999), "전통 '뚱보 미인' 싫어… 깡마른 'TV 미인 좋아'", 5. 24.

박은연(2008), "기업과 한국기업의 사고방식", LG경제연구원, 7. 21.

박현정(2008), 『나는 세계다』, 리더스북.

박희권(2010), 『문화적 혼혈 인간』, 생각의나무.

서울인포그래픽스(2015), "2013년 서울시 외래관광객 실태조사", 서울연구원 도시정보센터, 2. 9.

스테판 H. 라인 스미스(1993), 『글로벌 기업을 향하여』, 삼성국제경영연구소 옮김, 21세기북스.

신화사(2014), "서울, 중국 관광객이 선호하는 최고 도시로", 9. 10.

연합뉴스(2015), "눈치 보는 '미생' 한국인… 70% '휴가 열흘도 못 가'", 4. 20.

오익근(2013), 『문화와 관광의 융합이 곧 상생』, 한국문화관광연구원 개원 10주년 기념집.

이원희(2011), 『신한류를 활용한 인바운드 관광정책 방향』, 한국문화관광연구원.

이유나(2014), 『글로벌 PR』, 커뮤니케이션북스.

이정미(2011), "외국인 관광객의 정보추구행태 분석: 동·서양의 문화적 차이를 중 심으로", 『한국비블리아학회지』, 22(2): 161-179.

장규수(2013), 『한류와 아시아류』, 커뮤니케이션북스.

전경수(2002), 『문화가 장사 밑천』, 지식마당.

조선일보(2007), "코벌라이제이션, 세계를 이끈다", 10. 15.

조선일보(2015), "말레이시아 지진과 누드사진 소동", 6. 24.

조선일보(2015), "외국어 배우세요, 또 다른 세상이 보입니다", 3. 19.

조선일보(2015), “추월차로로 주행하는 거북이 차량들”, 7. 7.

조태권(2012), 『조태권의 문화보국』, 김영사.

최윤희 · 김숙현(1997), 『문화간 커뮤니케이션의 이해』, 범우사.

최윤희(1998), 『문화간 커뮤니케이션과 국제협상』, 커뮤니케이션북스.

캐멀 야마모토(2010), 『미국 · 중국 · 일본의 비즈니스 행동법칙』, 정영희 옮김, 옥당.

클로테르 라파이유(2006), 『컬처 코드』, 김상철 · 김정수 옮김, 리더스북.

파리드 엘라시머위, 필립 R. 해리스(1995), 『해외비즈니스 문화를 알아야 성공한다』, 삼성국제경영연구소 옮김, 21세기북스.

파이낸셜 타임스(2011), “한국인의 휴가: 쉬고 싶어도 쉴 수 없는 것은 옛날이야기”, 7. 25.

피터콜릿(1997), 『습관을 알면 문화가 보인다』, 이윤식 옮김, 청림출판.

한국문화관광연구원(2011), “외래관광객 실태조사”.

현대경제연구원(2014), “최근 관광레저 산업의 주요 특징 및 시사점”.

『주간조선』(2003), “바캉스열풍-프랑스 ‘삶을 여행처럼, 여행을 삶처럼’”, 7. 23.

Avon Natalie(2011), “Why more Americans don't travel abroad”, CNN, Feb. 4.

BBC News(2011), “How do you persuade a workaholic to take a holiday?” 8. 5.

Debes, Tacgey(2011), “Cultural tourism: A neglected dimension of tourism industry”, *Anatolia-An International Journal of Tourism and Hospitality Research*, 22(2): 234-251.

EBS(2008), 다큐프라임-동과 서(제1, 2부).

Ferraro, Gary P.(1994), The cultural dimension of international business, Prentice Hall.

Gudykunst, W., & Ting-Toomey, S.(1989), *Culture and interpersonal communication*, Newbury Park, CA : Sage.

Hofstede, G.(1991), *Cultures and organizations*, McGraw Hill.

Kim, C., & Lee, S.(2008), “Understanding the cultural differences in tourist motivation between Anglo-American and Japanese tourists”, *Journal of Travel and Tourism Marketing*, 9(1/2):

153-170.

Kozak, Metin(2002), "Comparative analysis of tourist motivations by nationality and destinations", *Tourism Management*, 23: 221 – 232.

Lalita, M., & Ajay, M.(2011), "Hofstede's cultural dimensions and tourist behaviors: A review and conceptual framework", *Journal of Economics, Finance and Administrative Science*(December).

Livermore, David(2014), "10 tips for more culturally intelligent travel", *Business Travel Cultural Intelligence*, 6. 9.

The China Hotline(2013), http://thechinahotline.wordpress.com. "10 tips for more culturally intelligent travel by David Livermore", 09 June 2014 Business Travel Cultural Intelligence.

hyyoon@chosun.com(2011. 3. 1).

http://blog.daum.net

http://blog.naver.com

http://cafe.daum.net

http://cafe.naver.com

http://coolguidefr.tistory.com

http://hidiamond.egloos.com

http://image.search.naver.com

http://kcti.re.kr

http://kin.naver.com

http://korean.cri.cn

http://kr.chinajilin.com.cn

http://kto.visitkorea.or.kr

http://m.sabo.hanwha.co.kr

http://news.donga.com

http://news.kukinews.com

http://search.naver.com

http://sokhm.khan.kr

http://stat.mcst.go.kr

http://www.datanews.co.kr

http://www.fnnews.com

http://www.geerthofstede

http://www.hani.co.kr

http://www.hri.co.kr

http://www.krt.co.kr

http://www.kwangju.co.kr

http://www.newscj.com

http://www.si.re.kr

http://www.vanchosun.com

http://www.visitkorea.or.kr

http://www.yakup.com

저자소개

오익근

- 서강대학교 사학과 졸업
- 미국 Michigan State University 여가관광자원학 박사
- 미국 Georgia Southern University 조교수
- (전) (사)한국관광학회 편집위원장 및 회장
- (현) 계명대학교 관광경영학과 교수

정정숙

- 계명대학교 경영학 박사(관광경영 전공)
- (전) 한국관광연구학회 이사
- (전) 대한관광경영학회 학술이사
- (현) 계명대학교 여가관광연구센터 책임연구원

글로벌문화와 관광

2015년 8월 20일 초 판 1쇄 발행
2019년 2월 20일 개정판 1쇄 발행
2024년 3월 15일 개정판 2쇄 발행

지은이 오익근 · 정정숙
펴낸이 진욱상
펴낸곳 백산출판사
표지 일러스트 정혜련
교 정 성인숙
본문디자인 오정은
표지디자인 오정은

저자와의 합의하에 인지첩부 생략

등 록 1974년 1월 9일 제406-1974-000001호
주 소 경기도 파주시 회동길 370(백산빌딩 3층)
전 화 02-914-1621(代)
팩 스 031-955-9911
이메일 edit@ibaeksan.kr
홈페이지 www.ibaeksan.kr

ISBN 979-11-5763-911-3 93980
값 22,000원